STEP 3

전수환 공기업 경영학
단권화 노트

mealthebook

교재가이드

공기업 시험 대비
합격하는 경영학 커리큘럼

step1. 개념완성

step2. 문제풀이

step3. 단권화

step4. 지엽적

전수환 경영학 공식카페
http://cafe.naver.com/askjeon

- 경영학 학자이름과 이론정리
- 경영학 학습법 소개
- 경영학 모의고사 무료 배포
- 우리끼리 Q&A: 전문 연구원의 친절한 답변
- 군무원 군수직 기출문제 및 해설
- 공무원 감사직 기출문제 및 해설

전수환 공기업 경영학 **개념 심화**

방대한 경영학의 모든 범위를 다루는 기본 이론서. 비공자는 물론, 전공자도 수험 경영학을 이해하는데 필요한 내용들도 구성되어 있다. (기본이론+기출&핵심 문제 포함)

전수환 공기업 객관식 경영학 **빈출 2500**

객관식 경영학 빈출 2500은 기본이론을 익힌 수험생들을 위한 문제풀이 과정으로 총 2500개의 기출문제와 핵심문제를 다룬다. 통합전공/상경통합 및 단일전공/금융공기업으로 구분되며, 난이도는 상/중하 구분되어 지원한 기업의 출제경향에 맞추어 문제풀이가 가능하도록 구성되어 있다.

전수환 공기업 경영학 **단권화 노트**

경영학 이론을 압축 정리하여 단시간 내에 전반적인 내용을 체계적으로 정리하여 본인만의 단권화 노트를 만들 수 있도록 필수 개념 및 OX문제를 다시 한번 정리하도록 구성하였다. 기본서와 문제풀이 오답노트 등 단권화를 위한 여백 공간도 감안하였다.

전수환 공기업 **지엽적 경영학**

최근 출제되고 있는 지엽적 문항을 대비하여 일반적인 수험서 외에 경영학 원론서와 학부수준의 지엽적 내용들을 모아 구성하였다. 또 최근 경영학 신이론들을 체계적으로 정리하여 각론별로 흐름에 맞춰 서술하였다.

머리말

이 책은 '**전수환 공기업 경영학** 개념 심화 **STEP1**'를 바탕으로 한 요약집으로 그 구성은 **STEP1**과 동일하다. 본서는 현재 **STEP1**을 학습 중인 수험생들이 좀 더 수월하게 이론을 정리할 수 있도록 하였고, **STEP1**을 이미 학습한 수험생의 경우에는 기억을 유지하고 마무리 정리하는데 도움을 주기 위해 만들어졌다. 본서의 특징은 다음과 같다.

첫째, 수업도중 중요한 내용을 메모할 수 있도록 페이지 마다 여백을 넉넉히 두었다.

둘째, 요약된 내용이 너무 간결하면 이해가 어려울 수 있기 때문에 되도록 요약집 만으로도 학습 및 이해가 용이하도록 구성하였다.

셋째, STEP1에 수록되어 있는 대부분의 그림과 표를 사용하여 학습에 이질감이 없도록 하였다.

넷째, STEP1에는 없지만 수업시간에 설명을 위해 사용하던 그림이나 표 등도 새롭게 추가하였다. 이로써 수업을 수강한 수험생들은 좀 더 수월하게 이론을 정리할 수 있을 것이다.

다섯째, 경영학에서 자주 출제되고, 반드시 알고 있어야 할 이론과 학자이름을 '부록'에 정리하였다.

여섯째, 필요한 경우 그림과 표의 하단에 파란색 글씨로 핵심적인 내용을 추가하여 해당 개념을 이해하기 쉽도록 하였다.

끝으로 이 책으로 공부하시는 모든 수험생들이 소기의 목적을 달성하시길 기원합니다. 이 책이 나오기까지 고생하신 mealthe**book**의 송지나, 이동근 씨께 감사를 표한다.

2024년 6월
저자 **전수환**

CONTENTS

01
인사/조직/전략
Management Theory

제1장. 경영일반		8
제2장. 조직행동 : 개인		38
제3장. 조직행동 : 집단과 조직		70
제4장. 조직이론		110
제5장. 인적자원관리		130
제6장. 전략경영		176
제7장. 국제경영		190

02
마케팅
Marketing Management

제1장. 마케팅 개요		198
제2장. 마케팅조사		204
제3장. 마케팅 전략		222
제4장. 제품, 서비스, 브랜드		232
제5장. 가격		250
제6장. 유통		260
제7장. 촉진관리		278
제8장. 소비자 행동		298

03
경영과학/운영관리
Operations Management

제1장. 경영과학		324
제2장. 생산시스템과 프로세스 관리		340
제3장. 품질경영		354
제4장. 생산능력 관리		376
제5장. 공급사슬관리		390
제6장. 재고관리		406
제7장. 운영계획과 자원계획		428
제8장. 린 시스템 설계		444
제9장. 경영정보시스템		456

PART 1
인사/조직/전략

01
경영일반

02
조직행동 : 개인

03
조직행동 : 집단과 조직

04
조직이론

05
인적자원관리

06
전략경영

07
국제경영

1. 경영일반

1. 경영이란 무엇인가?

(1) 정의

경영이란 조직의 목적을 달성하기 위하여 인적자원, 물적자원, 금융자원, 기술 및 지식 등의 무형자원을 최적으로 활용하는 과정으로 정의되며, 이 과정은 효과적인 동시에 효율적으로 수행되어야 함

(2) 효과성과 효율성

① 효과성(effectiveness): 기업이 미리 설정해 놓은 목표를 어느 정도 달성하였느냐의 여부
② 효율성(efficiency): 투입에 대한 산출의 비율을 의미하며 자원의 활용도와 밀접하게 연관됨

> 효과성 : 목표의 달성여부(goal attainment) - doing the right things
> 효율성 : 자원의 활용도(resource usage) - doing things right

효과성과 효율성의 결합

		목표달성	
		효과적	비효과적
자원활용	효율적	적절한 자원활용으로 기업목표 달성	자원을 적절하게 이용하지만 기업목표는 달성하지 못함
	비효율적	기업목표달성을 위해 초과 자원을 사용	자원을 부적절하게 사용하고 목표도 달성하지 못함

※ 효율성과 효과성을 동시에 달성되어야 함

2. 경영자의 분류

(1) 계층에 따른 분류

① 일선경영자(first line manager): 생산 혹은 제조에 직접 관여하는 조직의 최하층 관리자
② 중간경영자(middle manager): 조직의 일선경영자와 최고경영자 사이에서 일선경영자의 일을 관리하는 경영자
③ 최고경영자(top manager): 기업의 최고 수준 경영자들로 전략을 개발하고 거시적인 문제들을 처리하는 CEO, 사장, 부사장 등이 이에 포함됨

경영자의 계층 분류

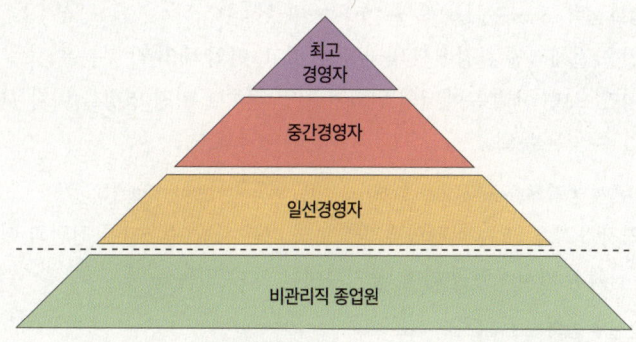

(2) 소유에 따른 분류

소유경영자와 전문경영자의 장·단점 비교

구분	소유경영자	전문경영자
장점	• 강력한 리더십 • 과감한 경영혁신 • 환경변화에 빠른 적응	• 민주적 리더십 • 경영의 전문화 • 회사의 안정적 성장
단점	• 가족경영, 족벌경영의 위험 • 개인이해와 회사이해의 혼동 • 능력부족 위험 • 부와 권력의 독점	• 임기의 제한, 개인의 안정 추구 • 주주 이해관계의 경시 • 장기적 전망부족 • 단기적 이익에 집착

(3) 수평적 차원의 분류

① **직능경영자** functional manager ➢ specialist

회계, 생산, 마케팅, 재무 등 특정 기능 분야에 국한된 업무를 수행하는 관리자

② **일반경영자** general manager ➢ generalist

최고경영자, 공장관리자 등과 같이 여러 분야가 연계된 복합적 관리업무를 수행하는 관리자, 주로 여러 부문의 조정 역할을 수행함

3. 경영자에게 요구되는 능력

카츠(Robert L. Katz)는 경영자에게 요구되는 능력을 크게 개념화 능력, 대인관계 능력, 현장실무 능력으로 구분함

① **개념화 능력** conceptual skills ➢ 최고경영자에게 중요

기업을 전체적인 관점에서 바라볼 수 있고, 기업 내의 각 부분은 서로 어떤 연관성이 있으며, 한 부분에서의 변화가 기업 전체에 어떤 영향을 미칠 것인가를 예측할 수 있는 능력

② **대인관계 능력** human relation skills ➢ 모든 계층의 경영자에게 중요

경영자가 개인 또는 집단의 일원으로서 다른 사람이나 다른 집단과 더불어 일하고, 원활한 의사소통을 하며, 동기부여를 할 수 있는 능력

③ **현장실무 능력** technical skills ➢ 일선경영자에게 중요

전문화된 활동을 수행하는데 필요한 기술. 즉, 특정 업무와 관련된 지식을 이용할 수 있는 능력

계층에 따른 경영능력

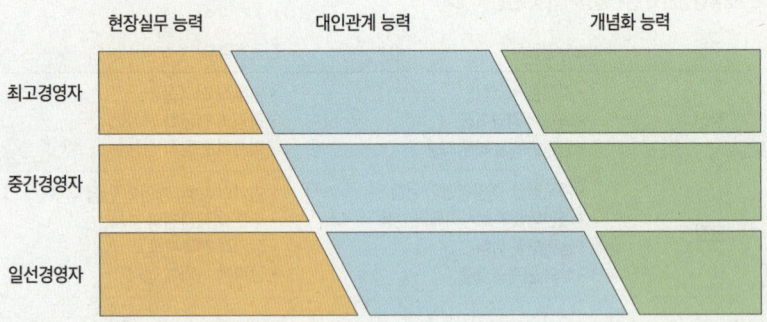

4. 경영자의 역할

민쯔버그(H. Mintzberg)는 경영자의 역할을 지위 고하에 관계없이 대인관계 역할, 정보전달자 역할, 의사결정자 역할로 구분함

민쯔버그의 경영자의 역할

역할	구분
대인관계 역할 interpersonal role	• 상징적 대표자(figurehead) • 리더(leader) • 연락자(liaison)
정보전달자 역할 informational role	• 청취자(monitor) • 전파자(disseminator) • 대변인(spokesperson)
의사결정자 역할 decisional role	• 기업가(entrepreneur) • 분쟁조정자(disturbance handler) • 자원배분자(resource allocator) • 협상자(negotiator)

5. 기업가

(1) 기업가 정신

기업가 정신은 경제 기능적, 사회심리적, 종합화 견해로 크게 구분됨

기업가 정신의 3가지 견해

구분	내용
경제 기능적	기업가 정신은 제품, 공정, 생산요소, 시장, 조직 등에서 다양한 혁신을 일으키며, 기업가의 핵심적 역할은 혁신이다.
사회심리적	기업가 정신의 특성은 높은 성취욕구, 자유의지, 위험감수 등이며, 가정환경과 교육수준 등의 배경요인도 포함된다.
종합화	기업가 정신은 위험 대비 높은 이익을 전제로 하여 가치있는 것을 창조해 내는 과정이며 사업 기회의 인지, 위험부담의 관리, 적절한 자원 동원을 통해 가치 있는 것을 만들어 내는 것이다.

(2) 역할

기업가는 조정자(coordinator), 혁신자(innovator), 위험감수자(risk taker), 중개자(arbitrager)의 역할을 수행함

기업가의 역할

역할	내용
조정자	과학자(기술자)와 노동자 사이를 조정하는 역할
혁신자	낡은 것을 파괴하고 새로운 전통을 창조하는 역할
위험감수자	위험과 불확실성 환경에서도 성장을 위해 혁신적인 조직을 형성하는 역할
중개자	경제적 불균형 상태에서 기회를 발견하고 이를 이익으로 만드는 역할

6. 경영 프로세스

경영 프로세스

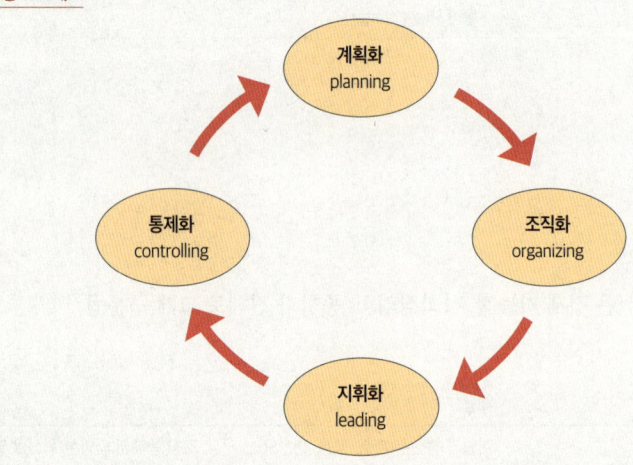

(1) 계획화

계획화(planning)는 기업이 목표를 설정하고 그 달성을 위해 미래를 예견하고 행동 방침을 결정하는 것

1) **전략계획** strategic plan → 최고경영층이 수립

   기업이 장기적으로 경쟁력을 강화하고 전반적인 경영성과를 증진하는 등의 기업 목표 설정과 그의 달성을 위한 포괄적이고 일반적인 계획

2) **전술계획** tactical plan → 중간경영층이 수립

전략계획 및 운영계획의 중간형태 계획으로 전략계획에서 제시된 경영목표를 효율적으로 달성하기 위해 필요한 특정 부서의 활동을 정하는 계획

3) **운영계획** operational plan → 하위관리자들이 수립

전술계획의 이행과 운영적 목표의 달성을 지원하는 수단이며, 제품 생산계획, 작업배치 관련 시설계획, 마케팅 계획, 인력배치 계획 등의 구체적 계획

계획의 구분

계획의 구분		시간	계층
시간에 따라	계층에 따라		
장기	전략계획	3~5년	최고경영층
중기	전술계획	1~2년	중간경영자
단기	운영계획	1년 이하	일선경영자

(2) 조직화

조직화(organizing)는 직전 단계에서 수립된 계획을 성공적으로 달성하기 위해 인적·물적·지식자원 등의 경영자원을 적절히 결합·할당하는 것

조직화 과정

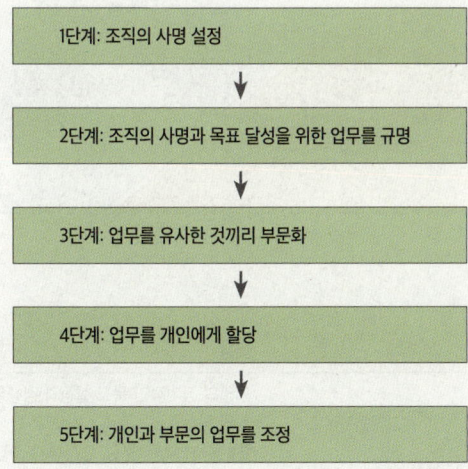

(3) 지휘화

지휘화(leading)는 조직구성원이 조직 목표달성에 기여하도록 영향을 미치는 것으로 동기부여, 리더십, 의사소통 등의 활동으로 구성됨

(4) 통제화

통제화(controlling)는 계획한 여러 가지 일들이 바람직한 방향으로 이루어지고 있는지를 확인·감독하는 것을 의미함

통제의 구분

구분	내용
사전통제	실제 활동이 이루어지기 전이나 문제가 발생하기 전에 실시되는 통제활동
진행통제	경영활동이 진행 중에 실시되는 통제활동
사후통제	어떤 활동의 결과를 측정하고 계획과 결과의 편차 원인을 규명하여 수정조치를 취하는 통제활동

7. 경영 의사결정

경영 의사결정의 유형

경영 의사결정의 주체

경영 의사결정	주체	내용
전략적 의사결정	최고경영자	기업의 장기적인 목표 설정과 경쟁우위 달성을 위한 자원배분 등의 의사결정 예 신사업영역 결정, 공장부지 결정, 기술개발 결정 등
관리적 의사결정	중간경영자	기업의 목표를 달성하기 위한 자원의 획득 및 효율적인 사용과 관련된 의사결정 예 제품생산계획, 예산할당, 판매분석 등
기능적 의사결정	일선경영자	특정 업무의 효율적이고 효과적인 수행과 관련된 의사결정 예 작업할당, 부품주문 등

8. 경영환경의 분류

환경의 구성요소

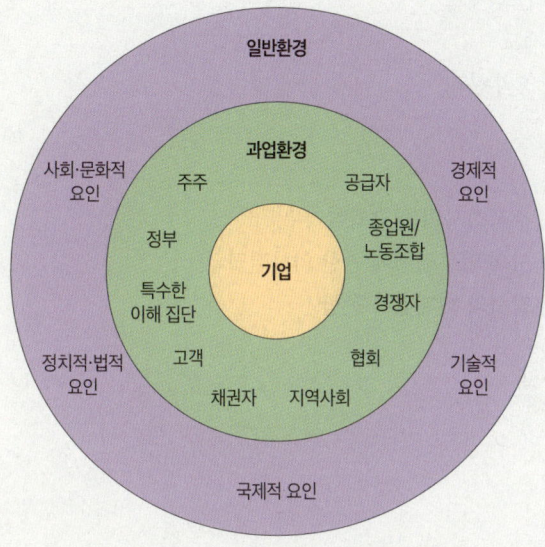

환경의 구분

환경	내용
일반환경	기업에 간접적으로 영향을 미치는 거시적 환경요인 예 경제적 요인, 기술적 요인, 정치적·법적 요인, 사회·문화적 요인, 국제적 요인 등
과업환경	기업과 매우 밀접한 관련을 가지면서 기업의 목적달성에 직접적으로 영향을 미치는 환경요인 예 경쟁자, 주주, 고객, 공급자, 노조, 정부, 지역사회, 금융기관 등

9. 기업형태

기업형태별 특징

형태	특징
합명회사	2인 이상의 무한책임사원으로 구성
합자회사	무한책임사원+유한책임사원
유한회사	유한책임사원으로 구성
유한책임회사	내부적으로는 합명회사의 성격, 외부적으로 유한회사

10. 주식회사

(1) 특징
① 자본의 증권화 제도
② 유한책임제도
③ 소유와 경영의 분리

(2) 주요기관
① 주주총회: 주식회사의 최고의결기구
② 이사회: 회사의 업무집행에 관한 의사결정
③ 감사: 업무감사와 회계감사를 함

11. 대리인 문제

(1) 대리인 문제
주주로부터 기업의 경영을 위탁받은 대리인인 전문경영자가 주주의 이익에 반하는 행동을 통칭하는말

(2) 대리인 비용
대리인 비용(agency costs)이란 주주와 경영자 사이에 발생하는 대리인 문제를 적절하게 해결하는데 소요되는 비용을 말함

① **감시비용** monitoring cost
주주는 대리인이 자신의 권익을 보호하기 위한 경영을 하고 있는지를 감시해야 하는데 이에 소요되는 비용

② **확증비용** bonding cost
대리인인 경영자가 자신의 경영활동과 의사결정이 주주를 위한 것임을 주주들에게 증명하려 하는데 이에 소요되는 비용

③ **잔여손실** residual cost
감시비용이나 확증비용 외에 경영자가 기업을 위한 최적의 의사결정을 하지 않음으로써 발생하는 기업가치손실

(3) 해결방안(주식매입선택권)

경영자에게 고정급 이외에 회사의 주식을 일정 가격에 살 수 있는 권리를 제공하는 것

주식매입선택권의 개념

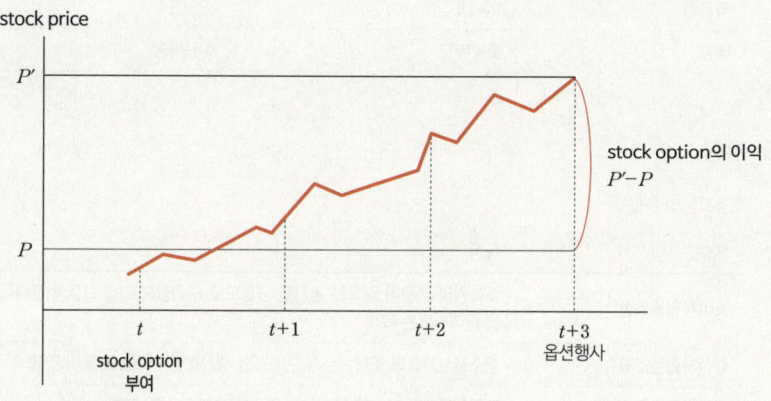

t기에 부여된 주식매입 선택권을 $t+3$기에 행사할 경우 $P'-P$만큼의 이익을 볼 수 있음

주식매입선택권의 역할

stock option 부여 전

소득/관심사	주인(주주)	대리인(경영자)	주주와 경영자 이해관계
소득	주식가치+배당금	보수	불일치
관심사	주가 상승과 배당금 증가	보수 증가	

stock option 부여 후

소득/관심사	주인(주주)	대리인(경영자)	주주와 경영자 이해관계
소득	주식가치+배당금	주식가치	일치
관심사	주가 상승과 배당금 증가	주가상승	

12. 협동조합

(1) 의의

개인들이 공동으로 출자하여 조직한 기업의 형태나 영리를 목적으로 하는 것은 아니며 자신이 이용하기 위해 설립한 자본적 공동기업

(2) 주식회사와의 차이점

주식회사 vs 협동조합

차이점	주식회사	협동조합
소유	투자자(주주)	출자한 이용자
의결권	1주 1표	1인 1표
배당	출자배당	이용배당

(3) 유형

협동조합의 유형

유형	특징
소비자협동조합	조합원의 생활에 필요한 물자를 공동으로 구입함으로써, 그들의 경제적 이익을 증대시키는 목적
생산자협동조합	중소생산자들의 조합으로서 구매조합·생산조합·판매조합 등이 있음
신용협동조합	조합원들에게 자금을 융통하여 줄 목적으로 구성된 조합

13. 기업 집중

(1) 기업집중의 형태

① **카르텔** cartel
  기업연합이라고도 하는데 동종 또는 유사한 산업에 속하는 다수의 기업들이 법률적·경제적 독립성을 유지한 채 신사협정을 맺고 과당경쟁을 제한하여 가격의 안정을 도모하고 독점적으로 시장을 지배하여 기업의 안정과 경제적 이익을 얻기 위해 수평적으로 결합하는 것으로 기업 간 담합을 의미함

② **트러스트** trust
  자유경쟁의 배제 내지 제한을 통한 독점과 경영합리화를 목적으로 각 참가기업들이 법률적·경제적 독립성을 완전히 버리고 새로운 기업으로 통합하는 결합형태로 기업합병이라고도 함

③ **콘체른** concern
  기업연맹이라고도 하는데 몇 개의 기업이 독립성을 유지하면서 실질적으로 주식 소유, 자금대여와 같은 방법에 의해 하나의 기업으로 결합되는 형태임

14. 기업집단

① **콤비나트** kombinat

기술적 연관이 있는 여러 생산부문이 근접입지하여 형성된 기업의 지역적 결합체로, 일반적으로 기초원료에서 완성품에 이르기까지의 제조과정 상의 상호 관련된 기업의 공장이 일정 지역에 집중하여 유기적으로 결합되어 있어 시간적, 공간적 낭비가 없는 것이 특징임

② **콩글로머리트** conglomerate

이종기업의 주식을 무차별 집중매입하여 합병함으로써 기업의 규모를 확대시켜 대기업의 이점을 추구하려는 다각적 합병으로 콩글로머리트는 급속한 M&A를 통해 탄생함

③ **조인트 벤처**

조인트 벤처(joint venture)란 두 명 이상의 사업자가 공동출자·공동계산·공동사업 영위를 목적으로 설립해 출자액에 비례하여 손익을 분담하는 합작회사를 말함

15. 기업의 사회적 책임

(1) 사회적 책임이 요구되는 이유

① 증가되는 상호작용
② 시장의 불완전성
③ 외부불경제
④ 기업의 영향력 증대

(2) 사회적 책임의 2가지 관점

1) **전통적인 관점** classical view

노벨상 경제학상 수상자인 프리드만(Milton Friedman)의 견해로 이 관점은 기업의 사회적 책임은 이윤을 극대화하는 것이라고 봄

2) **사회경제적 관점** socioeconomic view

노벨 경제학상 수상자인 새뮤엘슨(P. Samuelson)의 견해로 이 관점은 기업은 사회와 동떨어져 있는 독립적인 존재가 아니기 때문에 사회복지(social welfare)를 유지·향상시키기 위하여 적극적으로 노력해야 한다고 봄

(3) 사회적 책임의 범위

사회적 책임의 범위

낮음 ←——————— 사회적 책임 ———————→ 높음

1단계	2단계	3단계	4단계
주주와 경영진	종업원	이해관계자	사회전체

(4) 사회적 책임의 구분

사회적 책임과 사회적 반응 비교

구분	사회적 책임 social responsibility	사회적 반응 social responsiveness
주요 관심사	윤리성	실용성
초점	목적	수단
강조	의무	반응
의사결정 기간	장기	중단기

(5) 사회적 책임과 기업의 성과

기업이 사회적 책임을 다하는 것이 기업의 장기적 성과(long-term performance)에 해를 주지 않음

(6) 사회책임투자

사회책임투자(SRI: socially responsible investment)란 사회적인 책임을 다하는 기업에 투자하는 것을 의미함

① 기업이 사회·환경에 미치는 영향을 고려해 투자대상을 결정하는 사회적 선별 (social screening)
② 일명 '장하성 펀드(라자드 한국기업 지배구조펀드)'처럼 주주로서 권리를 적극 활용해 기업경영에 영향을 미치는 주주 행동주의(shareholder advocacy)
③ 인류 공영과 지역사회 발전에 목적을 둔 지역사회투자(community investing)

(7) 지속가능경영

지속가능경영(sustainable management)이란 기업의 모든 경영활동 과정을 경제적 수익성, 환경적 건전성, 사회적 책임성을 바탕으로 통합 추진해 지속가능 발전을 추구하는 경영패러다임을 말함

지속가능경영의 구성

구분	내용
경제적 수익성	지역 사회 경제에 기여 기업 투명성(회계투명성, 정보공개) 공정 경쟁 혁신(경영혁신, 기술혁신)
환경적 건전성	청정 생산 전 과정 관리(친환경 공급망 관리, 제품 책임주의) 기후변화대응 환경 리스크 관리 생물 다양성 보호 제품의 서비스화
사회적 책임성	사회 공헌 활동 준법 경영 인권 경영 안전 보건 활동

16. 기업윤리

(1) 기업윤리의 의의

기업윤리(business ethics)란 사회적 윤리를 기업경영이라는 특수한 상황에서 나타나는 행동이나 태도의 옳고 그름이나 선이나 악을 체계적으로 구분하는 판단기준을 의미함

(2) 기업윤리의 접근법

1) 공리주의 접근법

공리주의 접근법(utilitarian approach)은 도덕적 행동과 의사결정의 결과는 최대다수에게 최고의 만족을 제공하는 일반선(general good)을 지향해야 한다는 주장

2) 도덕권리적 접근법

도덕권리적 접근법(moral-rights approach)은 모든 인간은 다른 사람의 결정에 의해서 침해받을 수 없는 기본적 자유와 권리를 가지고 있다고 주장

3) 사회적 정의 접근법

사회적 정의 접근법(social justice approach)은 모든 사람은 동등하게 취급되어야 하고 법규는 공평하고 공정하게 적용되어야 한다고 주장

4) 윤리적 상대주의 접근법

윤리적 상대주의(ethical relativism)는 도덕이나 윤리는 사회·문화적 환경을 바탕으로 한 인간생활의 관습이라고 할 수 있기 때문에 모든 사회, 모든 조직 그리고 모든 개인마다 서로 다른 윤리적 기준을 가질 수 있다는 주장

5) 의무론적 접근법

의무론적 접근법은 "규칙을 따르느냐? 따르지 않느냐?"가 관건이다. 즉, 의무론적 접근법은 "윤리가 의무이기 때문에 지키는 것이다."라는 점을 강조

17. 경영학의 발전과정

(1) 산업혁명기의 경영학

1776년 아담 스미스(Adam Smith)는 그의 저서 국부론(The Wealth of Nations)에서 생산성 향상을 위한 분업(division of labor)의 장점을 주장

(2) 고전적 접근법 classical approach : 효율성 efficiency 추구

고전적 접근법의 분류

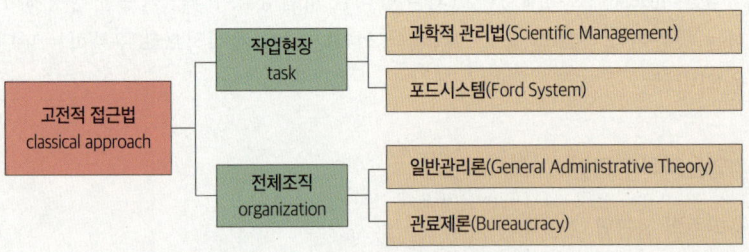

1) 테일러의 과학적 관리법 Scientific Management

   최선의 작업방법(one best way)을 찾기 위해 작업을 과학적인 방법으로 연구함. 또한 작업현장의 효율성을 높이기 위해 동작연구(motion study)를 이용하여 '표준작업량=1일 공정 작업량'을 설정함. 과학적 관리법의 목표는 '높은 임금, 낮은 노무비(high wage, low labor cost)의 원리'로 집약
   ① 과학적 작업방식의 연구
   ② 과학적인 근로자의 선발
   ③ 차별적 성과급제도
   ④ 관리활동의 분업(기능식 직장제도)
   ⑤ 시간연구·동작연구
   ⑥ 기획부 제도

   차별적 성과급제도

   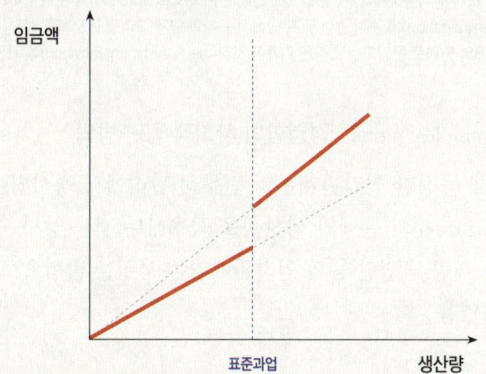

2) 포드 시스템 Ford System

   '봉사주의'와 '저가격, 고임금(low prices and high wage)'의 원리를 중심으로 함. 생산의 표준화를 위해 제품의 단순화(simplification), 부품의 표준화(standardization), 공장의 전문화(specialization), 기계 및 공구의 전문화, 작업의 단순화 등을 지향

3) 페욜의 일반관리론 General Administrative Theory

   페욜(Fayol)은 조직전체의 효율적 경영을 위해 '경영관리직능의 5요소(계획 → 조직 → 지휘 → 조정 → 통제)'와 '경영관리의 14가지 일반원칙'을 제시함

4) 베버의 관료제론 Bureaucracy

   베버(Weber)는 대규모 조직을 효율적으로 운영하기 위한 이상적 원리로 관료제(Bureaucracy)를 제시함

베버의 이상적 관료제의 원칙

구분	내용
분업	직무는 단순하고 일상적이며 잘 정의된 과업으로 나누어져야 함
권한계층	조직은 권한계층에 따라 조직되어야 하고, 하위계층은 상위계층의 통제와 감독을 받아야 함
공식적 채용	조직의 구성원은 교육·훈련 및 공식적인 시험을 통해서 입증된 기술적인 자질에 의해 선발되어야 함
공식적 규칙과 규제	종업원의 행동을 통일하고 규제하기 위해서 경영자들은 공식적인 조직의 규칙에 주로 의존해야 함
비개인성	관료제 내에서 상하간의 관계는 감정과 편견 등 인간적 오류가 배제되고 공적 업무관계만 중시하는 보편적인 것이어야 함
경력지향	경영자는 그들이 관리하는 조직의 단순한 소유자라기보다는 전문경영인이 되어야 함
문서화	의사소통의 책임소재와 의사결정의 공식화를 위해 문서화를 강조. 문서화된 기록은 오랜기간 동안 조직에서 기억될 수 있도록 하여 조직의 지속성을 높여줌

※ 위 관료제의 원칙을 조직에 적용하게 되면, 분업으로 인해 전문화(specialization) 수준이 높아지고, 권한계층이 명확하게 설정되면, 집권화(centralization) 수준이 높아지고, 공식적 규칙과 규제 그리고 문서화를 실시하면 공식화(formalization)가 높아지므로 관료제의 원리로 운영되는 조직은 기계적 조직(mechanistic organization)에 가깝다고 할 수 있음

(3) 인간관계론 Human Relations : **경영학의 사회적 접근 방법**

호손실험을 통해 등장한 인간관계론의 전통적 관리에서 경시되어 온 비공식 조직(informal organization)의 존재와 생산성을 좌우하는 것은 상사, 동료와의 관계, 집단 내의 분위기, 비공식 집단 등의 인간관계라는 사실을 밝힘으로써 경영학의 발전에 큰 공헌을 하였음

호손실험의 내용

실험 순서	내용
1차	조명실험
2차	계전기 조립 실험
3차	면접 실험
4차	배선관찰 실험

(4) 행동과학 Behavioral Science : **인간행동에 대한 과학적 · 체계적 연구**

인간관계론의 전통을 이어받아 인간에 대한 정교하고 과학적인 지식을 얻기 위해 심리학, 사회심리학, 인류학 등 다방면의 인접과학들의 이론적 틀을 활용하고, 상호 교류하면서 인간행동에 대한 연구를 추진함

(5) 시스템적 접근법 System approach : 조직=개방시스템

기업이 외부환경과 상호작용을 하는 개방시스템(open system)이며, 통일된 전체를 이루고 있는 상호관련·의존적 부분들의 집합으로 인식하게 함

<u>시스템으로서의 조직</u>

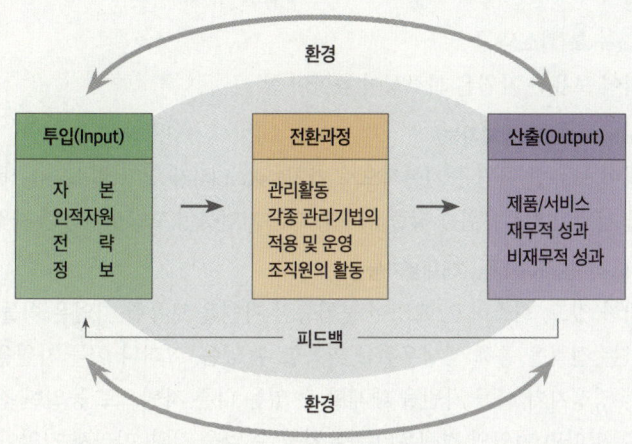

(6) 상황론적 접근법 Contingency approach : 상황에 적합한 기업경영 강조

모든 상황에 동일하게 적용될 수 있는 경영이론은 없으며, 기업의 전략, 규모, 기술, 환경에 따라 각각 다른 경영관리방식을 사용해야 한다는 점을 강조함

(7) 자원기반관점 RBV : resource-based view : 기업=자원의 집합체

1) 개념

자원기반관점은 기업은 자원의 집합체이며, 궁극적으로 기업이 어떤 자원을 보유하느냐에 따라 기업의 경쟁력은 달라진다고 주장함. 즉, 기업의 경쟁력은 기업의 외부가 아닌 내부에서 비롯된다는 관점. 이 관점에 따르면, 경쟁자들보다 우수한 제품이나 서비스를 만들어낼 수 있는 핵심역량(core competence)의 보유가 기업 경쟁력의 원천임. 또한 자원기반관점은 경쟁우위의 원천이 되는 자원에 있어서 기업 간 이질성(heterogeneous)과 비이동성(immobile)을 가정함

<u>자원기반관점의 가정</u>

자원의 이질성	이는 본질적으로 개별기업이 보유한 자원이 효율성과 생산성에 있어서 차이가 발생한다는 것을 의미. 즉, 효율성이 뛰어난 자원과 능력을 보유한 기업이 고객의 요구를 충족시키는 데 있어서 그렇지 못한 기업보다 유리하다는 것을 말함
자원의 비이동성	자원과 능력의 이동이 용이하면 그만큼 모방이 쉽고 빠름. 그러나 어떤 자원은 쉽게 모방되지 않음. 즉, 자원이나 능력이 독특하여 모방이나 구입이 어려워 기업 간 자원의 이동이 제약을 받는 것을 자원의 비이동성이라 함

2) 경쟁우위를 제공하는 자원의 특징

기업이 보유한 VRIN(value, rareness, inimitability, non-substitutability) 자원들은 경쟁우위를 창출할 수 있음. VRIN의 의미는 다음과 같음

① V=Value(가치)

기업이 보유한 자원은 기업이 가치를 창출할 수 있도록 해야 함

② R=Rareness(희소성)

기업이 보유한 자원은 희소성이 높아야 함

③ I =Inimitability(모방불가능)

기업이 보유한 자원은 기본적으로 가치(valuable)가 있고 희소(rare)해야 하지만, 이들 자원이 경쟁우위를 창출하려면, 다른 기업들이 모방불가능한 자원이어야 함

④ N=Non-substitutability(대체불가능성)

가치가 있고, 희소하고, 모방이 불가능한 자원을 보유한 기업은 이들 자원을 이용하는 전략을 통해 경쟁우위를 획득할 수 있음. 그러나 이들 자원을 확보하지 못한 경쟁자가 이들 자원을 대체할 수 있는 다른 자원으로 동일한 전략을 구사할 수 있다면 기업의 경쟁우위는 유지될 수 없을 것임. 따라서 기업이 보유한 자원은 가치, 희소성, 모방 불가능성에 추가하여 대체불가능해야 함

18. 최근 경영이론

(1) 지식경영 KM: knowledge management

노나카(Nonaka) 교수는 경쟁이 치열한 환경에서 살아남기 위해서는 새로운 지식을 끊임없이 창출하고 조직 내에 확산시키는 것이 중요하다고 강조함

지식의 구분

구분	형식지 explicit knowledge	암묵지 tacit knowledge
정의	언어로 표현가능한 객관적 지식	언어로 표현할 수 없는 주관적 지식
특징	• 언어를 통해 습득된 지식 • 전수가 상대적으로 쉬움	• 경험을 통해 몸에 밴 지식 • 전수가 상대적으로 어려움
속성	• 구체성 • 공식적 • 체계적	• 추상성 • 개인적 • 비체계적
예	비행기 조정 매뉴얼	비행체험과 훈련에 의해 생긴 지식

지식창조의 반복적 순환

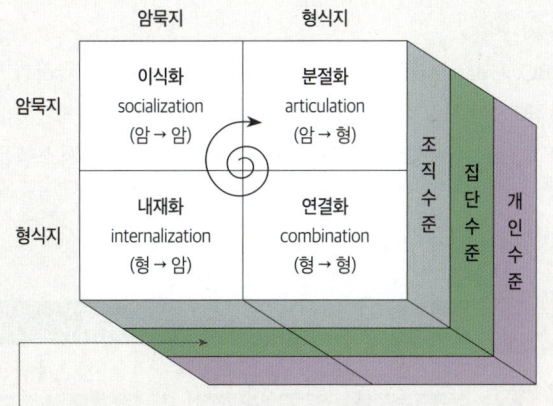

지식변환은 개인을 출발점으로 해서 개인의 모임인 집단(부분 부서, 팀) 나아가 조직수준까지 집약적으로 창조 프로세스를 파악하는 프레임 워크이다.

(2) 구조조정 restructuring

1) **리엔지니어링** business process reengineering : BPR

   기존의 업무방식을 근본적으로 재고려하여 과격하게 비즈니스 시스템 전체를 재구성하는 것으로서 프로세스를 근본단위로부터 업무, 조직, 기업문화까지 전 부분에 대하여 대폭적으로 성과를 향상시키는 것

2) **벤치마킹** benchmarking

   조직의 업적향상을 위해 최고수준에 있는 다른 조직의 제품, 서비스, 업무방식 등을 서로 비교하여 새로운 아이디어를 얻고 경쟁력을 확보해나가는 체계적이고 지속적인 개선활동 과정을 말함

3) **아웃소싱** outsourcing

   핵심적인 활동에 더욱 집중하기 위해 상대적으로 중요성이 낮은 업무를 외부에 맡기는 것

19. 목표관리

(1) 개념

목표관리(MBO : management by objectives)는 상급자와 하급자가 함께 합의하여 목표를 설정하고, 이 목표를 달성할 책임부문을 명시하고, 이의 진척상황을 정기적으로 점검한 후, 보상은 목표의 달성도에 따라 배분하는 경영시스템을 말함

목표관리

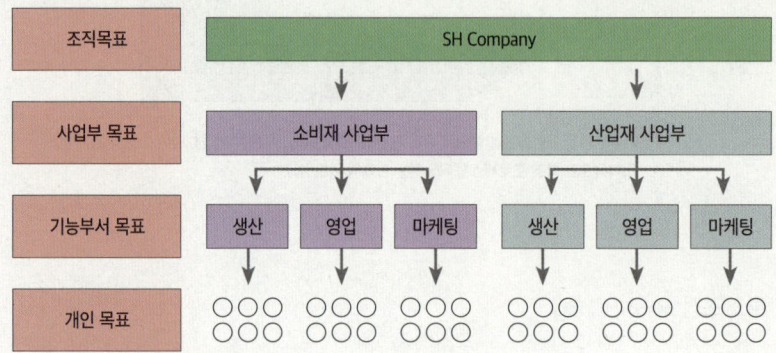

(2) 일반적 요소

- 목표의 구체성(goal specificity)
- 참여적 의사결정(participative decision making)
- 명확한 기간(explicit time period)
- 피드백(performance feedback)

20. 균형성과표

캐플란(Kaplan)과 노튼(Norton)은 기업을 경영하는 것은 마치 항공기를 운행하는 것과 같아서 기업을 경영할 때 경영자가 고려하여야 하는 요인들은 마치 항공기 조종석의 계기판만큼이나 복잡한 정보를 필요로 한다고 주장하면서, 기업성과의 균형잡힌 측정을 위해서 균형성과표(BSC : balanced scorecard)라는 개념을 도입함

BSC에서 고려하고 있는 4가지 효과성 범주

효과성 범주	내용
재무적 관점	조직활동이 장·단기 재무성과에 얼마나 기여하는지에 대한 것
고객 관점	고객이 어떻게 조직을 판단하고 있는지를 의미하며, 고객유지율이나 고객만족도로 측정
내부프로세스 관점	성과를 최대한 달성하기 위하여 어떠한 프로세스에서 탁월해야 하는지 규정하는 것
학습과 성장 관점	인적자원이 미래를 위해 얼마나 잘 관리되며 준비되고 있는지에 대한 것

21. 지식기반 경제

대량생산이 특징인 전통적인 산업에서는 수확체감의 법칙(diminishing returns of scale)이 적용되지만, 적은 자원과 첨단 지식을 활용하는 지식기반 경제에서는 투입된 생산요소가 늘어날수록 산출량이 기하급수적으로 증가하는 수확체증의 법칙(increasing returns of scale)이 통용됨

(1) 수확체증의 법칙이 발생하는 이유

1) 높은 신제품 개발비용

지식집약형 산업에서는 제품을 개발하는데 엄청난 비용이 들어가지만 일단 개발되면 생산에 드는 비용은 그리 크지 않기 때문임

2) 네트워크 효과

제품 및 서비스의 가치는 그대로인데 이를 이용하는 사용자의 수가 많아짐에 따라 가치가 올라가는 네트워크 효과 때문임

3) 소비자의 타성

한 제품을 오래 사용하다 보면 익숙해져서 다른 제품으로 바꾸기가 쉽지 않기 때문임

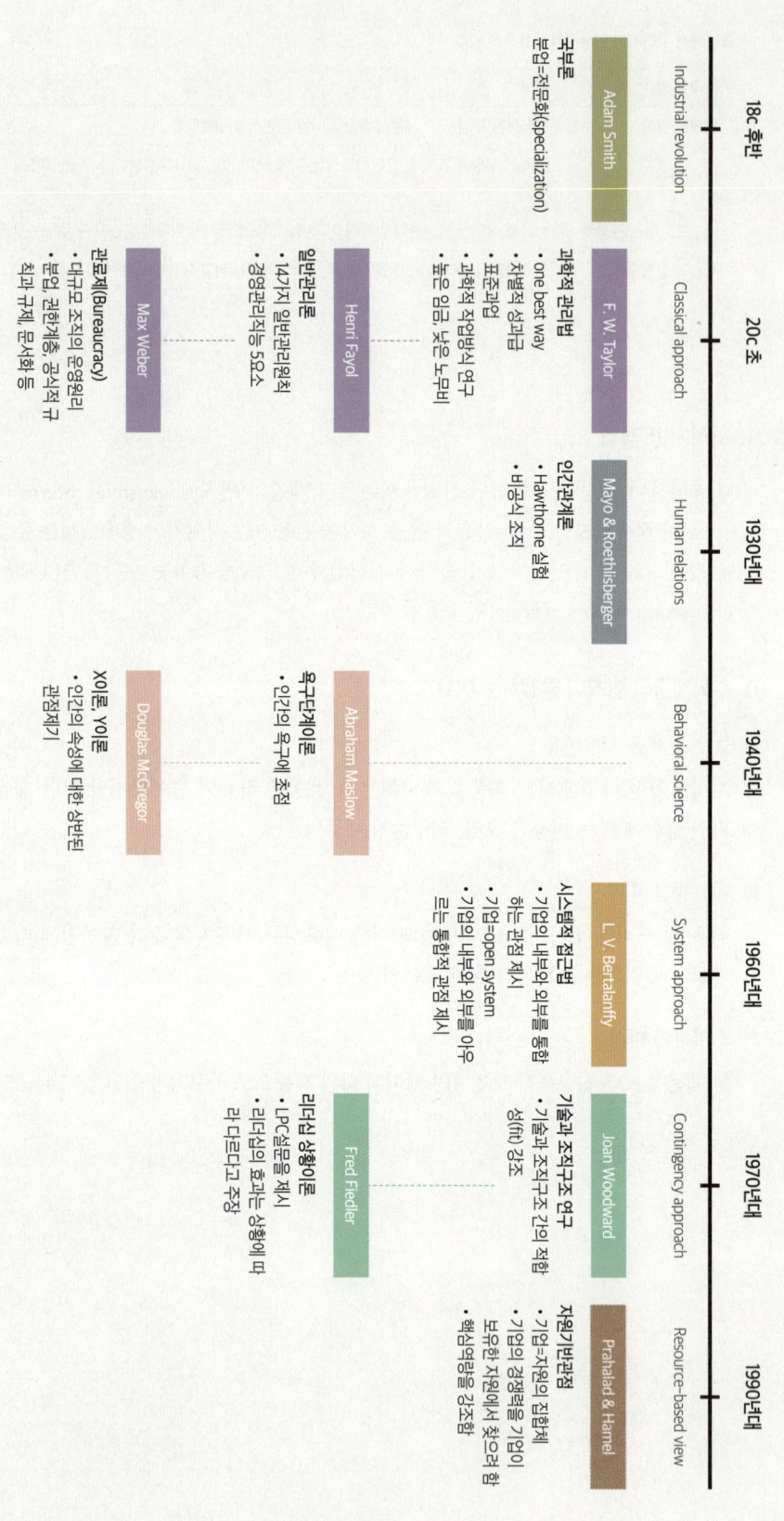

01 효과성(effectiveness)은 자원의 사용정도를, 효율성(efficiency)은 목표의 달성정도를 평가대상으로 한다.

02 효율성은 자원의 낭비 없이 일을 올바르게 수행하는 것(doing things right)을 의미한다.

03 경영자를 계층에 따라 일선경영자, 중간경영자, 최고경영자로 분류할 수 있다.

04 소유경영자에 비해 전문경영자는 상대적으로 강력한 리더십을 발휘할 수 있다는 장점이 있다.

05 전문경영자에 비해 소유경영자는 단기적 성과에 집착하는 경향이 강하다.

06 전반경영자(general manager)는 마케팅, 생산, 재무, 인사 등 각 기능의 전문가를 뜻한다.

07 카츠(Katz)가 제시한 경영자에게 요구되는 능력 가운데 최고경영자 계층에서 가장 중요시되는 것은 개념화 능력(conceptual skill)이다.

08 민쯔버그(H. Mintzberg)의 경영자 역할 중 연락자(liaison)는 의사결정 역할의 범주에 해당한다.

---

01 ✗ 효과성(effectiveness)은 목표의 달성정도를 평가하고, 효율성(efficiency)은 자원의 사용정도를 평가대상으로 한다.

02 ○

03 ○

04 ✗ 전문경영자는 소유권이 없으므로 강력한 리더십을 발휘할 수 없다. 하지만 소유경영자는 기업 소유권이 있으므로 강력한 리더십 발휘가 가능하다.

05 ✗ 임기가 정해져 있는 전문경영자는 임기 내에 좋은 성과를 창출하기 위해 소유경영자보다 단기적 성과에 더 집착하는 경향이 강하다.

06 ✗ 마케팅, 생산, 재무, 인사 등 각 기능의 전문가는 직능경영자(functional manager)이다. 전반경영자는 기업 전체를 총제적인 관점에서 조정하고 조율하는 경영자를 말한다.

07 ○

08 ✗ 의사결정자 역할은 기업가(entrepreneur), 분쟁조정자(disturbance handler), 자원배분자(resource allocator), 협상자(negotiator)로 구성된다. 연락자(liaison)는 대인관계 역할에 해당한다.

09 경영관리 과정은 계획(planning), 조직(organizing), 지휘(leading), 통제(controlling)의 순으로 진행된다.

10 사전통제는 목표달성을 위하여 사전준비를 확인하는 가장 바람직한 통제이다.

11 사후통제는 업무가 종료된 후에 이루어지는 통제활동으로 피드백을 통해 결과의 변경이 가능하다.

12 전략적 의사결정은 비구조적이고 분권적이라는 특징을 갖는다.

13 경쟁기업은 기업환경 중 일반환경에 해당한다.

14 합명회사는 무한책임사원과 유한책임사원으로 구성된 상법상의 기업이다.

15 유한회사는 이사를 3인 이상을 두어야 한다.

16 주식회사에서 감사는 임의기구로서 그 설치여부는 자유이다.

17 주식회사는 소요되는 자본의 조달과 경영의 합리화를 기하기 위하여 형성된 자본적 공동기업이다.

18 주식회사의 주주는 무한책임을 진다.

---

09 O
10 O
11 X 사후통제는 업무가 종료된 이후에 이루어지는 통제활동으로 결과의 변경은 불가능하다.
12 X 최고경영층의 의사결정인 전략적 의사결정은 '분권적'이기 보다는 '집권적'에 가깝다.
13 X 경쟁기업은 기업에게 직접적인 영향을 미치기 때문에 기업환경 가운데 과업환경에 해당한다.
14 X 합명회사는 무한책임사원만으로 구성된다. 무한책임사원과 유한책임사원으로 구성된 것은 '합자회사'이다.
15 X 유한회사의 이사는 1인 이상을 둘 수 있다.
16 X 주식회사에서 감사는 상설기관이며 반드시 설치해야 한다.
17 O
18 X 주식회사의 주주는 유한책임을 진다.

19　주식회사는 주주와 분리된 법적인 지위를 갖는다.

20　대리인 문제에 수반되는 비용은 감시비용(monitoring cost), 확증비용(bonding cost), 잔여손실(residual cost) 등이 있다.

21　협동조합(cooperatives)은 자신들의 경제적 권익을 보호하기 위해 2인 이상이 공동출자로 조직한 공동기업이다.

22　협동조합의 조합원에게는 출자액에 비례하여 의결권이 부여된다.

23　카르텔(cartel 혹은 kartell)은 과당경쟁을 제한하면서 시장을 지배하기 위한 목적으로 각 기업이 경제적 독립성을 유지하면서 법률적으로 통합한 형태이다.

24　트러스트(trust)는 시장독점을 위해 각 기업이 법률적·경제적 독립성을 포기하고 새로운 기업으로 결합한 형태이다.

25　콘체른(concern 혹은 konzern)은 기업이 법률적 독립성을 유지하면서 주식소유 및 자금대여와 같은 금융적 방법에 의해 결합한 형태이다.

26　울산석유화학단지와 같이 여러 개의 생산부문이 유기적으로 결합된 다각적 결합공장 혹은 공장집단을 콩글로머리트(conglomerate)라고 한다.

19　○

20　○

21　✕　협동조합 기본법에 따르면 협동조합(cooperatives)은 자신들의 경제적 권익을 보호하기 위해 5인 이상이 공동출자로 조직한 공동기업이다.

22　✕　주식회사는 출자액에 따라 의결권이 부여되는 1주 1표제이지만, 협동조합은 출자액에 관계없이 1인 1표제이다.

23　✕　카르텔은 과당경쟁을 제한하고 시장을 지배하기 위한 목적으로 체결한 기업간 협정으로 경제적·법률적 독립성을 유지하는 형태이다.

24　○

25　○

26　✕　콤비나트(kombinat)란 일정한 지역에서 기초 원료부터 제품에 이르기까지 생산 단계가 다른 각종 생산부문이 기술적으로 결합되어 집약적인 계열을 형성한 기업의 지역적 결합체이다. 따라서 울산석유화학단지와 같이 여러 개의 생산부문이 유기적으로 결합된 다각적 결합공장 혹은 공장집단을 콤비나트라고 한다.

27　동종 또는 유사기업간의 수평적·수직적 결합이 아닌 이종기업간의 결합을 통해 이점을 추구하는 기업집중은 콤비나트(kombinat)이다.

28　사회적 책임에 대한 고전적 견해(classical view)는 기업의 사회적 목표 추구는 제품 및 서비스의 가격 상승을 초래하여 소비자들이 피해를 보게 된다는 것이다.

29　기업의 사회적 책임 영역 중 가장 기본적이고, 제1차적 수준의 책임은 경제적 책임이다.

30　지속가능경영(sustainable management)을 구성하는 3가지 요소는 경제적 수익성, 환경적 건전성, 사회적 책임성이다.

31　다수의 이익을 위해 소수의 이익은 희생될 수 있다는 전제 하에 최대다수의 최대행복을 기본 원리로 삼는 윤리적 의사결정 접근법은 공리주의 접근법이다.

32　테일러의 과학적 관리법(scientific management)은 높은 임금, 낮은 노무비의 원리로 집약된다.

33　베버의 관료제(bureaucracy)는 대규모 조직을 효율적으로 운영하기 위한 원리로써 고안되었다.

34　페욜(Fayol)은 조직의 관리과정을 계획 → 조직 → 충원 → 지휘 → 통제로 구분하였다.

27　✗　동종 또는 유사기업간의 수평적·수직적 결합이 아닌 이종기업간의 결합을 통해 이점을 추구하는 기업집중은 콩글로머리트(conglomerate)이다.

28　○

29　○

30　○

31　○

32　○

33　○　베버가 제시한 관료제는 소규모 조직보다는 대규모 조직을 효율적으로 운영하기 위한 원리이다.

34　✗　페욜은 조직의 관리과정을 계획 → 조직 → 지휘 → 조정 → 통제로 구분하였다.

35　　테일러의 과학적 관리법은 작업현장의 효율성 향상이 목표이지만, 베버의 관료제와 페욜의 일반관리론은 조직전체의 효율성 향상이 목표이다.

36　　포드시스템은 봉사주의와 '저가격, 고임금'의 원리를 중심으로 한다.

37　　베버의 관료제는 조직구성원 간 의사소통의 활성화를 위해 수평적 조직구조를 선호한다.

38　　인간관계론은 인간의 사회·심리적 요인을 중시한다.

39　　행동과학(behavioral science) 이론에서는 조직 내 비공식조직의 활용을 중시한다.

40　　시스템 접근법(system approach)의 등장으로 조직은 비로소 개방시스템(open system)으로 인식되게 되었다.

41　　시스템 접근법에서 시스템을 구성하고 있는 하위 시스템(sub-system)들은 서로 독립적으로 운영되어야 한다.

42　　경영학의 상황론적 접근법(contingency approach)은 가장 좋은 경영방식보다는 최선의 것은 아니지만 오히려 상황에 적합한 경영방식이 더 효과적일 수 있다고 주장한다.

35　○

36　○　포드시스템은 저가격, 고임금의 원리를 중심으로 하는 반면 테일러의 과학적 관리법은 높은 임금, 낮은 노무비의 원리를 중심으로 한다.

37　✗　베버의 관료제는 조직의 상위 계층에서 권한을 갖고 조직의 하위계층은 이에 따라야 한다고 주장하므로 수평적 조직구조가 아니라 수직적 조직구조를 선호한다.

38　○

39　✗　조직 내 비공식조직의 활용을 중시하는 것은 인간관계론이다.

40　○

41　✗　시스템 접근법에서 시스템을 구성하고 있는 하위 시스템들의 활동은 전체 시스템의 목적을 달성하기 위해 상호 조정되어 통합되어야 한다.

42　○　상황론적 접근법은 보편적 접근법(universalistic approach)과는 달리 최선의 경영방식보다는 상황에 적합한 경영 즉, 상황과 경영방식의 적합성(fit)을 강조한다.

43 자원기반관점(resource-based view)은 기업이 장기간의 노력으로 보유하게 된 인적자원, 조직문화, 생산시설, 연구시설 등이 기업 경쟁력의 원천이 된다고 주장한다.

44 자원기반관점(resource-based view)에서 지속적인 경쟁우위의 원천이 되는 자원은 경쟁사들이 모방할 수 없고, 쉽게 다른 자원으로 대체될 수 없다.

45 지식은 암묵지(tacit knowledge)와 형식지(explicit knowledge)로 구분되며, 통상 지식은 암묵지와 형식지의 복합체로 존재한다.

46 개인 지식이 조직 지식으로 발전하는 과정은 이식화(socialization) → 분절화(articulation) → 연결화(combination) → 내재화(internalization) 순이다.

47 리엔지니어링이란 기존의 업무방식을 근본적으로 재고려하여 점진적으로 비즈니스 시스템 전체를 재구성하는 것을 말한다.

48 기업의 핵심역량이 될 가능성이 높은 활동은 아웃소싱(outsourcing)하지 않는 것이 바람직하다.

49 기업의 특정 활동(function)을 아웃소싱하게 되면 그 활동에 대한 통제권이 높아진다.

50 벤치마킹 기법을 사용하면 경쟁력 확보에 소요되는 비용과 시간을 줄일 수 있다.

---

43 O

44 O 한 기업이 가진 기술, 노하우, 지식 등이 핵심역량(core competence)이 되기 위해서는 VRIN(valuable, rare, inimitable, nonsubstitutable) 해야 한다.

45 O 지식은 암묵지와 형식지의 복합체이며, 암묵지와 형식지의 상호전환을 통해 발전한다.

46 O

47 X 리엔지니어링(business process reengineering)이란 기존의 업무방식을 근본적으로 재고려하여 과격하게 비즈니스 시스템 전체를 재구성하는 것을 말한다.

48 O 아웃소싱은 주력 사업이나 핵심프로세스에 더 집중하기 위해 상대적으로 중요도가 낮은 기능을 외부에 위탁하는 것이다.

49 X 특정 활동을 아웃소싱하게 되면 즉, 외부에 맡기게 되면 그 활동에 대한 기업의 통제 수준은 낮아진다.

50 O

51   목표관리(MBO)는 동기부여의 2요인이론(two factor theory)에 이론적 근거를 두고 있다.

52   균형성과표(BSC)는 기업의 효과성(effectiveness)을 종합적으로 측정하는 기법이다.

53   지식기반 경제에서는 수확체감의 법칙(diminishing returns of scale)이 적용된다.

54   사용자 수가 증가함에 따라 가치가 올라가는 현상을 네트워크 효과라고 한다.

55   기업의 사회적 책임에 대한 사회경제적 관점(socioeconomic view)은 기업의 사회적 목표 추구는 제품 및 서비스의 가격상승을 초래하여 오히려 그 피해가 소비자들에게 돌아가므로 기업의 사회적 목표 추구는 바람직하지 않다고 본다.

---

51   X   목표관리는 목표설정이론(goal-setting theory)에 그 근거를 두고 있다.

52   O   균형성과표를 사용하면 기업의 재무적 관점 뿐만 아니라 고객, 학습과 성장, 내부프로세스 관점까지 모두 평가할 수 있으므로 기업의 종합적 성과가 측정가능하다.

53   X   지식기반 경제에서는 높은 신제품 개발비용, 네트워크 효과, 소비자의 타성 등으로 인해 수확체증의 법칙(increasing returns of scale)이 적용된다.

54   O

55   X   기업의 사회적 목표 추구는 제품 및 서비스의 가격상승을 초래하여 소비자들이 피해를 본다는 관점은 기업의 사회적 책임에 대한 고전적 관점(classical view)이다.

2. 조직행동 : 개인

1. 조직행동 개요

(1) 조직행동이란?

조직행동(organizational behavior: OB)은 조직 안에 있는 사람들의 행동과 태도를 체계적으로 연구하는 학문이며, 조직 내 인간행동에 대한 조직의 영향과 조직에 대한 인간의 영향을 체계적으로 연구하여 인간의 행동과 태도를 설명·예측·통제하는 것을 목적으로 함

(2) 조직행동의 체계

조직행동의 분석 수준

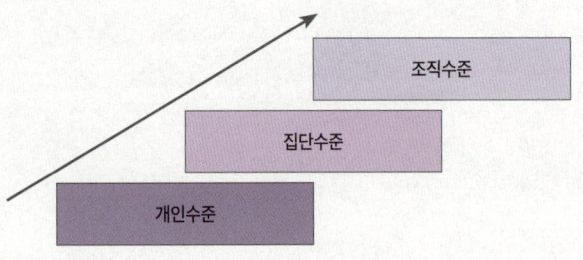

(3) 조직행동 분야의 연구모형

조직행동의 연구모형

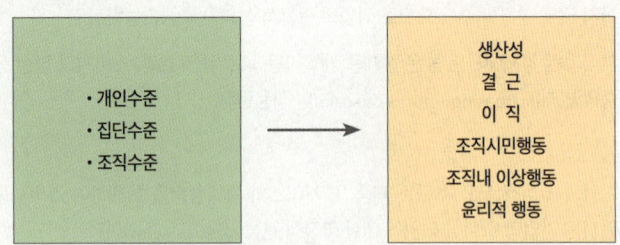

2. 능력

(1) 능력의 정의

능력(ability)이란 직무를 구성하는 여러 과업을 수행할 수 있는 개인의 소질을 의미함

능력과 성과의 관계

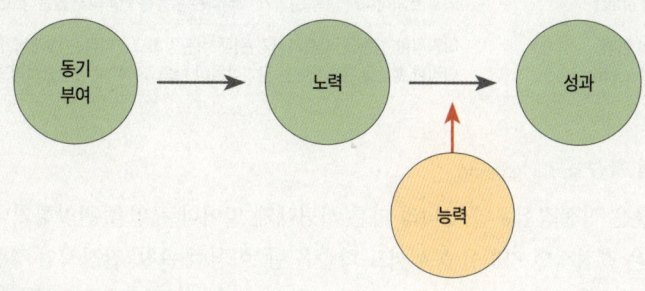

※ 능력은 노력과 성과 간의 조절변수 역할을 함

3. 학습

(1) 학습 Learning 이론

1) 고전적 조건화 classical conditioning

파블로프(Pavlov)의 개 실험에서 유래하며, 조건 자극(종소리)을 무조건 자극(음식)과 인접시키고 반복함으로써 조건 자극으로부터 새로운 조건 반응을 얻어내는 과정을 말함

고전적 조건화

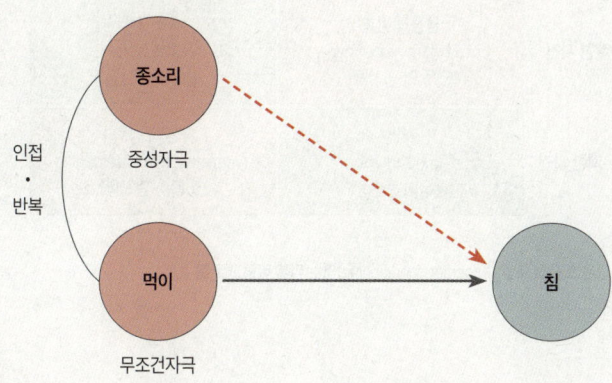

2) 조작적 조건화 operant conditioning

스키너(B. F. Skinner)는 '행위는 결과의 함수이다'라고 주장하면서, 특정 행동에 대해서 긍정적인 결과가 제공되는 환경을 조성함으로써 그 행동의 빈도를 증가시킬 수 있다고 주장함

조작적 조건화의 이론적 기반

이론	내용
효과의 법칙 law of effect	손다이크(Thorndike)는 효과의 법칙에서 호의적 결과가 따르는 행동은 반복되고 호의적이지 않은 결과가 나타나는 행동은 반복되지 않는다고 주장함
강화의 법칙 law of reinforcement	바람직한 행동을 지속시키기 위해서는 강화요인이라는 매개체가 필요하며, 이러한 행동을 유도해내는 강화작용이 학습과정에 매우 중요하다고 주장함

3) 사회적 학습 social learning

사람들은 직접경험뿐만 아니라 다른 사람에게 일어나는 일을 관찰하거나 듣는 것과 같은 간접적인 경험을 통해서도 학습을 함. 이처럼 관찰, 간접적인 경험, 자기통제적 과정의 역할을 중요시하고, 행동결정에 있어 인지적, 행동적 및 환경적 결정요인의 상호작용관계를 강조하는 학습이론

사회적 학습이론의 대표적 학습

이론	내용
대리학습 vicarious learning	직접 행동함으로써 학습하는 것이 아니라 다른 사람(모델)이 어떤 행동을 하는 것을 관찰함으로써 학습하는 것으로, 모델링(modeling)이라고도 함

(2) 행동 형성 shaping : 강화

행동형성의 4가지 방법

	첨 가	제 거
유쾌한 사건	긍정적 강화 positive reinforcement (행동이 증가함)	소거 extinction (행동이 중단됨)
불유쾌한 사건	처벌 punishment (행동이 중단됨)	부정적 강화 negative reinforcement (행동이 증가함)

■ 행동증가
■ 행동중단

※ 위 그림은 조작적 조건화(operant conditioning)의 논리를 바탕으로 함

(3) 강화 주기

구분		강화주기	강화	행동에 미치는 영향	예
연속적 강화		연속적 continuous	바람직한 행동을 할 때마다 보상을 제공	새로운 행동을 신속하게 학습하게 만들지만, 강화가 중단되면 급속하게 사라짐	칭찬
단속적 강화	간격법	고정 간격법 fixed-interval	고정된 시간 간격으로 보상을 제공	평균적이고 불규칙한 성과. 강화가 중단되면 급속하게 사라짐	주급
		변동 간격법 variable-interval	고정되지 않은 시간 간격으로 보상을 제공	약간 높고 안정적인 성과. 서서히 사라짐	깜짝 퀴즈
	비율법	고정 비율법 fixed-ratio	일정비율마다 보상을 제공	높고 안정적인 성과. 급속하게 사라짐	성과급
		변동 비율법 variable-ratio	정해지지 않은 비율에 따라서 보상을 제공	매우 높은 성과. 서서히 사라짐	성공 커미션

※ 위 표는 정적 강화(positive reinforcement)를 실행하는 방법에 관한 것임

4. 태도

(1) 태도란

태도(attitudes)란 어떤 대상, 사람, 또는 사건에 대해서 호의적이거나 비호의적으로 평가하는 것

(2) 태도의 구성요소

태도의 구성요소

구성요소	내용
인지적 요소 cognitive component	인간이 지니고 있는 사고·아이디어·신념 등
정서적 요소 affective component	태도의 감정 또는 느낌과 관련된 영역으로 대상에 대한 감정. 즉, '좋다, 나쁘다' 등의 진술에서 발견할 수 있음
행동의도적 요소 behavioral component	어떤 대상에 대해 특정한 방식으로 행동하려는 의도

(3) 태도의 일관성과 인지부조화

인지부조화(cognitive dissonance)란 둘 이상의 태도 또는 태도와 행동 사이의 불일치가 생겼을 때 발생하는 심리적 불편함을 의미함. 페스팅어(Festinger)는 어떤 종류든 불일치는 사람을 불편하게 만들기 때문에, 사람들은 부조화로 인한 불편을 감소시키려는 시도를 한다고 주장

(4) 직무와 관련된 대표적 태도들

1) **직무만족**

   직무만족(job satisfaction)이란 직무의 여러 요소에 대한 평가를 종합하여 지니게 된 직무에 대한 호의적인 감정으로 종업원의 직무성과와는 직접적인 관련성이 없음

2) **조직몰입**

   조직몰입(organizational commitment)이란 조직 구성원이 조직 및 조직의 목표와 자신을 동일시하고 조직의 일원으로 남아 있고자 하는 상태

   조직몰입의 구성요소

구성요소	내용
정서적 몰입 affective commitment	조직에 대한 감정적인 밀착 및 조직의 가치에 대한 신념
지속적 몰입 continuance commitment	조직에 남아 있는 것과 떠나는 것 사이의 경제적 가치에 대한 인식
규범적 몰입 normative commitment	도덕적 또는 윤리적 의무감에 기반한 몰입

5. 조직시민행동

구성원이 해야만 하는 공식적 업무와는 무관하게 자유재량에 의해서 행해지며 그것이 다른 사람에게나 조직에게 도움이 되는 행동이거나, 조직의 공식적 보상 시스템과는 관련 없이 조직의 이익을 증대시킬 수 있는 일련의 행동을 조직시민행동(OCB: organizational citizenship behaviors)이라고 함. 즉, 상사나 동료를 자발적으로 도와주고, 조직의 발전을 위해서 협동하는 성향을 말함

조직시민행동의 구성요소

요소	내용
이타적 행동 altruism	타인을 도와주려는 친사회적 혹은 친밀한 행동
성실한 행동 conscientiousness	조직이 요구하는 것 이상의 봉사나 노력을 하는 행동
예의적 행동 courtesy	자기 때문에 남이 피해보지 않도록 미리 배려하는 행동
신사적 행동 sportsmanship	남에 대해 악담을 하거나 단점을 떠벌리지 않는 행동
공익적 행동 civic virtue	조직활동에 책임의식을 가지고 솔선수범하는 행동

6. 감정

(1) 감정 emotions

감정은 어떤 사람 또는 대상을 향한 강렬한 느낌이며, 분노, 기쁨, 슬픔, 공포, 사랑, 놀람 등이 있음

(2) 감정노동

감정노동(emotional labor)이란 사람을 대하는 일을 수행할 때에 자신이 실제로 느끼는 감정과는 달리 조직에서 바람직하다고 여기는 감정을 일부러 표현해야 하는 것을 말함. 실제로 느끼는 감정과는 다른 감정을 표현해야 하므로 스트레스가 유발됨

(3) 감정지능

자신의 감정을 잘 알고 타인의 감정을 잘 파악하여 감정적인 자극과 정보를 간파하고 관리하는 능력을 감정지능(EI: emotional intelligence)이라 함

감정지능의 종류

	자신 (개인적 역량)	타인 (사회적 역량)
감정의 인지	self-awareness	social awareness
감정의 규제	self-management	relationship management

7. 성격 Personality

(1) MBTI

MBTI(Myers-Briggs Type Indicator)는 다음과 같은 4가지 차원으로 이루어져 있음. 이들은 (1) 개인의 에너지가 어느 쪽으로 많이 사용되는가(에너지 방향), (2) 외부의 정보를 인식하고 수집하는 방법이 어떤가(정보인식), (3) 어떤 방식으로 의사결정을 하는가(결정방법) 그리고 (4) 어떤 양식으로 살아가는가(생활양식)

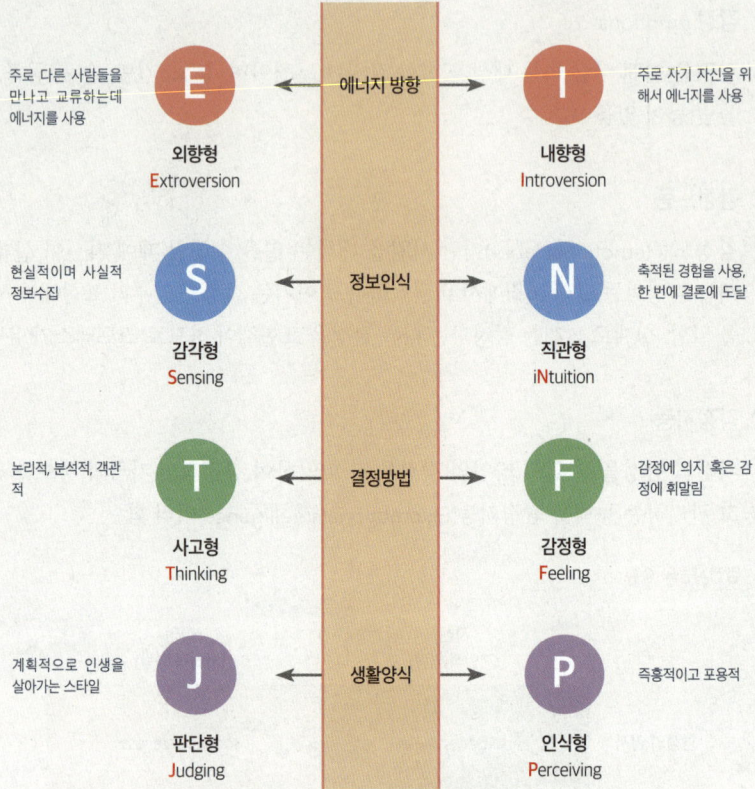

(2) Big 5 모델

Big 5 성격

차원	내용
외향성 extraversion	사회적 관계 속에서 편안함을 느끼는 정도
친화성 agreeableness	타인을 존중하는 개인의 성향
성실성 conscientiousness	사람의 신뢰성(reliability) 정도, 성과와 밀접하게 관련
정서적 안정성 emotional stability	스트레스에 대처하는 개인의 능력
개방성 openness to experience	새로운 것에 호기심을 갖고 매료되는 정도

(3) 통제의 위치

통제의 위치(locus of control)란 스스로 운명을 통제할 수 있다고 믿는 정도를 가리킴

통제의 위치

차원	내용
내재론자	내재론자(internalizer)란 자신을 자율적 인간으로 보고 자신의 운명과 일상생활에서 당면하는 상황을 자신이 통제할 수 있다고 믿는 사람들을 의미함. 외재론자에 비해 직무만족도가 높고 적극적이며 참여적인 행동을 보일 뿐만 아니라, 정서적으로도 안정되어 있어 스트레스에 대한 수용력도 더 강함. 이 때문에 외재론자보다 높은 성과를 보임.
외재론자	외재론자(externalizer)란 자신의 운명이 자기 외부에 존재하는 힘들에 의해 결정된다고 믿는 사람들을 의미함. 외재론자는 내재론자에 비해 상대적으로 불안감을 많이 느끼고 스트레스에 약하며 독재적이고 구조적인 직무환경을 선호하는 경향이 있음.

(4) 조직행동에 영향을 미치는 주요 성격적 특성

주요 성격 유형

유형	내용
마키아벨리즘 Machiavellianism	자신의 목표를 달성하기 위해 다른 사람을 이용하거나 조작하려는 성향
위험감수 성향 risk-taking	위험을 감수하려는 의지를 말하며, 높은 위험감수(risk taking) 성향을 지닌 사람은 의사결정이 빠르고 정보가 부족할 때에도 과감하게 의사결정을 함
A형 성격 type A personality	A형 성격은 참을성이 없고 성취에 대한 욕망이 크며 완벽주의로 특징지워짐

(5) 자아개념

자아개념

유형	내용
자기감시 성향 self-monitoring	외부의 상황적 조건의 변화에 잘 적응하는 사람으로 다른 사람들의 행동에 매우 높은 주의를 기울이며 그들의 행동에 맞추어 행동하는 일을 잘하는 성향
자기 존중감 self-esteem	사람들이 자기 자신을 좋아하거나 싫어하는 정도에는 차이가 있음. 이러한 성향을 자기 존중감 혹은 자존감이라고 함
자기 효능감 self-efficacy	자기존중감과는 달리, 개인이 주어진 상황에 자신감을 가지고 얼마나 잘 대처하는가에 관한 스스로의 믿음. 자기효능감은 과거의 성공경험, 대리 모델링, 구두설득, 각성 등을 통해 증가될 수 있음

8. 가치관

(1) 가치관 values 이란?

어떤 구체적인 행동양식이나 존재양식이 그 반대의 행동양식이나 존재양식보다 더 낫다고 여기는 개인적, 사회적 확신이며, 어떤 것이 옳고 선하며 바람직한지에 대한 판단을 내리는 개인적인 신념

(2) 가치관의 속성

가치관은 태도보다 안정적이고 지속적인 속성을 가지고 있음

(3) 가치관의 중요성

가치관은 사람의 행동에 직접적인 영향을 미치지는 않지만, 개인의 태도(attitude)와 동기부여(motivation)의 밑바탕을 형성하고, 사람들의 지각(perception)에 영향을 미침

가치관의 영향

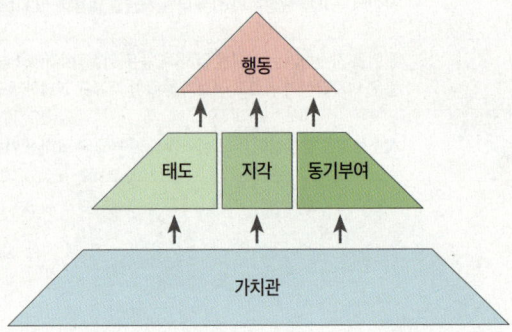

(4) 국가 간 문화분류 차원

홉스테드의 분류

차원	내용
개인주의와 집단주의 individualism vs collectivism	집단 구성원으로 일하는 것보다 개인적으로 일하는 것을 선호
남성문화와 여성문화 masculinity vs femininity	남성과 여성의 역할을 명확하게 구분하는가의 여부
장기 성향과 단기 성향 long- vs short-term orientation	사회가 전통적 가치에 대해 장기적 관점을 가지고 존중하는 정도
권력 격차 power distance	권력이 평등하게 부여되지 않은 상황에 대한 수용여부
불확실성 회피 성향 uncertainty avoidance	사람들이 혼란스러운 상황에 비하여 잘 정돈된 상황을 선호하는 정도

(5) 고배경 문화와 저배경 문화

홀의 분류

차원	내용
고배경 문화 high-context culture	타인과 대화하고 인간관계를 가질 때에 상대방이 제시한 내용보다도 그 배경 즉, 신분, 직책 등에 더 큰 비중을 둠
저배경 문화 low-context culture	배경을 경시하고 실질을 중시하므로, 기록된 정보나 상대방이 말한 내용에 비중을 둠

9. 지각

(1) 지각이란?

지각(知覺, perception)이란 사람들이 환경에 의미를 부여하기 위하여 감각적 인상을 조직하고 해석하는 과정

(2) 대인 지각

1) **귀인이론** attribution theory

   귀인(attribution)이란 자기와 타인의 행동에 대해 그 원인을 추론하려는 성향을 말함. 귀인은 내부귀인과 외부귀인으로 구분되며, 내부귀인은 행위의 원인을 능력과 같은 내부요인으로 돌리는 것이고 외부귀인은 어려운 업무환경과 같은 외부요인으로 돌리는 것을 말함

   ① **합의성** consensus
      유사한 상황에 처한 모든 사람들이 모두 유사한 방식으로 행동하느냐의 문제

   ② **특이성** distinctiveness
      사람이 상황에 따라 얼마나 다른 방식으로 행동하는 성향이 있는가의 문제

   ③ **일관성** consistency
      특정 행동이 시간을 두고 반복되는지의 여부

원인의 귀속

차원	합의성	특이성	일관성
외부귀인	고	고	저
내부귀인	저	저	고

2) 귀인오류 attribution error

귀인오류

유형	내용
근원적 귀인오류 fundamental attribution error	다른 사람의 행동을 판단할 때는 외부적인 요인의 영향을 과소평가하고 내부적인 요인(기질, 성격 등)의 영향을 과대평가하는 경향
행위자 관찰자 효과 actor-observer effect	다른 사람들 즉, 관찰자의 행동은 기질적인 요소에 의한 것으로 판단하는 반면, 자신 즉, 행위자의 행동은 상황적인 요소 때문에 발생한 것으로 생각하는 것
자존적 편견 self-serving bias	사람들은 자신의 성공에 대해서는 능력이나 노력과 같은 내부 요인으로 돌리는 반면, 실패에 대해서는 운이 없었다는 식의 외부 요인으로 돌리는 경향

3) 대인지각에서 자주 사용되는 편법(지각오류)

지각 오류

유형	내용
선택적 지각 selective perception	어떤 사물이나 사람, 또는 사건의 특징적인 요소들은 다른 것보다 더 쉽게 지각된다. 사람들은 자신이 관찰한 것을 모두 흡수하지 못하므로 선택적 지각을 할 수 밖에 없음
후광효과 halo effect	특정인이 가진 지엽적인 특성만을 가지고 그 사람의 모든 측면을 '긍정적'으로 평가하는 오류
대비효과 contrast effect	주어진 자극이나 사람에 대한 반응이 이전에 당면했던 자극이나 사람에 종종 영향을 주는 것을 의미
주관의 객관화 projection	판단을 함에 있어 자신과 비교하여 남을 평가하려는 경향을 말하며, 당신이 도전적이고 책임감 있는 직무수행자가 되기 원할 경우 다른 사람도 그럴 것이라고 가정함
스테레오타이핑 stereotyping	사람들은 개인 간의 차이를 충분히 고려하지 않은 채, 타인의 행동이나 성격을 그 개인이 속한 집단의 속성으로 범주화시키는 경향이 있다. 즉, 개인이 특정집단의 구성원이라는 이유만으로 그 특정집단이 가지는 모든 특성을 다 가지고 있을 것이라고 가정하고 평가하는 오류로서, 대인평가에 있어서 일종의 고정 관념이자 편견임
관대화 leniency 가혹화 strictness 중심화 central	관대화와 가혹화는 평가를 함에 있어서, 상대를 '매우 좋게' 혹은 '안 좋게' 평가하는 경우이다. 중심화 경향은 '매우 좋다' 혹은 '나쁘다' 하는 판단을 기피하여 중간 정도로 판단하는 것을 말함
최근 recency 및 초기 primacy 효과	판단을 함에 있어서 최근 제공된 정보나 혹은 맨 처음 제공된 정보에 보다 무게를 두게 되는 경향을 말함
유사효과 similar-to-me effect	자신과 유사한 사람들을 더 호의적으로 평가하는 것
자성적 예언 self-fulfilling prophecy 또는 Pygmalion effect	특정인에 대한 기대가 그의 행동을 규정하게 되는 현상을 일컫는 말이다. 사람은 윗사람이나 동료가 믿고 기대하는 바에 따라 행동하게 되고 그러한 행동의 결과로 타인이 기대하는 바가 현실로 나타나게 되는 경우를 말함

> **자성적 예언에 대한 바른 이해**
> 자성적 예언은 진정으로 간절하게 바라면 실제로 이루어진다는 것을 의미하는데, 이 문장에서 주어는 '자신'이 아니다. 즉, 자기가 간절하게 바라면 이루어지는 것이 아니라, 나에게 기대와 관심을 갖는 타인이 있을 경우, 타인의 기대에 맞추기 위해 노력함으로써 정말 그렇게 된다는 의미이다. 결국 타인의 기대에 부응할만한 결과를 낳게 만드는 현상을 '자성적 예언' 혹은 '자기 충족적 예언'이라고 한다.

10. 의사결정 Decision making

(1) 합리적 의사결정 모형

합리적 의사결정(rational decision making)은 인간이나 조직이 원래 합리적이기 때문에 여러 가지 대안들 중에서 최적의 의사결정을 할 수 있다고 보는 견해

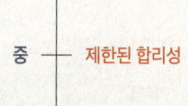

(2) 제한된 합리성 모형

제한된 합리성 모형(bounded rationality model)은 의사결정자는 합리성을 추구하지만, 실제로는 여러 제한요소들 때문에 합리성은 제한될 수 밖에 없으며, 이로 인해 의사결정자는 투입해야 하는 시간과 노력을 줄이기 위해 최적해는 아니지만 만족스러운(satisficing) 대안을 선택한다는 점을 강조

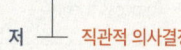

(3) 직관적 의사결정

축적된 경험에서 우러나오는 무의식적인 과정으로, 불확실성 수준이 높거나, 의사결정에 필요한 정보가 거의 없는 상황에서 합리적 의사결정을 보완할 수 있는 의사결정임

(4) 의사결정 과정의 오류

여러 가지 의사결정 과정의 오류

유형	내용
몰입의 상승현상 escalation of commitment	어떤 집단이 의사결정을 한 후에 변화가 일어나 먼저 내린 의사결정이 부적절하고 잘못임에도 불구하고 여러 가지 이유를 들어 최초의 의사결정을 고수하려는 경향
고착과 조정 오류 anchoring and adjustment bias	초기 정보에 지나치게 고착되어 이후에 다른 정보가 들어와도 적절하게 생각을 조정하지 못하는 경향
유용성 오류 availability bias	쉽게 접근할 수 있는 정보에 근거를 두고 판단을 내리는 경향
대표성 오류 representative bias	과거의 어떤 사건이 현재의 비슷한 다른 상황에서 같은 효과를 낼 것이라고 생각하는 것
승자의 재앙 winner's curse	경매의 최종 승자가 비록 이겼지만 너무 높은 가격을 부른 바람에 오히려 망한다는 역설적 현상을 가리키는 말임
맹목성 오류 hindsight bias	사건의 결과가 실제로 알려진 후 결과를 정확히 예측할 수 있었다고 잘못 믿는 경향을 말함

11. 동기부여 Motivation 개요

동기부여 이론의 분류

유형	초점	이론들
내용이론 content theory	무엇이 사람들을 동기부여시키는가? (What?)	욕구단계이론 X, Y 이론 2요인이론 ERG이론 성취동기이론
과정이론 process theory	사람들은 어떤 과정을 거쳐서 동기부여되는가? (How?)	기대이론 공정성이론 목표설정이론
내재적 동기이론	왜 내적인 동기부여가 외적인 동기부여 요소보다 더 중요한가?	직무특성이론 인지적 평가이론 자기결정이론

12. 동기부여의 내용이론 Content theory

(1) 매슬로의 욕구단계이론

1) 욕구의 단계

<u>매슬로의 욕구 5단계</u>

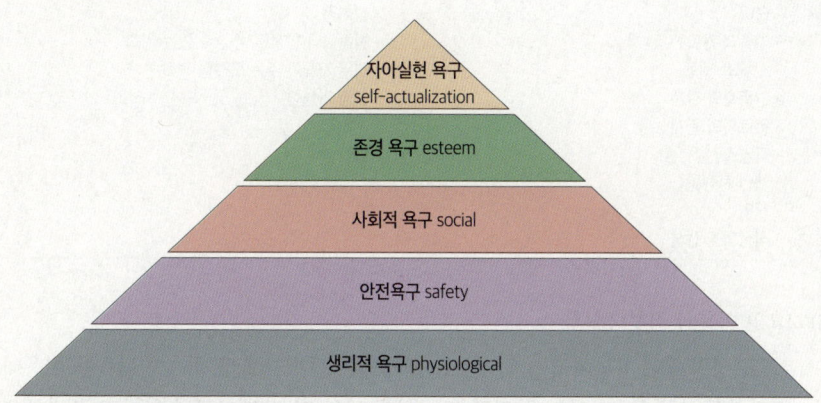

2) 매슬로 이론의 작동원리

① 개인마다 다섯 가지 욕구가 저차원에서 고차원으로 순서대로 나타남
② 욕구의 출현과 소멸은 결핍과 충족(deprivation and gratification)의 원리에 의해 이루어짐
③ 결국, 개인의 행동에 동기를 부여하는 것은 '결핍된 욕구'임

(2) 허즈버그의 2요인 이론

만족과 불만족을 동일한 개념의 양극으로 보지 않고 두 개의 독립된 개념으로 봄. 만족에 영향을 미치는 요인들을 동기요인(motivator)이라 하였고, 불만족에 영향을 미치는 요인들을 위생요인(hygiene factors)이라고 명명함

<u>만족-불만족에 관한 견해 차이</u>

전통적인 관점

불만족	만족

허즈버그의 관점

불만족 多	불만족 0	만족 0	만족 多
위생요인 hygiene factors		동기요인 motivators	

1) 위생요인과 동기요인

허즈버그는 성취감, 인정, 책임감, 도전적인 직무 등의 직무만족 또는 동기요인이 종업원들을 동기부여시킬 수 있다고 주장

위생요인과 동기요인

위생요인(불만족 해소요인)	동기요인(만족 증진요인)
• 급여 • 기술적 감독 • 회사의 정책 • 감독자와 관계 • 동료와의 관계 • 작업조건 • 개인 사생활 • 직위 • 직장의 안정성	• 성취감 • 칭찬이나 인정을 받을 수 있는 기회 • 직무 자체가 주는 도전성 • 성장 가능성 • 책임감 • 발전성

2) 2요인 이론과 직무충실화

조직구성원을 동기부여하기 위해서는 개개인이 업무자체에 자기의 능력을 이용하고 자기통제를 할 수 있도록 책임과 기회를 보다 많이 부여해야 한다고 주장했으며, 이를 허즈버그는 직무충실화(job enrichment)라고 칭함

(3) 앨더퍼의 ERG이론

매슬로의 5가지 욕구를 3가지 범주로 재구분

1) ERG 이론의 3가지 욕구

앨더퍼는 매슬로의 5단계 욕구를 존재욕구(Existence needs=E), 관계욕구(Relatedness needs=R), 성장욕구(Growth needs=G)의 3가지 범주로 재구분함

매슬로와 앨더퍼 이론의 욕구연관성

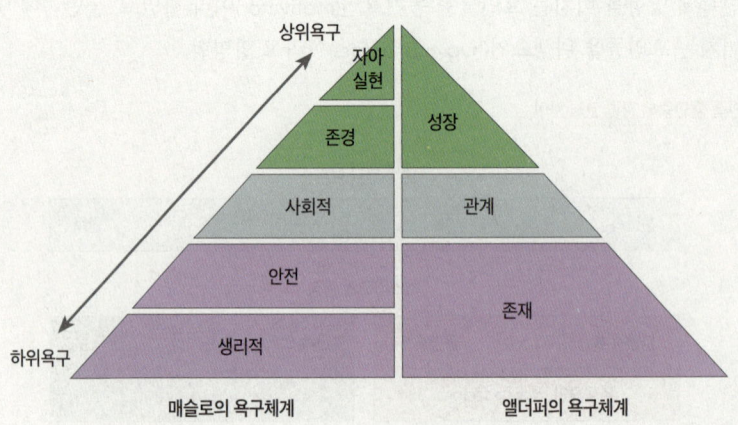

2) 작동 원리

작동원리 비교

	매슬로의 욕구단계이론	앨더퍼의 ERG이론
만족-진행	○	○
좌절-퇴행	×	○

ERG 이론의 작동원리

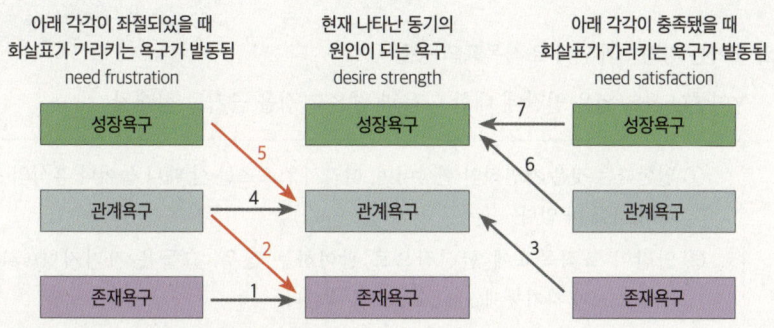

※ 2, 5번 화살효는 좌절-퇴행 원리를 의미하는 것임

(4) 맥클리랜드의 성취동기이론

성취동기이론의 욕구 종류

욕구	내용
성취욕구 need for achievement	성취욕구가 강한 사람은 성공에 대한 강한 희망을 갖고 있으며 도전받기를 원하며, 직무에 대하여 책임을 지기 좋아하고 수행하고 있는 방법에 대하여 즉각적인 피드백(feedback)을 받기를 좋아함
권력욕구 need for power	높은 권력욕구를 가지고 있는 사람들은 영향력과 통제를 행사하는 데 큰 관심을 가지며, 이러한 사람들은 리더로서의 일을 찾고 강압적이고 자기본위적인 경향이 강함
친화욕구 need for affiliation	친화욕구가 높은 사람들은 다른 사람과 친근한 관계를 가지려고 하며 사회집단으로부터 소외되는 아픔을 피하고자 하는 경향이 강함

※ 위 3가지 욕구는 위계가 존재하지 않음

(5) 맥그리거의 X이론과 Y이론

맥그리거(Douglas McGregor)는 관리자가 인적 자원을 통제함에 있어 근거로 하는 이론적 가정이 무엇이냐에 따라 기업의 전체적 성격이 결정된다고 전제하고 이러한 가정을 X, Y라는 두 가지 이론으로 설명하고 있음

1) X이론 가정 : 명령통제에 관한 종속적 견해

X이론(theory X)에서의 인간에 대한 가정은 다음과 같음

> ① 원래 인간은 일하기를 싫어하며 가능하면 일을 피하고자 한다.
> ② 그들은 별로 야심이 없고, 책임회피를 좋아하며 명령받기를 좋아하고 안전을 추구한다.

이와 같은 X이론에 따르면 인간의 동기는 대체로 저차수준의 욕구 즉, 생리적 욕구 수준 및 안전욕구의 수준에 머무르고 있다고 가정

2) Y이론 가정 : 개인과 조직목표의 통합

Y이론(theory Y)은 인간에 대한 다음과 같은 가정을 근거로 전개됨

> ① 일한다는 것은 자연적인 현상이며, 따라서 스포츠를 할 때나 놀이나 휴식의 경우와 다를 바 없다.
> ② 인간이 조직목표에 헌신적으로 관여하는 경우, 그들은 자기지향(self-direction)과 자기통제(self-control)를 행한다.

Y이론은 인간에 관한 동태적 견해를 대표하고 있다. 즉, 개인은 본성적으로 성장과 발전의 잠재력을 갖춘 행동주체로 인식되고, 동기부여의 문제 또한 관리층의 책임으로 규정하고 있음

13. 동기부여의 과정이론 Process theory

(1) 기대이론

기대이론(expectancy theory)은 개인이 행동과 노력의 방향을 선택한다는 관점에서 동기부여를 봄

1) 기대이론의 3가지 구성개념

기대이론의 구성개념

구성개념	내용
기대감 expectancy ($0 \leq E \leq 1$)	노력을 했을 때 특정한 목표행위를 성취할 수 있는가에 대한 주관적인 확률을 말한다. 즉, 기대감(expectancy)은 사람들이 자신의 노력이 실제로 1차적 결과를 가져오게 할 것이라고 믿는 정도를 의미
수단성 instrumentality ($-1 \leq I \leq 1$)	특정한 행위(1차적 결과)를 달성했을 때 2차적 결과가 얻어질 수 있으리라는 데에 대한 주관적 믿음(또는 1차적 결과와 2차적 결과간의 상관관계)을 의미
유의성 valence ($-n \leq V \leq n$)	개인이 특정한 행위(1차적 결과)를 달성함으로써 그에 따라 얻어지는 2차적 결과물들 각각에 대하여 갖는 욕구를 의미하며, 보상의 유의성은 각 보상이 개인에 따라 나타나는 가치에 따라 달라짐

기대이론

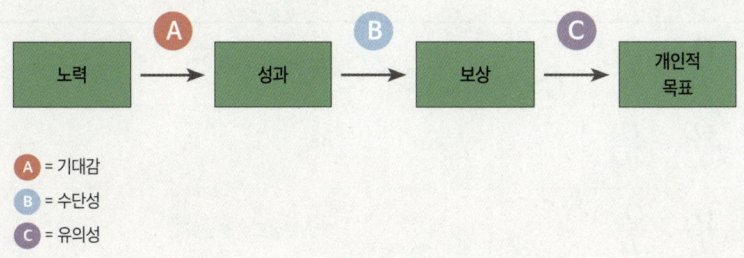

- Ⓐ = 기대감
- Ⓑ = 수단성
- Ⓒ = 유의성

2) 동기부여의 강도측정

동기부여의 강도는 기대감, 수단성, 유의성의 곱으로 계산됨

$$\text{Motivation} = E \times I \times V$$

E : 기대감, I : 수단성, V : 유의성

3) 조직경영에 주는 의의

① 기대감 제고 : 교육, 훈련이나 재배치
② 수단성 제고 : 성과급 임금제
③ 유의성 제고 : 카페테리아식 복리후생 제도(선택적 복리후생 제도)

(2) 공정성이론

$$\text{공정성이론} = \underset{\text{Festinger}}{\text{인지부조화 이론}} + \underset{\text{Homans}}{\text{분배적 정의}}$$

※ 아담스의 공정성이론은 3가지 조직적 정의 즉, 분배적 정의, 절차적 정의, 상호작용적 정의 가운데 분배적 정의만을 사용하였음

공정성이론(equity theory)은 개인과 개인, 또는 개인과 조직 간의 교환관계에 초점을 둠. 이 이론의 골자는 사람들은 자기가 준 것(투입물: input)과 받은 것(산출물: outcome)을 상대방이 준 것과 받은 것과 비교하여 교환관계가 공정성을 유지하고 있는지를 판단한다고 주장

투입과 산출의 비교

비율 비교	지각
$\dfrac{O_A}{I_A} < \dfrac{O_B}{I_B}$	과소 보상으로 불균형
$\dfrac{O_A}{I_A} = \dfrac{O_B}{I_B}$	균형
$\dfrac{O_A}{I_A} > \dfrac{O_B}{I_B}$	과대 보상으로 불균형

※ $\dfrac{O_A}{I_A}$ 는 본인 $\dfrac{O_B}{I_B}$ 는 준거인

1) 작동방법

공정성 이론의 핵심은 자신의 투입과 산출의 비율을 자기가 선택한 비교대상(준거인)의 투입과 산출의 비율과 비교하는 것. 비교 후 그 비율에서 부등호 관계가 성립이 되면 등호로 바꾸기 위해 노력하게 된다는 것

공정성 이론에서의 투입과 산출

투입	산출
시간	급여/상여금
지성	각종 혜택(fringe benefit)
교육/훈련	도전적 직무부여
경험	직업 안정
기술(숙련)	내재적 보상
창의성	경력상승
구속	단조로움
사회적 지위	지위상징물
조직에 대한 충성심	운명에 대한 불확실성
나이	안락한 근무환경
성격적 특성	개인성장/자기계발의 기회
도구 소유	상급자의 지원
출석	인정
건강	중요한 의사결정에 참여시킴
	허쯔버그의 위생인자들

2) 불공정성 지각으로부터 오는 긴장을 줄이기 위한 방법

- 투입의 변경
- 산출의 변경
- 투입과 산출의 인지적 왜곡
- 장의 이탈(leave the field)
- 준거인물에 영향을 미침
- 준거인물 변경

(3) 목표설정 이론

목표설정 이론(goal-setting theory)은 명확하고 도전감을 불러일으킬 수 있는 목표가 성과에 미치는 영향에 대해 설명하는 이론

목표설정 이론의 개념적 체계

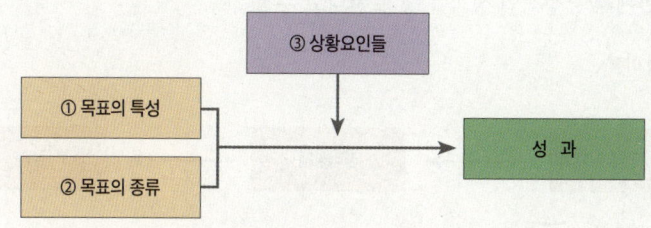

목표설정이론의 구성변수들

변수	내용
목표의 특성	목표는 구체적(specific)이고, 어려울수록(difficult) 더 높은 성과를 달성함
목표의 종류	목표의 설정 방법에 따라 지시된 목표, 자기설정 목표, 참여적 목표로 구분되는데, 자기설정 목표는 조직상황에서 별 의미가 없으므로, 지시된 목표와 참여적 목표만을 비교하자면, 일반적으로 참여적 목표가 지시된 목표보다 종업원으로 하여금 목표에 대한 수용성을 더 높임
상황요인들	목표달성에 영향을 미치는 상황요인들로 피드백, 보상조건, 직무복잡성, 능력, 경쟁상황 등이 있음

1) 목표설정 이론의 활용

목표설정이론을 경영자가 활용할 수 있는 가장 좋은 방법은 목표관리(MBO: management by objectives)를 실시하는 것. 목표관리는 구체적이고 확인 가능하며 측정할 수 있는 목표를 부하가 참여하여 설정하는 것을 강조. MBO의 핵심은 조직의 전반적인 목표를 구체적인 부서 및 개인의 목표로 전환하는데 있으며, 조직 단위별로 목표가 구체적으로 정해지도록 만듦

14. 내재적 동기이론

(1) 핵크만과 올드햄의 직무특성이론

직무특성이론(job characteristics theory)에서는 직무의 특성이 직무수행자의 성장욕구수준에 부합할 때 직무가 그에게 보다 큰 의미와 책임감을 주게 되므로 동기유발 측면에서 긍정적인 성과를 낳게 된다고 주장

직무특성 이론

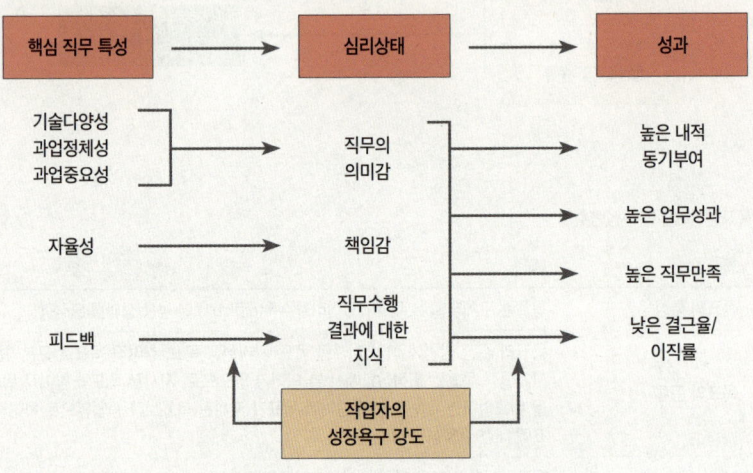

※ 직무를 설계할 때 가장 먼저 고려해야 하는 것은 '성장욕구'임

1) 5가지 직무특성

5가지 핵심직무특성

핵심직무특성	내용
기술다양성 skill variety	직무를 수행하는데 있어 요구되는 기술의 종류가 얼마나 여러 가지인가를 뜻함
과업정체성 task identity	업무의 내용이 시작부터 끝까지 전체에 대한 것인지 아니면 일부에만 관여하도록 되어 있는지에 관한 것
과업중요성 task significance	직무가 다른 사람의 생명 또는 다른 사람의 업무에 중대한 영향을 미치는 정도
자율성 autonomy	개인이 자신의 직무에 대하여 개인적으로 느끼는 책임감의 정도
피드백 feedback	직무를 수행하는 도중에 직무의 성과와 효과성에 대해 직접적이고 명확한 정보를 획득할 수 있는 정도

$$\text{동기잠재력 지수}(MPS) = \frac{(\text{기술다양성} + \text{과업정체성} + \text{과업중요성})}{3} \times \text{자율성} \times \text{피드백}$$

※ MPS값이 높은 직무는 성장욕구 수준이 높은 사람에게 맡겨야 함

(2) 인지적 평가이론

데시(Edward L. Deci)의 인지적 평가이론(cognitive evaluation theory)은 어떤 직무에 대하여 내재적 동기가 유발되어 있는 경우, 외재적 보상이 주어지면 내재적 동기가 감소된다는 이론

내재적 보상과 외재적 보상

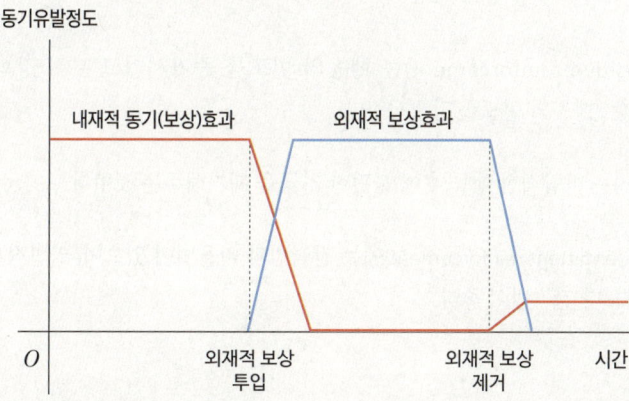

(3) 자기결정이론

최근 들어 인지적 평가이론은 자기결정이론(self-determination theory)으로 발전하였는데, 이 이론은 인간의 동기는 개인이 완전히 내적 통제(예 흥미, 호기심)에 의해서 행동할 때 가장 높으며, 내적인 이유가 전혀 없는 상태에서 순전히 외적인 통제(예 강제)에 의해서 행동하게 되었을 때 제일 낮다고 주장함

자기결정이론

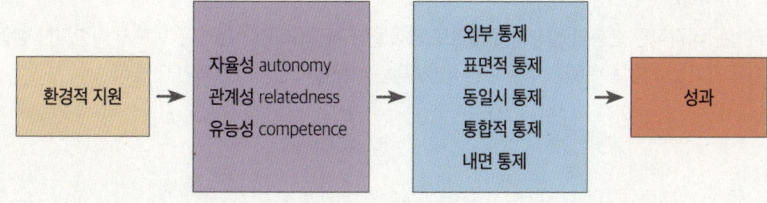

01 고전적 조건화(classical conditioning)는 조건자극과 무조건자극을 인접시켜놓고 반복적 학습을 통해 행동을 학습시키는 방법이다.

02 손다이크의 효과의 법칙(law of effect)이란 호의적인 결과가 따르는 행동은 반복되고 그렇지 못한 행동은 반복되지 않는다는 것이다.

03 조작적 조건화(operant conditioning)는 행위 뒤에 오는 결과를 조작함으로써 학습이 가능하다고 보았다.

04 사회적 학습(social learning)이란 인간의 학습은 관찰이나 듣는 것과 같은 간접적인 경험을 통해서도 가능하다는 것을 강조한다.

05 정적 강화(positive reinforcement)는 행동의 빈도를 증가시키고 부적 강화(negative reinforcement)는 행동의 빈도를 감소시킨다.

06 소거(extinction)는 바람직한 행동 후에 불편한 자극을 제거해주는 것이다.

07 단속적 강화(intermittent reinforcement)에는 간격법과 비율법이 있으며, 일반적으로 강화의 효과는 비율법보다 간격법이 좋다.

---

01 ○ 고전적 조건화의 대표적 실험인 파블로프(Pavlov)의 개실험은 종소리(조건자극 혹은 중성자극)와 먹이(무조건자극)를 인접시켜 놓고 반복을 통해 결국 개가 종소리를 듣고도 침을 흘리도록 만드는 것이다.

02 ○

03 ○ 조작적 조건화는 특정의 행위 뒤에 좋은 결과를 보이는 행동은 계속되고, 나쁜 결과가 따르는 행동은 반복되지 않는다고 보았다.

04 ○

05 × 정적강화와 부적강화 모두 행동의 빈도를 증가시킨다.

06 × 소거는 바람직하지 못한 행동 뒤에 유쾌한 자극을 제거하는 것이다.

07 × 간격법은 바람직한 행동이 발생하지 않아도 강화물이 제공되지만 비율법은 반드시 바람직한 행동을 해야만 강화물을 받을 수 있기 때문에 간격법보다는 비율법이 강화의 효과가 더 좋다.

08 연속적 강화(continuous reinforcement)는 강화요인이 제거되면 행동이 곧 사라지는 경향이 있다.

09 정적 강화(positive reinforcement)에서 강화가 중단될 때, 변동비율법에 따라 강화된 행동이 고정비율법에 따라 강화된 행동보다 빨리 사라진다.

10 태도(attitude)는 인지적(cognitive), 정서적(affective), 행동적(behavioral) 요소로 구성된다.

11 사람들은 인지부조화를 경험할 때마다 항상 인지부조화를 줄이려고 노력한다.

12 서비스 업종에서 종업원의 직무만족(job satisfaction)이 높을수록 고객만족(customer satisfaction)이 높아진다.

13 직무만족(job satisfaction)이 높을수록 이직의도는 낮아지고 직무관련 스트레스는 줄어든다.

14 조직몰입(organizational commitment)은 정서적(affective), 지속적(continuance), 규범적(normative) 몰입으로 구성된다.

15 조직몰입(organizational commitment)에서 지속적 몰입(continuance commitment)은 조직구성원으로서 가져야 할 의무감에 기반한 몰입이다.

---

08 O

09 X 강화가 중단되었을 때 바람직한 행동이 계속 나오는 것은 보통 고정적 강화보다는 변동적 강화가 더 크다. 따라서 정적 강화(positive reinforcement)에서 강화가 중단될 때, 고정비율법에 따라 강화된 행동이 변동비율법에 따라 강화된 행동보다 빨리 사라지며, 마찬가지로 고정간격법에 따라 강화된 행동이 변동간격법에 따라 강화된 행동보다 빨리 사라진다.

10 O

11 X 부조화 상태를 유지하면 보상이 주어지는 경우나 인지 부조화를 조화로 바꾸는데 본인이 영향을 미칠 수 없다고 생각되는 경우 사람들은 인지 부조화를 줄이려고 노력하지 않는다.

12 O 서비스 직무에 종사하는 사람들은 고객과 직접 접촉하여 일을 하기 때문에 직무만족도가 높은 직원들이 행하는 서비스를 받는 고객들의 만족도가 높은 것은 당연하다.

13 O

14 O

15 X 조직구성원으로서 가져야 할 의무감에 기반한 몰입은 규범적 몰입이다.

16   조직시민행동(organizational citizenship behavior)은 신사적 행동(sportsmanship), 예의바른 행동(courtesy), 이타적 행동(altruism), 전문가적 행동(professionalism)의 네 요소로 구성된다.

17   조직시민행동이란 다른 사람 혹은 조직에게 도움이 되는 행동이나 조직의 공식적 보상 시스템과는 관련 없이 조직의 이익을 증대시킬 수 있는 일련의 행동을 말한다.

18   감정노동이란 직장인이 사람을 대하는 일을 수행할 때에 자신의 조직에서 바람직하다고 여기는 감정을 일부러 표현해야 하는 것을 말한다.

19   자기존중감(self-esteem)이란 특정 상황에서 한 개인이 과업을 잘 수행하리라는 주관적 믿음을 의미한다.

20   자신의 삶에 대해 통제력이 없다고 생각하는 사람은 내재론자(internals)이다.

21   마키아벨리즘(Machiavellianism) 성향이 강한 사람은 일반적으로 단체교섭과 같이 협상기술이 필요하거나 판매실적에 따라서 급여가 결정되는 영업 직무에서 생산성이 높다.

22   자기감시 성향(self-monitoring)이 높은 사람은 다른 사람의 행동에 매우 높은 주의를 기울이며 그들의 행동에 맞추어 행동하는 일을 잘한다.

23   위험감수 성향(risk-taking)이 높은 사람은 적은 정보를 가지고도 더 신속한 의사결정을 내린다.

---

16   ✗   조직시민행동은 신사적 행동(sportsmanship), 예의바른 행동(courtesy), 이타적 행동(altruism), 공익적 행동(civic virtue), 양심적 행동(conscientiousness) 등의 5가지 요소로 구성된다.

17   ○

18   ○

19   ✗   특정 상황에서 한 개인이 과업을 잘 수행하리라는 주관적 믿음은 자기효능감(self-efficacy)이다.

20   ✗   자신의 삶에 대해 통제력이 없다고 생각하는 사람은 외재론자(externals)이다.

21   ○

22   ○

23   ○

24　가치관(value)보다는 태도(attitude)가 더 안정적이다.

25　국가 문화를 고배경 문화(high-context culture)와 저배경 문화(low-context culture)로 구분하는 것은 홉스테드(Hofstede)의 분류이다.

26　권력격차(power distance)와 불확실성 회피성향(uncertainty avoidance)은 홉스테드(Hofstede)의 국가 간 문화분류 차원에 포함된다.

27　켈리(Kelley)의 귀인이론에서 특이성(distinctiveness)은 사람이 상황에 따라 얼마나 다른 방식으로 행동하는 성향이 있는가의 문제로 특이성이 높을 때 내부적으로 귀인하게 된다.

28　귀인이론에서 일관성(consistency)이 높다면 내부적으로 귀인하게 된다.

29　자존적 편견(self-serving bias)이란 자신의 성공은 내부에 귀인하는 반면, 자신의 실패는 외부에 귀인하는 오류를 말한다.

30　근원적 귀인오류(fundamental attribution error)란 다른 사람의 행동을 판단할 때 내부적 요인의 영향을 과소평가하고 외부적인 요인의 영향을 과대평가하는 경향이다.

31　행위자 관찰자 효과(actor-observer bias)란 다른 사람들의 행동은 기질적 요소에 의한 것으로 판단하는 반면, 자신 즉 행위자의 행동은 상황적인 요소 때문에 발생한 것으로 생각하는 것이다.

24　✕　태도보다는 가치관이 상대적으로 더 안정적이다.

25　✕　국가 문화를 고배경 문화(high-context culture)와 저배경 문화(low-context culture)로 구분하는 것은 홀(Hall)의 분류이다.

26　○　더불어 개인주의와 집단주의, 남성문화와 여성문화, 장기성향과 단기성향도 포함된다.

27　✕　특이성이 높을 때 외부적으로 귀인한다.

28　○

29　○

30　✕　근원적 귀인오류는 다른 사람의 행동을 판단할 때 외부적 요인의 영향을 과소평가하고, 내부인인 요인의 영향을 과대평가하는 경향이다.

31　○

32   사람을 판단할 때 그 사람이 속한 집단에 대한 지각을 기준으로 판단하는 것을 주관의 객관화(projection)라고 한다.

33   관대화 경향과 가혹화 경향은 특정 개인에게 후한 점수를 주거나, 매우 낮은 점수를 주는 것을 의미한다.

34   자성적 예언(self-fulfilling prophecy)이란 간절하게 바라면 현실이 된다는 것인데, 여기서 간절하게 바라는 사람은 자신이 아니라 타인이다.

35   제한된 합리성(bounded rationality) 모형은 의사결정에 투입하는 시간과 노력을 줄이기 위해 최적의 대안보다는 만족스러운(satisficing) 대안을 선택해야 한다는 점을 강조한다.

36   몰입의 상승현상(escalation of commitment)이란 사건의 결과가 실제로 알려진 후 경과를 정확히 예측할 수 있었다고 잘못 믿는 경향이다.

37   매슬로(Maslow)의 이론에서 욕구의 발생순서는 생리적 → 안전 → 존경 → 사회적 → 자아실현 순이다.

38   매슬로의 이론에서 인간의 행동에 동기를 부여하는 것은 충족된 욕구이다.

39   매슬로의 이론에 따르면 인간에게 있어서 저차적 욕구가 고차적 욕구보다 우선한다.

---

32   ✗   사람을 판단할 때 그 사람이 속한 집단에 대한 지각 즉, 편견을 가지고 판단하는 것을 상동적 태도(stereotyping)라 한다.

33   ✗   관대화 경향과 가혹화 경향은 특정 개인의 평가와 관련한 것이 아니라 여러 명을 평가했을 때 그들의 점수가 전체적으로 높은지 낮은지에 관한 점수 분포상의 오류이다.

34   ○

35   ○

36   ✗   몰입의 상승현상이란 의사결정을 한 후에 의사결정이 잘못임에도 불구하고 여러 가지 이유를 들어 최초의 의사결정을 고수하려는 경향을 말한다.

37   ✗   매슬로 이론의 욕구 발생순서는 생리적 → 안전 → 사회적 → 존경 → 자아실현 순이다.

38   ✗   매슬로 이론에서 충족된 욕구는 동기부여 효과를 갖지 못하며, 사람을 동기부여시키는 것은 미충족 욕구이다.

39   ○   매슬로의 이론에서 만족-진행 가설이 의미하는 바는 저차적인 욕구를 먼저 충족시키고 그리고 이것이 충족되면 그 다음 단계의 욕구로 올라가야 한다는 것이다. 따라서 여러 개의 욕구가 있을 때 먼저 채워야 하는 것은 가장 저차적 욕구가 되는 것이다.

40 　맥그리거의 X, Y이론에서 쌍방향 의사소통과 자기통제가 많은 것은 X이론이다.

41 　X이론에 해당하는 사람들은 저차적 욕구 충족을 추구하며, Y이론에 해당하는 사람은 고차적 욕구 충족을 추구한다.

42 　허즈버그(Herzberg)의 2요인 이론은 만족과 불만족을 상이한 차원으로 본다.

43 　허즈버그의 이론에서 임금(salary)은 동기요인(motivator)에 해당한다.

44 　허즈버그의 2요인이론에서 위생요인은 불만족을 해소하는 것이며, 동기요인은 만족을 증진시키는 요인이다.

45 　허즈버그의 이론에서 종업원의 만족을 높이기 위해서는 위생요인보다 동기요인을 부여하는 것이 좋다.

46 　허즈버그의 이론에서 종업원에게 동기요인을 주기 위한 방법으로 제시된 것이 직무충실화(job enrichment)이다.

47 　매슬로의 이론과는 달리 앨더퍼(Alderfer)의 ERG 이론은 욕구의 좌절(frustration) 가능성을 인정한다.

48 　앨더퍼는 매슬로 이론의 5가지 욕구를 3가지로 재구성하였다.

40 　✕ 　쌍방향 의사소통이나 자기통제가 많은 것은 자율적 인간을 가정하는 Y이론과 관련이 깊다.

41 　○ 　X이론적 관점에 해당하는 사람은 저차적 욕구를 지니고 있다고 할 수 있고, Y이론적 관점에 해당하는 사람들은 고차적 욕구를 지니고 있다고 볼 수 있다.

42 　○

43 　✕ 　임금은 위생요인(hygiene factor)에 해당된다.

44 　○

45 　○ 　위생요인은 불만족 수준에 관여하는 요인이므로 종업원의 만족을 위해서는 동기요인이 더 중요하다.

46 　○ 　허즈버그의 2요인 이론에서 동기요인에 해당하는 것은 모두 내재적 보상이기 때문에 이들을 사람들에게 주기 위해서는 특별한 방법이 요구되는데, 이를 직무충실화라고 한다.

47 　○ 　매슬로의 욕구단계이론은 욕구의 좌절 가능성에 대한 고려가 없지만, 앨더퍼의 ERG이론은 욕구의 좌절을 인정한다.

48 　○ 　앨더퍼는 매슬로의 5가지 욕구를 재구성하여 존재, 관계, 성장 욕구로 구분하였다.

49 앨더퍼의 ERG이론에 따르면 지속적인 노력에도 불구하고 욕구가 충족되지 않고 좌절이 되면 사람들은 이 욕구를 포기하는 대신 한 단계 아래의 욕구를 달성하려고 노력하게 된다.

50 맥클리랜드의 성취동기이론은 매슬로우의 욕구단계이론과는 달리 욕구의 계층구조가 없다.

51 맥클리랜드의 성취동기이론 욕구는 학습될 수 있다고 주장하였다.

52 기대이론(expectancy theory)에서는 과업과 과업수행에 따른 보상이 주어지면 개인이 스스로 행동과 노력의 방향과 양을 결정한다고 보았다.

53 선택적 복리후생제도를 실시하면 종업원들의 수단성(instrumentality)을 제고할 수 있다.

54 기대감(expectancy)은 특정한 목표행위를 달성할 수 있는가에 대한 객관적 확률이다.

55 기대이론에서 동기부여는 음(−)의 값을 가질 수도 있다.

56 성과급(performance-based pay) 제도의 실행은 종업원들의 수단성(instrumentality)을 높이는 방안이 될 수 있다.

---

49 ○ 앨더퍼의 ERG이론에 따르면 지속적인 노력에도 불구하고 욕구가 충족되지 않고 좌절이 되면 사람들은 이 욕구를 포기하는 대신 한 단계 아래의 욕구를 달성하려고 노력하게 된다. 이를 좌절-퇴행 가설이라고 한다.

50 ○ 맥클리랜드의 성취동기이론은 욕구의 계층구조는 없으며, 성취욕구, 친화욕구, 권력욕구가 모두 동등한 수준의 욕구라고 주장한다.

51 ○

52 ○

53 ✕ 선택적 복리후생제도 혹은 카페테리아식 복리후생은 종업원들의 유의성(valence)을 제고하는 방안이다. 수단성을 제고하는 것은 성과급이다.

54 ✕ 기대감은 노력과 과업수행 간의 주관적 확률로써 계산된다.

55 ○ 기대이론에서 수단성과 유의성의 값은 음(-)의 값을 가질 수 있기 때문에 동기부여는 음(-)의 값을 가질 수 있다.

56 ○

57		아담스(Adams)의 공정성 이론은 페스팅어의 인지부조화(cognitive dissonance) 이론과 호만스(Homans)의 분배적 정의(distributive justice)를 바탕으로 한다.
58		아담스(Adams)의 공정성이론(equity theory)은 절차적 공정성과 상호작용적 공정성을 고려한 이론이다.
59		종업원의 투입과 산출의 종류는 다양하므로 준거인보다 낮은 임금을 받는다는 것이 즉각적인 불공정성 지각으로 이어지지는 않는다.
60		기대이론과 공정성이론의 공통점은 동기부여를 계량화하고 있다는 점이다.
61		허즈버그 이론의 동기요인과 위생요인은 모두 공정성이론에서 산출요소에 해당된다.
62		기대이론은 개인이 혼자서도 동기부여될 수 있다고 가정하지만, 공정성 이론은 반드시 다른 사람과의 비교를 통해 동기부여된다(혹은 공정성을 지각한다)고 가정한다.
63		목표설정 이론(goal-setting theory)을 응용한 경영관리 방식은 목표관리(MBO)이다.
64		종업원의 목표는 구체적이고 쉬울수록 동기부여가 많이 된다.

57	O	
58	X	아담스(Adams)의 공정성이론(equity theory)은 절차적 공정성과 상호작용적 공정성은 고려하지 않고 분배적 공정성만을 고려한 이론이다.
59	O	공정성 이론에서 개인은 자신의 투입과 산출의 비율을 준거인의 투입과 산출의 비율과 비교하여 지각한다. 따라서 임금은 '산출'의 일부이므로 임금이 낮다고 해서 바로 불공정성을 지각하지는 않는다. 또한 자신의 임금이 낮더라도 자신의 투입이 적은 경우에는 불공정성을 지각하지 않는다.
60	O	
61	O	허즈버그의 동기요인과 위생요인은 각각 내재적 보상과 외재적 보상에 해당하므로 공정성이론에서는 둘 모두 산출요소에 해당한다.
62	O	기대이론은 개인이 스스로 기대감, 수단성, 유의성을 계산하여 동기부여된다고 보았다. 하지만 공정성이론은 개인이 조직으로부터 공정한 처우를 받고 있는지는 타인과의 비교를 통해 가능하다고 본다.
63	O	
64	X	목표는 구체적(specific)이고 실행가능한 범위 내에서 어려울수록(difficult) 좋다.

65 핵크만(Hackman)과 올드햄(Oldham)의 직무특성이론(job characteristic theory)에서 5대 핵심직무특성은 기술다양성(skill variety), 과업정체성(task identity), 과업중요성(task significance), 자율성(autonomy), 피드백(feedback)이다.

66 핵크만(Hackman)과 올드햄(Oldham)의 직무특성이론에서 직무의 의미감에 영향을 미치는 요인은 과업의 정체성, 과업의 중요성, 기술의 다양성이다.

67 자율성(autonomy)은 작업자로 하여금 책임감(responsibility)을 느끼게 한다.

68 피드백(feedback)은 작업자로 하여금 작업의 실제 결과에 대한 지식을 갖게 한다.

69 과업중요성(task significance)이란 직무가 독립적으로 완결되는 것을 확인할 수 있는 정도 즉, 시작부터 끝까지 전체에 관한 것인지 아니면 일부에만 관여하도록 되어 있는지에 관한 것이다.

70 기술다양성(skill variety)이란 직무가 다른 사람의 생명 또는 다른 사람의 업무에 중대한 영향을 미치는 정도를 의미한다.

71 핵크만(Hackman)과 올드햄(Oldham)의 직무특성이론(job characteristic theory)에 따르면 직무설계 시 가장 먼저 고려해야 할 요소는 '종업원의 성장욕구' 수준이다.

---

65 O
66 O
67 O
68 O
69 ✗ 직무가 독립적으로 완결되는 것을 확인할 수 있는 정도. 즉, 시작부터 끝까지 전체에 관한 것인지 아니면 일부에만 관여하도록 되어 있는지에 관한 개념은 과업정체성(task identity)이다.
70 ✗ 직무가 다른 사람의 생명 또는 다른 사람의 업무에 중대한 영향을 미치는 정도를 의미하는 것은 과업 중요성(task significance)이다.
71 O

72 　직무특성이론은 5가지 핵심직무특성이 작업의 성과를 높이는데 직접적으로 기여한다는 점을 강조한다.

73 　직무특성이론에 따르면, 부하직원에 권한을 위임하는 것은 부하직원의 자율성(autonomy)을 높이는 방안에 해당한다.

74 　직무확대(job enlargement)를 실시하면 과업중요성과 피드백을 높일 수 있다.

75 　직무특성이론의 동기잠재력 지수(motivating potential score: MPS)는 자율성과 피드백 가운데 하나만 0이면 MPS 값은 0이 된다.

76 　데시(Deci)의 인지적 평가이론에 따르면, 사람들을 동기부여시키기 위해서는 내재적 동기가 높은 상황에서 추가적으로 외재적 보상을 제공하여야 한다.

77 　인지적 평가이론(cognitive evaluation theory)에 따르면 내재적 보상에 의해 동기부여가 된 사람에게 외재적 보상을 주면 내재적 동기부여가 더욱 증가한다.

72　✗　5가지 핵심직무특성이 작업의 성과에 직접적 영향을 미치는 것은 아니다. 두 변수 사이에 매개변수(mediator)인 작업자의 심리상태가 있기 때문에 핵심직무특성은 작업자의 심리상태를 통해 작업의 성과에 영향을 미친다.

73　○

74　✗　직무확대는 직무를 수평적으로 확대하는 것이므로 기술다양성(skill variety)과 과업정체성(task identity)을 높이는 방안이 된다.

75　○　동기잠재력 지수 $(MPS) = \dfrac{(기술다양성 + 과업정체성 + 과업중요성)}{3} \times 자율성 \times 피드백$

76　✗　사람은 내재적 동기가 높은 상황에서 외재적 보상을 제공받게 되면, 열심히 일하는 귀인의 대상이 일에서 보상으로 옮겨지게 된다. 이 때문에 내재적 보상의 효과는 사라지고 그 자리를 외재적 보상의 효과가 대신하게 된다.

77　✗　인지적 평가이론에서 내재적 보상에 의해 동기부여가 된 사람에게 외재적 보상을 주면 내재적 동기가 더욱 커지는 것이 아니라 오히려 내재적 동기는 사라진다.

3. 조직행동 : 집단과 조직

1. 집단행동의 기초

(1) 집단의 유형

집단의 유형

유형	내용
공식집단 formal group	전체 조직의 목표와 관련된 과업을 수행하기 위하여 형성된 집단으로 기능집단 혹은 명령집단이라고도함
비공식집단 informal group	자기의 흥미·우정 등에 관련된 집단으로서 일반적으로 집단 내의 상호 공통적 흥미, 상호작용의 친밀성 등으로 조직됨
소속집단 membership group	가족이나 정치, 종교집단과 같이 개인이 실제로 소속되어 있는 집단을 의미함
준거집단 reference group	개인이 특정상황에서 판단이나 의사결정을 해야할 경우 기준으로 삼는 집단, 혹은 개인이 소속되고자 희망하는 집단을 의미함

(2) 터크맨의 집단발달의 단계

집단발달단계

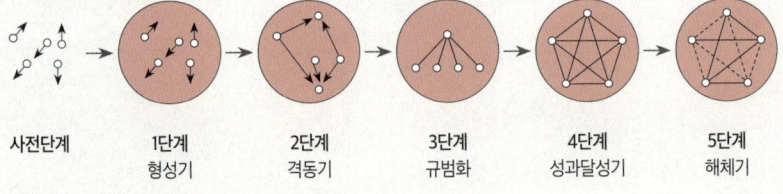

| 사전단계 | 1단계 형성기 | 2단계 격동기 | 3단계 규범화 | 4단계 성과달성기 | 5단계 해체기 |

(3) 집단의 속성

1) **역할** role

어떤 사회적 단위에서 특정한 직위를 가진 사람에게 기대되는 일련의 행위

역할과 관련한 개념들

개념	내용
역할지각 role perception	어떤 특정상황에서 어떻게 행동해야 하는가에 대한 지각
역할기대 role expectation	다른 사람이 특정 상황에서 어떤 행동을 기대하는 것
역할갈등 role conflict	역할기대가 서로 상치되는 역할수행에 의해 야기되는 갈등

2) 규범 norm

① 동조 conformity

집단이 구성원에게 개인의 태도와 행동을 바꿔 집단 규범에 동조하도록 강력한 압력을 행사하는 것

② 애시효과 Asch effect

다수가 공유하고 있는 틀린 생각 때문에 한 개인의 옳은 판단이 영향을 받게 되는 것

3) 지위 status

지위는 사회적으로 정의된 직위 또는 다른 사람에 의해 집단이나 집단 구성원에게 주어진 계급

① 지위와 규범

지위가 높은 구성원은 규범으로부터 이탈할 수 있는 자유를 다른 구성원보다 더 많이 가짐

② 지위와 집단 상호작용

지위의 차이는 실제로 다양한 아이디어와 집단 창의성을 창출해내지 못함

4) 규모 size

집단의 규모가 커질수록 참여도(participation)는 줄어들지만 만족도(satisfaction)는 어느 정도까지는 높아지는 경향이 있음

① 사회적 태만 social loafing

혼자 일할 때보다 함께 일할 때 노력을 하지 않는 개인 성향을 말함. 사회적 태만 현상이 집단 내에 만연되면 성실한 다른 구성원들도 오염이 되어 집단이라는 무리 속에 숨어서 요령을 피우는 풍조가 생겨나기 쉬움

집단에서의 생산성 손실

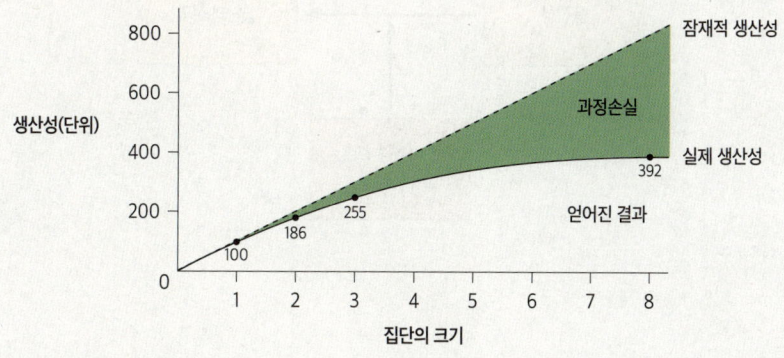

■ 사회적 태만을 극복하기 위한 방안
- 업무를 집단에 할당하는 것이 아니라 개인별로 할당
- 자신의 업무를 명확히 인식하도록 직무기술서(job description)를 필수화
- 개인별 성과평가
- 집단의 크기를 최적화함
- 성과배분의 의사결정 권한을 집단구성원 자율에 맡김

5) 응집성

집단이 서로에게 매력을 느끼고 그 집단에 머물러 있기를 바라는 정도

① 응집성의 증감

응집성의 증감요소

증가요소	감소요소
1. 집단의 규모 축소	1. 목표에 대한 불일치
2. 집단 목표에 대한 동의 도출	2. 집단크기의 증가
3. 구성원들이 함께 지내는 시간 증가	3. 집단내 경쟁 증가
4. 집단의 지위를 높이고, 집단 구성원으로서의 자격 획득을 어렵게 함	4. 불만족스러운 경험
5. 다른 집단과 경쟁	
6. 집단별 보상	
7. 집단을 격리	

② 응집성 및 성과

응집성 및 성과의 관계

		집단과 조직의 목표 일치정도	
		저	고
집단응집성	저	낮은 성과	중간 성과
	고	낮은 성과	높은 성과

응집성 및 집단의 성과

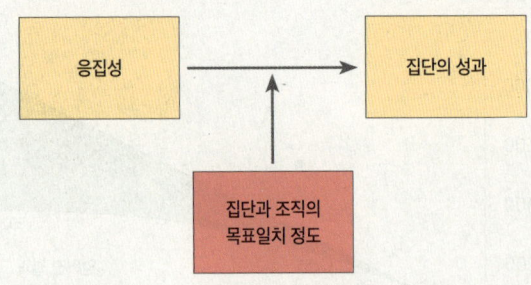

2. 집단의사결정

(1) 집단의사결정의 의의

1) 집단의사결정의 장·단점

집단의사결정의 장·단점

장점	단점
1. 더 많은 지식과 정보 2. 문제에 대한 다양한 접근 3. 결정의 수용이 용이 4. 의사소통문제의 감소	1. 동조압력 2. 시간의 소비 3. 특정 구성원에 의한 지배 가능성 4. 의견불일치와 갈등 5. 신속하고 결단력 있는 행동방해

2) 집단의사결정의 효과성과 효율성

일반적으로 집단의사결정은 개인의사결정에 비해 효과성은 높지만 시간 효율성은 낮음

(2) 집단의사결정의 문제점

1) 집단사고 groupthink

집단의사결정의 단점 중 하나로 의사결정의 절차가 비민주적이고 응집성이 높은 집단에서 구성원들간의 합의에 대한 요구가 지나쳐서 이 요구가 다른 대안의 모색을 저해하는 경향

■ 집단사고를 극복하기 위한 방안
- 집단리더가 구성원들로 하여금 자유로운 비판을 할 수 있도록 분위기를 조성
- 가능성 있는 대안들을 되도록 많이 끌어내기 위해 외부전문가를 초빙하여 구성원들의 견해를 비판하게 하는 방법
- 집단을 두 부분으로 나누어 각각 독립적으로 토론을 하고 서로의 토론내용을 비교하는 방법과 합의과정을 2번으로 나누어 1차 토의에서는 해결책에 대해 예비적인 합의를 하고 2차 토의에서 결정하는 방법
- 지명 반론자(devil's advocates)를 두어 안이한 의사결정이 되는 것을 막음

2) 집단이동적 사고 groupshift

집단으로 모여 문제해결을 위한 토의를 하면 집단구성원들은 그들의 태도를 어느 한쪽으로 편향시키는 경향이 있음. 집단 토의 전에는 개인의 의견이 그리 극단적이지 않았는데, 집단 토의 후에는 양극단으로 쏠리는 쪽으로 태도를 취하는 현상을 '집단 양극화 현상(group bipolarization)'이라고 함

집단이동적 사고

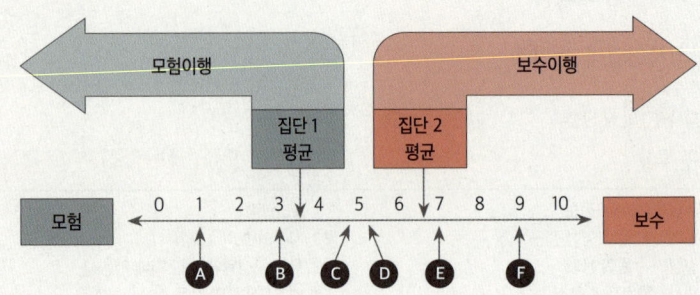

- **집단 양극화의 원인**
- 여러 개인이 집단으로 모이게 되면 책임이 분산되기 때문
- 다른 구성원이 자신과 동일한 견해를 가지고 있다는 것이 집단 토의에서 확인
- 특별히 준비한 대안이 없는 경우 강하게 설득된 대안이 쉽게 채택되는 경향

(3) 효과적 집단의사결정 기법

여러 가지 집단의사결정 기법들

기법	내용
브레인스토밍 brainstorming	여러 명이 한 가지의 문제를 놓고 아이디어를 무작위로 개진하여 그 중에서 최선책을 찾아내는 방법으로 규칙은 다음과 같음 • 표현권장(expressiveness) • 평가지연(postpone evaluation) • 아이디어의 질보다는 양(quantity) • 아이디어 확장(piggyback idea)
명목집단법 NGT: nominal group technique	참석자들로 하여금 서로 대화에 의한 의사소통을 못하게 하고, 서면으로 의사를 개진하게 함으로써 집단의 각 구성원들이 진실로 마음 속에 생각하고 있는 바를 끄집어내는 방법
지명 반론자법 devil's advocate method	집단을 둘로 나누어 한 집단이 제시한 의견에 대해서 반론자로 지명된 집단의 반론을 듣고 토론을 벌여 본래의 안을 수정하고 보완하는 일련의 과정을 거친 후 최종 대안을 도출하는 방법
델파이법 Delphi method	전문가들에게 개별적으로 설문을 전하고 의견을 받아서 반복수정하는 절차를 거쳐서 의사결정을 내리는 방법
전자회의 electronic meeting	명목집단법을 정교한 컴퓨터 기술과 결합시킨 방법

NGT법 진행순서

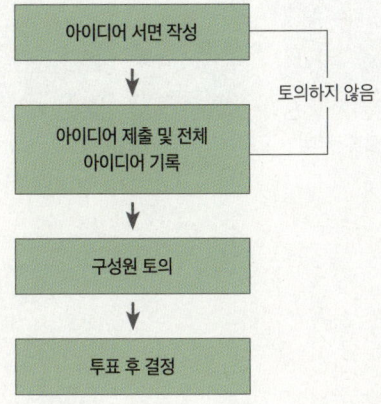

(4) 쓰레기통 모형

극도의 불확실성에 처한 상황에서 ㉠ 해결해야 할 문제 ㉡ 문제를 해결할 수 있는 대안들 ㉢ 대안들 중에서 선택을 결정할 수 있는 권한을 가진 사람 ㉣ 결정이 필요한 시기 등이 뒤섞여 있다가 한 지점에서 우연히 만났을 때 의사결정이 이루어지고 문제가 해결된다는 모형

3. 작업팀의 이해

집단과 팀의 비교

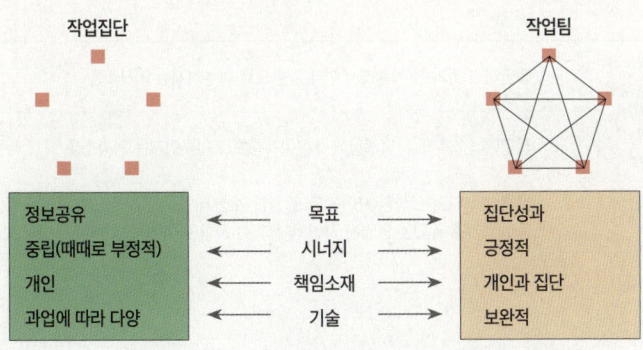

팀의 유형

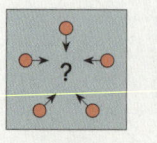
문제해결팀

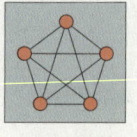
자율적 관리팀

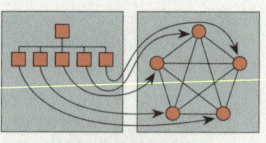
기능횡단팀

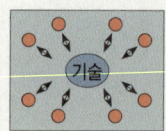
가상팀

4. 의사소통

(1) 의사소통 과정

의사소통과정

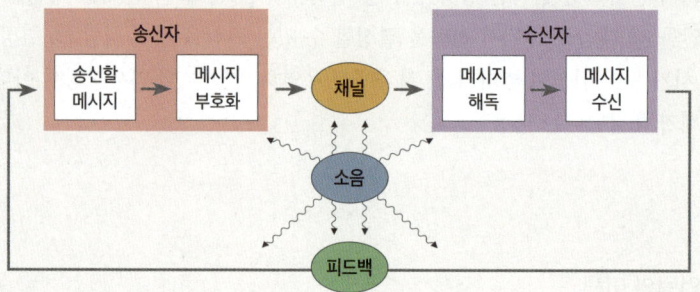

의사소통의 방향

종류	내용
하향적 downward	집단이 조직의 한 계층에서 아래 계층으로 이루어지는 의사소통
상향적 upward	집단이나 조직의 하위계층에서 상위계층으로 이루어지는 의사소통
수평적 lateral	한 작업집단의 구성원 사이에서, 동일한 계층에 있는 여러 작업집단의 구성원 사이에서, 동일한 계층에 있는 경영자 사이 등 동등한 사람 사이에서 이루어지는 의사소통

(2) 조직 의사소통

1) 소집단 의사소통 네트워크

공식적 소집단 의사소통 네트워크

구분	내용	그림
사슬형 chain	사슬형은 공식적인 명령계통을 따름. 이 네트워크는 계층형 조직에서 찾아볼 수 있는 의사소통 채널과 유사	
Y형	Y형은 집단내에 특정의 리더가 있는 것은 아니지만, 비교적 집단을 대표할 수 있는 인물이 있는 경우에 나타남	(조정역 C)
바퀴형 wheel	바퀴형은 중심인물을 통해 집단의 의사소통이 이루어짐. 이것은 강력한 리더가 이끄는 팀에서 찾아볼 수 있는 의사소통 네트워크와 유사	(리더 L)
원형 circle	원형은 위원회 조직이나 태스크포스 조직에서와 같이 권력의 집중도 없고, 지위의 고하도 없이 특정 문제해결을 위해서 구성된 조직에서 발생	
완전연결형 all channel	완전연결형은 모든 집단 구성원이 서로 서로 적극적인 의사소통을 함. 완전연결형 네트워크는 모든 집단 구성원이 자유롭게 행동함. 리더의 역할을 수행할 수 없는 자율적 관리팀(self-managed work team)에서 볼 수 있음	

2) 비공식 의사소통 informal communication

그레이프바인(grapevine)은 조직에서 비공식 커뮤니케이션의 일종인데, 정확성은 떨어지지만, 조직변화의 필요성에 대하여 경고를 해주고, 조직문화의 창조에 매개 역할을 하며, 집단 응집력을 높이는 역할을 할 뿐만 아니라 구성원들 간에 아이디어 전달의 경로가 되기도 함

(3) 조하리의 창

1) **개념**

    조하리(Johari) 창은 조셉(Joseph)과 해링톤(Harrington)이 그들의 이름을 조합하여 만든 것으로 나와 어떤 상대방과의 관계에서 자신을 분석하는 틀을 제공함

    <u>조하리의 창</u>

	자기가 아는 영역	자기가 모르는 영역
남이 아는 영역	나도 알고 남도 알고 있다. Open	나는 모르는데 남은 알고 있다. Blind
남이 모르는 영역	나는 아는데 남은 모른다. Hidden	나도 모르고 남도 모른다. Unknown

    ① **Open**

    Open은 내가 내 자신에 대해 알고 있으며 동시에 상대방도 나에 대해 알고 있는 영역

    ② **Hidden**

    Hidden은 나는 알고 있지만 상대방은 알지 못하는 나에 대한 정보로, 이것은 상대방에게 감추어지거나 비밀로 숨겨진 영역

    ③ **Blind**

    Blind는 상대방은 알고 있지만 나는 모르는 내 자신에 대한 정보로, 이것은 나 자신의 문제에 대해 맹인적인(blind) 영역

    ④ **Unknown**

    Unknown은 나에게도 알려져 있지 않을 뿐만 아니라 다른 사람에게도 알려지지 않은 내 자신에 대한 정보로, 이것은 알려지지 않은 영역

2) 대인관계 구축과 조하리 창

대인관계와 조하리 창

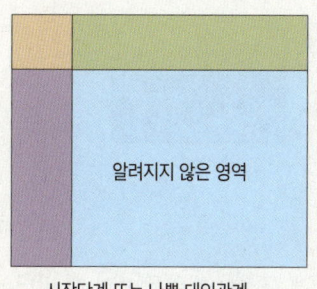

인간관계 구축과 자기성장

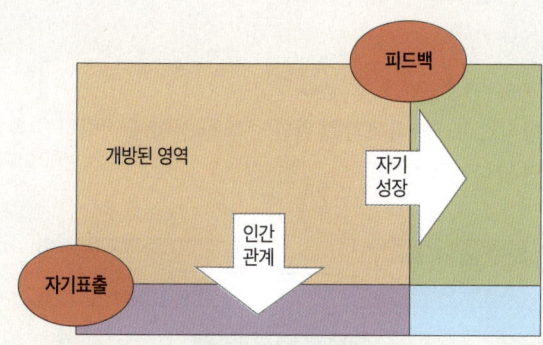

5. 리더십 개요

(1) 리더십의 정의

리더십(leadership)은 상호 협동하는 사람들이 집단과 개인의 목표달성을 촉진하기 위해 서로 간에 영향을 주고 동기화하는 상호적이고, 거래적이며, 때로는 변환적인 과정

(2) 리더십 이론의 분류

1) **특성이론** trait theory

    리더십은 리더의 특성. 즉, 리더가 지닌 신체적, 심리적, 성격적 특성에 따라 리더십의 효과가 커진다는 이론

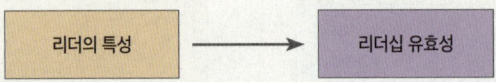

2) **행동이론** behavioral theory

    리더십은 리더의 행위. 즉, 리더가 부하들에게 특정한 행위를 보일 때 리더십의 효과가 증진된다는 이론

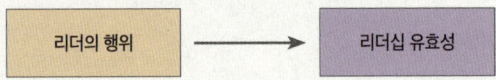

3) **상황이론** contingency theory

    리더십은 상황적합적. 즉, 리더의 행위가 주어진 상황에 적합하면 유효성이 커지고 그렇지 않으면 낮다는 이론

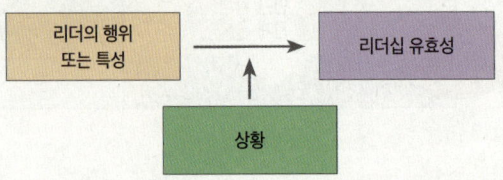

4) **기타이론**

    리더십은 리더와 추종자간의 관계의 특성. 리더가 추종자와 발전시키는 관계의 특성에 따라 리더십의 유효성이 달라짐

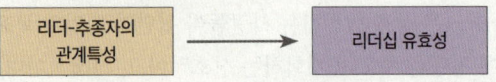

6. 리더십 특성이론

리더십 특성이론은 리더가 갖춰야 하는 특성이나 자질을 찾으려고 하였음. 즉, 리더의 특성을 측정하고, 측정된 리더의 특성과 리더십 효과의 관계를 살펴보는데 주력하였음

특성이론 종합

구분	설명
신체적, 골격적 특성	활동성, 정력, 외모, 차림새, 키, 몸무게 등
능력 또는 기술 특성	행정능력, 지능, 판단력, 지식, 기술적 능력, 어휘 구사력(verbal fluency) 등
성격적 특성	성취동기, 야망, 적응력, 공격성, 민첩성, 反권위주의적 성격, 지배성향, 자기제어, 열정, 외향성, 독립성, 주도적, 직관력, 성실성, 객관성, 창의성, 일관성, 인내력, 책임감, 자신감, 유머감각, 스트레스 저항력 등
사회적(대인관계적) 특성	협동성, 대인관계 기술, 민감성, 명예나 인기중시 성향, 사회성, 사회경제적 지위, 다변성(talkativeness), 재치 등

7. 리더십 행동이론

(1) 오하이오 주립대학 OSU의 연구

OSU 연구

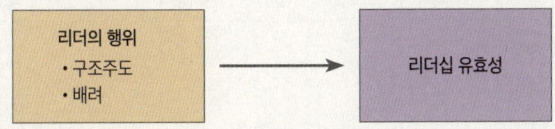

(2) 미시간 대학의 연구

미시간大 연구

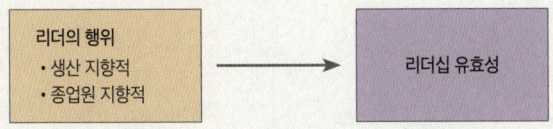

(3) 관리격자 managerial grid 이론

블레이크와 머튼(Blake & Mouton)이 오하이오 주립대학(OSU)의 연구를 기초로 리더의 행동유형을 더욱 구체화하고 효과적인 리더십 행동을 배양하기 위해 개발한 이론

관리격자 이론

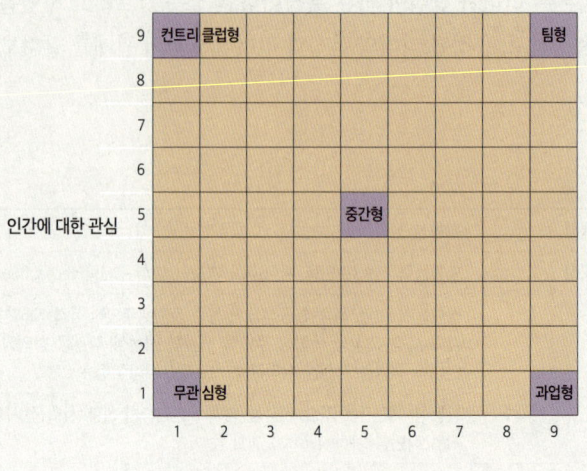

※ 관리격자 이론에서 가장 바람직한 리더십은 팀형(9.9)인데, 이는 생산과 인간 모두에 높은 관심을 가지는 리더십 스타일이 상황에 관계없이 이상적임을 의미함

행동이론의 리더십 스타일 종합

구분	OSU연구	Michigan大연구	관리격자이론
일 중심	구조주도	생산지향적	생산에 대한 관심
사람 중심	배려	종업원지향적	인간에 대한 관심

8. 리더십 상황이론

(1) 피들러의 리더십 상황이론

피들러(F. Fiedler)는 집단의 성과는 리더십 스타일과 상황호의성 간의 상호작용에 달려있다고 주장

LPC 설문의 논리

LPC 설문 점수	의미	리더십
저	LPC를 부정적으로 평가함	과업지향적 리더
고	LPC를 긍정적으로 평가함	관계지향적 리더

1) 연구의 모형

   피들러의 리더십 상황이론

   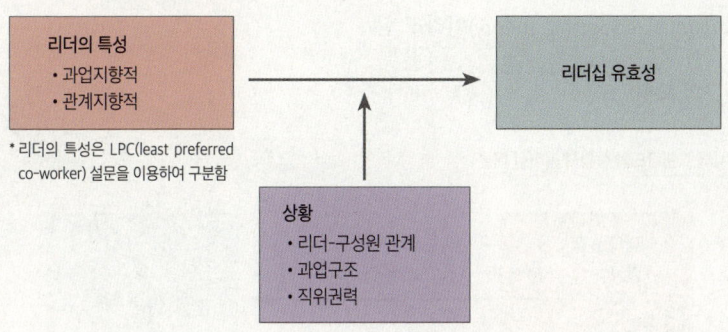

   ※ 피들러는 리더십을 리더의 특성으로 보았음. 즉, 이는 한 사람의 리더는 과업지향적 리더십과 관계지향적 리더십을 동시에 가질 수 없다는 것을 의미함

2) 연구결과

   피들러의 연구결과

   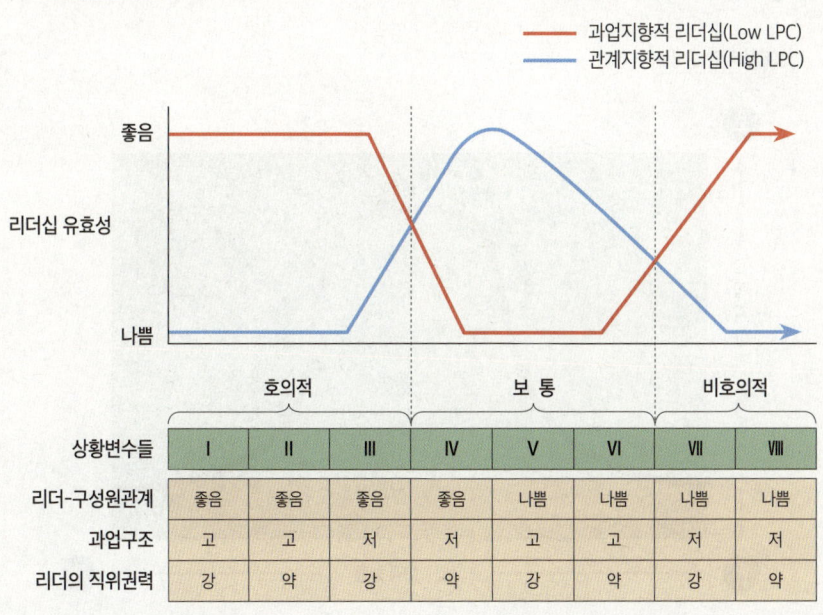

   ※ 피들러는 상황이 바뀌면 리더를 교체하거나 아니면 리더를 그대로 둔 채 상황을 바꿔야 한다고 주장함

(2) 허시와 블랜차드의 상황적 리더십 이론

허시와 블랜차드(Hersey & Blanchard)는 오하이오 주립대학(OSU) 연구(구조주도와 배려)를 토대로 리더십 이론을 제시하였는데, 이를 상황적 리더십 이론(SLT: situational leadership theory)이라고 함

1) 연구의 모형

허시와 블랜차드의 상황적 리더십 이론

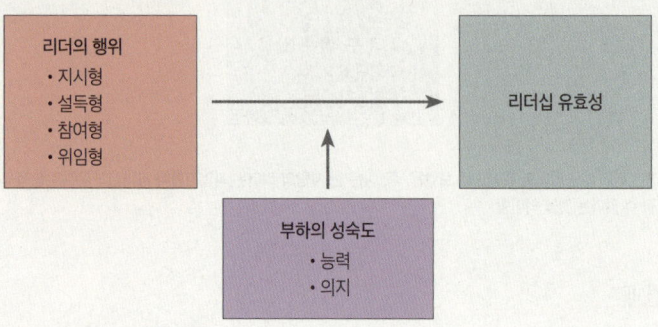

2) 연구결과

상황적 리더십 이론

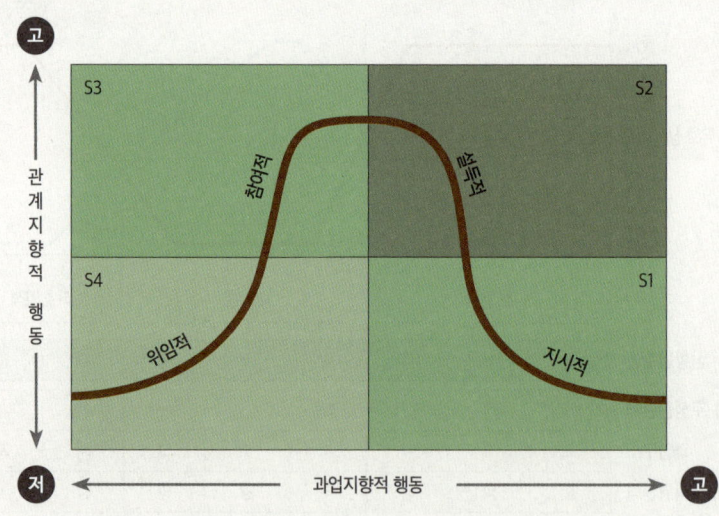

(3) 하우스의 경로-목표 이론

1) 연구의 모형

경로-목표이론

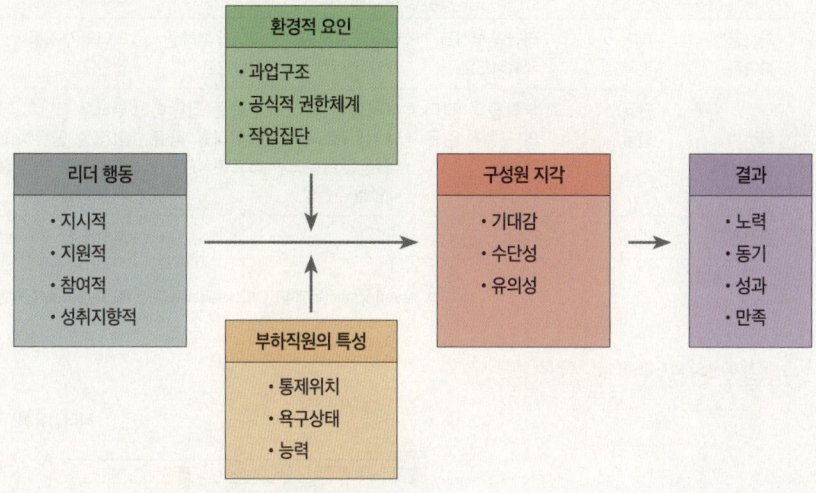

※ 하우스의 경로-목표이론은 OSU 연구와 기대이론에 바탕을 둠

2) 연구결과

경로-목표이론 변수들간의 관계

리더십 스타일	상황에 따른 효과
지시적 리더십	① 지시적 리더십을 사용할 경우, 외적 통제위치를 갖거나 과업능력이 낮은 하급자에게 긍정적으로 작용하여 만족도를 높여준다. ② 모호한 과업(ambiguous tasks)을 수행하는 하급자들의 경우, 긍정적으로 작용하여 만족도를 높여주고 동기를 유발시킨다.
지원적 리더십	① 스트레스나 좌절감, 또는 욕구불만을 느끼게 하는 과업을 수행하는 하급자들에게 지원적 리더십은 긍정적으로 작용하여 만족도를 높여준다. ② 과업이 어렵고 하급자가 자신감이 없거나 실패할 것을 크게 두려워하는 경우, 지원적 리더십은 하급자의 불안감을 덜어주고 자신감과 결의를 북돋워 줄 수 있다.
참여적 리더십	① 참여적 리더십은 내적 통제위치를 가진 하급자에게 책임감을 느끼도록 하고 의사결정의 주체가 되도록 하기 때문에 하급자의 만족도를 높여줄 수 있다. ② 하급자들이 높은 자율욕구나 성취욕구를 갖고 있는 경우, 참여적 리더십은 하급자들의 만족도와 동기를 높여준다.
성취지향적 리더십	① 애매하고 반복적이지 않은 과업을 수행하는 하급자들에게 성취지향적 리더십을 사용하면 그들의 자신감과 동기를 높여준다.

(4) 브롬과 예튼의 리더-참여 모형: 규범적 리더십 모형

1) 리더십 스타일

의사결정 참여 정도에 따른 리더십 유형 분류

구분	AI	AII	CI	CII	GII
의사결정 참여자	리더 혼자	리더와 부하들 개별적으로	리더와 부하들 개별적으로	리더와 부하들 집단으로	리더와 부하들 집단으로
리더의 참여 정도	단독 결정	부하들이 리더의 구체적 질문에 응답	부하들이 리더와 1대 1로 데이터를 분석하고 대안을 추천함	부하들 집단이 데이터를 공유하고 분석함	부하들 집단이 데이터를 공유하고 분석하여 의견일치를 이룸
결정권자	리더	리더	리더	리더	부하 집단

A=Autocratic(독재형), C=Consultative(자문형), G=Group(집단형)

브롬과 예튼의 의사결정나무

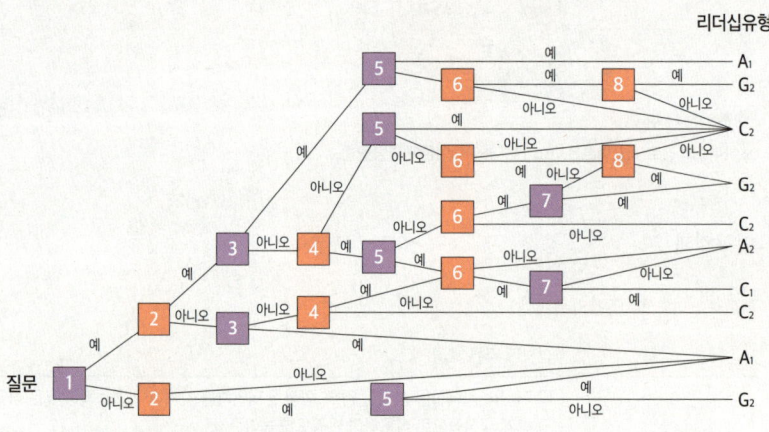

9. 기타의 리더십 이론들

(1) 리더-구성원 교환 이론

수직쌍 연결(VDL: vertical dyad linkage)이론에서 발전한 리더-구성원 교환이론(LMX: leader member exchange)은 시간 압력 때문에 리더가 부하직원의 일부와 특별한 관계를 형성하는데 이 사람들이 리더의 내집단(in-group)을 구성함. 그들은 리더의 신뢰를 받으며 리더가 많은 시간을 그들에게 할애하고 특권을 받는 경향이 있다. 그 결과 다른 부하직원들은 외집단(out-group)이 됨

리더-구성원 교환이론

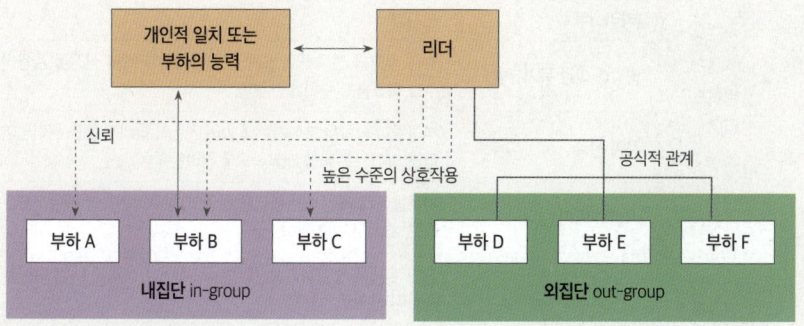

※ LMX 이론은 리더 자체보다는 리더와 부하와의 관계에 초점을 맞추고 있다는 점과 리더가 부하들을 차별적으로 대한다는 것을 가정했다는 점이 기존이론과 차이점임

(2) 카리스마적 리더십

카리스마적 리더십(charismatic leadership)은 리더가 영적, 심적, 초자연적 특질을 가질 때 부하들이 이를 신봉함으로써 생기는 리더십을 말함

> **하우스가 제시한 카리스마적 리더의 특성**
> 1. 비전수립과 명확화
> 2. 개인적 위험
> 3. 부하직원 요구에 대한 민감성
> 4. 관습에 얽매이지 않는 행동

(3) 변혁적 리더십

1) 개요

변혁적 리더십(transformational leadership)은 1978년 번스(J. M. Burns)에 의해서 처음 제시되었으며, 1985년 베스(B. M. Bass)가 조직상황에 맞춰 구체화함으로써 널리 알려지게 됨. 이 이론은 모든 리더십 이론들이 리더와 하급자간의 교환관계에 기초한 거래적 리더십(transactional leadership)에 치중해있다고 비판하는데서 출발함

2) 정의

변혁적 리더십은 부하직원에게 개인 이익보다 조직 이익을 우선시하도록 영감을 불어넣어 주어 부하가 가지는 욕구보다 더 높은 수준의 욕구를 활성화시킴으로써 애초에 기대하는 것보다 훨씬 높은 성과를 부하로 하여금 올리도록 하는 것임

거래적 리더와 변혁적 리더의 요인들

변혁적 리더	이상화된 영향력 (카리스마)		바람직한 가치관, 존경심 자신감 등을 부하들에게 심어주고 비전을 제시함
	영감에 의한 동기유발		높은 기대를 전달하고, 노력을 집중시키기 위해 상징을 사용하고, 주요 목표를 단순하게 표현함
	지적 자극		부하들이 상황을 분석하는데 있어 기존의 합리적 틀을 뛰어넘어 보다 창의적인 관점을 개발하도록 격려함
	개별적 배려		부하들에게 개인적인 관심을 보이고, 부하직원들을 개별적으로 대하고, 코치하고, 조언함
거래적 리더	조건적 보상		노력에 대해 보상하기로 계약하고, 뛰어난 성과에 대한 보상을 약속하며 성취를 인정함
	예외에 의한 관리		하급자들이 부여받은 임무를 수행하도록 하고 목표가 달성될 때까지 간섭하지 않는다. 즉, 예외적인 사건이 발생할 때만 간섭함

※ 최근에는 거래적 리더십과 변혁적 리더십은 상호보완적으로 인식되고 있음

(4) 서번트 리더십

조직의 발전을 위해서는 구성원들의 자발적 희생이 필요한데, 이것은 리더의 자기 희생에서 비롯됨. 리더의 자기희생은 작게는 구성원들로 하여금 기회주의와 불안을 극복하게 하고 적극적 행동을 유발하여 조직의 위기상황에서 구성원들의 위기 적응행위를 촉진하는 리더십 행위임. 즉, 이를 서번트 리더십(servant leadership)이라고 함

서번트 리더십의 특징

특징	내용
경청	부하에 대한 존중과 수용적 태도로 구성원의 의견을 주의 깊게 잘 듣는 태도
감정이입	구성원의 입장에서 상황과 견해를 이해하려고 노력하는 행위
치유	업무로 인한 건강악화나 구성원들과 관계악화와 같은 상처로부터 오는 구성원의 정서적 감정과 업무적 스트레스를 경감시켜 주는 행위
설득	권위나 일방적 지시, 통제보다는 쌍방향적 대화나 설득으로 영향력을 행사하는 행위
자각	다른 사람보다 주변환경에 대해 더 잘 아는 것으로 전체적인 상황과 상황에 영향을 주는 요소들을 정확하게 판단하는 능력
통찰	경험과 직관을 가지고 현재와 미래의 결과를 예측할 수 있는 능력
개념화	비전을 제시하고 그 비전을 분명한 목표와 연결시켜 방향을 설정해 주는 행위
스튜어드십	어떤 의사결정이나 행동을 할 때, 그 결과가 구성원에게 미치는 영향을 먼저 고려하는 태도와 행위
성장에 대한 몰입	구성원들이 능동적으로 일을 할 수 있도록 지원하며 잠재력을 발휘하고 성장할 수 있는 기회를 제공하는 행위
공동체 구축	공동체란 구성원이 하는 일과 그 일이 갖는 의미를 알고 함께 공유하는 역동적인 시스템으로 이를 형성하기 위해 구성원들간의 활발한 의사소통과 협력을 장려하는 행위

(5) 슈퍼리더십

슈퍼리더십(super leadership)은 부하들이 자기 자신을 리드할 수 있는 역량과 기술을 갖도록 하는 것을 리더의 역할로 규정하고 있음. 즉, 슈퍼 리더란 '추종자들이 스스로를 리드해 나아갈 수 있도록 리드하는 사람'이라고 정의함. 결국 슈퍼리더십이란 자기부하가 스스로 판단하도록 하고, 행동에 옮기며 그 결과도 책임질 수 있는 셀프리더로 키우는 리더십임

10. 리더십 효과성에 대한 도전

(1) 리더십 귀인이론

리더십 귀인이론(attribution theory of leadership)은 리더십이란 단지 사람들이 다른 사람에 대해 귀인하는 것이라고 말함. 즉, 조직의 극히 부정적이거나 긍정적인 성과에 대해 잘됐건 잘못됐건 리더에게 책임을 돌리는 경향을 말함. 리더십 귀인이론에 따르면, 중요한 것은 실제적인 업무능력보다는 겉으로 보이는 것임. 리더가 되고 싶은 사람이라면 자신이 영리하며, 인간적이고, 언변에 능하며, 공격적이며, 열심히 일할 뿐만 아니라 작업 스타일이 일관성 있다는 인식을 부하직원, 동료나 상사에게 심어주어야 효과적인 리더로 보일 가능성이 높음

(2) 리더십 대체이론

커와 저미어는 리더십이 부하의 만족과 동기유발 및 성과에 전혀 실질적인 영향을 미치지 못하는 상황이 존재한다는 데 착안하여 리더십 대체요인 이론을 개발함. 이들은 리더십의 중요성을 감소시키는 상황변수들을 파악하는 모형을 개발하였는데, 이것이 리더십 대체요인과 중화요인임.

리더십 대체요인은 리더의 행동을 불필요하거나 불가능하게 만드는 변수들을 말하며, 리더십 중화요인은 리더가 특정한 방식으로 행동하는 것을 방해하거나 리더의 행동이 미치는 영향을 무력화시키는 구성원 특성과 과업 특성 및 조직 특성을 말함

리더십 효과성에 영향을 미치는 상황요인

상황요인	내용
리더십 향상요인 leadership enhancers	리더의 구성원에 대한 영향력을 증진시키는 환경이나 부하의 특성
리더십 중화요인 leadership neutralizers	리더의 부하에 대한 영향력의 효과성을 감소시키는 환경이나 부하의 특성
리더십 대체요인 leadership substitutes	특정한 리더십 행동의 필요성을 대체하는 것으로, 그 행동을 불필요하게 만드는 환경이나 부하의 특성

리더십 상황이론과 대체이론 비교

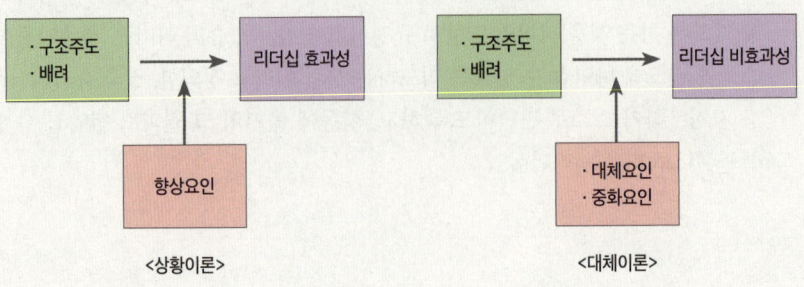

리더십의 대체요인과 중화요인

상황변수		리더십 행동	
대체요인 또는 중화요인		지원적 리더십 (관계지향적 리더십)	도구적 리더십 (과업지향적 리더십)
구성원 특성	구성원의 경험·능력·훈련	-	대체요인
	전문가적 성향	대체요인	대체요인
	보상에 대한 무관심	중화요인	중화요인
과업 특성	구조화된 일상적 업무	-	대체요인
	업무 자체로부터의 피드백	-	대체요인
	내재적 만족 제공 업무	대체요인	-
조직 특성	응집력이 강한 작업집단	대체요인	대체요인
	약한 직위권력	중화요인	중화요인
	공식화	-	대체요인
	조직의 경직성	-	중화요인
	리더와 부하 간의 물리적 거리	중화요인	중화요인

11. 권력

권력(power)이란 사회적 관계 속에서 상대방(개인 또는 집단)의 의지와 관계없이 나의 의지와 뜻을 상대방에게 관철시킬 수 있는 잠재적/실제적 힘 또는 능력을 뜻함

(1) 권력의 원천

권력(power)이란 사회적 관계 속에서 상대방(개인 또는 집단)의 의지와 관계없이 나의 의지와 뜻을 상대방에게 관철시킬 수 있는 잠재적/실제적 힘 또는 능력을 의미함

권력의 원천

분류	권력의 원천	내용
공식적 권력 formal power	강압적 권력 coercive power	순응하지 않을 경우 발생하는 부정적인 결과에 대한 두려움에 기반한 권력
	보상적 권력 reward power	다른 사람이 가치 있다고 생각하는 보상을 제공할 수 있는 사람이 갖는 권력
	합법적 권력 legitimate power	공식적 지위로 인해 발생하는 권력
개인적 권력 personal power	전문적 권력 expert power	전문기술, 숙련기술, 지식을 가지고 있음으로 인해 생기는 영향력
	준거적 권력 referent power	매력적인 자원이나 개인적 특성을 가지고 있는 사람이 갖는 권력

(2) 임파워먼트 empowerment

1) 개념

임파워먼트(empowerment)란 조직원들에게 자신이 조직을 위해서 많은 주요한 일을 할 수 있는 권력, 힘, 능력 등을 갖고 있다고 확신을 심어주는 과정

2) 임파워먼트의 선행요인

① 조직의 가치
② 조직문화
③ 조직구조
④ 교육훈련
⑤ 보상체계

3) 임파워먼트 효과

① 고객의 필요와 요구에 대응하는 것이 신속해짐
② 종업원들이 자신의 직무와 스스로에 대해 보다 긍정적인 인식을 하게 됨
③ 종업원들이 더욱 열정적으로 고객과 상호작용 함
④ 임파워먼트된 종업원들은 아이디어 창출과 혁신을 위한 원천이 될 수 있음

(3) 멘토링

1) 개념

멘토링(mentoring)이란 조직 내에서 상급자(mentor)와 하급자(protege)간의 강력하고 지속적인 관계발전을 조정하거나 유지시키려는 일련의 과정임

2) 멘토링의 기능

멘토링의 기능

기능	활동	내용
경력기능	후원	승진이나 좋은 자리로의 위치이동 시에 하급관리자를 적극적으로 추천해 준다.
	노출과 소개	기회를 부여해줄 수 있는 고위관리자와 하급관리자를 서로 연결시켜 준다.
	코칭	목표달성의 방법과 인정받을 수 있는 방법에 대한 비결을 제시해 준다.
	보호	잠재되어 있는 불리한 상황이나 상급자들로부터 하급관리자를 보호해준다.
	도전적 업무부여	효율적인 업무분담과 평가를 통하여 하급관리자가 갖추어야 할 필수적인 능력을 향상시킬 수 있도록 도와준다.
사회심리적 기능	역할모델링	경쟁력을 키워주는 가치관과 행동을 하급관리자에게 심어준다.
	수용과 지원	상호 간에 지지와 격려를 해 준다.
	상담	하급관리자가 갖고 있는 개인적인 문제들을 해결하는데 도움을 주고 그들의 자신감을 높여준다.
	우정	사회적인 관계에 대해 서로가 만족할 수 있도록 돕는다.

출처 : 백기복, 2011. 조직행동연구 제5판, p.320

12. 조직정치

(1) 조직정치의 개념

1) 정의

조직정치(혹은 정치적 행동)는 개인 또는 집단의 이기주의를 보호하기 위한 일련의 고의적인 행위

2) 조직정치의 원인

조직정치의 원인

원인	내용
자원	조직정치는 자원의 필요성과 희소성의 정도에 따라 달라진다. 희소성이 높을수록 정치적 동기도 강해진다. 또한 새로운 자원에 대한 필요성도 조직정치를 발생시킨다.
의사결정	불명확한 결정사항일수록, 그리고 장기전략에 대한 결정일수록 적극적인 조직정치가 발생할 가능성이 높다.
목표	목표가 불명확하거나 복잡할수록 조직정치가 발생할 확률이 높다.
기술과 외부환경	조직 내의 기술이 복잡해질수록, 그리고 외부환경이 동태적일수록 조직정치가 발생할 확률이 높아진다.
변화	조직구조의 재조정이나 계획된 조직개발 노력, 그리고 외부의 압력에 의해 변화가 일어날 때는 조직정치의 전술이 보다 크게 작용한다.

출처 : 백기복, 2011. 조직행동연구 제5판, p.323

3) 조직정치의 관리방안
   ① 불확실성 감소
   ② 상위목표 도입
   ③ 경쟁감소
   ④ 파벌해체
   ⑤ 임파워먼트
   ⑥ 정치적 태도배격

13. 갈등

(1) 갈등의 관점변화

갈등의 관점 변화

관점	내용
전통적 관점	갈등을 부정적인 것으로 간주하고, 갈등이 생기지 않도록 예방해야 한다고 주장
인간관계 관점	갈등이 모든 집단과 조직에서 자연스럽게 발생되는 것이라고 주장
상호작용 관점	갈등에 대한 현대적 관점으로 화목하고, 평화롭고, 조용하고, 협력적인 집단은 활기가 없고 변화와 혁신 요구에 대해 무감각하고 반응이 느리기 때문에 갈등을 유발시켜야 한다고 주장

(2) 갈등의 원인

　　① 작업흐름의 상호의존성
　　② 지위불균형
　　③ 역할모호성
　　④ 자원의 부족
　　⑤ 목표의 차이
　　⑥ 지각의 차이

(3) 집단갈등의 결과

　1) 집단갈등의 결과

집단 내 변화	집단 간 변화
1. 응집력 증가 2. 독재자의 출현 3. 활동력의 증가 4. 충성심의 증가	1. 지나친 집단의식 2. 부정적인 편견 3. 커뮤니케이션 단절

　2) 집단갈등의 순기능

　　① 문제인식의 기회
　　② 해결방안의 모색
　　③ 긍정적인 변화

(4) 집단갈등의 해소방안

　　① 직접대면
　　② 공동목표설정(초월적 목표)
　　③ 자원의 확충
　　④ 갈등의 회피
　　⑤ 공동관심사의 강조
　　⑥ 협상
　　⑦ 권력을 이용한 갈등해결
　　⑧ 행동변화유도
　　⑨ 조직구조 개편
　　⑩ 외부압력에 대한 연합방어

(5) 집단갈등과 조직성과

갈등과 부서의 성과

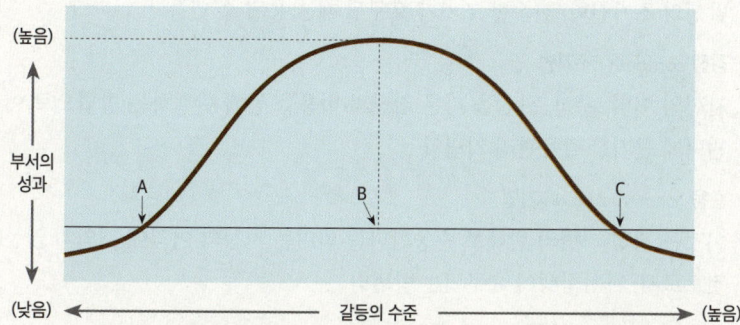

상황	갈등의 수준	갈등의 종류	부서의 내부 특성	부서의 성과
A	낮거나 없음	역기능적	진전이 없음 변화에 무반응 새로운 아이디어의 부재	낮음
B	적정	기능적	생기있음 자기비판적 혁신적	높음
C	높음	역기능적	파괴적 혼란 비협조적	낮음

(6) 갈등관리 기법

토마스와 킬먼의 갈등관리 기법

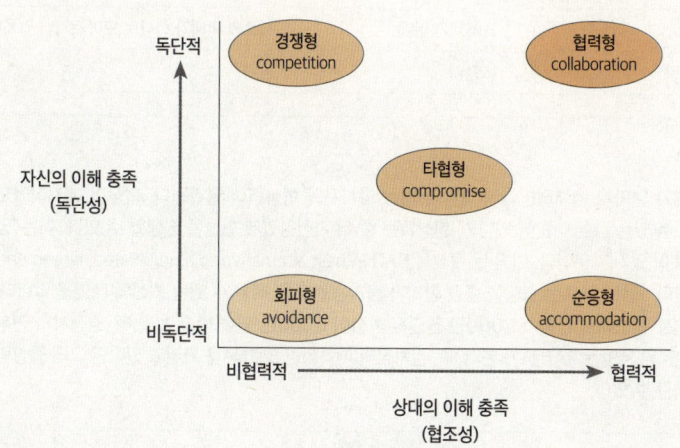

① 회피 avoidance 기법
회피기법은 갈등이 표면화되는 것을 봉쇄하는 것으로 갈등을 무시하거나, 갈등의 해결책을 규범적으로 적용하는 것임. 접근은 갈등의 수준이 미미하거나 갈등 발생의 초기진화, 신속한 조치가 요구될 때 사용될 수 있음

② 경쟁 competition 기법
자신의 이익, 주장, 관심을 다른 집단의 비용을 통해 관철하는 방법으로 이것은 권력에 근거한 갈등관리 기법임

③ 순응 accommodation 기법
이것은 경쟁 기법의 반대로 순응한다는 의미는 자신의 이익에 개의치 않는다는 것으로서, 자기희생이 요구되는 방법임

④ 타협 compromise 기법
대립과 협동의 중간 형태로서, 집단 간 갈등 상황에서 임시방편, 편의주의적 효과 등의 목적에 사용하는 방법임. 쌍방이 부분적으로 만족하게 되므로 주고받기(give-and-take) 전략임

⑤ 협력 collaboration 기법
대립과 협조를 동시에 추구하는 것으로 회피 기법의 반대라고 할 수 있음. 쌍방을 모두 만족시킬 수 있는 해결책을 찾기 위해 노력하는 것이므로, 가장 바람직한 갈등관리 기법이라고 할 수 있음

14. 협상

분배적 협상과 통합적 협상

협상의 특성	분배적 협상	통합적 협상
분배가능한 자원의 양	고정	변동
기본 동기	서로가 반대	서로의 이해가 하나로 모아지거나 일치함
관계의 초점	단기	장기

> **BATNA**
> BATNA가 얼마나 매력적인가에 따라서 협상 당사자의 협상력이 달라진다. 협상이 깨지더라도 선택할 수 있는 다른 대안이 있다면, 협상자는 좀 더 자신감있게 협상을 진행할 수 있다. 이는 '믿는 구석'이 있기 때문이다. 이 믿는 구석을 BATNA(best alternative to a negotiated agreement)라고 한다. 즉, BATNA는 협상을 통한 합의가 불가능할 경우 취할 수 있는 최선의 대안을 말한다. 만약 연봉 협상에서 연봉이 5,000만 원인 김차장이 6,000만 원을 받고 싶을 때, 경쟁사의 연봉 6,000만 원 제안은 BATNA가 된다. 즉, 김차장이 매력적인 BATNA를 가지고 있다면 그의 협상력은 올라갈 수 있다.

15. 조직문화

(1) 조직문화의 개념과 기능

1) 개념
조직문화(organizational culture)란 조직구성원 행동의 지침이 되는 행동규범을 창출하는 공유된 가치(shared value)와 신념의 체계이며, 특정 집단이 외부환경에 적응하고 내적으로 통합해 나가는 과정에서 고안, 발견 또는 개발된 것임

2) 중요성
① 조직문화는 조직의 공식적, 비공식적 운영과정에 광범위하게 영향을 미침
② 조직문화는 조직의 전략과정에 영향을 미침
③ 조직문화는 경쟁력의 원천이 될 수 있음

3) 기능
① 조직구성원들에게 조직 정체성(organizational identity)을 제공
② 구성원들이 취해야 할 태도와 행동기준을 제시하여 집단적 몰입을 가져옴
③ 조직체계의 안정성을 높이는 기능을 함
④ 조직구성원들의 행동을 원하는 방향으로 만들어 갈 수 있음

(2) 샤인의 조직문화 모델

샤인의 조직문화 모델

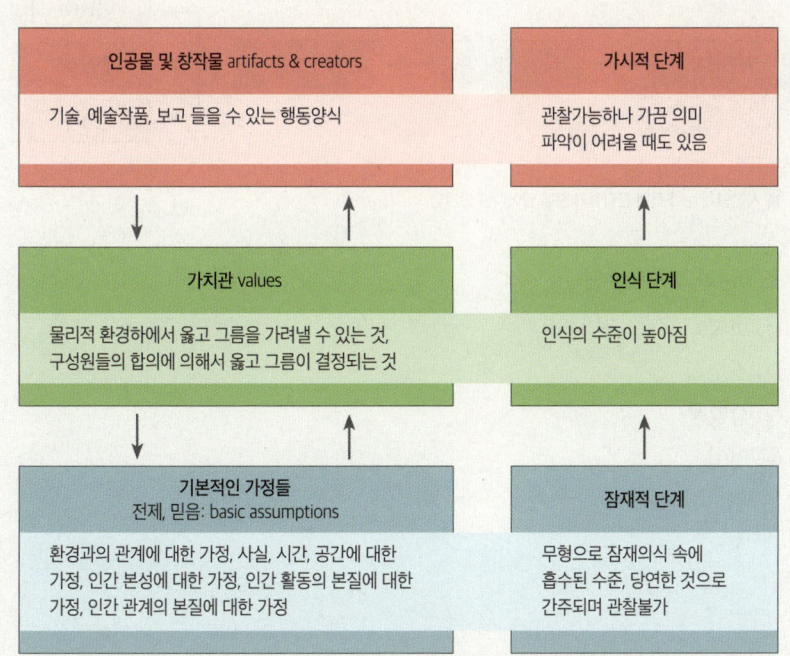

(3) 조직문화의 순기능과 역기능

1) 순기능

   ① 조직구성원들에게 소속 조직원으로서의 정체성(organizational identity) 제공
   ② 집단적 몰입을 가져옴
   ③ 조직체계의 안정성을 높임
   ④ 구성원들의 행동을 원하는 방향으로 조각해 나감

2) 역기능

   ① 조직문화가 강하게 형성되어 있을 때 조직 변화에 대한 내부구성원들의 저항이 큼
   ② 신입조직구성원의 창의성을 제약할 수 있음
   ③ 기업의 M&A의 걸림돌이 될 수 있음

(4) 조직문화의 형성과 유지

1) 조직 사회화 socialization

   조직 사회화(socialization)란 조직생활에 필요한 요령을 익혀 나가고 조직에 중요한 것들을 실제로 중요하다고 인식하게끔 학습하고 훈련하는 과정

2) 조직사회화 과정

   조직사회화 과정

   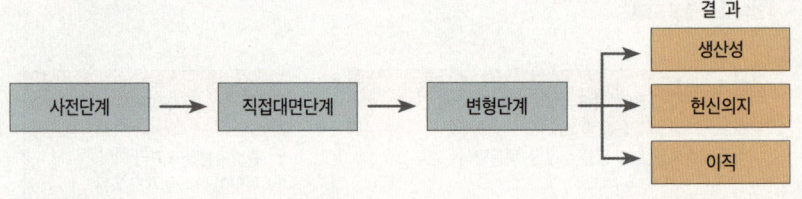

   ※ '사전단계'는 조직에 진입하기 전에 일어나는 단계임

(5) 조직문화의 구축수단

   ① 의식
   ② 스토리
   ③ 상징물
   ④ 언어

(6) 강한 문화와 약한 문화

1) 강한 문화

강한 문화는 조직의 핵심 가치가 강하게 그리고 널리 공유되고 있다는 것을 의미함

2) 약한 문화

강한 문화와는 반대로 약한 문화는 조직에 대한 특별한 이미지도 없고, 신념, 상징, 로고 등의 문화적 구성요소들이 발견되지 않는 것을 의미함

(7) 조직문화와 성과

조직문화와 성과의 관계

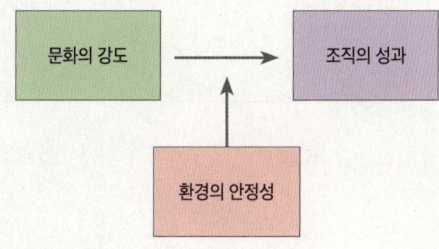

16. 조직변화와 조직개발

(1) 조직변화

1) 레윈의 변화의 3단계

레윈의 변화 3단계

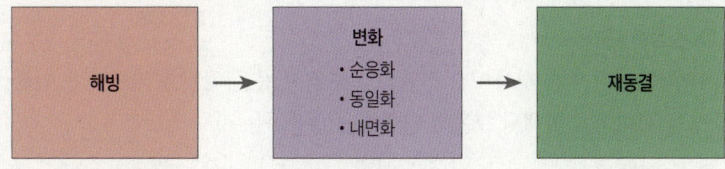

① 해빙

해빙(unfreezing)이란 한 개인의 관습, 습관, 전통 다시 말해 어떤 일을 하는데 있어서 옛날방식을 깨뜨림으로써 그가 새로운 대체안을 받아들일 태세를 갖도록 하는 것

해빙과정

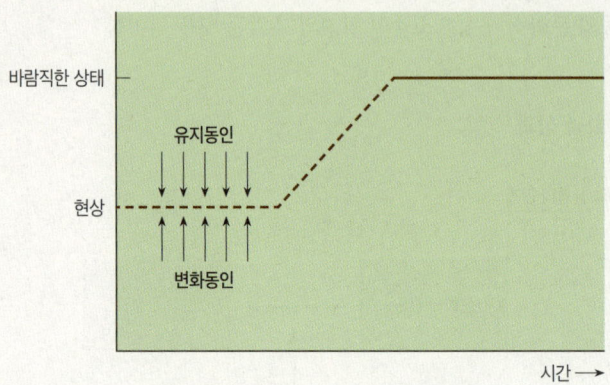

② 변화

변화(changing) 과정은 순응화, 동일화, 내면화의 3가지 과정을 통하여 이루어짐

켈만의 태도변화 과정

권력	메커니즘	반응	대상에게 주는 영향
보상	통제성 means-control	순응화 compliance	권력자로부터 호의적 반응과 처벌의 회피
강압			
준거	매력 attractiveness	동일화 identification	권력자와 자기충만적 관계 모색, 권력자와 관계 설정 및 유지
합법	신뢰성 credibility	내면화 internalization	내면적 가치가 일치함으로 인해 권력자에 대해 찬성하고 행동함
전문			

㉠ 순응화 compliance

한 개인이 다른 사물이나 집단의 우호적 반응을 얻기 위해서 또는 나쁜 반응을 회피하기 위해서 그들의 영향력을 수용하는 것

㉡ 동일화 identification

한 개인이 다른 어느 사람이나 집단과 관계를 맺고 있는 것이 만족스럽다는 이유로 다른 사람이나 한 집단의 태도를 받아들일 때 발생

ⓒ 내면화 internalization

내면화는 유발된 태도나 행동이 내재적으로 보상되어 한 사람의 가치체계에 부합할 때 발생

③ 재동결

재동결(refreezing)은 새로 획득된 태도, 지식, 행위가 그 개인의 성격이나 계속적으로 중요한 정서적 관계로 통합되어 정착되는 과정

(2) 학습조직

1) 정의

학습조직(learning organization)이란 지속적으로 변화하고 적응할 수 있는 능력을 가지고 있으며, 학습조직은 이중고리학습(double-loop learning)을 하고 있음. 또한 학습조직은 이중고리학습을 통해 조직 내에 깊숙이 자리잡고 있는 가정이나 규범에 대해서도 변화를 시도하며 이 과정에서 문제를 해결할 수 있는 전혀 다른 새로운 방법을 찾아낼 수도 있고 극적인 개선을 얻을 수 있는 기회를 찾기도 함

2) 학습조직의 특징

① 시스템 사고 systems thinking

구성원들은 모든 조직의 프로세스 활동, 기능, 환경과의 상호작용을 상호연결된 시스템의 한 부분으로 생각함

② 개인적 숙련 personal mastery

학습의 주체는 조직이 아니라 개인이므로 조직은 학습하는 개인들을 통해서만 배울 수 있음

③ 정신 모델 mental models

학습조직은 내부의 정신적인 모델을 관리하여 독창적인 아이디어를 채택하도록 촉진함

④ 공유 비전 만들기 building shared vision

구성원들은 개인적인 이익이나 자기 부서의 이익을 승화시켜 조직 전체의 공통 비전을 달성하기 위해 함께 노력함

⑤ 팀 학습 team learning

구성원들은 수직적·수평적 경계를 가로질러 비판이나 처벌에 대한 두려움이 없이 개방적으로 의사소통함

OX

01 개인이 특정상황에서 판단이나 의사결정의 기준으로 삼는 집단을 소속집단(membership group)이라고 한다.

02 터크맨(Tuckman)의 집단발달 단계는 형성기(forming) → 격동기(storming) → 규범화(norming) → 성과달성기(performing) → 해체기(adjourning)의 순서를 거친다.

03 한 사람이 여러 가지 역할을 수행하는 과정에서 어느 한 역할을 수행하면서 동시에 다른 역할을 수행하는 것이 어려울 경우, 역할 갈등(role conflict)이 발생한다.

04 다수가 공유하고 있는 잘못된 생각 때문에 한 개인의 올바른 판단이 영향을 받는 것을 애시효과(Asch effect)라고 한다.

05 사회적 태만(social loafing)의 원인은 집단의 높은 응집성이다.

06 업무를 개인별로 할당하거나 집단의 크기를 최적화하면 사회적 태만을 줄일 수 있다.

07 의사결정의 쓰레기통 모형은 고도의 불확실한 상황에 처한 조직에서는 의사결정이 우연하게 이루어진다는 점을 강조한다.

---

01 ✗ 개인이 특정상황에서 판단이나 의사결정의 기준으로 삼는 집단을 준거집단(reference group)이라고 한다.

02 ○

03 ○ 역할기대가 충돌하는 현상을 역할갈등이라고도 할 수 있는데, 이는 모든 구성원이 2가지 업무를 수행하는 매트릭스 조직에서는 발생가능성이 높다.

04 ○

05 ✗ 사회적 태만은 집단의 규모(size)가 증가하면서 발생하는 현상이다. 집단의 높은 응집성 때문에 생기는 현상은 집단사고(groupthink)이다.

06 ○

07 ○ 쓰레기통 모형은 극도로 불확실한 상황에 처한 조직에서의 의사결정 과정을 설명하는 모델이다. 이에 따르면 의사결정은 우연한 기회에 이루어질 수도 있고 그렇지 않을 수도 있다.

08 집단사고(groupthink)는 의사결정 절차가 비민주적이고 집단의 응집성(cohesiveness)이 높을수록 발생할 가능성이 높다.

09 집단 토의 전에 비해 토의 후에 의견이 극단적으로 쏠리는 현상을 집단사고(groupthink)라고 한다.

10 개인의사결정과는 달리 집단의사결정의 경우, 책임에 대한 부담감이 없어지므로 집단이동적 사고가 발생할 가능성이 높다.

11 브레인스토밍(brainstorming)은 아이디어의 양보다는 질을 중요시한다.

12 브레인스토밍은 아이디어 산출과정에서 평가를 수반한다.

13 집단의사결정 방법 가운데 구성원간 상호작용을 제한하는 정도는 브레인스토밍보다는 명목집단법(nominal group technique)이 더 높다.

14 조직내 비공식 의사소통 네트워크를 통칭하여 그레이프바인(grapevine)이라고 한다.

15 조직내 소집단 네트워크 가운데 종업원 만족도가 가장 높은 것은 완전연결형(all channel)이다.

---

08 O

09 X 집단토의 전과는 달리 토의 후에 의견이 극단적으로 쏠리는 현상을 집단이동적 사고(groupshift)라 한다.

10 O

11 X 브레인스토밍은 아이디어의 질보다는 양을 우선시 한다.

12 X 브레인스토밍 과정에서 모든 아이디어는 어떤 방식으로든 평가하지 않는다.

13 O 브레인스토밍은 여러 명이 한가지 문제를 놓고 무작위로 의견을 개진하는 방법이고 반면 명목집단법(NGT)은 의견을 모으는 과정에서 참가자간 대화를 금지하는 방법이므로 구성원간 상호작용을 제한하는 정도는 명목집단법이 브레인스토밍보다 더 강하다.

14 O

15 O 완전연결형 네트워크에서는 모든 종업원이 자유롭게 의사소통할 수 있기 때문에 종업원의 만족도가 높다.

16   기능횡단팀(cross-functional team)은 특정 과업을 함께 달성하기 위해 동일한 계층의 상이한 직무영역에서 온 사람들로 구성된다.

17   문제해결팀(problem solving team)이 자율적 관리팀(self-managed work team)보다 자율성(autonomy) 수준이 더 높다.

18   집단(group)보다는 팀(team)이 환경변화에 더 유연하게 대응할 수 있다.

19   리더십 특성이론은 리더가 보유한 특성에 따라 리더십의 효과가 달라진다고 주장한다.

20   오하이오 주립대학(OSU)의 리더십 연구에서 구조주도(initiating structure)는 종업원을 의사결정에 참여시키는 리더십 스타일이다.

21   미시건 대학의 연구는 리더십 스타일은 생산 지향적 리더십과 종업원 지향적 리더십으로 구분하였다.

22   블레이크와 머튼의 관리격자(managerial grid) 이론은 리더십의 상황이론에 해당한다.

23   관리격자 이론에서 가장 좋은 리더십은 생산에 대한 관심과 사람에 대한 관심이 모두 높은 팀형이다.

24   피들러(Fiedler)는 리더십을 둘러싼 상황을 구분하는데 LPC(least preferred co-worker) 설문을 이용하였다.

---

16   O

17   X   문제해결팀은 문제를 해결하기 위한 방안만을 찾고 해결대안을 선택할 권한은 가지고 있지 않지만, 자율적 관리팀은 문제를 해결하기 위한 방안을 실행할 권한까지 가지고 있기 때문에 자율성 수준이 문제해결팀보다 더 높다.

18   O   집단보다는 팀이 더 유기적 조직에 가깝기 때문에 환경에 유연하게 대응할 수 있다.

19   O

20   X   OSU연구에서 구조주도는 일 중심의 리더십으로 집단의 과업달성 방법을 제시하는 것과 관련된 리더의 행위이다. 반면 배려(consideration)는 의견수렴, 상호신뢰, 존중, 의사결정 참여 등과 관련된 리더의 행위이다.

21   O

22   X   블레이크와 머튼의 관리격자 이론은 리더십 행동이론에 해당된다.

23   O

24   X   피들러는 LPC 설문을 상황이 아니라 리더십을 구분하는데 사용하였다.

25 피들러의 리더십 이론에서 LPC 점수가 높다는 것은 과업지향적 리더십을 의미한다.

26 피들러의 리더십 이론에서 상황변수는 리더-구성원 관계, 과업구조, 부하직원의 성숙도이다.

27 피들러는 3가지 상황변수를 조합하여 8가지 리더십 상황을 만들었다.

28 리더십을 둘러싼 상황이 리더에게 호의적이거나 비호의적일 때는 LPC 점수가 높은 리더십이 효과적이다.

29 피들러(Fiedler)의 상황이론에 따르면 개인의 리더십 스타일이 고정되어 있지 않다는 가정하에 리더는 상황이 변할 때마다 자신의 리더십 스타일을 바꾸어 상황에 적응한다.

30 허시와 블랜차드(Hersey & Blanchard)의 리더십 이론은 과업특성에 따라 리더십 스타일의 유효성이 달라진다고 주장한다.

31 허시와 블랜차드는 관계행동과 과업행동을 각각 고, 저로 나누어 4가지 리더십을 제시하였다.

32 허시와 블랜차드의 상황이론에 따르면 설득형(selling) 리더십 스타일의 리더보다 참여형(participating) 리더십 스타일의 리더가 과업지향적 행동을 더 많이 한다.

---

25 ✗ LPC 설문의 점수가 높다는 것은 관계지향적 리더십을 의미하며, LPC 점수가 낮다는 것은 과업지향적 리더십을 의미한다.

26 ✗ 피들러의 연구에서 리더십 상황변수는 리더-구성원 관계, 과업구조, 직위권력이다.

27 ○

28 ✗ 상황이 호의적이거나 비호의적일 때는 LPC 점수가 낮은 과업지향적 리더십이 효과적이고, 보통 상황에서는 LPC 점수가 높은 관계지향적 리더십이 효과적이다.

29 ✗ 피들러의 리더십 이론은 개인의 리더십 스타일은 고정된다고 가정하여 상황이 변하면 리더를 교체해야 한다고 주장하였다.

30 ✗ 허시와 블랜차드의 리더십 이론은 '부하의 성숙도'에 따라 리더십 스타일의 유효성이 달라진다고 주장한다.

31 ○

32 ✗ 허시와 블랜차드의 이론에서 위임형→참여형→설득형→지시형 리더십 순으로 과업지향적 행동은 증가하므로 참여형 리더보다 설득형 리더가 과업지향적 행동을 더 많이 한다.

33 허시와 블랜차드는 리더십을 둘러싼 상황변수로 부하의 성숙도를 제시하고, 이를 능력과 의지의 고저에 따라 4가지로 구분하였다.

34 허시와 블랜차드의 연구에서 성숙도가 가장 높은 직원에게는 참여형(participating) 리더십을 사용하는 것이 적절하다.

35 하우스(House)의 경로−목표 이론(path-goal theory)은 지시적, 지원적, 참여적, 성취지향적 등의 4가지 리더십을 제시하고 있다.

36 하우스의 경로−목표 이론의 상황변수 가운데 개인적 특성 요인에 해당되는 것은 과업구조, 공식적 권한체계, 작업집단 등이다.

37 하우스의 경로−목표 이론에 따르면 모호한 과업(ambiguous task)을 수행하는 부하에게는 지원적 리더십이 효과적이다.

38 하우스의 경로−목표 이론에 따르면 외적 통제의 위치(external locus of control)를 갖거나 과업능력이 낮은 하급자에게는 참여적 리더십이 효과적이다.

39 피들러의 리더십 이론과는 달리 하우스의 경로−목표 이론은 리더의 다양한 리더십 스타일 선택을 전제로 하고 있다.

---

33 O

34 × 성숙도가 가장 높은 직원에게는 위임형(delegating) 리더십이 적절하다.

35 O

36 × 개인적 요인에 해당되는 것은 통제의 위치(locus of control), 욕구상태, 능력 등이며, 환경적 요인에 해당되는 것은 과업구조, 공식적 권한체계, 작업집단 등이다.

37 × 모호한 과업을 수행하는 부하에게는 지시적 리더십이 효과적이다.

38 × 외적 통제의 위치를 갖거나 과업능력이 낮은 하급자에게는 지시적 리더십이 효과적이다.

39 O 피들러의 리더십 이론에서는 리더십을 LPC 설문으로 측정하여 리더가 관계지향적 리더십 혹은 과업지향적 리더십 둘 중 하나 만을 갖는다고 전제했지만, 하우스는 리더는 지시적, 지원적, 참여적, 성취지향적 리더십 가운데 상황에 맞게 자유롭게 선택해야 한다고 전제하였다.

40 브룸과 예튼(Vroom & Yetton)의 리더-참여 모형(leader participation model)은 의사결정의 상황에서 하급자들을 의사결정에 어느 정도 참여시켜야 하는지에 관한 리더십 이론이다.

41 브룸과 예튼의 리더-참여 모형은 5가지 리더십 유형을 제시하고 있다.

42 리더-구성원 교환(LMX: leader member exchange) 이론은 리더가 부하직원들을 평등하게 대해야 한다는 점을 강조한다.

43 리더-구성원 교환관계이론에서는 리더와 부하와의 관계의 질에 따라서 부하를 내집단(in-group)과 외집단(out-group)으로 구분한다.

44 리더-구성원 교환 이론에 따르면 상사와 부하가 외집단(out-group)보다는 내집단(in-group) 관계일 때 리더십 효과성이 더 높다.

45 리더-구성원 교환 이론의 초점은 리더의 리더십이 아니라 리더와 부하의 관계이다.

46 변혁적 리더십(transformational leadership)의 입장에서 기존의 리더십은 리더와 하급자 간의 교환관계에 기초한 거래적 리더십(transactional leadership)이다.

47 변혁적 리더십의 주요 특징으로는 조건적 보상과 예외에 의한 관리 등이 있다.

---

40 O

41 O

42 X   LMX 이론은 리더가 부하를 차별적으로 대한다고 가정한다. 따라서 공식적 범위내에서 교류하는 외집단보다는 사적이며 친밀한 내집단(in-group) 관계를 형성하는 것이 리더십 효과성 측면에서 좋다는 점을 강조한다.

43 O

44 O

45 O   리더십의 특성, 행동, 상황이론은 모두 리더에게 초점을 두고 있으나 LMX이론은 리더와 부하의 관계에 초점을 둔다.

46 O

47 X   변혁적 리더십의 주요 특성으로는 이상화된 영향력(카리스마), 영감에 대한 동기유발, 지적자극, 개별적 배려 등이 있다. 조건적 보상과 예외에 의한 관리는 거래적 리더십의 요소이다.

48   카리스마적 리더십은 변혁적 리더십의 한 요소이다.

49   슈퍼리더십(super leadership)은 부하들이 스스로를 리드할 수 있는 셀프리더로 키우는 리더십이다.

50   리더십 귀인이론(attribution theory of leadership)은 부하가 상사를 카리스마 리더로 인식할 때 조직 성과가 높아지는 것이 아니라, 조직 성과가 높을 경우 상사를 카리스마 리더로 인식하는 정도가 강해진다고 주장한다.

51   리더십 대체이론(substitutes for leadership)에 따르면 집단의 높은 응집력은 리더의 관계지향적 행위를 대체할 수 있다.

52   개인적 권력(personal power)에는 합법적 권력과 전문적 권력이 있다.

53   프렌치(French)와 레이븐(Raven)이 제시한 권력의 원천 중 준거적 권력(referent power)은 개인의 특성보다는 조직의 특성에 기반을 둔 권력이다.

54   갈등(conflict)의 상호작용 관점은 갈등이 모든 집단과 조직에서 자연스럽게 발생되는 것이라고 주장한다.

55   토마스와 킬먼(Thomas & Kilmann)의 갈등관리유형 중 자신의 이해충족 정도가 높고, 상대방의 이해충족 정도가 낮은 것은 회피형(avoidance)이다.

---

48   ○

49   ○

50   ○

51   ○   조직구성원의 전문적 성향이나 응집력이 강한 작업집단은 관계지향적 행위나 과업지향적 행위를 모두 대체할 수 있다.

52   ✕   개인적 권력에는 전문적 권력과 준거적 권력이 있다. 합법적 권력, 강압적 권력, 보상적 권력은 공식적 권력에 해당한다.

53   ✕   프렌치(French)와 레이븐(Raven)이 제시한 준거적 권력은 개인적 권력(personal power)에 해당하므로 조직의 특성보다는 개인의 특성에 기반을 둔 권력이다.

54   ✕   갈등에 대한 인간관계 관점은 갈등은 모든 집단과 조직에서 자연스럽게 발생되는 것이라고 주장한다.

55   ✕   토마스와 킬먼(Thomas & Kilmann)의 갈등관리유형 중 자신의 이해충족 정도가 높고, 상대방의 이해충족 정도가 낮은 것은 경쟁형(competition)이다. 회피형(avoidance)은 자신의 이해충족과 상대방의 이해충족 정도가 모두 낮은 유형이다.

56 제로섬(zero sum) 조건에서 이루어지는 협상을 통합적 협상(integrative bargaining)이라고 한다.

57 자원의 크기가 고정되어 있을 때, 이해관계가 상반되는 양 당사자가 자신의 몫을 극대화하려는 협상방식을 분배적 협상(distributive bargaining)이라고 한다.

58 BATNA(best alternative to a negotiated agreement)가 얼마나 매력적인가에 따라서 협상 당사자의 협상력이 달라진다.

59 강한 문화(strong culture)는 조직구성원들이 조직의 핵심가치를 강하고 널리 공유하고 있는 것을 의미하는데, 문화가 강할수록 조직의 성과는 높아진다.

60 조직문화는 조직사회화(socialization) 과정을 거쳐 조직구성원들에게 전수된다.

61 조직 사회화 과정은 사전단계(pre-arrival), 직접대면단계(encounter), 변형단계(metamorphosis)를 거친다.

62 조직 변화는 해빙(unfreezing), 변화(changing), 재동결(refreezing)의 단계를 거친다.

---

56 X 제로섬 조건에서 이루어지는 협상을 분배적 협상(distributive bargaining)이라고 한다.

57 O 분배적 협상과는 반대로 자원의 크기가 변동될 때 쌍방에 유리한 해결책을 만들어내려는 협상방식을 통합적 협상(integrative bargaining)이라고 한다.

58 O BATNA란 협상을 통한 합의가 불가능할 경우 취할 수 있는 최선의 대안을 말한다. 만약 매력적인 BATNA를 가지고 있다면 협상을 굳이 할 필요가 없기 때문에 협상에서 유리한 위치를 점할 수 있다.

59 X 강한 문화가 이직률을 줄이고, 응집력과 충성심을 높이는 것은 사실이지만, 조직 문화가 조직의 효과성과 일치하지 않으면 조직문화는 조직에 부담으로 작용하게 된다.

60 O

61 O

62 O

4. 조직이론

1. 조직이론의 개요

조직론은 조직의 시스템 관점(system perspective)과 조직구조의 목적(ends of organization structure)에 따라 다음의 표와 같이 4가지로 분류됨

조직이론의 관점 변화

	Type 1	Type 2	Type 3	Type 4
	1900~1930	1930~1960	1960~1975	1975~
조직의 시스템 관점	폐쇄(closed)		개방(open)	
조직 구조의 목적	합리적	사회적	합리적	사회적
주요 관심사	기계적 효율성	인간관계	상황론적 조직설계	권력과 정치
주요 이론들	과학적 관리법 관료제	인간관계론	상황적합이론	자원의존이론

2. 조직의 구조적 차원

조직의 구조적 차원(structural dimension)은 조직 내부 특성을 설명하는 속성변수를 의미하며 이들 속성변수를 통해 여러 조직을 측정하고 비교할 수 있음

조직의 구조적 차원

차원	내용
공식화 formalization	조직 내에서의 절차, 직무 내용 기술, 제도, 정책 매뉴얼 등이 문서로 표현되어 있는 정도를 의미함. 즉, 직무의 표준화 정도를 의미
전문화 work specialization	조직의 직무가 개별 업무로 세분화되어 있는 정도를 말함
통제의 범위 span of control	한 사람의 경영자가 직접 감독할 수 있는 종업원의 수를 의미함
집권화 centralization	의사결정 권한이 조직의 한 점에 집중되어 있는 정도
명령체계 chain of command	조직의 상층부에서 최하층까지 뻗어 있는 권한의 라인을 의미하는 것으로, 누가 누구에게 보고할 것인가를 나타내는 것임
부문화 departmentalization	조직의 전체적인 목표를 달성하기 위해 구성원들이 해야할 일을 함께 묶어 주는 것을 의미함
복잡성 complexity	조직 내의 분화(differentiation) 정도를 의미하는 것으로 수평적 분화, 수직적 분화, 공간적 분화로 구분됨

3. 조직구조의 유형

조직구조의 강약점

조직구조	강점	약점
기능조직 functional structure	• 기능부서 내에서의 규모의 경제 효과 달성 • 제품이 소수인 경우 적절 • 특정 분야에 대한 깊이 있는 지식과 기술개발 가능 • 기능별 목표 달성	• 환경 변화에 대한 반응이 느림 • 의사결정 문제가 최고경영층에 집중됨으로써 과부하 발생 • 부서 간에 수평적 조정 약함 • 혁신에 곤란 • 조직목표에 대한 제한적인 시각
사업부 조직 divisional structure	• 불안정한 환경에서 신속한 변화에 적합 • 여러 개의 제품을 가진 대규모 기업에 적합 • 제품에 대한 책임과 담당자가 명확하기 때문에 고객만족을 높일 수 있음 • 기능부서 간 원활한 조정 • 제품, 지역, 고객별 차이에 신속하게 적응 가능 • 분권화된 의사결정	• 기능부서 내에서 규모의 경제 효과 감소 • 특정 분야에 대한 지식과 능력의 전문화가 곤란 • 제품라인 간 조정이 약화될 수 있음 • 제품라인 간 통합과 표준화가 곤란
매트릭스 조직 matrix structure	• 불안정한 환경에서 복잡한 의사결정과 빈번한 변화에 적절하게 대응할 수 있음 • 이중적인 고객의 요구에 대응할 수 있도록 필요한 조정을 할 수 있음 • 여러 제품라인에 걸쳐 인적자원을 유연하게 공유하거나 활용할 수 있음 • 소수의 제품라인을 가지고 있는 중규모 조직에 가장 적절함	• 이중 보고체계로 인해 종업원들이 혼란을 느낄 수 있음 • 명령일원화의 원칙에 위배됨 • 다양한 인간관계 기술에 대한 교육 훈련이 필요함 • 빈번한 회의와 갈등 조정 과정으로 인해 많은 시간이 소요됨 • 권력의 균형을 유지하는데 많은 노력이 필요함
수평적 조직 horizontal structure	• 모든 종업원의 관심사가 고객을 위한 가치 창출과 제공에 집중 • 팀워크와 협력을 증진 • 고객에 대해 유연하고 신속한 대응이 가능 • 모든 종업원들이 조직목표에 대한 폭넓은 시각을 보유	• 핵심 프로세스를 규명하는 것이 어렵고 시간이 오래 걸림 • 전문적인 기능 개발에 한계 • 관리자는 권력과 권한이 줄어든다는 생각으로 좌절감을 경험 • 종업원들이 효과적으로 작업하기 위해서는 상당한 훈련이 필요
네트워크 조직 network structure	• 공장, 장비, 유통시설 등에 대한 막대한 투자가 없이도 사업 가능 • 변화하는 욕구에 매우 유연하고 신속한 대응 가능	• 협력업체와의 관계 유지 및 갈등 해결에 많은 시간이 소요 • 종업원의 충성심과 기업문화가 약함

4. 조직설계의 포괄적 모형

(1) 기계적 조직

효율성을 강조하는 기계적 조직(mechanistic organization)은 고도의 전문화, 명확한 부서화, 좁은 감독의 범위, 높은 공식화, 하향식 의사소통 등의 특징을 가짐. 기계적 조직은 조직을 효율적인 기계로 인식하는 경향이 있으며, 명확한 규칙이나 규범, 과업의 표준화, 통제 등에 크게 의존함

(2) 유기적 조직

유연성을 강조하는 유기적 조직(organic organization)은 기계적 조직과는 정반대로 적응성이 높고, 직무를 표준화하고 규칙을 세우기보다 환경변화에 빠르게 적응하는 것을 강조

기계적 조직과 유기적 조직의 특징

차원	기계적 조직	유기적 조직
전문화	고	저
공식화	고	저
집권화	고	저

※ 기계적 조직과 유기적 조직은 이분법적 분류가 아니라는 점에 유의

기계적 구조와 유기적 구조

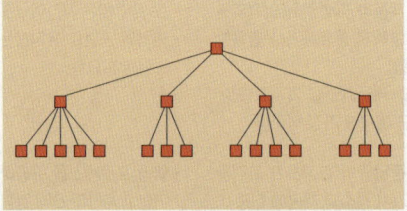
기계적 구조
- 높은 전문화
- 엄격한 부서화
- 명확한 명령계통
- 좁은 통제 범위
- 집권화
- 높은 공식화

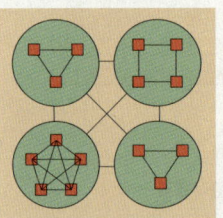
유기적 구조
- 기능횡단팀
- 계층횡단팀
- 자유로운 정보흐름
- 넓은 통제 범위
- 분권화
- 낮은 공식화

5. 조직구조의 구조적 정렬

효율성 vs 유연성을 위한 조직구조의 관계

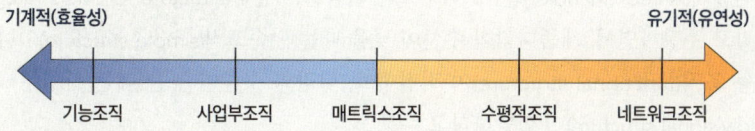

6. 조직구조에 대한 정보공유 관점

(1) 수직적 정보공유 메커니즘 : 통제
- 계층상의 상사
- 규칙과 계획
- 수직적 정보시스템

(2) 수평적 정보공유 메커니즘 : 협력과 조정
- 수평적 정보시스템
- 직접 접촉
- 태스크포스
- 전임통합자
- 프로젝트팀

7. 조직구조의 결정 요인들

조직구조의 결정요인

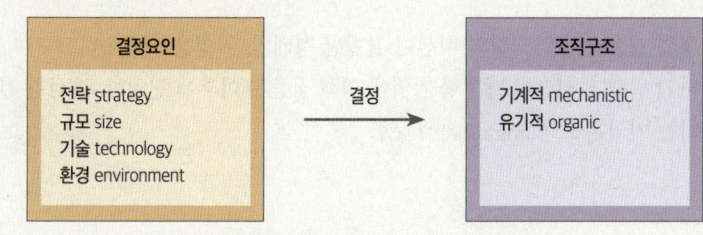

※ 조직구조의 결정요인이 조직구조에 영향을 미치는 것임. 그 반대는 성립하지 않음

8. 전략 strategy과 조직구조

(1) 챈들러의 연구

챈들러(Alfred Chandler)는 "조직구조는 전략을 따른다(structure follows strategy)"라고 주장하면서, 제품다각화 수준이 낮을 때는 단순조직(simple structure)이나 기능 조직(functional structure)이 적합하고, 다각화 수준이 높을 때는 사업부 조직(divisional structure)이 합당하다고 주장

챈들러의 연구

전략(제품다각화 수준)	→	조직구조
저	→	단순조직
중	→	기능조직
고	→	사업부조직

(2) 마일즈와 스노의 연구

마일즈와 스노(Miles & Snow)는 기업의 제품과 시장의 변화 정도를 이용하여 defender, analyzer, prospector, reactor 등의 4가지 전략 유형을 제시함. 그러나 reactor는 전략 유형이라기보다는 그들의 연구에서 나머지 3가지 전략에 속하지 않는 유형(residual strategy)을 모아놓은 것에 불과하므로 다음에서는 3가지 전략만을 설명함

1) 방어형 defender
한정된 제품과 서비스의 생산에 집중하는 전략으로 이들 기업들은 제한된 분야에 고도로 숙련되어 있고 효율성이 매우 높음

2) 탐색형 prospector
방어형의 정반대 전략으로, 지속적으로 새로운 시장기회를 탐색하며, 새로운 제품과 서비스를 실험함. 탐색형 전략을 구사하는 기업은 높은 수익성(profitability)보다는 혁신(innovation)을 더 중요하게 여김

3) 분석형 analyzer
방어형의 효율성과 탐색형의 혁신이 결합한 형태임. 위험을 최소화하고 기회를 최대화하기 위해 신시장이 탐색형 기업에 의해 검증된 이후에 진입함. 분석형 전략을 사용하는 기업은 모방(imitation)에 능함

마일즈와 스노의 전략 분류

전략	목표	환경	구조적 특징	전반적 조직구조
방어형 defender	안정성과 효율성	안정적 환경	높은 통제수준, 높은 전문화, 높은 공식화, 집권화	기계적
분석형 analyzer	안정성과 유연성	변화하는 환경	중간정도의 집권화, 현재의 사업에 대해서는 높은 통제, 신사업에 대해서는 느슨한 통제	중간
탐색형 prospector	유연성	역동적 환경	느슨한 구조, 낮은 전문화, 낮은 공식화, 분권화	유기적

9. 규모 size와 조직구조

조직규모와 조직구조 간 관계

규모	→	조직구조
규모↑	→	복잡성↑
규모↑	→	공식화↑
규모↑	→	집권화↓

10. 기술 technology과 조직구조

(1) 우드워드의 연구

우드워드(Joan Woodward)는 기업이 사용하는 기술복잡성에 따라 단위소량생산(unit production), 대량생산(mass production), 연속생산(process production)으로 나누었는데, 기술복잡성이 가장 높은 것이 연속생산이고 가장 낮은 것이 단위소량생산임

1) **단위소량생산 기술**

    단위소량생산(unit production) 기술은 특정고객의 필요성을 충족시켜주기 위한 것으로, 사람의 수작업에 의존하는 기술유형

2) **대량생산 기술**

    대량생산(mass production) 기술은 표준화된 제품을 생산하기 위해 여러 가지 공정으로 이루어진 긴 제조과정을 지님. 따라서 생산방식은 조립공정에 의한 일상적이고 반복적인 것이 특징

3) 연속생산 기술

연속생산(process production) 기술은 생산의 전과정이 기계화되어 있으므로 산출물에 대한 예측가능성은 매우 높음. 생산방식은 연속적으로 기계적인 변환과정을 거치는 것이 특징

우드워드의 연구

기술복잡성	기술	→	조직구조
저	단위소량생산 (unit production)	→	유기적 (organic)
중	대량생산 (mass production)	→	기계적 (mechanistic)
고	연속생산 (process production)	→	유기적 (organic)

※ 기술복잡성이 증가할수록 조직구조는 점점 유기적 혹은 기계적이 되는 것은 아님

(2) 페로의 연구

페로(Charles Perrow)는 부서수준(department level)의 기술이 조직구조에 미치는 영향을 연구함. 페로는 부서 수준의 기술을 '과업의 다양성'과 '문제의 분석가능성'이라는 2가지 차원을 이용하여 4가지로 분류함

페로의 기술분류

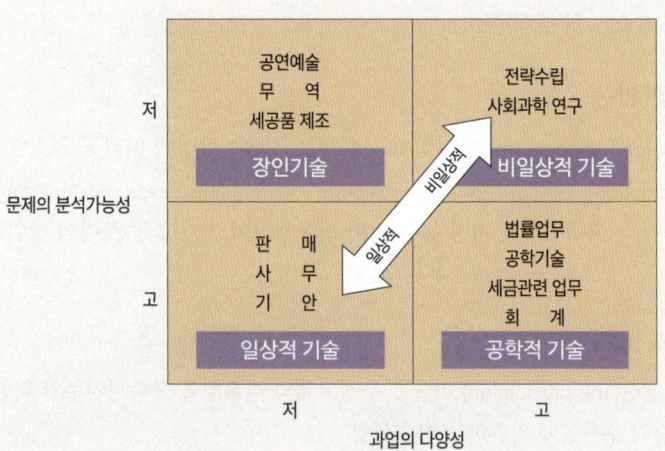

1) 기술분류의 2가지 차원

① 과업의 다양성

과업의 다양성(task variability)이란 예외의 빈도 또는 동질성의 정도에 관련되는 것으로, 업무를 담당한 사람이 과업을 수행하는 과정에서 발생하는 예기치 못한 과업이나 기묘한 사건 등의 발생빈도

② 문제의 분석가능성

문제의 분석가능성(problem analyzability)은 과업의 변이성에 적절하게 대처하기 위한 성공적인 방법을 찾는 탐색과정의 용이성

기술유형과 조직구조

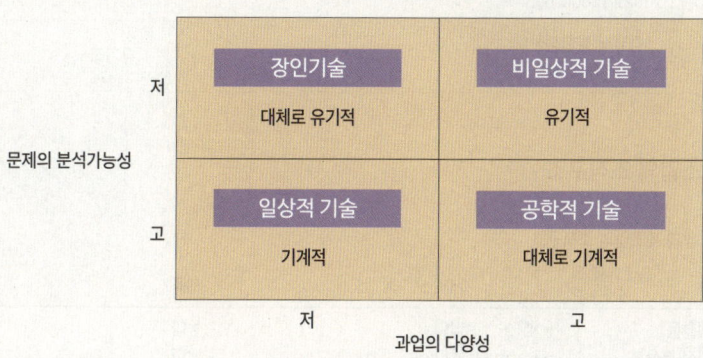

(3) 톰슨의 연구

톰슨(James D. Thompson)은 조직구조에 영향을 주는 상호의존성과 그에 따른 3가지 기술을 제시

상호의존성에 따른 기술분류

상호의존성	수평적 의사소통 필요성	조정형태	기술분류	적절한 조직구조
집합적 pooled	낮음	표준화 규칙 절차	중개형 (mediating)	사업부 조직
순차적 sequential	중간	계획 스케줄 피드백	연속형 (long-linked)	태스크포스
교호적 reciprocal	높음	상호조정 부서 간 회의 팀워크	집약형 (intensive)	수평적 구조

(4) 새로운 생산기술과 조직구조

새로운 생산기술과 조직구조

기술	→	조직구조
대량생산 mass production	→	기계적
컴퓨터 통합생산 CIM 혹은 FMS	→	유기적

(5) 서비스업의 조직구조

서비스업과 제조업의 조직구조

구조	서비스	제품
경계활동	낮다	높다
지리적 분산	높다	낮다
의사결정	분권화	집권화
공식화	낮다	높다
인적자원		
종업원의 능력	높다	낮다
중요한 능력	대인관계기술	제조관련기술

11. 환경 environment과 조직구조

(1) 번스와 스타커의 연구

번스와 스타커의 연구

환경	→	조직구조
안정적 stable	→	**기계적** mechanistic
격동적 turbulent	→	**유기적** organic

(2) 로렌스와 로쉬의 연구

1) **분화** differentiation

    기능적으로 상이한 부서에 속한 관리자들의 기본 성향이 서로 다르며, 부서 간의 공식적 구조 또한 차이가 난다는 것을 의미

2) **통합** integration

    통합은 목표를 달성하기 위한 부서 간 협력 정도를 의미함

    환경의 불확실성과 조직구조의 분화와 통합

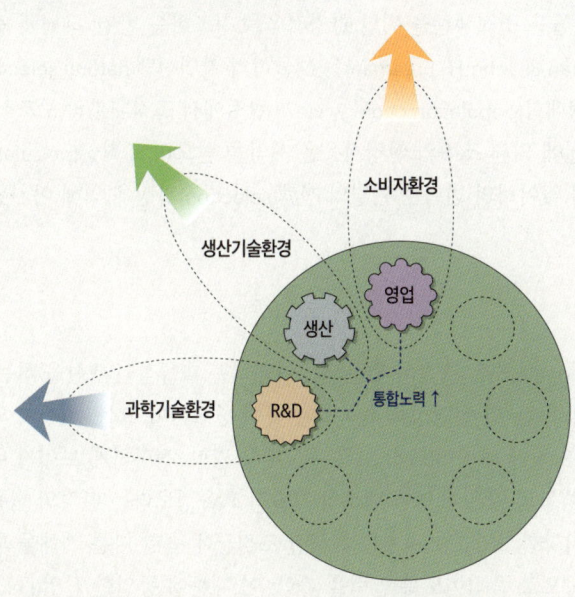

※ 환경의 불확실성이 증가하면 부서 간 차이(분화)가 커지므로 조직목표달성을 위해 부서 간 활동을 통합하기 위한 노력을 많이 해야함

로렌스와 로쉬의 연구

환경(불확실성)	→	조직구조(분화/통합)
고	→	고/고
중	→	중/중
저	→	저/저

12. 조직 간 관계에 관한 이론

(1) 자원의존이론

자원의존이론(resource dependence theory)은 조직이 중요한 자원을 공급받기 위하여 환경에 의존할 수밖에 없고, 이 때문에 조직은 가능한 환경에 대한 의존도를 최소화하고, 자율성과 독립성을 유지하기 위해 환경에 압력을 행사함. 조직의 성공은 독립성과 자율성 확보를 통해서 가능하다고 봄

(2) 조직군생태학

대부분의 조직이론들은 조직생존을 위한 환경적응을 강조하는 반면, 해난과 프리먼(Michael T. Hannan & John H. Freeman)은 생물학의 자연선택(natural selection)에 근거한 조직군생태학(population ecology view) 관점에서 조직내부의 구조적 요인과 외부 환경요인에 의해 조직의 환경적응은 제약을 받으며 조직군(population of organizations)에 있어서의 변화는 환경의 선택(selection)과정에 의해 야기된다고 주장함

(3) 제도화이론

제도화이론(Institutionalism)은 조직이 생존하기 위해서는 효율적인 생산을 하는 것 이상으로 이해관계자로부터 정당성을 획득하는 것이 중요하다고 봄. 조직이 외부 이해관계자에게 정당하게 보이려고 하는 욕구는 매우 강함. 정당하게 보이기 위해서 조직의 구조와 행동의 많은 측면이 내부의 기술적 효율성보다는 환경의 허용을 받으려는 목적을 지향함. 조직 간 관계는 유사한 조직군에 속한 다른 개체들과 유사하게 보이는 방향으로 움직이도록 압력을 가함. 이 때문에 동일한 산업(field)에 속한 조직들은 동일 형태의 구조와 관점을 갖는 경우가 많은데, 이를 제도적인 유사성(institutional similarity)이라 함

(4) 전략적 선택이론

전략적 선택이론(strategic choice theory)은 '전략, 규모, 기술, 환경이 조직구조를 결정한다'라는 상황론적 조직설계와는 달리 환경적 요인들이 조직구조의 주요 결정요인이 되는 것은 사실이지만, 환경요인들은 그저 일방적으로 주어진 것이 아니라, 조직의 주도적인 의사결정자(경영자)의 전략에 따라 선택된 것이라고 주장. 그러므로 환경이 조직에 미치는 영향력보다는 경영자가 환경을 어떻게 인식하느냐가 더 중요함. 즉, 경영자가 환경의 일방적 지배를 받는 것이 아니라 환경을 전략적으로 해석하고 선택할 수 있다고 봄

13. 민쯔버그의 효과적인 조직설계의 방식

5가지 조직의 기본부문

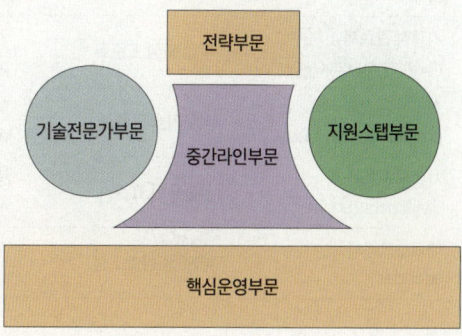

민쯔버그의 조직구조

조직구조		내용
단순구조 simple structure		전략부문(strategic apex)이 지배하는 구조
기계적 관료제 machine bureaucracy		기술전문가부문(technostructure)이 지배하는 구조이며, 대규모 조직에서 고도로 표준화가 이루어진 형태로서, 막스 베버가 주장한 관료제와 거의 동일한 형태
전문적 관료제 professional bureaucracy		핵심운영부문(operating core)이 지배하는 구조로, 병원이나 대학 등에서 찾아볼 수 있는 조직 유형
사업부 조직 divisional structure		중간라인부문(middle-line)이 지배하는 구조로, 산업사회의 민간기업에서 가장 널리 사용되고 있는 조직구조
애드호크래시 adhocracy		지원스텝부문(support staff)이 지배하는 구조로, 다양한 분야의 전문가들이 혁신 과제를 수행하는 형태로 고도의 유기적 구조

조직설계의 목적에 따른 조직구조의 특성

구조형성의 방향	조직구조의 형태	핵심조정 메커니즘	조직의 주요 부문
집권화	단순조직 simple structure	직접적 감독체계	전략부문 strategic apex
표준화	기계적 관료제 machine bureaucracy	작업 과정 표준화	기술전문가부문 technostructure
전문화	전문적 관료제 professional bureaucracy	직무기술 표준화	핵심운영부문 operating core
분권화	사업부 조직 divisional structure	산출물의 표준화	중간라인부문 middle line
협력화	애드호크래시 adhocracy	부서 간 상호조정	지원스탭부문 supporting staff

14. 혁신을 위한 조직설계

(1) 혁신의 양면성 모델 ambidextrous model

일반적으로 유기적 조직(organic organization)은 혁신적 아이디어 산출은 용이하지만 혁신을 실행하는 것에는 최적의 구조가 아니다. 이 때문에 '혁신의 시작'과 '혁신의 실행'에 알맞는 경영방식과 구조의 통합 즉, 혁신에 필요한 아이디어를 만들어 낼 때는 유기적 조직처럼 행동하고, 그것을 조직에 실행할 때는 기계적 조직처럼 행동하는 것임

혁신의 양면성 모델

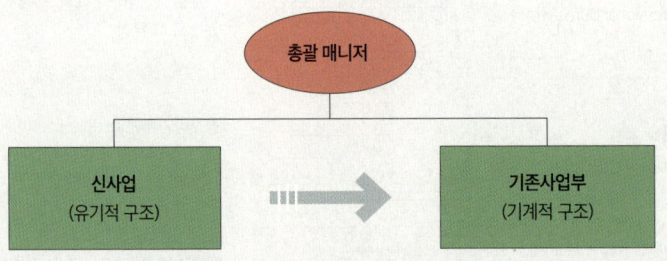

15. 조직수명주기

퀸과 카메론(Robert Quinn & Kim Cameron)은 기존의 여러 학자들이 제시한 서로 다른 조직 수명주기 모형들을 검토하고 이를 포괄하는 통합모형을 제시하였음. 이들은 기존의 조직수명주기 모형을 창업, 집단공동체, 공식화, 정교화 단계로 구분하고 각 단계별 특징을 규명함으로써 조직의 성장 과정에 따른 조직설계의 방향을 제시하고 있음

조직의 성장단계에 따른 조직특성

	창업단계	집단공동체단계	공식화단계	정교화단계
	비관료적	준관료적	관료적	고관료적
특징	비공식적, 1인체제	전반적으로 비공식적, 부분적 절차	공식적 절차, 명확한 과업분화, 전문가 영입	관료제 내의 팀 운영, 문화의 중요성
제품/서비스	단일의 제품 및 서비스	관련 주요 제품	제품라인 및 서비스	복수의 라인
보상과통제시스템	개인적, 온정적	개인적, 성공에 대한 공헌	비인적, 공식화된 시스템	제품과 부서에 따라 포괄적
혁신의 주체	창업주	종업원과 창업주	독립적인 혁신집단	제도화된 R&D
목표	생존	성장	명성, 안정, 시장확대	독특성, 완전한 조직
최고경영자 관리스타일	개인주의적, 기업가적	카리스마적, 방향제시	통제를 바탕으로 한 위임	참여적, 팀 접근적

01 조직 설계의 상황론적 관점은 조직을 개방시스템(open system)으로 보고, 조직구조의 사회적 측면을 강조한다.

02 소규모 기업보다 대기업이 공식화(formalization) 정도가 더 높다.

03 조직의 의사결정 권한이 최고경영층에 집중되어 있다면, 그 조직은 집권화(centralization) 정도가 높다고 말할 수 있다.

04 비관리직 종업원 수가 같다면, 통제의 범위(span of control)가 좁은 기업이 넓은 기업에 비해 상대적으로 관리자의 계층이 적다.

05 통제의 범위(span of control)는 부문간의 협업에 필요한 업무 담당자의 자율권을 보장해 줄 수 있도록 하는 부서별 권한과 책임의 범위이다.

06 조직에서 의사결정권한이 조직 내 특정 부서나 개인에게 집중되어 있는 정도를 보고 해당 조직의 집권화(centralization) 정도를 알 수 있다.

07 공식화(formalization)의 정도는 조직 내 규정과 규칙, 절차와 제도, 직무 내용 등이 문서화되어 있는 정도를 통해 알 수 있다.

---

01 ✗ 조직설계의 상황론적 관점은 개방시스템 관점과 조직구조의 합리적 관점. 즉, 조직구조는 조직의 목적 달성을 위한 수단임을 강조한다.

02 ○ 공식화는 업무의 표준화 정도를 의미하는데 조직의 규모가 커질수록 업무처리가 복잡해지는 것을 방지하고자 공식화 정도가 증가시키는 경향이 있다.

03 ○

04 ✗ 통제의 범위가 좁을수록 관리자 한 사람이 소수의 인원을 관리해야 하므로 관리자의 수와 계층은 증가한다.

05 ✗ 통제의 범위(span of control)는 한 사람의 경영자가 직접 감독할 수 있는 종업원 수에 대한 한계를 의미한다.

06 ○

07 ○ 공식화(formalization)란 직무(업무)가 표준화되어 있는 정도를 말하는데, 공식화가 잘 되어 있는 조직에는 확실한 직무기술서가 갖추어져 있고, 많은 규칙이 만들어져 있으며, 작업 공정에 대한 절차가 잘 정의되어 있다. 따라서 공식화의 정도는 조직 내 규정과 규칙, 절차와 제도, 직무 내용 등이 문서화되어 있는 정도를 통해 알 수 있다.

08 단순구조(simple structure)에서는 수평적 분화(horizontal differentiation)와 수직적 분화(vertical differentiation)는 낮으나, 공식화(formalization) 정도는 높다.

09 기능 조직(functional structure)은 기능부서 내에서 규모의 경제를 달성할 수 있다.

10 기능 조직(functional structure)은 환경 변화에 빠르게 대응할 수 있다.

11 기능 조직(functional structure)에서는 기능부서 간 협력과 의사소통이 원활해지는 장점이 있다.

12 기능별 조직(functional structure)은 기능별 전문성을 확보할 수 있으나 기능부서들 간의 조정이 어렵고 시장의 변화에 즉각적으로 대응하기가 쉽지 않다.

13 사업부 조직(divisional structure)은 사업부 내의 기능 부서 간 원활한 조정이 가능하다.

14 사업부 조직(divisional structure)은 시장과 고객의 요구에 대응할 수 있으나 각 사업부 내에서 규모의 경제를 달성하기 쉽지 않다.

15 매트릭스 조직(matrix structure)은 이중 보고체계로 인하여 보고 담당자가 역할갈등을 느낄 수 있고 업무에 혼선이 생길 수 있다.

---

08 ✗ 단순구조는 매우 작은 조직에 해당하므로 수평적 분화(부서나 직무의 수)와 수직적 분화(계층의 수)의 수준이 낮고, 공식화(업무의 표준화)도 낮다. 조직의 규모가 커질수록 수평적 분화와 수직적 분화의 수준은 높아지고, 더불어 공식화의 수준도 높아진다.

09 ○

10 ✗ 기능조직은 수직적 계층을 따라 조직이 통제되므로 효율성은 높으나 상대적으로 수평적 조정은 부족하기 때문에 환경변화에 대한 반응이 느리다.

11 ✗ 기능 조직(functional structure)은 수직적 계층에 따라 조직이 통제되고 조정되므로 기능부서별 목표달성은 용이하나 기능부서 간 수평적 조정은 약하다. 따라서 기능부서 간 협력과 의사소통은 원활하지 않다.

12 ○

13 ○ 사업부 조직은 사업부 내의 기능 부서 간 조정은 원활하지만, 사업부 간의 조정은 원활하지 않다.

14 ○ 사업부 조직은 동일한 기능부서가 사업부마다 존재할 가능성이 높기 때문에 각 사업부 내에서 규모의 경제를 달성하기 어렵다.

15 ○

16 글로벌기업 한국지사의 영업담당 팀장이 한국지사장과 본사 영업담당 임원에게 동시에 보고하는 체계는 네트워크 조직(network organization)의 특징을 보여준다.

17 수평적 조직(horizontal structure)보다는 사업부 조직(divisional structure)이 좀 더 유기적 조직에 가깝다.

18 수평적 조직(horizontal structure)은 고객의 요구에 빠르게 대응할 수 있고 협력을 증진시킬 수 있다.

19 네트워크 조직(network structure)의 장점은 변화하는 욕구에 매우 유연하고 신속하게 대응이 가능하다는 점이다.

20 네트워크 조직(network structure)은 공장과 제조시설에 대한 대규모 투자가 없어도 사업이 가능하다.

21 기계적 조직(mechanistic organization)은 유연성을 추구하며, 유기적 조직(organic organization)은 효율성을 추구한다.

22 기계적 조직은 일반적으로 공식화(formalization)와 집권화(centralization)의 수준이 높고, 통제의 범위도 좁다.

---

16 ✗ 글로벌기업 한국지사의 영업담당 팀장이 한국지사장과 본사 영업담당 임원에게 동시에 보고하는 체계는 상사가 2명인 전형적인 매트릭스 조직(matrix structure)의 특징을 보여준다.

17 ✗ 수평적 조직은 사업부 조직보다 훨씬 수평적 정보공유와 왕래가 많기 때문에 사업부 조직보다는 더 유기적 조직에 가깝다.

18 ○

19 ○ 네트워크 조직은 네트워크로 연결된 외부 기업에게 아웃소싱하는 구조이기 때문에 환경변화에 신속하게 대응할 수 있다.

20 ○

21 ✗ 기계적 조직은 효율성을 추구하며, 유기적 조직은 유연성을 추구한다.

22 ○

23. 마일즈와 스노(Miles & Snow)는 기업의 전략을 탐색형(prospector), 분석형(analyzer), 방어형(defender) 전략으로 구분하였다.

24. 마일즈와 스노의 연구에 따르면 탐색형(prospector) 전략을 사용하는 기업의 조직구조는 기계적 조직에 가깝게 설계하는 것이 좋다.

25. 제품의 종류가 많은 대기업은 사업부 조직(divisional structure)으로 설계하는 것이 적절하다.

26. 조직의 규모가 커질수록 조직구조의 복잡성(complexity)은 감소한다.

27. 우드워드(Woodward)는 기업이 사용하는 기술을 기술복잡성(technological complexity)에 따라 단위소량 생산(unit), 대량생산(mass), 연속생산(process)으로 분류하였다.

28. 우드워드에 따르면 연속공정생산기술은 산출물에 대한 예측가능성이 높고 기술의 복잡성이 높다.

29. 우드워드의 기술분류에서 연속생산(process) 기술에 적합한 조직구조는 기계적 조직이다.

30. 페로(Perrow)의 기술분류는 조직 전체가 사용하는 기술에 관한 것이다.

31. 페로의 기술분류에서 판매부서의 기술은 일상적(routine) 기술에 해당한다.

---

23. O
24. X 탐색형 전략은 유기적 조직으로 설계하는 것이 좋다.
25. O
26. X 조직의 규모가 커질수록 계층도 많아지고, 직무와 부서의 수도 증가하고, 설비와 조직이 더 지리적으로 분산되기 때문에 복잡성은 증가한다.
27. O
28. O 우드워드의 기술분류에서 연속공정생산기술(process)은 기술복잡성이 가장 높은 것인데, 여기서 말하는 기술복잡성이란 생산과정의 기계화 정도와 예측의 정도를 나타내는 것이다.
29. X unit-유기적, mass-기계적, process-유기적
30. X 페로의 기술분류는 조직수준의 기술이 아니라 부서수준의 기술에 관한 것임
31. O

32 페로에 따르면 비일상적(nonroutine) 기술을 사용하는 부서는 과업의 다양성이 높고 문제의 분석가능성이 낮다.

33 톰슨(Thompson)의 기술분류에서 교호적 상호의존성(reciprocal interdependence)은 상호의존성이 매우 낮음을 의미한다.

34 상호의존성이 높아질수록 수평적 의사소통의 필요성은 증가한다.

35 은행의 지점들간 상호의존성은 순차적 상호의존성에 해당한다.

36 신제품 개발을 위한 기능횡단팀(cross-functional team) 내의 상호의존성은 순차적 상호의존성이다.

37 톰슨(Thompson)에 따르면 집합적 상호의존성(pooled interdependence)은 집약형 기술을 사용하여 부서 간 상호조정의 필요성이 높고 표준화, 규정, 절차보다는 팀웍이 중요하다.

38 번스와 스타커(Burns & Stalker)의 연구에 따르면, 환경이 안정적일 때는 기계적 조직이 적합하고, 환경이 격동적일 때는 유기적 조직이 적합하다.

39 로렌스와 로시(Lawrence & Lorsch)의 연구에 따르면, 환경의 불확실성이 높아질수록 조직내 부서 간 이질성(차별화)은 증가한다.

---

32 O

33 X 교호적(reciprocal) 상호의존성은 가장 높은 수준의 상호의존성을 의미한다.

34 O 부서 간 상호의존성이 증가할수록 부서 간 좀 더 긴밀한 의사소통이 요구되므로 수평적 의시소통의 필요성은 증가한다.

35 X 은행의 지점들간 상호의존성은 집합적(pooled) 상호의존성에 해당한다.

36 X 기능횡단팀 내의 상호의존성은 교호적(reciprocal) 상호의존성이다.

37 X 집합적 상호의존성(pooled interdependence)은 상호의존성이 매우 낮은 수준을 의미하며, 이 때 기술유형은 중개형 기술(mediating technology)이다. 또한 이런 상황에서는 부서 간 상호조정의 필요성이 낮기 때문에 표준화, 규정, 절차를 사용하면 된다.

38 O

39 O 환경의 불확실성이 높아질수록 불확실한 환경에 대처하기 위해 기업은 대응부서들을 만들게 되고, 이들 부서의 인원구성이나 전문적 지식은 다른 부서와 차별화된다.

40 로렌스와 로시(Lawrence & Lorsch)의 연구에 따르면, 조직내부의 부서 간 차별화 정도가 높아지면, 통합(integration)의 정도는 낮아져야 한다.

41 민쯔버그(Mintzberg)의 조직설계에서 혁신적 과제 수행에 가장 적합한 조직은 전문적 관료제(professional bureaucracy)이다.

42 로펌이나 회계법인의 조직구조는 전문적 관료제(professional bureaucracy)가 적합하다.

43 작업과정의 표준화가 중요할 때 조직의 주요 부문은 중간라인(middle line) 부문이다.

44 민쯔버그(Mintzberg)에 따르면 애드호크라시(adhocracy)는 기계적 관료제(machine bureaucracy)보다 공식화와 집권화의 정도가 높다.

45 퀸과 카메론(Quinn & Cameron)은 조직수명주기는 창업단계(entrepreneurial stage) → 집단공동체 단계(collectivity stage) → 공식화 단계(formalization stage) → 정교화 단계(elaboration stage)로 진행한다고 주장하였다.

---

40 ✕ 차별화(분화)의 정도가 높아질수록 조직의 목표 달성을 위해 차별화된 조직을 통합하기 위한 노력도 많이 해야 한다.

41 ✕ 혁신에 가장 적합한 조직은 임시적 프로젝트를 수행하는 애드호크라시(adhocracy)이다.

42 ◯

43 ✕ 작업과정을 표준화하는 힘을 발휘하는 조직의 주요 부문은 기술전문가(technostructure) 부문이다.

44 ✕ 민쯔버그가 제시한 애드호크라시(adhocracy)는 환경이 복잡하고 동태적일 경우 매트릭스 조직, 프로젝트 팀 또는 테스크포스 등의 형태로 나타나며 조직의 특징은 유기적 조직에 가깝다. 반면 기계적 관료제(machine bureaucracy)는 대규모 조직에서 고도로 표준화가 이루어진 형태로 막스 베버(Max Weber)가 주장한 관료제와 거의 동일한 형태로 기계적 조직에 가깝다. 따라서 애드호크래시가 기계적 관료제보다 공식화와 집권화의 정도가 낮다.

45 ◯

5. 인적자원관리

1. **인적자원관리의 의의**

    인적자원관리(HRM: human resource management)는 인적자원의 체계적 관리를 통해 고성과를 달성하고자 사람과 직무 간의 적합성(fit)을 높이려는 적재적소(適材適所)의 배치 실현을 기본 개념으로 삼고 있음

    적재적소의 배치실현

    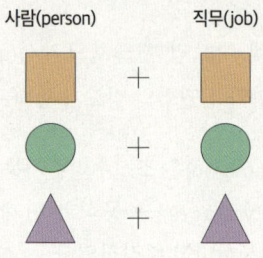

    ※ 적재적소의 배치의 기준은 '사람'이 아니라 '직무'이다.

2. **직무에 관한 연구**

    (1) **직무분석** job analysis

    1) 개념

        高성과를 달성하기 위해서는 직무상 필요로 하는 직무요건(job requirement)과 직무수행자의 인적요건을 일치시킬 필요가 있는데, 직무요건을 알아보고자 직무에 대한 정보를 수집·분석·종합하는 것을 직무분석(job analysis)이라고 함

    2) 직무분석의 절차

        ① 직무분석의 목적 결정
        ② 배경정보의 수집
        ③ 직무정보의 수집
        ④ 직무정보의 검토
        ⑤ 직무기술서 및 직무명세서의 작성

3) 직무분석 방법

직무분석을 위한 자료 수집방법

기법	내용
면접법 interview	직무담당자 또는 감독자와 면접을 통해 직무정보를 획득하는 방법
질문지법 questionnaire	구조화된 설문지를 이용하여 직무에 대한 정보를 얻는 방법
관찰법 observation	직무분석자가 직무담당자의 직무수행 장면을 관찰하고 관찰결과를 기록함으로써 직무정보를 얻는 방법
종업원 기록법 participant diary	종업원의 작업활동을 작업일지에 기록하게 하여 그것으로부터 직무에 관한 정보를 얻는 방법
경험법 empirical method	직무분석자가 직접 일을 체험해보고 직무정보를 얻는 방법
결합법 combination method	여러 가지 직무분석 방법을 병용하여 사용하는 기법
중요사건법 CIM: critical incident method	종업원의 중요사건으로 직무를 분석하는 기법. 인사평가 기법이기도 함

4) 직무분석 결과물

직무분석의 결과물

구분	내용
직무기술서 job description	직무에 관한 사실과 정보를 모든 사람이 이해하기 쉽도록 간략하게 정리하여 기술한 양식이며 직무기술서에는 직무구분, 직무개요, 직무내용, 직무명세, 작업조건 등이 포함(TDR: task, duty, responsibility)
직무명세서 job specification	하나의 직무를 적절히 수행하기 위해 필요한 최소한의 인적자원에 관한 설명이며, 성별, 교육정도, 전공, 자격 및 면허, 최적연령 등의 직무수행요건과 기초지식, 전문지식, 숙련기간, 창의적 판단, 육체적 부하, 작업환경 등의 직무특성을 포함(KSA: knowledge, skill, ability)

5) 직무분석의 활용

기본적 HR 도구로서의 직무분석

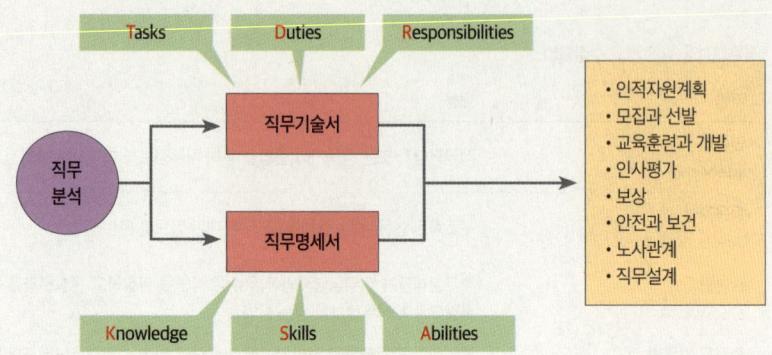

6) 직무분석의 최근 추세

① 탈직무화

과거 여러 사람이 하던 일을 혼자 혹은 소수의 사람이 수행가능하므로 인력의 직무 이탈 현상이 가속화될 뿐 아니라 기존의 직무분석 방식은 별 의미가 없어짐. 이를 탈직무화(dejobbing)라고 함

② 역량 중심의 직무분석

수시로 변화하는 직무 환경은 매번 직무기술서를 작성하는 낭비가 필요없는 신축적인 직무기술서를 요구함. 이에 따라 기업에서는 '의무(duty)'보다는 '역량(competency)'을 중심으로 한 직무분석을 사용하는데, 이를 역량 중심의 직무분석(competency-based job analysis)이라고 함

(2) **직무평가** job evaluation

'동일노동 동일임금(equal pay for equal work)'의 원칙을 실현하는 직무급(job-based pay)을 도입하기 위한 기초 작업으로 직무의 상대적 가치를 산정하는 체계적인 과정

직무평가 기법의 비교

구분	비계량적 방법	계량적 방법
직무 대 직무	서열법	요소비교법
직무 대 기준	분류법	점수법

직무평가 방법

기법	내용
서열법 ranking method	다른 직무와 비교하여 상대적 중요성에 따라 직무를 주관적으로 서열을 매기는 방법
분류법 classification method	평가하려는 직무를 사전에 규정된 등급 혹은 부류에 배정함으로써 직무를 평가하는 방법
점수법 point rating method	직무를 구성하는 중요한 직무요소(job factor)를 찾아 각 요소별로 등급화하여 점수를 부여하고 평가하려는 직무를 평가요소별로 적절한 등급을 찾아 점수를 부여하는 방법
요소비교법 factor comparison method	기준직무(key job)를 선정하고 그 기준직무에 대해 지급되는 임금액을 평가요소에 배분하여 기준직무를 평가요소별로 서열화한 다음 기준직무의 평가요소와 평가하려는 직무의 평가요소를 비교하여 직무의 상대적 가치를 수량적으로 평가하는 방법

점수법에 의한 직무평가

평가요소		만점	A 직무	B 직무
대분류	소분류			
숙련(50)	기초지식	20	16	18
	교육수준	15	7	10
	판단력	15	12	11
노력(15)	심리적 긴장	8	6	6
	육체적 부담	7	5	4
책임(20)	지도감독 책임	15	8	12
	타인의 위험	5	4	3
직무환경(15)	재해위험	5	4	4
	작업장 분위기	10	8	7
총점		100점	70점	75점

요소비교법

직무	임금	평가요소			
		숙련	노력	책임	직무환경
직무 A	8,000	3,000	3,000	500	1,500
직무 B	6,000	500	2,000	500	3,000
직무 C	5,000	1,500	1,000	2,000	500
직무 D	4,500	900	900	1,500	1,200

※ 만일 홍길동의 직무 K가 숙련도는 직무 B와 비슷하고 노력도는 직무 D와, 책임은 직무 A와, 직무조건은 직무 B와 비슷하다면 K직무의 가치는 4,900원(500+900+500+3,000)이 됨

(3) 직무설계

1) 동기부여를 위한 직무설계

직무설계기법

기법	내용
직무순환 job rotation	주기적으로 근로자의 직무를 서로 바꾸도록 하는 것
직무확대 job enlargement	개인이 수행하는 과업의 수와 다양성을 증가시킴으로써 전체 직무의 다양성을 증가시키는 것(직무의 수평적 확대)
직무충실화 job enrichment	근로자가 스스로 직무를 계획, 실행, 평가하는 정도를 확대하는 것 (직무의 수직적 확대)
유연시간 근무제 flextime	직원에게 출퇴근 시간대를 선택할 수 있는 재량권을 부여하는 것
직무 공유 job sharing	둘 또는 그 이상의 사람이 주당 40시간의 직무를 나누어 담당하는 것
자율적 관리팀 self-managed work team	팀에게 업무설계, 업무프로세스, 업무분담의 권한을 위임하여 업무일정 조정, 팀 구성원 채용, 팀성과 부진의 문제 등을 스스로 해결하게끔 하는 방법
재택근무 telecommuting	직무의 내용에는 변화없이 직무수행 장소(집에 근무)를 바꾸는 직무설계 방법
압축근무제 compressed work	주당 5일 40시간 근무 대신 주당 4일 근무에 1일 10시간 근무하는 방식 등

2) 직무과정 설계로서의 BPR

BPR은 1990년대 MIT의 해머(Michael Hammer) 교수가 제안한 것으로 기존의 업무 방식을 근본적으로 재고려하여 과격하게 비즈니스 시스템 전체를 재구성하는 것으로서 프로세스를 근본단위로 업무, 조직, 기업문화까지 전 부분에 대하여 대폭적으로 성취도를 증가시키는 것

IBM 금융사업부의 BPR

BPR 전 (6일 소요)

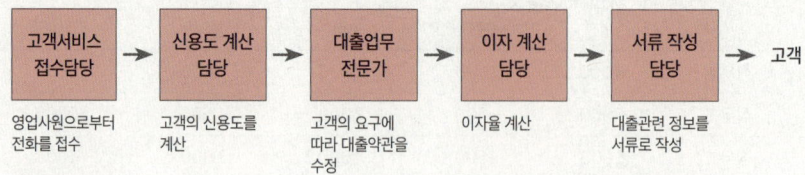

영업사원으로부터 전화를 접수 | 고객의 신용도를 계산 | 고객의 요구에 따라 대출약관을 수정 | 이자율 계산 | 대출관련 정보를 서류로 작성

BPR 후 (4시간 소요)

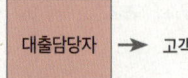

정교한 컴퓨터 프로그램을 이용하여 전체 대출업무를 혼자서 처리함

3. 인적자원계획

(1) 인적자원계획이란?

인적자원의 수와 질, 시기를 계획하고 이러한 필요에 충당할 수 있는 기업 내·외의 공급원에 대해 예측함으로써 인적자원의 수급을 조절하는 과정

인적자원계획 프로세스

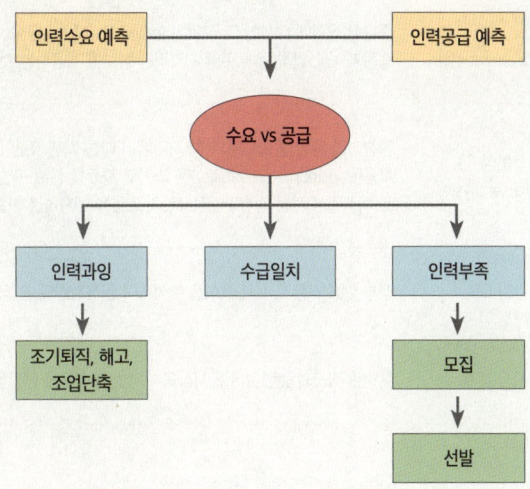

(2) 인적자원의 수요예측

수요예측 기법

구분	기법	내용
양적	시계열 분석	과거 자료의 변화 패턴을 탐지하고 이를 사용하여 미래 자료를 예측
	회귀분석	인적자원의 수요에 영향을 미친다고 밝혀진 원인변수(매출액, 생산량, 예산 등)를 사용하여 인력수요(결과변수)를 예측
	추세투영분석	인력수요와 밀접한 관계를 가진 변수를 사용하여 그들 간의 과거 관계를 중심으로 인력수요를 예측하는 방법
	생산성비율분석	1인당 부가가치증가율, 1인당 매출증가율 등을 구하여 인력수요를 예측
	작업연구기법	작업시간과 작업량을 측정하여 인력수요 예측
질적	전문가 예측	전문가들의 경험과 판단에 기초하여 예측
	시나리오 기법	현재와 미래의 경영환경에 대한 변수들을 이용하여 여러 가지 인력수요의 가능성을 타진
기타	영기준예측	과거의 자료를 참고하지 않고, 현재의 시점에서 필요한 인원 수가 적정한가를 분석
	화폐적 접근법	기업의 지불능력에 초점을 맞춘 기법
	자격요건 분석	직무기술서와 직무명세서를 활용하여 필요인력의 질을 예측

(3) 인적자원의 공급예측

공급예측 기법

구분	기법	내용
내부	기능목록 skill inventory	종업원의 경력, 학력, 교육, 특기 등에 대한 기록을 종합적으로 관리하기 위해 작성하는 데이터베이스
	대체도 replacement chart	중요한 직위에 대하여 그 직위의 현재 담당자 및 후임 후보자들에 대한 나이, 승진가능성, 업적 등에 관한 시각적인 정보를 제공하는 것
	마코프분석 Markov analysis	일정기간 동안 종업원들의 한 직위에서 다른 직위 또는 조직 밖으로의 이동확률(transitional probability)을 과거의 자료를 통해 구한 다음, 이것을 근거로 미래일정 시점에서의 인적자원의 흐름을 예측하는 확률적 모형
외부	고용관련 DB	정부 발표의 통계 수치 추이를 분석하여 인적자원의 공급을 예측하는 방법
	노동시장 분석	특별한 직군과 관련된 노동시장의 지역별 인력공급 현황을 분석하는 방법

마코프 분석

이동확률 매트릭스					
	기간 2				
기간 1	직무 A	직무 B	직무 C	직무 D	이직
직무 A	0.70	0.10	0.05	0	0.15
직무 B	0.15	0.60	0.05	0.10	0.10
직무 C	0	0	0.80	0.05	0.15
직무 D	0	0	0.05	0.85	0.10

현직자에게 적용						
	최초인원	직무 A	직무 B	직무 C	직무 D	이직
직무 A	62	44	6	3	0	9
직무 B	75	11	45	4	8	7
직무 C	50	0	0	40	2	8
직무 D	45	0	0	2	38	5
연말예상치		55	51	49	48	29

(4) 인력 조정 프로그램

1) 인력 과잉 해소방안

인력 과잉 해소방안

대안	속도	고통정도
다운사이징 downsizing	빠름	고
급여삭감 pay reduction	빠름	고
강등 demotion	빠름	고
전직 transfer	빠름	중
일자리나누기 work sharing	빠름	중
채용동결 hiring freeze	느림	저
자연감소 natural attrition	느림	저
조기퇴직 early retirement	느림	저
재교육 retraining	느림	저

2) 인력 부족 해소방안

인력 부족 해소방안

대안	속도	원상회복
초과근무 overtime	빠름	빠름
임시직 근로자 temporary employee	빠름	빠름
아웃소싱 outsourcing	빠름	빠름
전직자 재교육 retrained transfer	느림	빠름
이직률 감소 turnover reduction	느림	보통
신규채용 new external hires	느림	느림
기술혁신 technological innovations	느림	느림

4. 모집

(1) 모집 recruitment

1) 내부모집
사내모집이라고도 하며, 조직 내부의 기존 인력을 대상으로 모집하는 것

내부모집의 장·단점

장점	• 지원자에 대한 정확한 평가 가능 • 모집비용이 적게 들고 신속한 모집이 가능 • 승진기회를 제공함으로써 내부인들의 사기 고양
단점	• 과당경쟁으로 조직분위기 저하 • 불합격된 사람에 의한 불만 요인의 발생

2) 외부모집
조직 외부의 인력을 대상으로 모집하는 것

외부모집의 장·단점

장점	• 새로운 아이디어나 방법을 접하는 기회제공 • 교육·훈련비용의 절감
단점	• 조직 적응에 시간이 소요됨 • 기존 내부인과의 마찰 가능성

(2) 모집의 원천

1) 내부모집 원천

① **사내게시와 사내공모제도**
직무게시와 공모제도는 결원이 발생한 직무를 회보나 회람, 게시판 등에 의해 조직 내부의 전 종업원에게 공식적으로 알리고 신청을 받는 제도

② **인사기록이나 기능목록**
내부에서 승진자를 물색할 때 각종 인사기록이나 숙련에 대해 조사자료를 집적한 기능목록(skill inventory)을 활용할 수 있음

③ **승계계획**
승계계획(succession planning)은 핵심관리 직위가 공석일 때 그 자리를 채울 수 있는 자격자들을 확보해 놓는 방법

2) 외부 모집원천

① 사원추천제도

사원추천(employee referral) 제도는 직장 내 공석이 생겼을 때 현직 종업원들이 적임자를 추천하도록 하여 신규직원을 채용하는 제도

사원추천제도의 장·단점

장점	• 모집비용 절감 • 직원들의 자질유지가 용이 • 선발에 걸리는 시간 단축 • 이직률이 낮고 기업문화의 적응도도 높음 • 기존 직원들의 동기부여와 사기 측면에서 긍정적
단점	• 회사 내 학맥, 인맥에 근거한 파벌조성이라는 부작용을 야기할 가능성 • 채용에 있어서 공정성을 확보하기가 어렵다. • 추천받지 못한 사람의 취업기회를 원칙적으로 봉쇄하는 것일 수 있다. • 피추천 후보자가 채용면접에서 탈락하는 경우 추천자의 반발과 사기저하 예상

② 온라인 모집

온라인 모집(online recruiting)은 인터넷에 기반을 둔 광고나 모집활동을 의미함

온라인모집의 장·단점

장점	• 모집비용의 절감 • 많은 집단에게 평등하게 정보 전달 • 현실적 직무소개(realistic job preview)의 기능도 수행
단점	• 인터넷에 익숙치 않은 사람들에게는 응모의 기회가 제한될 수 있음 • 지원자가 폭주할 경우 처리비용이 많이 들게 됨

(3) 현실적 직무소개

현실적 직무소개(RJP: realistic job preview)는 모집과 선발과정에서 지원자에게 그 조직과 본인이 하게 될 직무에 대한 장단점을 구체적으로 제시해 줌으로써 지원자가 보다 현실적인 기대를 가지고 입사결정을 할 수 있도록 도와주는 다양한 노력을 일컫음

1) 효과
    ① 구직자의 기대에 부응
    ② 새로운 종업원이 직무요구를 더 잘 수용할 수 있음
    ③ 지원자에 대한 '정직성 풍토' 조성
    ④ 자기 선택

2) 비효과적인 경우
    ① 직무가 신입직원 수준 entry level 이 아닐 경우
    ② 실업률이 높을 경우

3) 효과적인 경우
    ① 지원자가 여러 개의 직무 오퍼(job offer)를 받아 선택적일 경우
    ② 지원자가 비현실적 직무기대를 가지고 있을 경우
    ③ 지원자가 RJP가 없이는 직무요구(job demand)를 처리하는데 어려움이 있을 경우

5. 선발

(1) 선발 원칙

1) 효율성 원칙
    제공할 비용(보상)보다 훨씬 큰 수익(공헌)을 가져다 줄 사람을 선발

2) 형평성 원칙
    모든 지원자에게 동등한 기회를 부여해야 한다는 것

3) 적합성 원칙
    회사의 목표나 회사 분위기에 어울리는 사람을 선발해야 함

(2) 선발도구의 신뢰성과 타당성

1) 신뢰성 reliability

선발도구를 통해 얻은 측정치가 언제, 누가 측정하더라도 측정하려는 특성이 변하지 않는 한 일관되게 나타나는 정도

> 예 IQ 테스트를 통해 얻은 점수가 언제, 누가 측정하더라도 IQ가 변하지 않는 한 일관되게 나타나는 정도

① **검사-재검사 신뢰성** test-retest reliability

동일한 상황에서 동일한 대상에 대해 동일한 선발도구를 시간을 달리하여 두 번 측정하여 그 결과를 비교하는 것, 이 신뢰성을 측정하는 방법을 검사-재검사법(test-retest method)이라고 함

검사 - 재검사 신뢰성 측정의 예

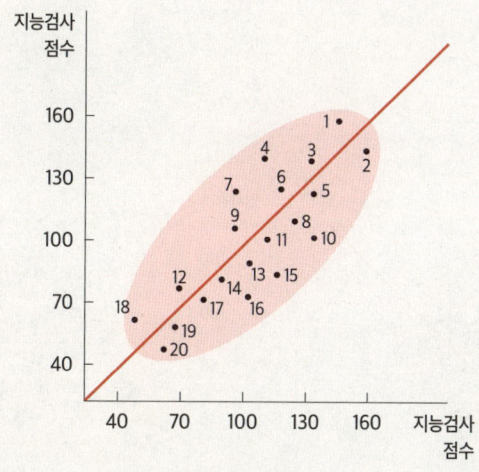

② **대안항목 신뢰성** alternate forms reliability

선발도구와 유사한 선발도구를 개발하고 이것과 본래의 선발도구를 동일한 대상에 차례로 적용하여 그 결과를 비교하는 것, 이 신뢰성을 측정하는 방법에는 평행양식법(parallel forms method), 동등형식법(equivalent forms method), 대안항목법(alternate forms method), 복수양식법(multiple forms method) 등이 있음

③ **내적일관성** internal consistency

내적일관성은 한 구성개념(construct)을 여러 항목으로 측정했을 때 항목들이 일관성(consistency) 혹은 동질성(homogeneity)을 갖는가에 관한 것, 내적일관성을 확인하기 위해서는 다수의 항목들을 양분하여 한 쪽에 속한 항목들과 다른 쪽에 속한 항목들의 상관관계를 계산할 수 있다. 이와 같은 방법을 양분법(split-half method)이라고 함

2) **타당성** validity

선발도구가 측정하고자 하는 것. 즉, 응모자가 선발되어 직무에 배치되었을 때 직무수행성과를 얼마나 잘 측정하고 있는가의 여부

① **기준관련 타당성** criterion-related validity

선발도구를 통해 얻은 예측치(predictors)와 직무성과와 같은 기준치(criterion)의 관련성 여부

㉠ **동시타당성** concurrent validity

현재의 종업원을 대상으로 선발도구를 적용하여 예측치를 얻고, 동시에 그 종업원의 직무성과와 비교하는 것

㉡ **예측타당성** predictive validity

선발 시에 지원자들로부터 얻은 선발도구들의 점수와 시간이 경과된 후 지원자들이 선발되어 종업원 자격을 갖고 있을 때, 직무성과를 측정하여 양자를 비교

기준관련 타당성의 예

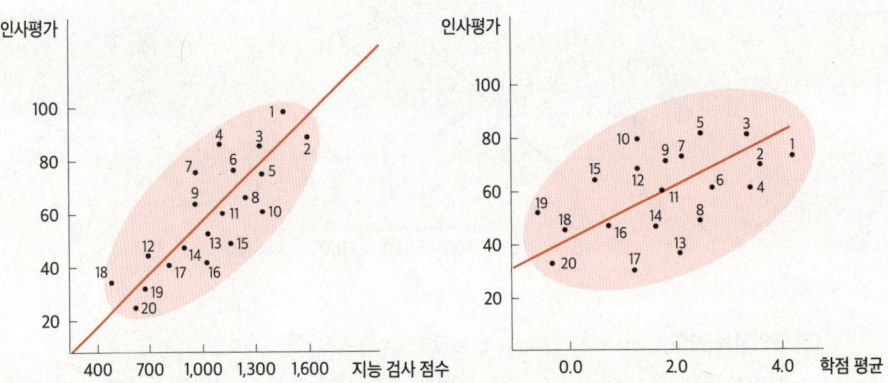

② **내용타당성** content validity

내용타당성은 측정대상의 주제를 선발도구가 어느 정도 내포하고 있는가의 여부

③ **구성 타당성** construct validity

구성(construct) 개념을 측정하기 위한 조작적 정의(operational definition)가 얼마나 정확한가의 여부

선발도구의 신뢰성과 타당성

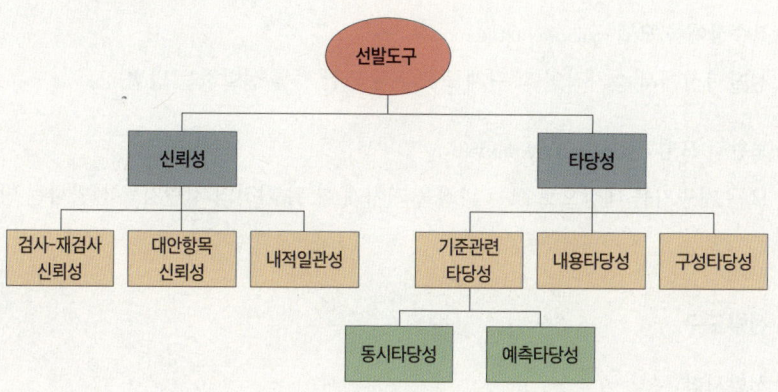

(3) 선발오류

선발도구를 아무리 완벽한 것을 사용하더라도 선발과정에서 발생하는 오류를 없앨 수는 없음. 일반적으로 선발과정에서 다음의 4가지 결과가 발생함

선발에서 발생하는 여러 상황

실제	선발시험점수	합격여부	오류여부
고성과자	고	합격	옳은 선발
	저	불합격	오류(제1종오류)
저성과자	고	합격	오류(제2종오류)
	저	불합격	옳은 탈락

선발과정의 오류

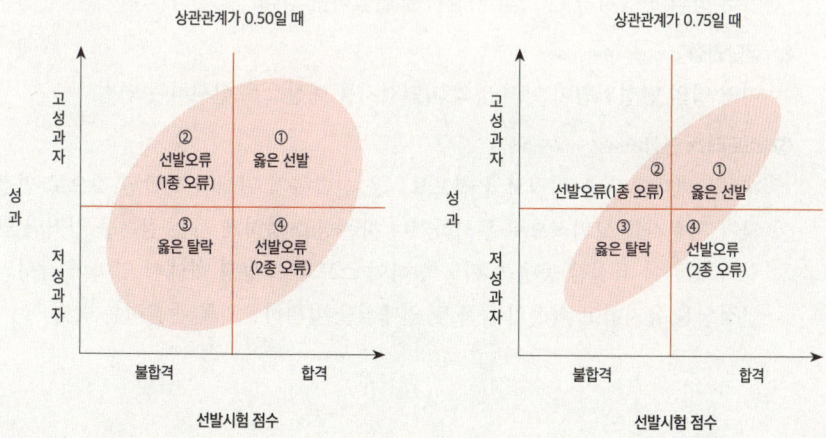

제5장 인적자원관리   143

(4) 선발 의사결정

1) **복수장애물 모델** multiple hurdle model

   선발과정에서 순차적인 각 단계를 모두 통과한 자를 선발하는 방법

2) **보완적 모델** compensatory model

   모든 지원자를 대상으로 모든 과정을 거치게 한 뒤 최적의 지원자를 선발하는 방법

(5) 선발도구

1) **선발시험**

   선발시험으로 어학실력을 테스트하는 어학시험, 전공지식을 테스트하는 전공시험, 상식·한자 등의 교양시험과 같은 필기시험과 적성검사, 인성검사, 지능검사, 흥미검사 등의 각종 검사가 활용

2) **면접** interview

   ① **비구조적 면접** unstructured interview

   피면접자에게 최대한 의사표시의 자유를 주면서 피면접자에 대한 폭넓은 정보를 수집하는 면접법

   ② **구조적 면접** structured interview

   직무에 관한 전문능력 파악을 위해 질문사항을 미리 준비하는 것으로 대부분 상황면접(situational interview)으로 진행됨. 상황면접은 미래지향적인 것과 과거지향적인 것으로 구분됨. 구조적 면접은 비구조적 면접에 비해 신뢰성과 타당성이 높은 편임

   ③ **패널면접** panel interview

   여러 명의 면접자가 한 명의 지원자를 면접하는 방식

   ④ **집단면접** group interview

   여러 명의 면접위원이 여러 명의 피면접자를 대상으로 실시하는 면접

   ⑤ **스트레스 면접** stress interview

   제2차 세계대전 중 미정보국 첩보요원을 선발하기 위해서 고안된 것으로 면접자가 지원자를 고의적으로 무시하거나 자존심을 상하게 하는 질문을 하거나 당황하게 하여 좌절감 등을 느끼도록 하여 스트레스 상황 하에서 얼마나 감정의 안정성을 유지하고 좌절의 극복 및 인내심을 발휘하는가를 관찰하는 방법

6. 교육훈련

(1) 교육훈련의 절차

<u>교육훈련의 절차</u>

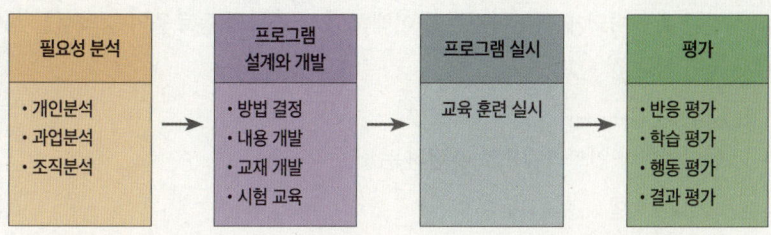

(2) 교육훈련의 방법

1) 직무현장 훈련 OJT: on-the-job training

종업원이 직무에 관한 지식과 기술을 현직에 종사하면서 감독자의 지도 하에 훈련받는 현장실무 중심의 현직훈련

<u>직무현장 훈련의 장·단점</u>

장점	• 일을 하면서 훈련을 할 수 있음 • 종업원의 습득 정도나 능력에 맞춰 훈련을 할 수 있음 • 상사나 동료 간의 이해와 협조정신을 높일 수 있음
단점	• 일과 훈련의 병행에 따른 심적부담 • 다수의 종업원을 훈련하는데는 적절치 못함 • 훈련내용 및 정도가 통일되지 못할 수 있음 • 잘못된 관행이 전수될 수 있음

2) 직무 외 훈련 off-the-job training

종업원을 일정기간 직무로부터 분리시켜 연수원 같은 일정장소에 집합하여 교육훈련에만 열중하도록 하는 훈련

3) 여러 가지 교육훈련 방법

① **행동학습** action learning
　일반적으로 4~8명의 종업원이 회사에 생긴 문제를 직접 해결하기 위한 훈련

② **집단구축 기법** team building
　피훈련자들이 아이디어와 경험을 공유하고, 집단이나 팀 정체성을 구축하며, 대인관계가 어떻게 이루어지는지 이해하고, 스스로와 동료들의 강약점을 파악하도록 하는 것

③ **e-러닝** e-learning
　인터넷이나 인트라넷으로 훈련하는 것

④ **비즈니스 게임** business game
　실제 업무 수행에 필요한 기술을 게임을 통해 배우는 훈련

⑤ **역할연기법** role playing
　주어진 사례나 문제에서 어떠한 인물의 역할을 실제로 연기해 봄으로써 그의 당면한 문제를 체험해 보는 교육훈련

⑥ **강의실 교육**
　전형적으로 집단 내에서 강사의 강의에 의해 이루어지며, 교육의 목표가 피훈련자에게 특정 주제에 대한 정보를 제공하는데 있다면, 강의실 교육이 비용과 시간 면에서 가장 효율적임

⑦ **시청각 교육**
　비디오테이프와 CD-ROM을 활용한 교육

⑧ **인바스켓 훈련** in-basket training
　가상적인 상황을 실제와 비슷하게 설정하고 가상적 요구에 따라 의사결정이나 업무수행을 하도록 하는 훈련방법

⑨ **감수성 훈련** sensitivity training
　다른 사람이 느끼고 생각하는 것을 정확히 감지할 수 있는 능력과 반응하는 태도, 행동을 개발하는 경영자 육성 방법

⑩ **교차훈련** cross-training
　팀 구성원이 다른 팀원의 역할을 이해하고 수행하는 것으로 이를 통해 팀은 여러 기능을 함께 공유한 팀원들로 구성되어 어떠한 작업 상황에서도 공동으로 대처가능함

(3) 교육훈련 평가

커크패트릭의 4단계 모형

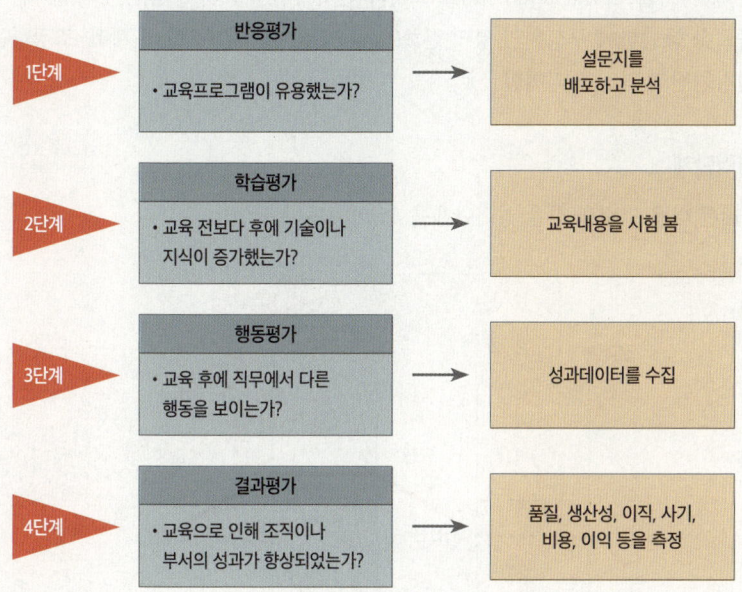

(4) 교육훈련의 전이

1) 개념

교육훈련의 전이(transfer of training)란 교육받은 지식, 기술, 행동을 실무에 적용하는 것을 의미함. 교육훈련의 전이 정도가 가장 높은 교육훈련 방법은 직무현장훈련(OJT: on the job training)과 행동학습(action learning)임

2) 향상방안

① 교육훈련의 설계
- 훈련현장과 직무현장 간, 그리고 훈련내용과 직무내용 간 유사성 제고
- 훈련기간 중 습득한 내용을 실습하거나 적용할 기회 제공
- 학습내용이 충분한 정도로 익숙해지기 위하여 반복학습(overlearning)이 일어나도록 함

② 직무환경
- 새로 습득한 내용을 현장에서 적용할 수 있는 기회 부여
- 훈련내용을 현장에서 적용하고 활용하는데 필요한 자원 제공

7. 경력관리

(1) 개념

경력관리(career management)란 조직의 인적자원 수요와 구성원이 희망하는 경력 목표를 통합하여 구성원의 경력 진로(career path)를 체계적으로 계획·조정하는 인적자원관리 과정을 의미함

(2) 경력단계

Hall은 다음 그림과 같은 경력단계를 4단계로 구분함

경력단계 모형

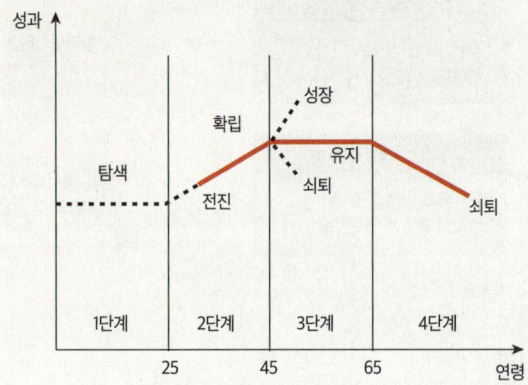

(3) 경력의 개념 변화

전통적 경력과 프로티언 경력의 비교

구분	전통적 경력	프로티언 경력
경력 목표	승진과 급여 인상	심리적 성공
핵심 가치	상위계층으로의 이동과 권력	자유와 개인적 성장
심리적 계약관계	헌신과 직업안정	유연성과 고용가능성
이동가능성	수직적, 낮은 계층	수평적, 상위 계층
형태	단선적, 전문가	복합적, 일시적
전문성	Know-how	Learn-how
개발 방법	공식적 훈련에 지나친 의존	관계구축 및 직무경험에 의존
관리의 책임	조직	개인

출처 : D. T. Hall (1996), Protean Careers of the 21st Century, *Academy of Management Executive*, 10(4).

(4) 경력의 닻

샤인(Schein)은 개인이 추구하는 경력욕구를 경력의 닻(career anchor)이라고 칭함. 샤인이 제시한 8가지 경력의 닻은 다음과 같음

8가지 경력의 닻

목적	내용
전문역량 닻	전문분야(재무, 인적자원관리, 마케팅 등)에 종사하기를 원하는 경력 닻
관리역량 닻	일반관리자가 되기를 원하는 경력 닻
자율성 닻	조직의 규제에서 벗어나 자유로운 직업을 갖기를 원하는 경력 닻
안정성 닻	안정적 직업과 고용안정성에 높은 욕구를 가진 경력 닻
봉사 닻	타인을 돕는 직업을 추구하는 경력 닻
도전 닻	문제를 극복하고, 다양성과 도전을 추구하는 경력 닻
라이프스타일 닻	가정과 경력활동 간의 조화로운 통합을 추구하는 경력 닻
기업가정신 닻	자신의 사업을 운영하고 설립하고자 하는 경력 닻

(5) 승진의 유형

1) 직계승진

직계승진은 직위승진이라고도 하며 직무중심적 능력주의에 입각한 제도로써, 직무의 분석과 평가에 의한 직무의 계층에 따른 직위관리체계가 확립되어 있는 상태 하에서 직무자격요건에 적합한 적격자를 선정하여 승진시키는 방법

2) 자격승진

자격승진은 종업원이 갖추고 있는 자격에 따라 승진시키는 것

① **신분자격승진**

신분자격승진은 직무 내용 또는 권한·책임의 증대 등과는 관계없이 각 개인에게 갖추어진 인적자원요건. 즉, 속인적 요소에 의하여 상위의 자격에 승진하게 되는 것을 말함

② **직능자격승진**

직능자격승진은 연공주의의 장점을 살리면서 능력주의의 합리성을 가미시킨 절충적인 승진제도로 담당하는 직위와는 관계없이 각 종업원에게 갖추어진 개인적 자격요건에 따라 기업 내의 공식적인 자격을 인정하고 상위급의 대우를 하는 것

3) 직책승진

직책승진은 역직승진이라고도 하는데 구성원이 상위의 직책. 즉, 라인직위 계열(점장, 팀장, 본부장 등)상의 승진을 말함

4) 대용승진

대용승진은 특정 구성원에 대해 승진의 필요성은 있으나 마땅한 담당 직책이 없을 경우, 인사체증과 사기저하를 방지하기 위해 직무내용상 실질적 변화 없이 직위명칭 또는 자격호칭 등의 상승만 이루어지게 하는 형식적 승진을 시키는 경우에 해당함

8. 인사평가

(1) 인사평가 performance appraisal의 목적

인사평가의 목적

목적	내용
전략적 목적	효과적인 인사평가를 통해 조직이 사업목표를 달성하도록 돕는 것을 의미
관리적 목적	보상, 복리후생, 표창 등에 사용되는 것을 의미
발전적 목적	종업원의 지식과 기술을 발전시킬 목적으로 인사평가를 사용하는 것

(2) 효과적 인사평가 기준

효과적 인사평가 기준

기준	내용
전략과의 적합성	조직의 전략, 목표, 문화에 부합되도록 종업원의 행동과 태도 조성 여부
타당성	측정도구가 측정하고자 하는 것을 정확하게 측정하는 정도
신뢰성	성과측정이 전달하는 결과의 일관성을 의미
수용성	측정 결과를 종업원이 받아들일 수 있는 실질적인 표준이 되는가의 여부
구체적 피드백	성과측정의 결과물이 종업원의 성과문제를 지적할 수 있는가의 여부

(3) 인사평가 방법

1) 특성평가

특성평가(trait-based appraisals)는 종업원의 성격, 의사결정 능력, 조직에 대한 충성도, 커뮤니케이션 기술, 솔선수범하는 정도 등의 개인적 특성을 평가하는 방법

예 평가척도법(rating scale)

평가 척도법

성과차원	평점				
	수	우	미	양	가
의사소통	5	4	3	2	1
판단력	5	4	3	2	1
관리 능력	5	4	3	2	1
팀워크	5	4	3	2	1
대인 관계 능력	5	4	3	2	1
창의성	5	4	3	2	1
문제해결	5	4	3	2	1

2) 행동평가

① 체크리스트법

평가에 적당한 몇가지의 표준행동을 구체적으로 기술한 문장을 소정의 리스트에 작성·기재하고 종업원의 능력, 근무상태 등에 관하여 이 리스트와 대조하고 해당사항이 있으면 체크한 후 일정한 채점기준표를 통하여 등급을 매기는 방법

② 중요사건법 CIM: critical incident method

평가기간에 일어난 효과적 또는 비효과적, 성공 또는 실패한 업적 등 중요사건을 관찰·기록해 두었다가 이것을 토대로 평가하는 방법

③ 행위기준고과법 BARS: behaviorally anchored rating scale

$$\text{BARS} = \underset{\text{내용면}}{\text{CIM}} + \underset{\text{형식면}}{\text{rating scale}}$$

중요사건법(CIM)을 기초로 성과차원을 구체화하며, 차원별 성과를 구체적 행동으로 묘사하여 수치적으로 평가하는 방법

행위기준고과법

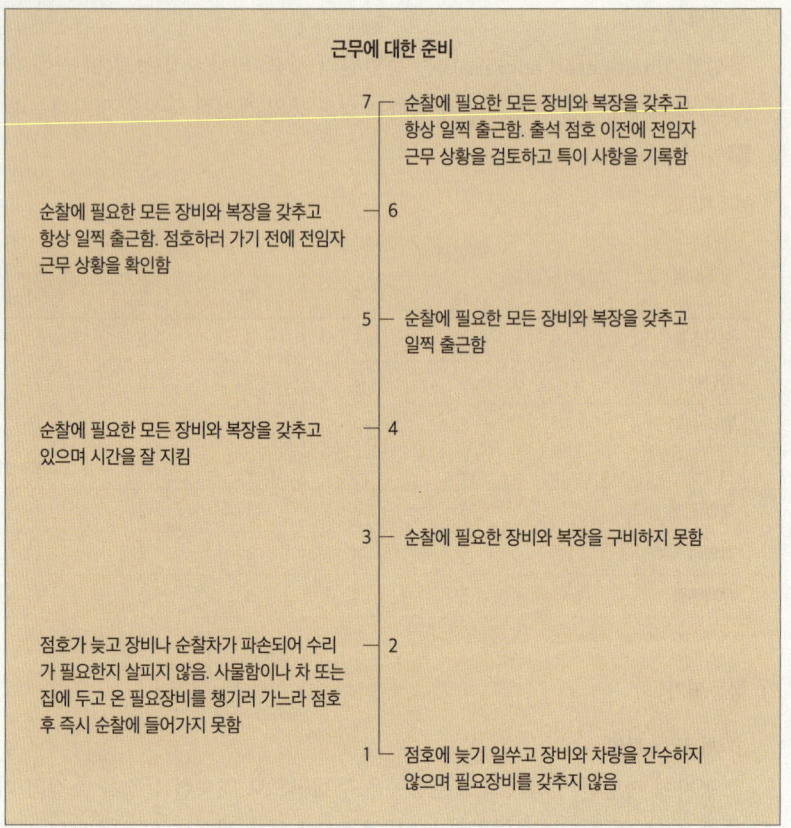

④ **행동관찰척도** BOS: behavioral observation scale
중요사건법(CIM)을 기초로 하며, 행위기준고과법(BARS)의 변형

3) 결과평가

① **목표관리**
조직의 각 수준에 있는 사람들이 위에서부터 아래로 과업이 흘러가는 과정에서 목표를 수립하는 시스템

② **균형성과표** BSC
목표관리와 거의 유사하지만 목표가 재무, 고객, 내부프로세스, 학습과 성장의 4가지로 구분되는 것이 다름

4) 인사평가 방법 종합

인사평가 방법 비교

측정대상	평가기준				
	전략과 적합성	타당성	신뢰성	수용성	구체적 피드백
특성	저	저	저	저	매우 저
행동	고	고	고	중	매우 고
결과	매우 고	고	고	고	저

5) 기타 성과측정 방법

① 순위를 매기는 방식

순위(ranking) 산정 방식은 관리자들이 그룹 내의 모든 종업원들을 최상의 업무수행자부터 최하까지 순위를 매기는 단순서열화(straight ranking)와 관리자가 직원 명단을 갖고, 어떤 종업원이 최상인지를 결정하고 명단에서 지운 다음, 남은 이름 중에 최하의 종업원을 선택하고 다시 명단에서 이름을 지우는 과정을 되풀이하면 순위를 매기는 교대 순위 매김(alternate ranking)으로 구분

② 쌍대비교법 paired-comparison ranking

쌍대비교법(paired-comparison ranking)은 순위를 매기기 위해 종업원들을 서로 짝을 지우고 평가하는 것으로 비교해야 할 인원이 많을 때는 적절하지 못한 방법임

③ 강제할당법 forced-distribution method

강제할당법(forced-distribution method)은 사전에 일정한 범위와 수를 결정해 놓고 종업원을 비율에 따라 강제로 할당하는 것

6) 절대평가와 상대평가

절대평가와 상대평가의 특징

절대평가	상대평가
1. 절대기준과 평가대상을 비교 2. 절대기준의 설정이 어려움 3. 능력이나 태도 평가에 활용 4. 인재육성에 활용 5. 일부 인센티브 임금제도에 활용 6. 관대화 경향과 중심화 경향 오류 7. 고과자간의 평가기준 차이가 문제	1. 구성원들과 비교하여 평가 2. 평가대상의 동질성 확보가 어려움 3. 업적고과에 활용 4. 임금인상에 활용(Merit Pay) 5. 정원(T/O)이 있는 승진제도에 활용 6. 성과 향상이 없을 수도 있음 7. 일률적 강제할당과 집단차이 미 고려
평가척도법, 체크리스트법, 중요사건법 (CIM), 행위기준고과법(BARS), 행동관찰척도(BOS), MBO	서열법, 강제할당법, 쌍대비교법

(4) 최근에 널리 사용되는 인사평가

① **360도 피드백** 360° feedback
  피고과자를 관찰하고 있는 주변의 많은 사람(관리자, 동료, 부하, 고객 등)이 평가를 하는 방법

360도 인사평가

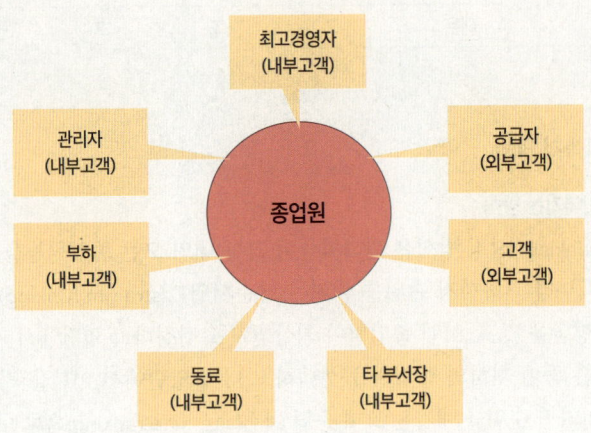

② **평가센터법** assessment center method
  다수의 대상자를 특정 장소에서 짧게는 하루, 길게는 3~4일에 걸쳐 여러 종류의 평가도구를 동시에 적용하여 지원자들을 종합적으로 평가하는 기법, 주로 상위 관리직 채용에 사용됨

(5) 인사평가에서 발생하는 오류들

오류	내용
논리적 오류	평가자가 평소의 논리적인 사고에 얽매여 임의적으로 평가하는 것
대비오류	직무기준과 직무능력 요건에 나타난 절대기준이 아닌 평가자 자신을 기준으로 두고 자신과 부하를 비교하는 것
근접오류	인사평가표상에서 근접하고 있는 평가요소의 평가결과 혹은 특정 평가시간 내에서의 평가요소 간의 평가결과가 유사하게 되는 경향

9. 보상관리

(1) 보상시스템의 구성요소

1) 직접보상: 현금보상

① **기본급** base pay
고정적으로 지급되며 일반적으로 기본급은 임금(wage)과 봉급(salary)으로 구분

② **고과급** merit pay
인사평가(performance appraisal)를 바탕으로 개인별로 임금을 조정하는 것

③ **인센티브** incentives
성과에 비례하여 지급하는 변동적 임금

④ **이연급** deferred pay
임금액 중의 일부를 저축이나 자사주, 혹은 연금에 투자하였다가 종업원의 퇴직, 사망, 해고 시 현금으로 지급하는 것

2) 간접보상: 비현금보상(복리후생)

① **소득보호** income protection
근로자가 재해를 당했거나 일자리를 잃었을 때를 대비하여 소득의 일정 부분을 보장해주는 혜택

② **일/생활 균형** work/life balance
휴가, 배심원 의무, 카운슬링, 등을 통하여 일과 생활을 통합되도록 돕는 혜택

③ **각종 공제** allowances
휴양시설, 자동차, 재무설계, 식비공제 등의 혜택

보상시스템의 구성요소

종류	요소
직접보상	기본급
	고과급
	인센티브
	이연급
간접보상	소득보호(4대 보험)
	일/생활 균형
	각종 공제

(2) 임금관리의 3요소

임금관리의 3요소

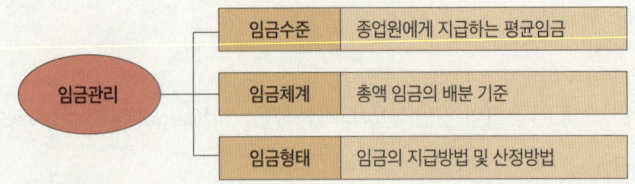

1) **임금수준** pay level

   종업원에게 지급하는 평균 임금을 말함

   임금수준의 결정요인

   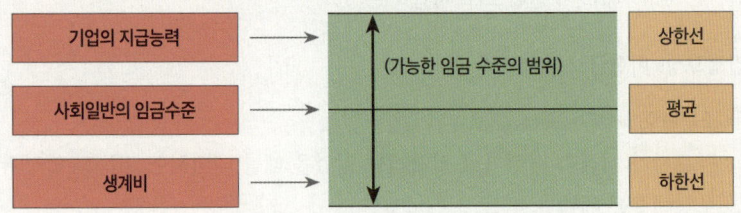

2) **임금체계**

   임금 배분의 기준을 의미함

   여러 가지 임금체계

임금체계	내용
직무급 job-based pay	직무의 난이도에 따라 임금 차등화
직능급 skill-based pay	종업원이 보유한 스킬에 따라 임금 차등화
연공급 seniority-based pay	종업원의 근속년수를 근간으로 임금 차등화
성과급 performance-based pay	종업원의 업무성과를 근간으로 임금 차등화

3) **임금형태**

   임금 지급방법 및 산정방법을 의미함

(3) 보상시스템의 설계

보상시스템 설계에 있어 가장 중요한 것은 공정성의 확보인데, 임금과 관련된 공정성(equity)은 내부공정성, 외부공정성, 개인공정성의 3가지로 구분됨

임금의 공정성

공정성	내용
내부공정성 internal equity	동일 조직 내의 직무들 간의 비교를 통해 인식되는 것으로 임금체계 결정을 의미함. 주로 직무평가를 통해서 확보됨
외부공정성 external equity	동일 직무의 조직 간 비교를 통해 인식되는 것으로 임금수준 결정을 의미함. 주로 시장 임금조사를 통해 확보됨
개인공정성 individual equity	동일 조직에서 동일한 직무를 수행하는 종업원들 간 임금차등화의 문제임

임금의 공정성

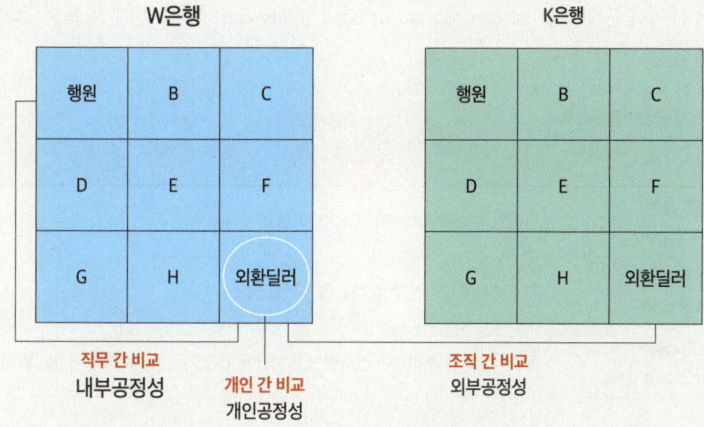

(4) 인센티브

1) **개인 인센티브** individual incentives

   개인별 성과에 따라 지급받게 되는 임금과 부가급여를 포괄하는 개념으로 개별 인센티브(piece-rate incentive), 커미션(commission), 보너스(bonus), 고과급(merit pay) 등이 있음

개인 인센티브 플랜

		임금률 결정 방식	
		시간 당 생산량	생산단위 당 소요시간

생산수준과 임금률과의 연계	생산량에 따라 일정한 보상 (임금률 고정)	cell 1
		• 단순 성과급
		  (straight piecework plan)
			cell 2
			• 표준 시간급
			  (standard hour plan)

	생산량에 따라 다양한 보상 (임금률 변동)	cell 3
		• 테일러 차별적 성과급
		  (Taylor differential piece-rate system)
		• 메리크 복률 성과급
		  (Merrick multiple piece-rate system)
			cell 4
			• 할시 50-50 플랜
			  (Halsey 50-50 plan)
			• 로완 플랜(Rowan plan)
			• 간트 플랜(Gantt plan)

2) **집단 인센티브** group incentives

① **생산이윤분배제** gain-sharing

생산이윤분배제는 labor cost, scrap cost, utility cost 등의 절약 목표를 초과달성 했을 경우 받게 되는 부가급여

여러 가지 생산이윤분배제

종류	내용
스캔론 플랜 Scanlon plan	판매가치(매출액)에 대한 인건비 비율로 성과를 배분
럭커 플랜 Rucker plan	부가가치에 대한 인건비 비율로 성과를 배분
임프로셰어 Improshare	표준작업시간과 비교한 절약된 노동시간을 기준으로 보너스를 지급하는 방식

② **성과이윤분배제** profit sharing

재무적 목표를 초과 달성했을 경우 받게 되는 집단성과(team, division, company) 배분제도

③ **주식매입선택권** stock option

대리인 문제를 해결하기 위한 대표적 방안이 주식매입선택권인데, 이는 경영자나 중요한 역할을 담당하고 있는 종업원의 보수를 주가(stock price)와 연동시키는 제도임

④ **종업원 지주제도** ESOP: employee stock ownership plan

기업이 특별한 조건으로 종업원에게 주식의 일부를 분배하여 주는 제도

(5) 복리후생

1) 복리후생의 성격

복리후생의 특성

구분	임금	복리후생
보상형태	개별 종업원의 업무성과나 근로시간을 기준으로 지급되는 직접적인 보상	건강진단, 상담의 제공, 각종 보험료 및 교육훈련비 제공처럼 성과나 직무와 무관하게 지급되는 간접보상
보상체계	개별 종업원마다 차등적으로 지급되며, 노동의 질, 양, 능률 등에 따라 차이가 남	종업원 모두에게 집단적으로 지급되고, 기본적으로 조직 구성원 모두에게 동일한 기회가 부여되며, 연령, 성별, 지위, 근속연수 등 신분기준에 따라 운영됨
보상요구	노동의 대가로 당연히 지급됨	휴양시설이나 의료보험처럼 종업원들이 요구하지 않으면 혜택이 발생되지 않음
보상효과	종업원들이 조직과의 고용관계에서 얻게 되는 경제적 이윤으로 이를 기본적 사회생활로 영위함	종업원들에게 사회·문화적인 이윤을 제공하기 때문에 일을 통한 심리적 만족감과 공동체 의식을 높임

2) 카페테리아식 복리후생

카페테리아식 복리후생제도(cafeteria benefits plan)는 기업으로부터 일방적으로 제공되던 표준적 복리후생(standard benefits package)과 달리 일정한 예산 하에서 종업원 개인의 니즈에 가장 적합한 복리후생 항목과 수혜수준을 종업원들이 자유롭게 선택하는 제도로 선택적 복리후생(flexible benefits plan)이라고도 함

3) 우리나라 법정 복리후생

① 의료보험
  보험료는 원칙적으로 기업과 종업원이 반씩 부담

② 국민연금
  보험료는 원칙적으로 기업과 종업원이 반씩 부담

③ 산업재해 보상보험
  보험료는 전액 기업이 부담

④ 고용보험
  고용 안정 사업과 직업능력 개발 사업에 대해서는 기업이 전액 부담하고, 실업수당 보험료에 대해서만 기업과 종업원이 반씩 부담

⑤ 퇴직금
  고용관계가 종료되었을 때 지급하는 수당으로, '평균임금 1일분 × 30 × 계속 근로연수'로 계산함

⑥ 유급휴가
  1년 간 8할 이상 출근한 근로자에 대해서는 15일이고, 3년 이상 근로한 자에 대하여는 계속 근로연수 매 2년에 대하여 1일을 가산함, 총 25일을 한도로 함

(6) 연봉제

연봉제(annual salary)란 연간 베이스로 개인의 능력 및 실적에 의해 임금총액을 결정하는 제도임. 흔히 연봉제를 개별 종업원의 능력, 실적 및 공헌도를 평가하여 계약에 의하여 연간 임금액이 결정되는 능력중시형 임금지급체계라고 함. 하지만 연봉제는 종업원 개인 간의 지나친 경쟁의식을 유발하여 위화감을 조성하고 조직 내 팀워크를 약화시키며, 단기 업적주의의 풍토를 조장할 수 있다는 단점이 있음

(7) 임금피크제

임금피크제(wage peak system)는 기업이 인건비의 과다한 부담을 해소하기 위해 정년을 조정하면서 일정시점을 정하여 일생의 최고임금(피크임금)으로 삼고 그 이후부터 임금액을 감소시키는 제도임

근무기간 연장에 따른 임금곡선 변경의 예

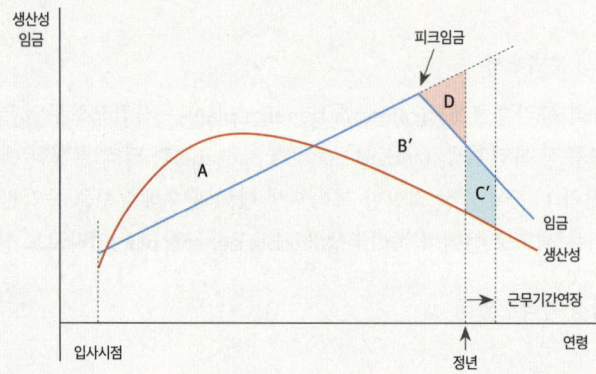

(8) 최저임금제

1) 개념

최저임금제(minimum wage system)란 국가가 임금의 결정에 직접 개입하여 임금의 최저수준을 정하고 사용자에게 그 지급을 법적으로 강제하는 제도

2) 효과

긍정적 효과	부정적 효과
• 저임금과 임금격차 해소 • 소득분배효과 • 노동쟁의 방지 역할 • 기업의 공정 경쟁유도 • 양질의 노동력 확보 • 생산구조 고도화 촉진 • 사회복지정책 기초	• 고용감소 효과 • 영세기업도산 우려 • 중소기업 경쟁력 악화 • 인플레이션우려 • 직장내 훈련감소 • 청소년, 부녀자, 노년층 일자리 감소

10. 노사관계

(1) 노동조합

임금근로자들이 그들의 근로생활의 제 조건을 유지·개선할 목적으로 조직한 항구적인 단체

1) 노동조합의 형태

노동조합의 형태

형태	내용
직업별 노동조합	숙련공들의 기득권 보호와 노동력의 공급제한을 목적으로 하는 노동조합
산업별 노동조합	노동시장의 공급통제를 목적으로 숙련, 미숙련을 불문하고 동일 산업의 모든 근로자를 대상으로 조직하는 노동조합
기업별 노동조합	직능이나 직종, 숙련도 등에 관계없이 기업에 고용된 근로자를 대상으로 조직하는 형태
일반 노동조합	직종이나 산업에 구애됨이 없이 하나 내지는 수 개의 산업에 걸쳐 흩어져 있는 일반 근로자, 특히 미숙련 근로자들을 폭 넓게 규합하는 노동조합의 형태

2) 숍제도

여러 가지 숍제도

가입방법	내용
오픈 숍 open shop	노동조합에 가입한 조합원이나 가입하지 않은 비조합원이나 모두 고용할 수 있는 제도
클로즈드 숍 closed shop	결원보충이나 신규채용에 있어 사용자가 조합원 중에서 고용하지 않으면 안되는 제도
유니온 숍 union shop	오픈 숍과 클로즈드 숍의 중간형태로 고용주는 노동조합의 조합원 이외의 근로자까지 자유로이 고용할 수 있으나 일단 고용된 근로자는 일정기간 내에 조합원이 되지 않으면 안되는 제도
에이전시 숍 agency shop	조합원이든 비조합원이든 간에 모든 종업원은 단체교섭의 당사자인 노동조합에 조합비를 납부할 것을 요구하는 제도
프레퍼렌셜 숍 preferential shop	채용에 있어서 조합원에 우선 순위를 주는 제도
메인터넌스 숍 maintenance shop	일단 단체협약이 체결되면 기존 조합원은 물론 단체협약이 체결된 이후에 가입한 조합원도 협약이 유효한 기간 동안은 조합원으로 머물러야 한다는 제도

3) 조합비 징수방법

우리나라 노동조합은 거의 대부분 체크오프 제도. 즉, 급여 계산 시 종업원의 월급에서 조합비를 일괄 공제하는 체크오프 제도(check-off system)를 채택

(2) 단체교섭

노동조합과 사용자 또는 사용자 단체가 양자의 단체적 자치를 전제로 하여 근로자의 임금이나 근로시간, 기타 근로조건에 관한 협약의 체결을 위해 대표자를 통해 집단적 타협을 모색하고 또 체결된 협약을 관리하는 절차

단체교섭의 유형

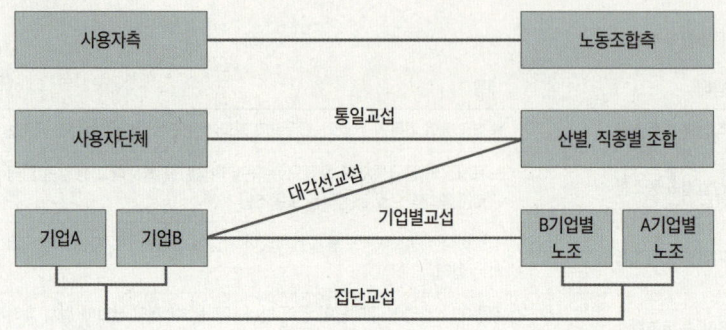

1) 기업별교섭

기업별교섭(company bargaining)은 1사업장 또는 기업을 단위로 1사용자와 1노조가 교섭하는 형태로서 우리나라 및 일본과 같이 기업별 노조가 전형적인 노동조합 형태를 보이는 경우 가장 대표적인 교섭유형임

2) 통일교섭

통일교섭(multi-employer bargaining)이란 복수사용자 교섭이라고도 하는데, 이는 전국적·지역적인 산업별 또는 직업별 노동조합과 이에 대응하는 전국적·지역적인 사용자 단체 간에 이루어지는 교섭의 방식으로 이를 산업별 교섭이라고 함

3) 대각선교섭

대각선교섭(diagonal bargaining)이란 산업별 노동조합이 개별기업과 개별적으로 교섭하는 방식을 말하는데, 이러한 형태는 산업별 노동조합에 대응할 만한 사용자 단체가 없거나 또는 있다하더라도 각 기업이 특수한 사정이 있을 때 사용하는 방식을 말함

4) 공동교섭

공동교섭(joint bargaining)이란 노동조합이 기업별 노조로 구성되어 있는 경우 또는 산업별·직업별 노조의 경우에 기업단위의 지부가 당해 기업과 단체교섭을 하는 경우 상부단체인 전국 노동조합이 이에 참가하는 것으로 연명교섭(連名交涉)이라고도 함

5) 집단교섭

집단교섭(united bargaining)이란 연합교섭이라고 하는데 수 개의 노동조합 지부가 공동으로 수 개의 기업집단과 집단적으로 교섭하는 형태이다. 이것은 노동조합측이나 사용자측이 산업별로 연합전선을 형성하여 교섭하는 것

(3) 노동쟁의 조정 절차

1) 조정

관계자의 의견을 들어 조정안을 작성하여 노사가 수락하도록 권고하는 과정

2) 중재

준사법적 절차로서 판결문과 같은 효력을 지니는 과정

(4) 협력적 노사관계 구축방안

1) 경영참가제도

노사 간 협력행동의 하나로써 근로자 또는 노동조합이 어떤 행태로든지 사용자의 관리행위에 참여하여 영향력을 행사하는 것

① **자본참여**

근로자들이 주주처럼 자기회사 주식의 일부를 소지하고 자본의 출자자로서 경영 의사결정에 참여하는 것(종업원지주제)

② **이익참여**

근로자에게 경영성과인 이윤의 일부를 임금 이외의 보너스 형태로 배분하는 제도. profit sharing, gain sharing 등이 이에 해당함

③ **의사결정참여**

의사결정참여는 노동자 또는 노동조합이 경영의사결정에 참가하거나 경영기능에 대해 영향력을 미치는 것을 의미함

경영참가제의 유형

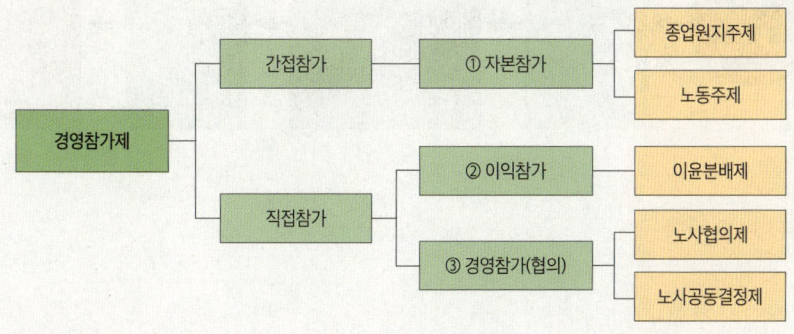

2) **고충처리제도** grievance handling procedures

노사 간 합의에 성공하여 단체협약서가 체결된 후에 발생된 문제. 즉, 단체협약서에 약속했던 대로 실천에 옮겨지지 않는다든지, 혹은 단체협약서에 약속된 내용의 해석을 달리하여 적용될 경우에 발생한 문제를 노동조합에서 맡아서 해당 근로자를 대신하여 사용자 측과 협상하고 해결해 주는 제도

3) **인간관계 개선제도**

① **상담제도**

인사상담제도 혹은 사원상담제도라고도 하는데 사용자 측에서 회사 내에 전문적인 상담자를 두고 사원들의 불만과 고민을 자유롭게 상담할 수 있도록 하는 것

② **제안제도**

제안제도(suggestion system)는 문자 그대로 사원들로 하여금 작업 방식이나 인사제도와 관련하여 필요한 개선안이나 참신한 아이디어를 제안하도록 하고, 이를 특정 위원회에서 심사하여 우수한 의견에 대해서는 적당한 포상을 주는 제도

11. 전략적 인적자원관리

전략적 인적자원관리(strategic human resource management)란 인적자원을 조직의 목적과 비전에 잘 통합시켜 전략경영 프로세스와 잘 연계되도록 하고, 경영관리 기능(function)들 간에 조화를 이루어서 조직의 전략목적을 효율적으로 달성시키도록 하는 과정을 의미

전략적 인적자원관리 프로세스

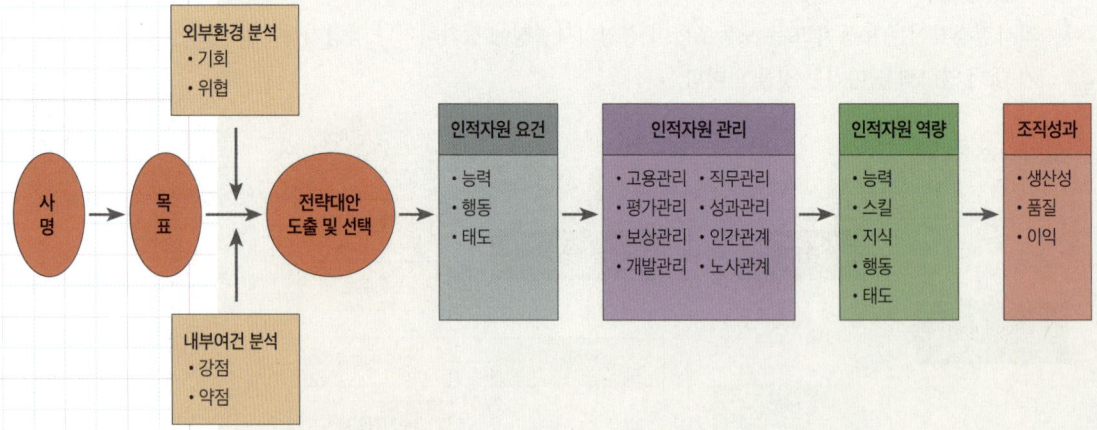

(1) 특성

1) 거시적 특성

전략적 인적자원관리는 과거의 인사관리가 미시적 차원에서 벗어나 개별적 인적자원관리들의 종합인 인적자원시스템(human resource system)을 통해 이루어짐. 인적자원시스템은 조직차원의 성과, 예를 들면 사업장의 생산성, 품질, 기업의 성과, 순이익 등에 어떤 영향을 미치는가에 관심을 갖게 됨

2) 시스템적 특성

전략적 인적자원관리는 과거의 인사관리가 개별적인(individual) 인사제도들을 하나 하나 독립적인 현상으로 간주하고 각각 분리하여 분석하는 방법에서 벗어나, 이들의 통합인 하나의 시스템을 분석단위로 함

3) 전략적 특성

전략적 인적자원관리는 과거 인사관리에서의 기능적이고 단기적인 측면에서 벗어나, 기업의 사업전략(business strategy), 상품 전략에 기인한 인수합병, 새로운 사업의 시작, 기존사업의 철수 등 장기적인 사업계획의 계획과 실행에서 인적자원이 차지하는 장기적이고 전략적인 역할을 중시하고 있음. 전략적 인적자원관리가 조직의 성과에 기여하려면 조직의 계획기능인 전략형성 과정에서 인적자원 요소들이 고려되어야 하고, 조직의 실시기능인 전략수행 과정에서 조직의 전략목적이 직접 반영되어야 함

OX

01   인적자원관리의 기본 목표인 적재적소(適材適所)의 배치는 사람을 기준으로 일을 관리하는 것을 의미한다.

02   직무분석(job analysis)은 적재적소의 배치 실현을 위해 직무에 관한 정보를 얻는 체계적 절차이다.

03   직무평가는 직무급(job-based pay) 도입을 위한 핵심적 과정이다.

04   직무기술서(job description)와 직무명세서(job specification)는 직무분석(job analysis)의 결과물이다.

05   직무기술서는 해당 직무를 수행하기 위해 필요한 지식, 기술, 능력 등을 기술하고 있다.

06   직무분석의 방법에는 서열법, 분류법, 점수법, 요소비교법 등이 있다.

07   공석인 직무에 신규 종업원의 선발을 위해서 인적자원관리 부서에서 참고해야 할 것은 직무기술서(job description)이다.

---

01   ✗   인적자원관리에서 말하는 적재적소 배치의 기준은 사람이 아니라 일(직무)이다. 즉, 일(직무)을 기준으로 사람을 선발하고, 교육하고, 평가하고, 보상한다.

02   ○

03   ○   직무급은 직무를 근간으로 임금을 차등화하는 제도이므로 직무급을 도입하기 위해서는 미리 각각의 직무에 대한 상대적 가치에 대한 평가가 요구된다.

04   ○

05   ✗   해당 직무를 수행하기 위해 필요한 지식, 기술, 능력 등을 기술하고 있는 것은 직무명세서이다.

06   ✗   직무분석의 방법에는 면접법, 질문지법, 관찰법, 종업원 기록법, 경험법, 결합법 등이 있다. 서열법, 분류법, 점수법, 요소비교법은 직무평가 방법이다.

07   ✗   종업원의 선발을 위해서는 해당 직무의 직무수행요건이 기재되어 있는 직무명세서(job specification)를 이용해야 한다.

08   직무평가 방법 가운데 분류법은 기준직무(key job)를 선정하고 이에 지급되는 임금액과 비교하여 특정 직무의 상대적 가치를 산정하는 방법이다.

09   직무평가는 직무의 절대적 가치를 산정하는 절차이다.

10   직무평가 방법 가운데 직무를 가장 체계적으로 평가하여 조직내부의 임금격차에 공정성을 기할 수 있는 방법은 점수법(point rating method)이다.

11   직무평가(job evaluation)방법에는 관찰법, 질문지법, 중요사건법, 면접법 등이 있다.

12   직무평가 시에는 현재 해당 직무를 수행하고 있는 사람의 인적 요건을 고려해야만 한다.

13   직무확대(job enlargement)는 직무를 수평적으로 확장하는 것인 반면, 직무충실화(job enrichment)는 직무를 수직적으로 확장하는 것이다.

14   직무확대(job enlargement)를 실시하면 기술다양성(skill variety)과 과업정체성(task identity)이 증가한다.

15   직무충실화(job enrichment)를 실시하면 직무수행에 관한 자율성(autonomy)이 증가한다.

---

08   ✗   분류법(classification method)은 평가하려는 직무를 사전에 규정된 등급에 배정함으로써 직무를 평가하는 방법이다. 기준직무를 이용하는 것은 요소비교법(factor comparison method)이다.

09   ✗   직무평가는 직무의 상대적 가치를 산정하는 절차이다.

10   O

11   ✗   관찰법, 질문지법, 중요사건법, 면접법 등은 직무분석 방법이다.

12   ✗   직무평가는 일체의 속인적 요건을 떠난 순수한 직무에 대한 평가이므로 현재 해당 직무를 수행하고 있는 사람의 요건이 고려되어서는 안된다. 직무평가시 직무가 요구하는 숙련, 노력, 책임, 작업조건 등만을 고려해야 한다.

13   O

14   O   직무확대는 직무를 수평적으로 확대하는 것이므로 직무특성이론의 5가지 핵심직무특성 가운데 기술다양성과 과업정체성을 증가시킨다.

15   O   직무충실화는 직무를 수직적으로 확대하는 것이므로 직무특성이론의 5가지 핵심직무특성 가운데 자율성을 증가시킨다.

16 핵크만(Hackman)과 올드햄(Oldham)의 직무특성이론에서 중요심리상태에는 작업에 대한 만족감, 작업 결과에 대한 책임감, 직무수행 결과에 대한 지식이 포함된다.

17 인적자원계획(human resource planning)이란 인적자원의 수와 질, 시기를 계획하고 조절하는 과정이다.

18 인적자원의 질적 예측기법(qualitative method)에는 시계열분석, 회귀분석, 추세분석, 생산성 비율분석 등이 있다.

19 기능목록(skill inventory)에는 종업원 개인의 학력, 직무경험, 기능, 자격증, 교육훈련 경험 등이 포함된다.

20 마코프 분석(Markov analysis)은 불안정한 환경에 처한 소규모 기업에 적합한 예측방법이다.

21 내부모집의 장점은 모집비용이 절감되며, 지원자에 대한 정확한 평가가 가능하다는 점이다.

22 사내공모제(job posting)는 지원자가 직무에 대한 잘못된 정보로 인해 회사를 이직할 가능성이 낮은 모집방법이다.

23 조직이 급격하게 성장하고 변화와 혁신이 필요할 때에는 내부 모집을 실시하는 것이 적절하다.

---

16 ✕ 핵크만과 올드햄의 직무특성이론에서 중요심리상태에 작업에 대한 만족감은 포함되지 않는다. 대신 작업의 의미감(meaningness)이 포함된다.

17 ○

18 ✕ 시계열분석, 회귀분석, 추세분석, 생산성 비율분석 등은 양적인 예측기법(quantitative method)이다.

19 ○

20 ✕ 마코프 분석은 이동확률과 현재 직무의 인원을 곱하여 인력의 공급을 예측하기 때문에 소규모 기업보다는 대규모 기업에 적합하다.

21 ○

22 ○ 사내공모제는 회사 내 종업원을 대상으로 모집활동을 하는 것으로 회사 내 종업원들은 직무에 대해 비현실적 기대를 가지고 있지 않고 직무에 대해 비교적 정확한 정보를 가지고 있기 때문에 이직할 가능성이 낮다. 즉, 현실적 직무소개(RJP: realistic job preview)가 잘되어 있다고 볼 수 있다.

23 ✕ 조직이 급격하게 성장할 때는 조직 내부의 인력만으로 부족하기 때문에 외부모집을 실시하는 것이 바람직하다. 또한 변화와 혁신이 필요할 때에도 새로운 아이디어를 접할 수 있는 외부모집을 실시하는 것이 좋다.

24 외부모집의 장점은 외부인력 충원으로 조직 내부의 신선한 충격을 줄 수 있고, 능력있는 인재의 선발로 인하여 교육훈련에 드는 비용을 절감할 수 있다는 점이다.

25 인적자원계획 단계에서 인력의 수요가 공급을 초과할 경우, 정리해고나 조기퇴직 등을 실시해야 한다.

26 선발도구의 신뢰성(reliability)이란 선발도구를 통해 얻은 측정치가 측정하려는 특성이 변하지 않는 한 언제, 누가 측정하더라도 일관되게 나타나는 정도를 의미한다.

27 IQ 테스트의 신뢰성을 평가할 때, 동일한 IQ 테스트를 시간 간격을 두고 동일한 집단의 사람들에게 보게 한 후 두 점수간 일관성을 측정한다면 이는 양분법(split-half method)에 해당한다.

28 선발도구를 통해 얻은 점수와 실제 직무수행성과 간의 관련성이 높을수록 타당성(validity)이 높다고 말할 수 있다.

29 선발시험 합격자의 점수와 그들의 인사평가 점수간 관련성을 평가하는 것은 동시타당성(concurrent validity) 검증이다.

30 예측타당성 검증이 동시타당성 검증보다 시간과 비용이 적게 든다.

---

24 O

25 X 정리해고나 조기퇴직은 공급이 수요를 초과할 경우에 사용해야 할 방법이다.

26 O

27 X 동일한 시험지를 시간 간격을 두고 평가하고 이 두 점수간 일관성을 측정하는 것은 검사-재검사 신뢰성(test-retest reliability)이다.

28 O

29 X 선발시험 합격자의 점수와 그들의 인사평가 점수간 관련성을 평가하는 것은 예측타당성(predictive validity) 검증이다.

30 X 예측타당성 검증은 신입직원의 입사시험 성적을 보관하고 있다가 성과평가 점수가 나오면 비교하는 방법이므로 동시타당성 검증보다 비용과 시간이 더 많이 필요하다.

31 내용타당성(content validity)과 구성타당성(construct validity)은 전문가의 판단에 의해 검증된다.

32 구성타당성(construct validity)은 선발도구가 적격성을 가지고 있는 지를 나타낸다.

33 패널면접(panel interview)은 여러 명의 면접자가 한 명의 지원자를 면접하는 방식이며, 집단면접(group interview)은 다수의 면접자가 다수의 지원자들을 면접하는 것이다.

34 선발비율(selection ratio)이란 선발된 인원을 선발에 응한 지원자수로 나누어 계산한다.

35 선발도구의 신뢰성과 타당성이 높아질수록 선발과 관련된 오류는 감소한다.

36 최근효과(recency effect)와 중심화 경향(central tendency)은 인사 선발에 나타날 수 있는 통계적 오류로서 선발도구의 신뢰성과 관련이 있다.

37 평가센터법(assessment center)은 비용상의 문제로 하위직보다는 주로 상위 관리직 채용에 활용된다.

---

31 ○ 내용타당성과 구성타당성은 기준관련타당성(criterion-related validity)처럼 통계적 검증이 불가능하므로 전문가에 의한 질적 검증에 의존한다.

32 ○ 구성타당성은 일반적으로 특정한 추상적 개념을 측정하기 위하여 설계된 측정도구가 측정하고자 하는 개념을 얼마나 정확하게 측정하고 있는지를 나타내므로, 구성타당성이 낮은 선발도구를 사용해서는 안된다.

33 ○

34 ○ $선발비율 = \dfrac{선발\ 인원수}{지원자수}$

35 ○

36 ✗ 최근효과와 중심화 경향은 선발도구의 신뢰성과 관계는 있으나 통계적 오류는 아니다. 통계적 오류에는 제1종 오류와 제2종 오류가 있다. 선발에서 발생할 수 있는 제1종 오류란 고성과자를 불합격시키는 오류이고, 제2종 오류는 저성과를 합격시키는 오류를 말한다.

37 ○ 평가센터법은 인사평가 기법이기도 하고 선발도구이기도 하다. 이 방법은 여러 가지 평가도구들을 사용하기 때문에 비용이 많이 든다. 따라서 이 방법을 선발도구로 쓰려면 하위직 보다는 주로 상위직 채용에 더 적합하다.

38   교육훈련의 절차는 필요성 분석, 교육프로그램 설계와 개발, 교육프로그램 실시, 평가의 순으로 진행된다.

39   직무현장훈련(OJT: on-the-job training)은 다수의 종업원들을 한꺼번에 훈련하기에 가장 좋은 방법이다.

40   네트워크 조직(network structure)은 공장과 제조시설에 대한 대규모 투자가 없어도 사업이 가능하다.

41   직무현장훈련(OJT: on-the-job training)은 업무수행 과정을 통해 학습하기 때문에 훈련의 전이효과가 커지는 장점이 있다.

42   커크패트릭(Kirkpatrick)은 교육훈련이 효과를 반응, 학습정도, 행동변화, 조직의 성과로 구분하여 측정할 필요가 있다고 하였다.

43   인사평가(performance appraisal) 방법 중 행동평가는 평가시스템 구축은 용이하지만 타당성은 낮은 방법이다.

44   동일한 피평가자를 반복 평가하여 비슷한 결과가 나타나는 것은 신뢰성(reliability)과 관련이 있다.

45   평가도구가 얼마나 평가목적을 충족시키는가는 타당성(validity)과 관련이 있다.

---

38   O
39   X   직무현장훈련은 실제로 일하면서 감독자의 지도하에 훈련이 이루어지므로 다수의 종업원을 한꺼번에 교육하는 것은 불가능하다.
40   O
41   O
42   O
43   X   평가시스템 구축은 용이하지만, 종업원의 특성과 성과 간 직접적인 연계가 없을 가능성이 높기 때문에 타당성이 낮은 방법은 특성평가이다.
44   O   평가결과의 일관성(consistency)을 '신뢰성'이라고 한다.
45   O

46   직무수행의 결과보다는 과정이 중요할 때는 행동평가가 바람직하다.

47   행위기준고과법(BARS: behaviorally anchored rating scales)은 개인의 성과목표대비 달성 정도를 요소별로 상대 평가하여 서열을 매기는 방식이다.

48   360도 피드백 인사평가에서는 전통적인 평가 방법인 상사의 평가와 피평가자의 영향력이 미치는 부하의 평가를 제외한다.

49   종업원의 업무수행 결과를 평가하는 대표적인 방식은 목표관리(MBO)이다.

50   인사평가의 서열법은 피평가자의 강약점이나 절대적인 성과 수준을 파악할 수 없다는 단점이 있다.

51   인사평가 후 종업원에게 구체적인 피드백을 해주는 것이 중요하다면 결과평가가 적절하다.

52   360도 평가는 성과에 대한 다양한 관점을 종합할 수 있고, 인사평가의 객관성을 높일 수 있다는 장점이 있다.

---

46   O   행동평가는 업무수행의 투입물을 평가하는 것이기 때문에 과정이 중요할 때는 행동평가가 바람직하다. 반면 업무수행의 결과물이 중요할 때는 결과평가가 바람직하다.

47   X   행위기준고과법(BARS: behaviorally anchored rating scales)은 실제 업무 행동의 예시들에 대해서 한 직원의 행동을 구체적으로 평가하는 인사평가를 방법을 의미하며 이는 기본적으로 상대평가가 아니라 절대평가이다.

48   X   360도 피드백은 피평가자를 둘러싼 모든 사람들이 평가에 참여하며, 이에는 부하도 포함된다.

49   O

50   O   인사평가의 서열법은 상대평가 기법으로 피평가자의 강약점이나 절대적인 성과 수준은 파악할 수 없으나, 정원에 있는 승진에 선발대상으로 가려내는데는 적절하게 이용될 수 있다.

51   X   인사평가 후 종업원에게 구체적 피드백을 가장 많이 주는 것은 행동평가이다. 반면 결과평가는 구체적 피드백은 낮지만 전략과의 적합성은 높다.

52   O

53 인사평가에서 대비오류(contrast effect)란 상사가 직무기준에 따른 평가가 아니라 자신과 비교하여 평가하는 것을 의미한다.

54 피평가자의 특정 항목에 대한 평가가 다른 항목의 평가 또는 지원자에 대한 전반적 평가에 영향을 주는 것을 후광효과(halo effect)라고 한다.

55 임금관리에서 임금수준(pay level)이란 종업원에게 지급되는 평균 임금을 의미한다.

56 임금관리에서 임금체계(pay structure)란 종업원에게 분배할 임금의 총액을 어떤 기준으로 나누어 줄 것인가에 관한 문제이다.

57 임금수준은 종업원들의 지각하는 내부공정성(internal equity)과 직접적 관련이 있다.

58 임금조사(wage survey)를 통해 경쟁사 및 유사한 조직체의 임금자료를 조사하는 것은 보상관리의 내적 공정성을 확보하기 위해서이다.

59 내재적 보상이 클수록 임금의 내부공정성이 높아지고, 외재적 보상이 클수록 임금의 외부공정성이 높아진다.

---

53 O 대비오류란 절대적 기준으로 평가하지 못하고 누군가와 비교하여 평가함으로써 발생하는 오류를 말한다. 면접에서는 보통 앞사람과 뒷사람을 비교하여 평가하고, 인사평가에서는 평가자 자신과 피평가자를 비교하여 평가하는 오류를 말한다.

54 O

55 O 임금수준은 종업원에게 지급되는 평균임금인데, 평균임금에 종업원 수를 곱하면 임금총액이 되므로 임금수준을 관리한다는 것은 임금총액을 관리한다는 의미이기도 하다.

56 O 임금체계는 임금수준에 의해 정해진 임금의 총액을 나눠주는 기준이라고 할 수 있다.

57 X 임금수준은 외부공정성과 관련되며, 내부공정성은 임금체계와 관련이 있다.

58 X 임금조사를 통해 경쟁자 및 유사한 조직의 임금자료를 조사하는 것은 외부공정성(external equity)을 확보하기 위해서이다.

59 X 임금공정성 지각은 투입과 산출의 비율에 의해 결정되는 것이므로, 단순히 내재적 보상과 외재적 보상의 증가가 임금의 공정성을 높이는데 기여하지는 못한다.

60	임금수준을 정할 때는 종업원의 근속연수를 고려해야 한다.
61	직무급(job-based pay)은 종업원이 맡고 있는 직무의 난이도에 따라 임금을 차등화하는 제도로 매년 임금이 자동적으로 상승한다.
62	종업원들의 학습을 장려하기 위해서는 직능급(skill-based pay)보다는 성과급(performance-based pay)이 더 좋다.
63	스캔론 플랜과 럭커 플랜은 개인의 업무성과를 기초로 임금수준을 정하는 개인성과급 제도이다.
64	집단 인센티브 제도 중, 스캔론 플랜(Scanlon plan)은 판매가치에 대한 인건비 비율로 생산이윤(gain)을 계산한다.
65	선택적 복리후생(flexible benefits plan) 혹은 카페테리아식 복리후생은 종업원 자신들의 다양한 선호에 따라 복리후생을 자유롭게 선택할 수 있도록 한 제도를 말한다.
66	우리나라에서 고용보험 보험료는 근로자가 일부 부담하지만, 산업재해보상보험 보험료는 회사가 전액 부담한다.
67	유니온 숍(union shop)은 노동조합의 조직 강화에 가장 유리한 제도이다.

60	✗	임금수준을 결정할 때는 기업의 지급능력, 업계의 평균임금, 최저 생계비 등을 고려하여 정해야 한다. 종업원의 근속연수는 연공급 임금체계에서 한 종업원의 임금을 정할 때 고려해야 하는 요소이다.
61	✗	임금이 매년 자동적으로 상승하는 임금제도는 연공급(seniority-based pay)이다. 직무급에서는 맡고 있는 직무가 동일하다면 임금은 변화하지 않는다.
62	✗	직능급(skill-based pay)은 종업원이 가진 기술이나 능력을 근거로 임금을 차등화하는 제도이므로 종업원들의 학습을 장려할 수 있다.
63	✗	스캔론 플랜과 럭커 플랜은 모두 집단 성과급에 해당한다.
64	○	
65	○	
66	○	
67	✗	노동조합의 조직 강화에 가장 유리한 제도는 클로즈드 숍(closed shop)이다.

68   전략적 인적자원관리(strategic HRM)는 기업의 전략과 인적자원관리 시스템간의 적합성(fit)을 강조하는 개념이다.

69   기업의 임금체계와 임금의 내부공정성은 해당 기업의 지불능력, 생계비 수준, 노동시장에서의 임금수준에 의해 결정된다.

70   우리나라에서 산전·후 휴가 및 연차유급휴가는 법정 복리후생이다.

---

68 O

69 X   해당 기업의 지불능력, 생계비 수준, 노동시장에서의 임금수준에 의해 결정되는 것은 임금체계와 내부공정성이 아니라 임금수준과 외부공정성이다.

70 O

6. 전략경영

1. 개요

(1) 전략 수립 프로세스

<u>전략 수립 프로세스</u>

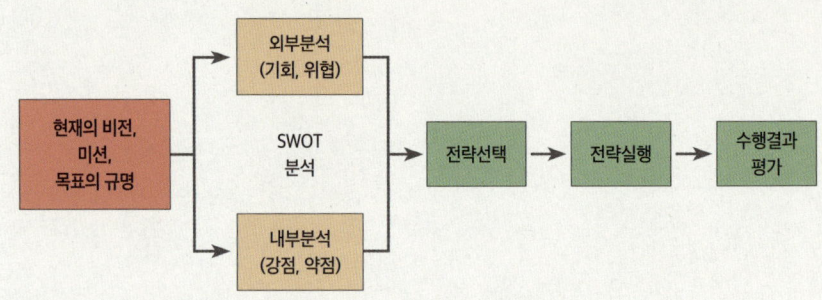

<u>SWOT 분석</u>

		외부환경	
		기회 opportunity	위협 threat
기업내부	강점 strength	**SO전략** • 내부 강점을 이용하여 외부 기회 포착 (확대 전략)	**ST전략** • 내부 강점은 활용하되 외부 위험은 회피 (안정성장 전략)
	약점 weakness	**WO전략** • 외부 기회는 포착하되 내부 약점은 극복 (우회, 개발 전략)	**WT전략** • 외부 위협에 약점 밖에 없으므로 사업 축소, 철수 고려 (축소, 철수 전략)

(2) 전략의 수준

전략은 위계에 따라 전사적 수준의 전략(corporate-level strategy), 사업부 수준의 전략(business-level strategy), 기능수준의 전략(functional-level strategy)으로 구분

전략의 수준

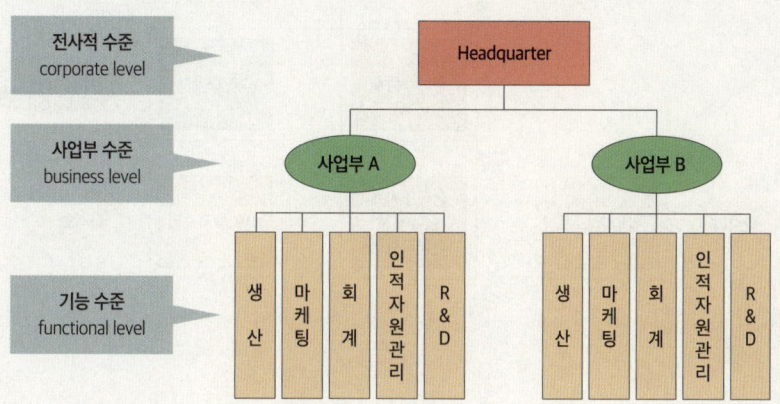

수준에 따른 전략의 구분

수준	내용
전사적 수준 corporate level	여러 개의 사업부를 가지고 있는 기업의 본부(headquarter)에서 수립하는 전략 예 수직적 통합, 수평적 통합, 다각화, 전략적 제휴 등
사업부 수준 business level	주로 제품시장을 놓고 경쟁자와 실제로 경쟁하기 위한 전략 예 원가우위전략, 차별화전략, 집중화전략 등
기능 수준 functional level	사업부에 속해 있는 기능부서들의 전략

2. 전사적 수준의 전략

<u>전사적 수준의 전략</u>

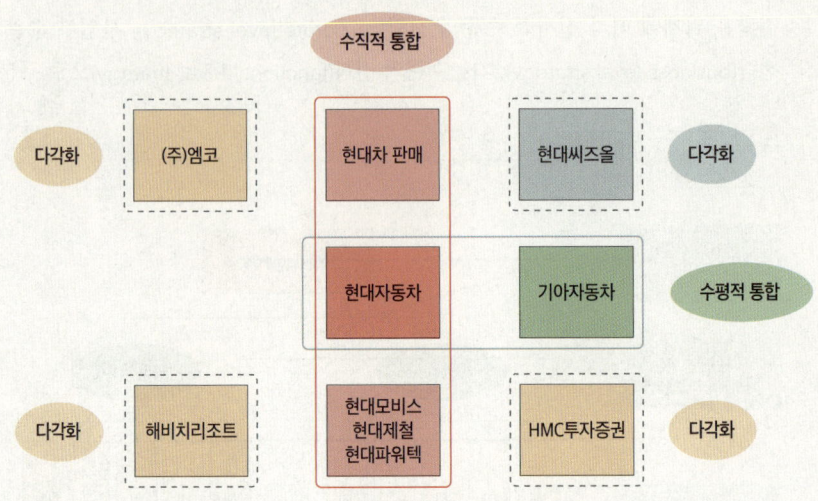

(1) 수직적 통합

수직적 통합(vertical integration)이란 기업의 가치사슬(value chain). 즉, 기업이 제품이나 서비스를 구매자에게 판매하기 위해 원재료의 상태에서 최종 단계까지 실행해야 하는 일련의 기업활동 중 그 기업의 영역 안에서 실행되는 것을 의미함

1) 수직적 통합의 종류

① **후방통합** backward integration
   가치사슬의 근원지 방향의 활동을 통합하는 것

② **전방통합** forward integration
   최종구매자 쪽 방향으로 기업의 활동을 통합하는 것

2) **수직적 통합과 거래비용이론** transaction cost theory

   기업은 외부화(시장거래)와 내부화(수직적 통합) 가운데 더 저렴한 것을 선택

외부화 비용을 증가시키는 요인들

요인	내용
제한된 합리성 bounded rationality	인간은 모든 문제를 완벽하게 처리할 수 있는 능력을 지니고 있지 않음을 의미함
기회주의 opportunism	속임수로 자기 자신의 이익을 추구하는 것을 의미함
불확실성 uncertainty	환경변화의 예측 불가능성 내지는 복잡성을 의미함
소수교환관계 small numbers bargaining	시장 거래에 참여하는 당사자들이 소수임을 의미함
정보밀집성 information impactedness	정보가 자유롭게 유통되기 보다는 한 사람 내지는 소수 집단에 밀집되어 있음을 의미함

(2) 수평적 통합

수평적 통합(horizontal integration)은 경쟁력을 강화하려는 목적이거나 혹은 경쟁의 정도를 줄이기 위해 같은 산업 내의 기업을 통합하는 것을 말함

(3) 다각화

1) 종류

종류	내용
관련형 다각화 related diversification	기존의 기업 활동과 새로이 진출하려는 사업 사이에 공통적인 가치사슬의 구성 성분이 하나 이상 존재하는 것
비관련형 다각화 unrelated diversification	기존의 기업 활동과 전혀 관련이 없는 새로운 분야로 진출하는 것

2) 목적

① 성장추구
② 위험분산
③ 범위의 경제성
④ 시장지배력
⑤ 내부시장의 활용

(4) 전략적 제휴

전략적 제휴(strategic alliance)는 둘 이상의 독립적 조직이 제품이나 서비스의 개발, 제조 또는 판매 과정에서 협력하는 것

1) **기능별 제휴** functional agreement

   기능별 제휴는 지분참여 없이 그 기업이 수행하는 여러 가지 업무 분야의 일부에서 협조관계를 갖는 것으로 연구개발 컨소시엄, 교차라이센싱, 생산라이센스, 제품스왑(판매제휴) 등이 있음

2) **합작투자** joint venture

   합작투자는 연구개발, 판매, 생산 등에서 이루어질 수 있으며 나아가서는 자신의 핵심사업분야 자체를 합작투자화하는 경우도 있음

3. 사업부 수준의 전략

사업부 수준의 전략

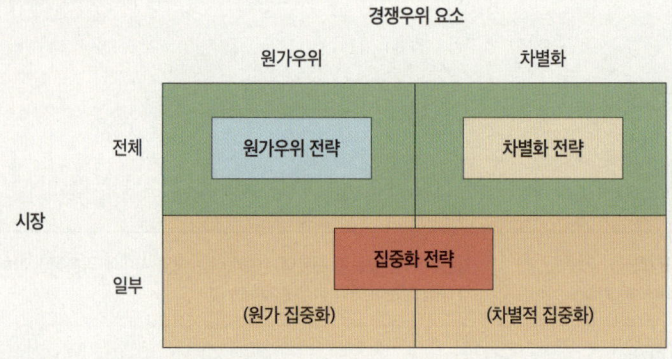

(1) 원가우위 전략 cost leadership strategy

경쟁기업보다 더 낮은 원가로 재화 또는 서비스를 생산함으로써 경쟁자들을 능가하는 것

(2) 차별화 전략 differentiation strategy

기업이 제공하는 제품이나 서비스를 차별화함으로써 산업전반에 걸쳐서 그 기업이 독특하다고 인식될 수 있는 그 무엇을 창조하여 경쟁우위를 달성하는 것

(3) 집중화 전략 focus strategy

특정 시장 즉, 특정 소비자집단, 일부 제품종류, 특정 지역 등을 집중적으로 공략하는 것

4. 산업구조분석

(1) 포터의 산업구조분석 5 forces model

기업이 직면하는 다섯 가지 위협요인(5 forces)을 찾아내고 그 위협의 크기를 결정짓는 상황을 설명하는 모형

포터의 산업구조분석

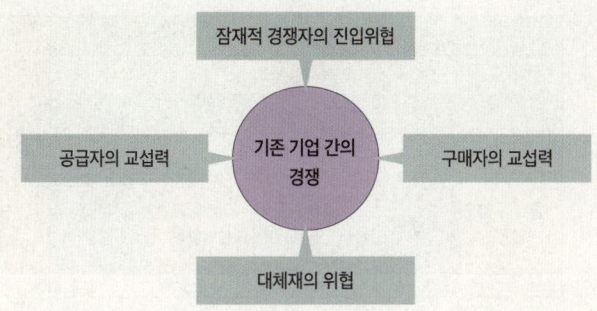

5 forces

요인	내용
기존 기업 간 경쟁	기존 기업 간 경쟁강도는 기업의 경제적 성과를 감소시킴으로써 위협을 가함
잠재 경쟁자의 진입위협	최근 산업 내에서 활동을 시작한 기업이나 곧 활동을 시작할 기업이 주는 위협
대체재의 위협	고객이 가진 동일한 욕구를 다른 방법으로 충족시키는 대체재(substitutes)의 위협
공급자의 교섭력	공급자(supplier)는 기업이 필요한 원재료, 노동력, 그리고 기타 자산들을 공급함. 어느 산업의 공급자들은 이러한 공급 요소들의 가격을 높이거나 그 품질을 저하시킴으로써 그 산업에 존재하는 기업들의 성과에 위협을 가함
구매자의 교섭력	구매자(buyer)는 기업의 제품이나 서비스를 구매하여 판매 기업의 수익을 낮추는 위협을 가함

5 forces 모형으로 본 산업의 매력도

매력성	기존 기업 간 경쟁	잠재 경쟁자의 진입위협	대체재의 위협	공급자의 교섭력	구매자의 교섭력
High	저	저	저	저	저
Low	고	고	고	고	고

※ 잠재 경쟁자의 '진입위협'은 진입장벽(entry barrier)이 높을수록 낮고, 반대로 진입장벽이 낮을수록 높음

(2) 전략군 strategic group

어느 한 산업에서 유사한 전략을 추구하는 기업들의 집단

5. 기업의 내부역량 평가

1) 포터의 가치사슬 value chain 모형

기업의 가치 창출 활동을 본원적 활동(primary activity)과 지원 활동(support activity)의 두 가지 범주로 구분

<U>포터의 가치사슬 모형</U>

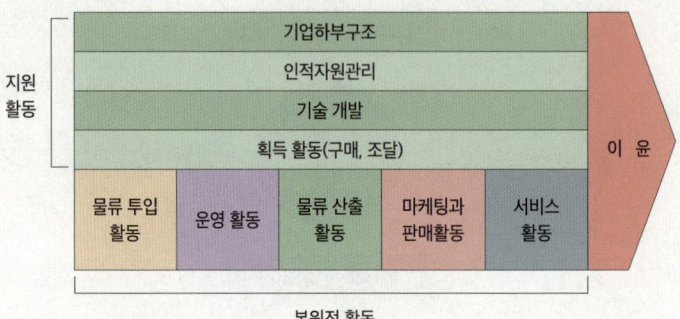

※ '획득 활동'은 구매와 조달활동을 의미함

6. 사업포트폴리오 관리

(1) BCG 매트릭스

Boston Consulting Group에서 고안한 것으로 상대적 시장점유율과 시장성장률을 기초로 사업 포트폴리오를 분석하는 모형

<U>BCG 매트릭스</U>

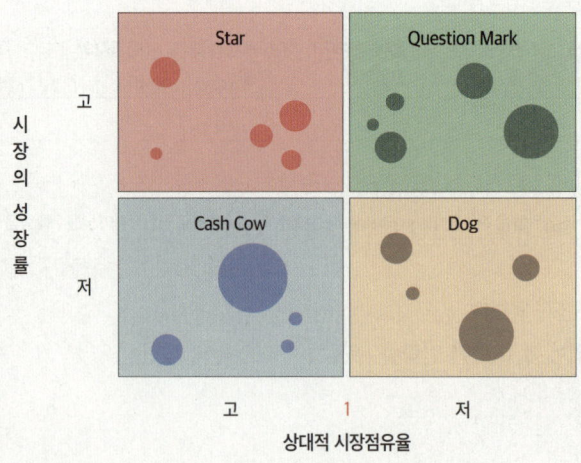

1) 상대적 시장점유율

산업 내에서 가장 큰 경쟁회사가 가지는 시장점유율과 자사(自社)가 갖는 시장점유율 간의 비율

$$상대적\ 시장점유율 = \frac{자사의\ 시장\ 점유율}{시장\ 내\ 1위\ 기업의\ 시장점유율\ (자사\ 제외)} \times 100$$

2) 시장의 성장률

시장성장률(industry growth rate)은 외부환경으로부터의 기회와 위협을 반영하며, 이는 균형잡힌 사업포트폴리오를 구성하기 위해 고려해야 할 요소임

3) 각 셀의 수익, 현금흐름, 전략

각 셀의 특징과 전략

Star	Question Mark
• 수　　익 : 높고 안정적 • 현금흐름 : 중립적 • 전　　략 : 확대 혹은 수확	• 수　　익 : 낮고 불안정적 • 현금흐름 : 마이너스 • 전　　략 : 확대 혹은 철수
Cash Cow	**Dog**
• 수　　익 : 높고 안정적 • 현금흐름 : 높고 안정적 • 전　　략 : 유지	• 수　　익 : 낮고 불안정적 • 현금흐름 : 중립적 또는 마이너스 • 전　　략 : 철수

4) 바람직한 자금의 이동과 포트폴리오상의 이동

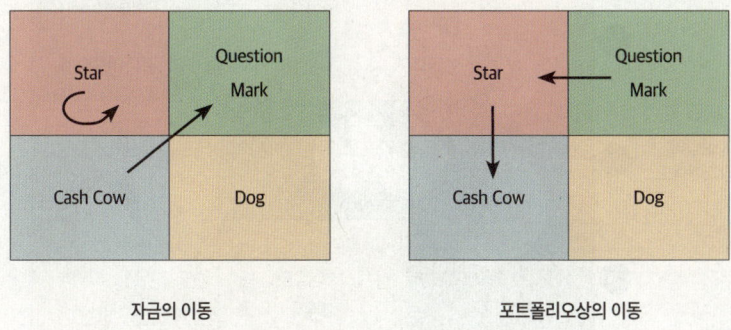

　　　자금의 이동　　　　　　　포트폴리오상의 이동

(2) GE/맥킨지 매트릭스

맥킨지 매트릭스는 산업의 장기매력도와 사업단위의 경쟁력이라는 두 가지 차원에서 전략산업단위를 평가함

GE-McKinsey 매트릭스

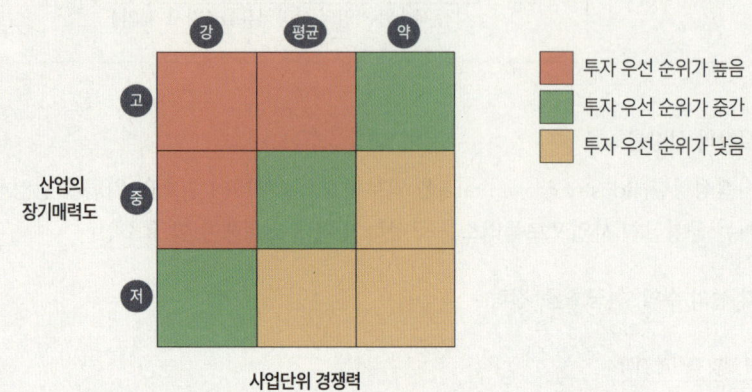

1) 산업의 장기매력도

   시장규모, 시장성장률, 시장의 수익성, 자본집약도, 기술적 안정성, 경쟁도, 순환적 변동성 등을 종합적으로 고려하며 평가

2) 사업단위의 경쟁력

   사업단위에 관한 것으로 시장점유율, 기술적 노하우, 품질, 애프터서비스, 가격 경쟁력, 낮은 영업비용, 생산성 등을 종합적으로 고려하여 평가

3) 사업단위의 비교

   GE/맥킨지 매트릭스 사례

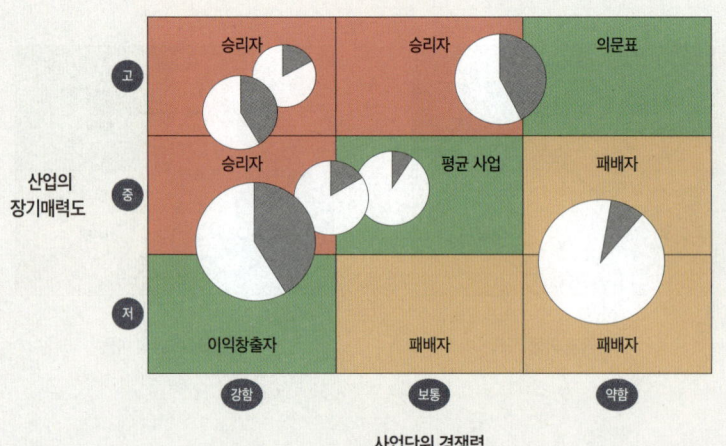

7. 블루오션 전략

(1) 블루오션과 레드오션의 차이

레드오션 vs 블루오션

레드오션 Red Ocean 전략	블루오션 Bule Ocean 전략
기존 시장 공간 안에서 경쟁	경쟁자 없는 새 시장 공간 창출
경쟁에서 이겨야 한다.	경쟁을 무의미하게 만든다.
기존 수요시장 공략	새 수요창출 및 장악
가치-비용 가운데 택일	가치-비용 동시 추구
차별화나 저비용 가운데 하나를 택해 회사 전체 활동 체계를 정렬	차별화와 저비용을 동시에 추구하도록 회사 전체 활동 체계를 정렬

(2) 블루오션 구축전략

ERRC 구성표

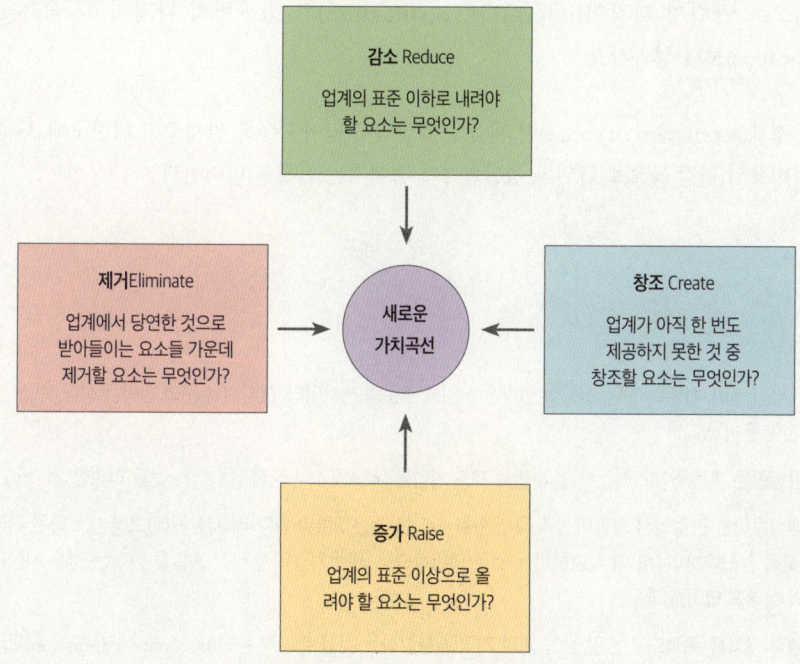

01 전략은 위계에 따라 전사적 수준(혹은 기업수준), 사업부 수준, 기능부서 수준으로 구분된다.

02 전사적 수준의 전략에는 원가우위 전략, 차별화 전략, 집중화 전략이 대표적이다.

03 후방통합(backward integration)은 제조 기업이 자신이 생산한 제품의 유통을 위해 유통 기업을 설립하거나 M&A하는 것을 의미한다.

04 거래비용이론(transaction cost theory) 관점에서 수직적 통합(vertical integration)은 시장거래의 실패를 의미한다.

05 다각화(diversification)는 경쟁력 강화를 목적으로 동일 산업내의 기업을 통합하는 것을 말한다.

06 일반적으로 관련형 다각화(related diversification)가 비관련형 다각화(unrelated diversification)보다 성과가 높다.

07 범위의 경제(economies of scope)란 제품의 생산량이 많아질수록 원재료의 대량구매, 단위당 건설비용의 절감 등으로 단위가 생산원가가 떨어지는 현상을 의미한다.

---

01 O

02 X 원가우위 전략, 차별화 전략, 집중화 전략은 사업부 수준의 전략이다. 전사적 수준의 전략은 성장, 축소, 안정 전략 등이 있다.

03 X 후방통합은 제품을 제조하는 기업이 원료 제조 기업을 M&A하거나 직접 설립하는 것을 의미한다.

04 O 거래비용이론 관점에서 기업이 수직적 통합을 한다는 것은 외부화된 거래(시장거래)보다 내부화된 거래(수직적 통합)의 비용이 더 저렴하다는 것을 의미하므로 어떤 기업이 수직적 통합을 한다는 것은 시장거래의 실패를 의미한다.

05 X 경쟁력 강화를 목적으로 동일 산업 내의 기업을 통합하는 것을 수평적 통합(horizontal integration)이라고 한다.

06 O

07 X 범위의 경제란 한 기업이 두 가지 제품을 동시에 생산할 때 소요되는 비용이 별개의 두 기업이 각각 한 제품을 개별적으로 생산할 때보다 더 적게 든다는 것을 의미한다.

08 관련다각화 전략을 사용하면 반드시 규모의 경제(economy of scale)가 실현된다.

09 대규모의 다각화된 기업은 다각화를 하지 않은 기업에 비해 내부시장을 활용할 수 있다는 장점이 있다.

10 기업 상호간 지분투자를 수반하지 않으면 전략적 제휴(strategic alliance)가 아니다.

11 현재 운영 중인 사업들과 그 영역은 전혀 다르지만 현재 보유하고 있는 핵심역량을 이용하기 위한 신규 사업은 관련다각화(related diversification)에 해당된다.

12 교차 라이센싱(cross-licensing)은 기업들이 필요한 기술을 서로 주고받는 제휴 형태로서, 합작투자(joint venture)에 비해 자원 및 위험의 공유정도가 낮다.

13 원가우위(혹은 저원가)란 경쟁기업보다 더 낮은 원가로 재화 또는 서비스를 생산하는 경쟁우위를 말한다.

---

08 ✗ 관련다각화와 비관련다각화 모두 기존의 기업활동과는 다른 새로운 영역으로 진출하는 전략이므로 범위의 경제(economy of scope)의 실현을 목표로 한다.

09 ○ 대규모의 다각화된 기업은 내부 자본시장과 내부 노동시장을 활용할 수 있다. 즉, 여러 사업분야에서 안정된 자금의 흐름을 확보할 수도 있고, 신규 사업 진출시 기술인력과 관리인력 등 많은 인력을 쉽게 확보할 수 있다.

10 ✗ 지분투자에 상관없이 두 기업이 서로의 이익을 위해 협력을 도모하면 전략적 제휴이다.

11 ○

12 ○ 교차 라이센싱은 비지분 제휴이고 합작투자(joint venture)는 지분제휴 가운데 투자금액이 가장 높기 때문에 교차 라이센싱이 합작투자에 비해 자원 및 위험의 공유정도가 낮다. 교차 라이센싱이란 기술 상호교환을 위한 제휴방식 가운데 가장 대표적인 것으로, 자사가 갖고 있는 기술을 제공하는 대가로 상대기업의 기술을 사용하게 되는 방식이다.

13 ○

14   원가우위와 차별화를 동시에 확보하는 것이 전략수립의 핵심이다.

15   경영전략을 기업전략, 사업전략, 기능전략으로 구분할 때, 포터(Porter)가 제시한 본원적 전략 중의 하나인 차별화(differentiation)는 기업전략에 해당한다.

16   포터(Porter)의 산업구조분석에서 5가지 동인(force)이 모두 강할수록 산업내 기업의 평균수익률은 높다.

17   포터(Porter)의 산업구조분석에서 5가지 동인(force)은 기존 기업 간 경쟁, 보완재의 위협, 잠재적 진입자의 위협, 공급자의 교섭력, 구매자의 교섭력이다.

18   산업구조분석에서 진입장벽(entry barrier)이 높을수록 잠재진입자의 위협은 높다.

19   포터의 가치사슬(value chain)에서 원재료를 구입하는 획득활동은 본원적 활동에 해당한다.

20   BCG 매트릭스에서 상대적 시장점유율이 1보다 크다는 것은 자사의 사업부가 시장에서 시장점유율이 가장 높다는 것을 의미한다.

21   BCG 매트릭스에서 현금의 흐름이 가장 많은 것은 별(star) 사업부이다.

22   물음표(question mark)에 해당하는 사업부는 확대나 철수 전략 중 하나를 선택하는 것이 적절하다.

---

14 ✕ 대부분의 경우, 원가우위와 차별화를 동시에 추구하는 것은 불가능하다. 둘 중 하나를 선택하고 그에 집중하는 것이 더 좋다.

15 ✕ 전략을 기업전략(corporate level), 사업전략(business level), 기능전략(functional level)으로 구분할 때, 포터(Porter)가 제시한 본원적 전략 중의 하나인 차별화(differentiation)는 사업수준의 전략에 해당한다.

16 ✕ 5가지 동인이 모두 낮을수록 산업내 기업의 평균수익률은 높다.

17 ✕ 포터는 보완재(complementary good)는 5가지 동인에 포함되지 않으며, 대체재(substitute good)만이 해당된다고 주장함

18 ✕ 진입장벽이 높다는 것은 산업내로 신규진입이 어렵다는 것을 의미하므로, 진입장벽이 높다면 잠재진입자의 위협은 낮다.

19 ✕ 획득활동은 본원적 활동이 아니라 지원활동에 해당한다.

20 ○

21 ✕ 현금의 흐름이 가장 많은 것은 cash cow이다.

22 ○

23 바람직한 포트폴리오 상의 이동은 물음표 → 별 → 현금젖소의 순이다.

24 BCG 매트릭스에서 원의 크기가 의미하는 바는 해당 사업부의 매출액 규모이다.

25 물음표(question mark) 사업의 확대(build)를 위해서 필요한 재원은 별(star) 사업부로부터 나오는 것이 좋다.

26 BCG 매트릭스는 경험곡선 효과(experience curve effect)를 강조한다.

27 GE/맥킨지 매트릭스는 투자수익률(ROI)을 강조한다.

28 GE/맥킨지 매트릭스의 두 축은 산업의 장기 매력도와 사업단위 경쟁력이다.

29 보스톤 컨설팅 그룹(BCG)의 사업포트폴리오 매트릭스에서 상대적 시장점유율이 1보다 크다는 것은 시장점유율이 50% 이상이라는 것을 의미한다.

---

23 O

24 O

25 X 물음표 사업의 경쟁력을 향상시키기 위한 투자는 현금흐름이 가장 많은 현금젖소(cash cow)로부터 나오는 것이 적절하다.

26 O BCG 매트릭스의 두 축 가운데 하나인 상대적 시장점유율은 다른 기업과 시장점유율을 비교하는 개념인데, 상대적 시장점유율이 높다는 것은 다른 기업들보다 시장점유율이 높다는 의미이다. 만약 한 기업이 상대적 시장점유율이 높다면 이는 다른 기업에 비해 상대적으로 생산경험을 빨리 쌓을 수 있다는 의미이므로 경험곡선 효과 측면에 유리하다.

27 O

28 O

29 X 보스톤 컨설팅 그룹(BCG)의 사업포트폴리오 매트릭스에서 상대적 시장점유율이 1보다 크다는 것은 해당 사업부의 시장점유율이 1위라는 것을 의미한다. 어떤 사업부의 시장점유율이 50% 이상이라면 항상 시장에서 1위이겠지만, 시장점유율이 50%가 안되는 1위 기업도 존재하므로 이 보기가 항상 옳은 것은 아니다.

7. 국제경영

1. 기업의 글로벌화 과정

기업의 글로벌화 단계

단계	과정	내용
1단계	내수지향	국내시장 지향
2단계	수출지향	국내시장+수출
3단계	현지 시장지향 마케팅	수출+현지 마케팅
4단계	현지 시장지향 생산	수출+현지 마케팅+현지 생산
5단계	세계시장지향	복수의 생산입지와 시장, 세계중심주의(geocentric) 관점

2. 기업의 글로벌화 방법

진입전략별 진입비용과 영업소유권

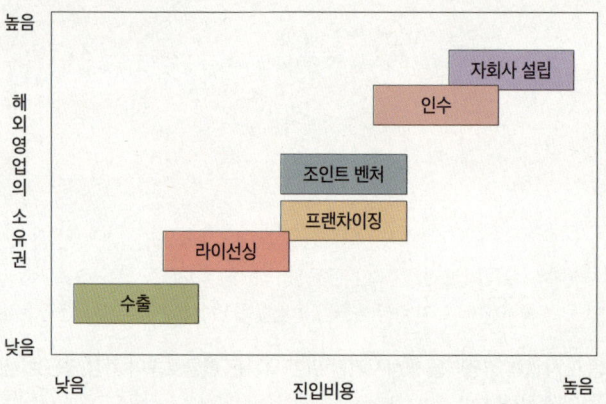

국제시장 진입전략

단계	내용
시장진입 전략 market entry strategy	글로벌 아웃소싱
	수입과 수출
	계약방식
직접투자 전략 direct investment strategy	전략적 제휴
	자회사 설립

계약 방식의 종류

구분	특징
라이선싱 licensing	외국 기업에 자신의 상표명, 등록상표, 기술, 특허, 저작권 사용을 허가하는 대가로 일정액의 사용료를 받는 것
프랜차이징 franchising	주로 서비스업에서 사용하며, 상표, 제품, 방식, 사업계획, 정체성과 이미지까지 사용을 허가하고 일정액의 사용료를 받는 것
계약생산 contract manufacturing	해외에서 일정한 계약 하에서 제품을 생산하도록 하고, 판매 및 마케팅은 직접 담당하는 것
관리계약 management contract	계약에 의해 한 기업이 특정 기업의 경영활동을 대신 수행해주고 그 대가를 받는 형태
턴키계약 turnkey contract	일반적으로 공장이나 여타 생산설비를 가동 직전까지 준비한 후 인도해주는 방식

3. 다국적 기업

(1) 의의

다국적 기업(MNE: multinational enterprise)은 다수 국에 직접투자를 행하는 모회사와 자회사로 구성된 기업집단으로 여러 국가에 직접투자한 관계회사와 기술, 자금, 정보, 신용, 상표 등 기업자원을 공동 활용하며 공동전략을 추구하면서 생산활동을 하는 세계 지향적 국제기업

(2) 특징

- 해외 연관회사에 대한 기업 내 수출
- 본사와 해외 자회사 간 내부거래
- 기술우위에 의한 산업독점 가능성
- 해외생산거점을 통한 신속한 다국적화
- 해외 자회사를 통한 지식 창조

4. 글로벌 기업의 조직설계

국제적 경쟁우위와 조직구조간의 적합성모형

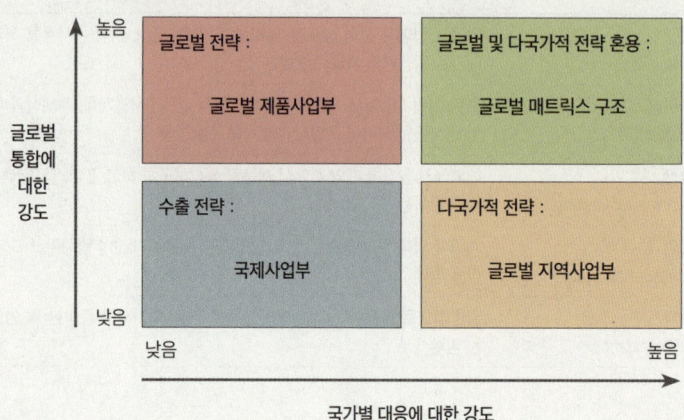

글로벌 조직설계

조직구조	특징
국제사업부 international division	기존 사업부 조직에 국제사업부가 추가된 구조
글로벌 제품사업부 조직 global product stucture	글로벌 통합 요구에 대응하기 위해 전세계 사업을 제품별로 묶은 조직이며, 해당 사업부는 특정 제품의 전 세계 운영 책임을 맡음
글로벌 지역사업부 조직 global geographic stucture	국가별 시장에 대응하기 위해 전세계 사업을 지역별로 묶은 조직이며, 해당 사업부는 특정 지역(혹은 국가)내에서 이루어지는 모든 기능을 총괄
글로벌 매트릭스 조직 global matrix stucture	제품표준화와 지역별 현지화 문제를 동시에 다루기 위해 매트릭스 조직으로 설계한 형태

5. 초국적 조직

(1) 의의
초국적 조직(transnational organization)은 세계기업과 국내기업의 이점과 기술적 우위, 급격한 혁신, 기능적 통제를 동시에 추구하기 위해 많은 국가에 자회사를 설립한 거대한 다국적 기업

(2) 특징
- 글로벌 통합과 현지 적응에 국제기업의 기술이전 능력까지 고루 갖춤
- 매트릭스 조직과는 달리 초국적 조직은 종류가 다른 많은 센터를 가지고 있으며, 유연한 집중화 원리에 따라 어떤 기능은 특정 국가에 집중시키는 반면에, 어떤 기능은 전 지역에 분산시킴
- 단일 본부가 없어 모기업을 위해 수행해야 할 명확한 책임도 없기 때문에 다양한 센터와 자회사가 모여 기업을 형성
- 통합과 조정이 수직적 계층보다는 기업문화, 공유된 비전과 가치관, 경영스타일에 의해 이루어짐
- 초국적 기업의 사업단위들은 기업 내 다른 사업 단위나 다른 기업과의 제휴 관계를 형성

01 자원투입·위험의 크기와 통제수준에 따라 기업의 해외시장 진출과정은 간접수출 → 직접수출 → 합작투자 → 단독투자 순으로 진행된다.

02 라이센싱(licensing)은 생산기술이나 특허권과 같은 독점적 자산의 사용권을 제공하고 그 대가를 받는 계약이다.

03 라이센싱은 브랜드와 기술 등 무형자산과 함께 품질관리, 경영방식, 기업체 조직 및 운영, 마케팅 지원 등과 같은 경영관리 노하우까지 포함하기 때문에 철저한 통제가 가능하다.

04 프랜차이징(franchising)은 넓은 의미에서 라이선싱의 한 형태이며, 패스트푸드, 호텔, 자동차 판매 등과 같은 서비스산업에서 널리 활용되고 있는 계약이다.

05 프랜차이징과 라이센싱은 잠재적인 경쟁자를 만들 위험이 있다.

06 다른 기업에게 수수료를 받는 대신 자사의 기술이나 상품 사양을 제공하고 그 결과로 생산과 판매를 허용하는 것은 계약생산(contract manufacturing)이다.

07 관리계약(management contract)은 현지국 기업을 위탁관리해주고 일정한 대가를 받는 계약이다.

---

01 O

02 O

03 X 라이센싱은 브랜드와 기술 등 무형자산의 사용권만을 제공하는 것이고, 이에 추가로 품질관리, 경영방식, 마케팅 지원 등과 같은 경영관리 노하우까지 포함하는 것은 프랜차이징(franchising)이다.

04 O

05 O

06 X 다른 기업에게 수수료를 받는 대신 자사의 기술이나 상품 사양을 제공하고 그 결과로 생산과 판매를 허용하는 것은 라이센싱이다. 계약생산(contract manufacturing)은 해외에서 일정한 계약 하에서 제품을 생산하도록 하고 판매 및 마케팅은 직접 담당하는 것을 말한다.

07 O

08   계약생산(contract manufacturing)은 생산설비 등을 건설하고 설비가 가동되어 생산이 개시될 수 있는 시점에 소유권을 넘겨주는 계약이다.

09   신설투자, 합작투자, 라이센싱, 인수합병 등은 해외직접투자 유형에 속한다.

10   수직적 해외직접투자는 해외직접투자 방식 중 최종재의 생산에 필요한 원재료나 중간재를 확보하거나 최종 소비자에게 제품을 판매할 목적으로 해외에 진출하는 것이다.

11   초국적 전략(transnational strategy)은 혁신의 국제적 활용, 글로벌 효율성, 다국적 유연성을 동시에 달성함으로써 전세계적인 경쟁우위를 확보하는 전략이다.

12   세계 각국의 근로조건을 국제적으로 표준화할 목적으로 추진되는 다자간 무역협상을 블루라운드(Blue Round)라고 한다.

13   해외직접투자의 유형 중 그린필드투자(green-field investment)는 기존에 존재하는 현지 기업을 인수·합병하는 것을 말하고, 브라운필드투자(brown-field investment)는 새로운 기업을 설립하는 것을 말한다.

---

08   ✗   생산설비 등을 건설하고 설비가 가동되어 생산이 개시될 수 있는 시점에 소유권을 넘겨주는 것은 턴키프로젝트(turn-key project)이다.

09   ✗   해외직접투자는 독립적인 생산시설이나 자회사를 설립하거나 매입하는 방식을 의미한다. 신설투자, 합작투자, 인수합병은 이에 해당하지만 라이센싱은 해당하지 않는다.

10   ○   수직적 해외직접투자는 수직적 통합(vertical integration)을 해외에서 실시하는 것이다.

11   ○

12   ○

13   ✗   그린필드투자(green-field investment)는 새로운 기업을 설립하는 것을 말하고, 브라운필드투자(brown-field investment)는 기존에 존재하는 현지 기업을 인수·합병하는 것을 말한다.

PART 2
마케팅

01
마케팅 개요

02
마케팅 조사

03
마케팅 전략

04
제품, 서비스, 브랜드

05
가격

06
유통

07
촉진관리

08
소비자 행동

1. 마케팅 개요

1. 마케팅 개요

마케팅 과정

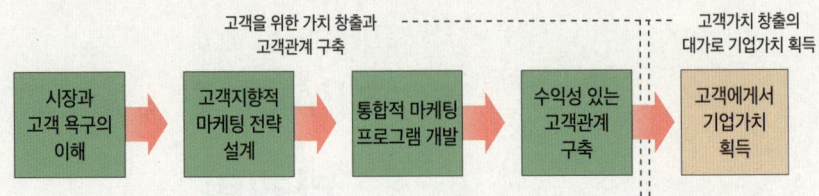

1) **시장과 고객 욕구의 이해**

   제품이나 서비스를 만들기에 앞서, 시장을 철저히 이해하는 단계

   > **마케팅 근시안** marketing myopia
   > 고객에게 제공될 편익과 경험에 주의를 기울이지 않고 구체적인 제품의 중요성만을 중요 시 여기는 실수를 의미함

2) **고객지향적 마케팅 전략 설계**

   시장세분화와 목표시장의 선정 그리고 제품의 포지셔닝을 정하는 단계

3) **통합적 마케팅 프로그램의 개발**

   소비자를 공략하기 위한 수단인 제품(product), 가격(price), 유통(place), 촉진(promotion)의 마케팅 믹스를 개발하는 단계

4) **고객관계의 구축**

   지속적 고객관계 구축을 위해 개별고객의 구체적인 정보를 관리하고 고객과의 접촉점을 세심하게 관리하는 고객관계관리(CRM: customer relationship management)를 실행하는 단계

5) **고객에게서 기업가치 획득**

   ① **고객생애가치** customer lifetime value

   한 고객이 기업과 거래관계를 유지하는 기간에 걸쳐 발생시킬 누적구매가치를 말함

② **고객점유율** share of customer
해당 제품범주에서 고객의 구매액 중 자사제품이 차지하는 비율을 말함

③ **고객자산** customer equity
고객자산은 현 고객과 잠재고객 각각의 할인된 고객생애가치를 합한 것으로 수익성 높은 고객이 기업에 더 높은 충성도를 보일수록, 그 기업의 고객자산은 증가함

2. 마케팅 관리철학의 변천

1) **생산개념** production concept
소비자들이 단순히 저렴하고 쉽게 구입할 수 있는 제품을 선호하기 때문에 생산과 효율성을 향상시키는데 주력해야 한다는 사고를 말함

2) **제품개념** product concept
소비자가 제품의 품질, 성능 및 독특한 특징을 가진 제품을 선호하기 때문에 지속적인 제품개선에 마케팅의 초점을 맞추는 것

3) **판매개념** selling concept
충분한 규모의 판매와 촉진 노력이 이루어지지 않으면 소비자는 충분한 양의 제품을 구매하지 않을 것이라는 사고

4) **마케팅 개념** marketing concept
목표시장의 욕구를 파악하고 경쟁사보다 그들의 욕구를 더 잘 충족시켜야만, 조직의 목표가 실현된다는 믿음으로 고객 중심적 철학임

판매 개념과 마케팅 개념의 비교

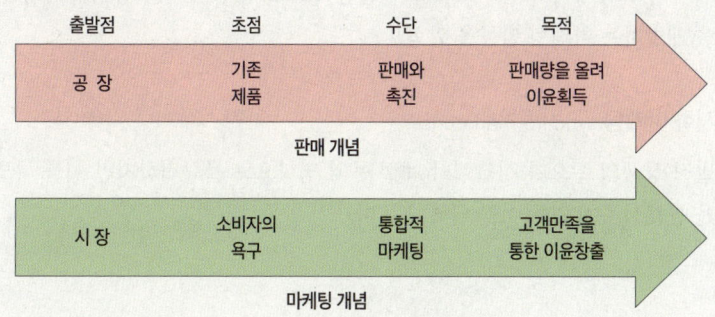

5) **사회적 마케팅** societal marketing concept

소비자의 욕구, 기업의 목표, 소비자와 사회의 장기적 이익 간에 균형을 맞춘 현명한 마케팅 의사결정을 내려야 한다는 믿음

사회적 마케팅 개념

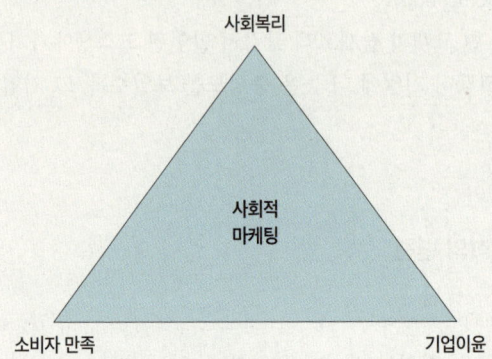

3. 마케팅 개념

(1) **디마케팅** demarketing

자사의 상품에 대한 구매를 의도적으로 줄이는 마케팅활동을 말함

(2) **메가 마케팅** mega marketing

마케팅관리자의 노력에도 불구하고 통제 불가능한 것으로 받아들여지는 환경요인에 대해 정치(politics)나 여론형성(public opinion formation) 등을 사용하여 어느 정도 영향을 미칠 수 있다는 개념

(3) **개발적 마케팅** developmental marketing

잠재적 수요상태에서 잠재고객들이 공통적으로 원하는 바를 충족시키기 위한 수단을 개발하는 마케팅 활동을 말함

(4) **동시화 마케팅** synchro marketing

개발적 상품의 수요가 시간이나 계절 등의 영향으로 불규칙하지만 이를 특별 할인 등을 통해서 수요의 차이를 극복하는 마케팅 활동

(5) 전환적 마케팅 conversional marketing

부정적 수요상태에서 실제수요를 (−)로부터 (+)로 전환시켜 이상적인 수요와의 격차를 줄이기 위한 마케팅 활동

(6) 자극적 마케팅 stimulational marketing

무수요 상태에서 제품이 제공해주는 효익과 잠재 고객들의 기본적인 욕구 사이의 연관성을 인식시켜 관심을 자극하는 마케팅 활동

(7) 유지화 마케팅 maintenance marketing

완전 수요의 상태에서 마케팅 활동의 효율성과 마케팅 환경 요인들의 변화추세에 대하여 끊임없이 점검하고 대처함으로써 완전 수요의 상태를 유지하는 마케팅 활동

(8) 재마케팅 remarketing

감퇴되거나 침체되어 있는 수요에 대해 소비자의 욕구나 관심을 불러일으키는 마케팅 활동

(9) 카운터 마케팅 counter marketing

담배, 술, 마약과 같이 상품이나 서비스의 품질이 사용하기에 바람직하지 않기 때문에 수요를 발생시켜서는 안 되는 유형으로 불건전한 수요를 억제 혹은 소멸시키는 마케팅 활동

01 마케팅 활동은 시장조사 → 마케팅 전략 수립 → 마케팅 프로그램 개발 → 고객관계 구축의 순으로 이루어진다.

02 고객관계관리(customer relationship management) 차원에서 보면 매출이나 시장점유율보다는 고객자산(customer equity)이 더 중요하다.

03 시장점유율(market share)이란 해당 제품 범주에서 고객의 구매액 중 자사제품이 차지하는 비율을 말한다.

04 고객생애가치(customer lifetime value)란 한 고객이 기업과 거래관계를 유지하는 동안에 발생시킬 누적구매가치를 말한다.

05 고객관계관리(CRM: customer relationship management)란 고객충성도를 극대화하기 위해 개별고객의 구체적 정보를 관리하고, 고객과의 접촉점을 세심하게 관리하는 과정이다.

06 마케팅 관리 철학은 생산개념 → 제품개념 → 판매개념 → 사회적 마케팅개념 → 마케팅개념으로 변천되어 왔다.

07 마케팅 철학의 변천사 가운데 판매개념은 고객만족(customer satisfaction)을 통해 이윤을 올리고자 한다.

08 사회적 마케팅 경영(societal marketing concept)은 사회복리, 소비자만족, 기업의 이윤 간 균형을 추구한다.

---

01 O

02 O 매출과 시장점유율은 과거의 기업성과를 반영하는 반면, 고객자산은 미래의 성과를 반영한다.

03 X 해당 제품 범주에서 고객의 구매액 중 자사제품이 차지하는 비율을 고객점유율(share of customer)이라고 한다.

04 O

05 O

06 X 마케팅 철학은 생산개념 → 제품개념 → 판매개념 → 마케팅개념 → 사회적 마케팅개념 순으로 변천해 왔다.

07 X 고객만족을 통해 이윤을 창출하고자 하는 것은 마케팅개념이다.

08 O

09 마케팅 근시안(marketing myopia)이란 고객에게 제공될 편익과 경험에 주의를 기울이지 않고 구체적인 제품의 중요성만을 중요시 여기는 실수를 의미한다.

10 자기 상품에 대한 수요를 감소시키기 위해 활동하는 것을 디마케팅(demarketing)이라고 한다.

11 특정상품에 대한 수요가 공급을 초과하는 상황에서 강조되는 마케팅 컨셉은 제품컨셉이다.

12 수요가 공급을 초과할 때 수요를 감소시키는 것을 목적으로 하는 마케팅관리 기법은 전환적 마케팅(conversional marketing)이다.

13 불건전한 수요상황에서 지나친 수요를 가급적 억제하거나 소멸시키기 위하여 필요한 마케팅은 재마케팅(remarketing)이다.

14 마케팅관리자의 노력에도 불구하고 통제 불가능한 것으로 받아들여지는 환경요인에 대해 정치(politics)나 여론형성(public opinion formation) 등을 사용하여 어느 정도 영향을 미칠 수 있다는 개념이 메가마케팅(mega marketing)이다.

15 아직 존재하지 않는 제품이나 서비스에 대해 소비자들이 강한 욕구를 가지고 있는 상황에서는 개발적 마케팅(development marketing) 활동이 요구된다.

16 동시화마케팅(synchro marketing)은 제품 및 서비스의 공급능력에 맞추어 수요발생시기를 조정 또는 변경하려는 것이다.

---

09 O

10 O

11 × 특정상품에 대한 수요가 공급을 초과하는 상황에서 강조되는 마케팅 컨셉은 '생산컨셉'이다.

12 × 수요가 공급을 초과할 때 수요를 감소시키는 것을 목적으로 하는 마케팅관리 기법은 디마케팅(demarketing)이다.

13 × 불건전한 수요상황에서 지나친 수요를 가급적 억제하거나 소멸시키기 위하여 필요한 마케팅은 카운터마케팅(counter marketing) 혹은 대항마케팅이다.

14 O

15 O

16 O

2. 마케팅 조사

1. 마케팅 조사의 개요

(1) 마케팅 조사의 단계

마케팅 조사의 단계

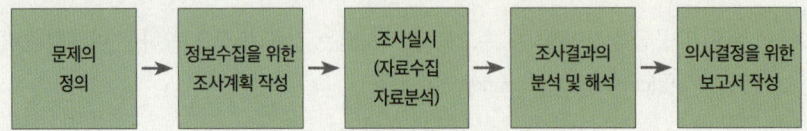

문제의 정의 → 정보수집을 위한 조사계획 작성 → 조사실시 (자료수집 자료분석) → 조사결과의 분석 및 해석 → 의사결정을 위한 보고서 작성

2. 마케팅 정보의 원천

1차 자료와 2차 자료의 비교

원천	1차 자료	2차 자료
수집목적	당면 문제를 위해	다른 문제를 위해
수집과정	조사자가 직접 수집	타인에 의해 수집됨
수집비용	높다	비교적 낮다
수집기간	길다	짧다

(1) 2차 자료

당면한 문제보다는 다른 목적을 위하여 이미 수집된 자료로, 조사를 위한 좋은 출발점이 되고, 조사문제와 조사목적을 정의하는데 도움을 줌

2차 자료의 원천

원천	예
기업 내부	주문-결제 데이터, POS 데이터, 고객 데이터베이스, 웹 로그 파일 데이터, 과거의 마케팅 조사보고서, 판매사원 활동보고서, 재무제표 등
기업 외부	행정기관, 지방자치단체, 협회, 경제단체, 경제연구소, 마케팅 조사회사, 일간지, 전문지, 소셜미디어 등

(2) 1차 자료

조사자가 당면 문제를 해결하기 위해서 직접 수집한 자료로 조사자가 최초로 만든 자료

3. 마케팅 조사의 종류

탐색조사, 기술조사, 인과조사

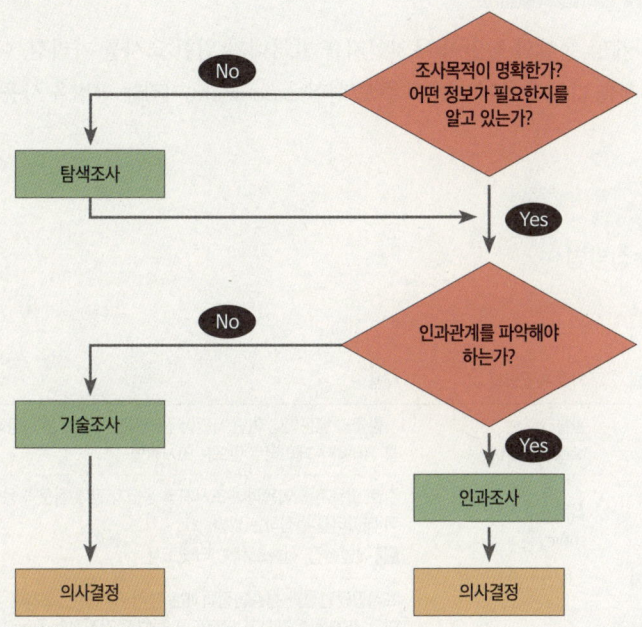

(1) 탐색조사 exploratory research

마케팅 문제 및 현재 상황을 보다 잘 이해하고, 조사목적을 명확히 정의하고, 또는 필요한 정보를 분명히 파악하기 위해 벌이는 일종의 예비적인 조사임

탐색조사의 종류

종류	내용
문헌조사	2차 자료를 검토하는 것
전문가 면접	해당 산업 또는 기업에 대해 많은 지식이나 경험을 갖고 있는 사람들로부터 정보를 얻는 것
표적집단면접 FGI	진행자가 6~10명의 응답자들과 함께 대화 형식으로 이끌어 가는 면접방법
심층면접법 in-depth interview	전문 면접원이 1명의 피면접자를 대상으로 주제와 관련된 질문 방향을 가지고 탐사방식에 의해 깊게 질문해 나가는 것

(2) 기술조사 descriptive research

현재 일어나고 있는 마케팅 현상을 보다 정확하게 이해하기 위해 수행하는 조사를 가리킴, 이의 목적은 현재 상태를 있는 그대로 정확하게 그려내는 데 있음, 많은 사람들에게 설문조사를 통해 데이터를 수집한다는 점에서 탐색조사와 다름

(3) 인과조사 causal research

어떤 마케팅 현상의 원인이 무엇인지를 밝혀내기 위한 조사를 가리킴, 이 조사는 인과관계를 밝혀야 하기 때문에 주로 실험(experiment)이라는 방법을 사용함

4. 자료 수집방법

자료 수집방법

조사방법	자료 수집방법	내용
기술조사	관찰 observation	사람들의 행동이나 어떤 사건이 전개되는 과정을 본 다음에 그 결과를 정리하여 데이터로 만드는 조사방법
	설문조사 survey	주로 설문지를 이용하여 조사자와 응답자 간에 질문과 응답을 통하여 데이터를 수집하는 방법 예 대인면접, 전화조사, 인터넷조사
	투사법 projective technique	표적집단면접과 심층면접법과는 달리 투사법은 조사의 목적 혹은 연구 주제를 응답자가 모르도록 하면서 간접적(indirect)으로 조사한다는 점이 주된 특징임. 이 방법은 응답자에게 불명확한 상황이나 타인의 행동 등을 제시하고 응답하도록 하는데, 응답자의 내면에 있는 동기, 생각 혹은 감정 등이 응답에 투사된다고(projected) 보기 때문에 투사법이라고 부름
인과조사	실험 experiment	인위적 혹은 실제상황에서 어떤 행위를 하고 그 결과가 어떻게 되는지를 관찰하는 것

5. 외생변수 : 실험의 타당성 저해요인

1) 역사적 오염 historical contamination

역사적 오염은 실험기간 동안에 발생하는 외부적 요인이 실험결과에 영향을 미치는 것을 말함

2) 성숙효과 maturation

이는 종속변수의 변화가 실험변수의 처치에 의하지 않고 시간의 경과에 따라 자연스럽게 이루어지는 것을 말함

3) **시험효과** testing effect

   ① **주시험효과** main testing effect

   첫 번째 처치로 인한 학습효과가 두 번째 처치의 순수한 효과를 왜곡시키는 것임. 예를 들어, 학생이 전혀 시험준비를 하지 않고 TOEIC이 어떤 식으로 구성되는지를 모르는 상태에서 시험을 친 후 전혀 공부를 하지 않고 다음 시험을 치더라도 보다 높은 성적을 받을 가능성이 높은 것을 말함

   ② **상호작용 시험효과** interactive testing effect

   첫 번째 측정이 그 다음의 처치 자체에 영향을 미치는 것. 예를 들어, 일정기간 동안의 광고 실행이 브랜드 인지도 향상에 미치는 효과를 측정할 때, 피실험자들은 광고노출 이전에 그 브랜드에 대한 인지도를 측정하였기 때문에 나중에 그 광고에 노출될 때 보다 주의를 기울일 수 있음을 말함

4) **측정의 편향** instrumentation bias

   이는 측정도구, 측정기법 등의 차이에 의한 효과를 말함

5) **선택의 편향** selection bias

   조사대상이 진실로 모집단을 대표하는가의 문제임

6. 실험설계의 유형

(1) **사전실험설계** pre-experimental design

실험 처치 및 측정시기와 대상에 대해 거의 통제를 하지 않는 실험디자인

1) 단일집단 사후실험설계

$$(EG): \quad X \quad O$$

2) 단일집단 사전사후실험설계

$$(EG): O_1 \quad X \quad O_2$$

3) 집단비교설계

$$(EG): \quad X \quad O_1$$
$$(CG): \quad \quad O_2$$

(2) 순수실험설계 true experimental design

집단을 무작위로 실험집단과 통제집단으로 구분하는 실험디자인

1) 통제집단 사후실험설계

$$(EG):[R] \quad X \quad O_1$$
$$(CG):[R] \quad \quad O_2$$

2) 통제집단 사전사후실험설계

$$(EG):[R]\ O_1 \quad X \quad O_2$$
$$(CG):[R]\ O_3 \quad \quad O_4$$

(3) 유사실험설계 quasi-experimental design

사전실험설계보다는 정교하나 순수실험설계보다는 덜 정교한 실험디자인으로 측정시기와 측정대상의 통제만이 가능한 실험디자인임

1) 2집단 사전사후실험설계

$$(EG):O_1 \quad X \quad O_2$$
$$(CG):O_3 \quad \quad O_4$$

2) 독립표본 사전사후실험설계

$$표본1 \quad O_1 \quad (X)$$
$$표본2 \quad \quad X \quad O_2$$

3) 시계열실험설계

$$O_1 \ O_2 \ O_3 \ O_4 \ X \ O_5 \ O_6 \ O_7 \ O_8$$

7. 실험의 타당성

1) 내적 타당성

내적 타당성(internal validity)은 실험이 실험변수의 효과를 정확하게 측정할 수 있도록 설계되어 외생변수의 통제가 얼마나 잘 이루어질 수 있는가를 나타내는 지표를 말함

2) 외적 타당성

외적 타당성(external validity)은 실험결과를 실험실 밖의 실제상황에서 어느 정도까지 확대 적용할 수 있는가를 나타내는 지표를 말함

- 내적 타당성 ↑ ⟶ 외적 타당성 ↓
- 내적 타당성 ↓ ⟶ 외적 타당성 ↑

8. 척도

(1) 척도의 종류

척도의 종류와 활용

척도	기본특성	예	마케팅 예	기술통계방법
명목척도 nominal scale	숫자로 대상을 구분함	운동선수의 등번호	점포의 형태, 성별	백분율, 최빈값
서열척도 ordinal scale	측정대상의 순서를 나타냄	품질의 순위, 토너먼트의 순위	선호도, 시장점유순위, 사회계층	중앙치, 사분위수
등간척도 interval scale	속성대상에 순위를 부여하되 간격이 동일함	기온	태도, 의견	범위, 평균, 표준편차
비율척도 ratio scale	절대 '0'의 개념이 있어 비율 계산이 가능	길이, 무게	나이, 소득, 비용, 매출액, 시장점유율	기하평균, 조화평균

※ 명목척도에서 비율척도 쪽으로 갈수록 척도에 담겨있는 정보의 양 증가
※ 등간척도는 절대 '0'의 개념이 없어서 +, - 계산만 가능하지만, 비율척도는 사칙연산 모두 가능

(2) 자주 사용되는 척도들

1) 리커트 척도 Likert scale

어떤 진술에 대해 개인이 동의하거나 동의하지 않는 정도를 표시하는 척도

리커트 척도의 예

리커트 척도	응답자가 동의나 반대의 정도를 나타내도록 하는 질문
	예) 소규모 항공사는 일반적으로, 대형 항공사보다 나은 서비스를 제공한다. 　　매우 반대　　반대　　어느쪽도 아님　　동의　　매우 동의 　　　1　　　　 2　　　　　3　　　　　 4　　　　 5

2) 어의차이 척도 semantic differential scale

서로 상반되는 말을 양쪽 끝에 나타낸 척도

어의차이 척도의 예

어의차이 척도	상반되는 의미를 양끝으로 가지는 척도에서 선택하도록 하는 질문
	예) 아시아나 항공은 작다　　　　　1　2　3　4　5　크다 경험이 적다　1　2　3　4　5　경험이 많다 구식이다　　　1　2　3　4　5　최신이다

3) 등급 척도 rating scale

위의 두 가지 척도 이외에 아래 그림에 제시된 바와 같은 형태의 척도가 있는데, 이를 등급 척도라고 함

등급 척도의 예

중요성 등급 척도	예) 은행을 평가할 때 각 속성을 어느 정도 중요시하는지 각 속성별로 적정한 위치에 V로 나타내시오. 　　　　　　　전혀　　　　　　　　　　　　　　　　매우 　　　　　　중요치 않음　　　　　　　　　　　　　중요함 직원의 친절성　＿＿＿＿＿＿＿＿＿＿＿＿＿＿ 시설의 현대화　＿＿＿＿＿＿＿＿＿＿＿＿＿＿ 예금 이자율　　＿＿＿＿＿＿＿＿＿＿＿＿＿＿ 서비스의 신속성＿＿＿＿＿＿＿＿＿＿＿＿＿＿

(3) 척도의 타당성과 신뢰성

① **체계적 오류** systematic error

척도 자체가 잘못됨으로써 발생하는 오류로 타당성과 관계됨

> 예 길이나 무게를 측정하면서 부정확한 자나 저울을 사용할 때 발생하는 오류이다.

② **비체계적 오류** nonsystematic error

측정하는 사람이나 상황으로부터 발생하는 오류로 신뢰성과 관계됨

> 예 길이를 반복 측정할 때 측정하는 사람이 부주의하면 동일한 자를 사용하더라도 차이가 있을 수 있다.

9. 표본추출방법

(1) 표본조사와 전수조사

표본조사 vs 전수조사

항목	표본조사	전수조사
예산	적음	많음
사용 가능한 시간	단기	장기
모집단의 크기	대규모	소규모

(2) 마케팅조사의 오류

마케팅조사의 오류

오류	내용
표본오류 sampling error	표집과정에서 발생하는 오류로, 모집단을 대표할 수 있는 표집을 선정하지 못함으로서 발생하는 오류
비표본오류 non-sampling error	자료를 수집하는 과정에서 발생하는 오류를 말함

오류의 종류

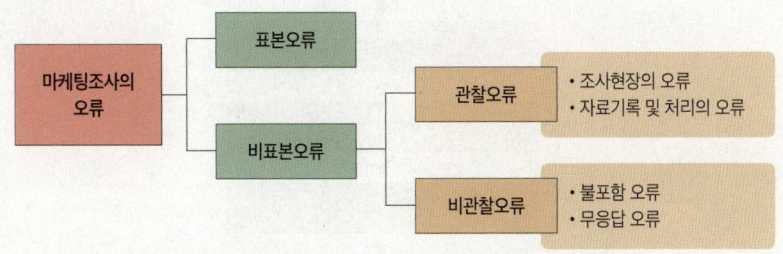

1) 비표본오류

① 비관찰오류

비관찰오류(non-survey error)란 모집단의 일부가 표본추출 대상에서 제외됨으로써 발생하는 불포함오류와 표본으로 추출된 응답자가 응답을 회피함으로써 발생하는 무응답오류가 있음

- 불포함 오류: 표본추출을 위한 표본 프레임(sample frame)이 불완전하기 때문에 발생하는 오류
- 무응답 오류: 표본으로 선정된 사람이 응답을 회피하거나 조사자가 실수하여 답변을 제대로 받아내지 못하는 경우에 발생하는 오류

② 관찰오류

관찰오류(survey error)란 관찰하는 과정에서 발생하는 오류와 수집한 자료를 기록하고 처리하는 단계에서 발생하는 오류를 말함

- 조사현장의 오류: 면접이나 관찰과정에서 응답자와 조사원 간에 발생하는 오류를 말한다.
- 자료의 기록 및 처리오류: 조사원이 응답자의 답변을 잘못 기록하거나, 기록된 설문지나 면접지를 처리하는 과정에서 숫자 등을 잘못 입력함으로써 발생하는 오류를 말한다.

(3) 표본크기와 오류의 관계

- 표본의 크기 ↑ ⟶ 표본오류 ↓
- 표본의 크기 ↑ ⟶ 비표본오류 ↑

(4) 표본추출과정

표본추출의 과정

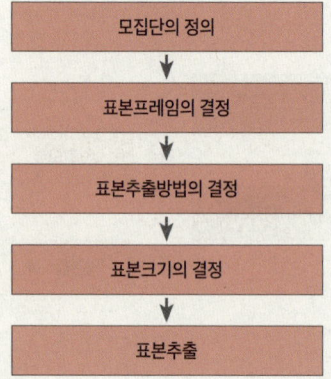

모집단의 정의 → 표본프레임의 결정 → 표본추출방법의 결정 → 표본크기의 결정 → 표본추출

(5) 표본추출방법

표본추출 기법은 확률표본추출과 비확률표본추출로 구분할 수 있음. 확률표본추출은 모집단에 속한 표본들이 추출될 확률이 동일한 것을 의미하고, 비확률표본추출은 모집단에 속한 표본들이 추출될 확률이 동일하지 않는 것을 의미함

1) 비확률 표본추출

비확률 표본추출방법의 장점과 단점

기법	장점	단점
편의 표출 convenience sampling	가장 저렴하고, 시간이 적게 들고, 편리함	표본의 대표성이 떨어짐, 기술조사나 인과조사에 유용하지 못함
판단 표출 judgmental sampling	비용이 적고, 편리하며, 시간이 적게 듦	조사대상의 일반화가 불가능함, 주관적임
할당 표출 quota sampling	특정한 특성을 조사하기 위해 표본을 통제할 수 있음	선택 편향: 표본의 대표성을 보장할 수 없음
눈덩이 표출 snowball sampling	희귀한 특성도 추정 가능함	시간이 많이 소비됨

2) 확률 표본추출

확률 표본추출방법의 장점과 단점

기법	장점	단점
단순 무작위 표출 simple random sampling	이해하기 쉽고 결과를 모집단에 투사할 수 있음	표본프레임(sample frame)을 구축하기가 어려움
체계적 표출 systematic sampling	단순 무작위 표본추출보다 실행하기가 쉽고, 표본프레임이 필요치 않음	대표성이 감소됨
층화 표출 stratified sampling	중요한 하위 모집단을 모두 포함. 정확성이 있음	적절한 층화변수를 선정하기 어렵고, 다양한 변수에 대해 층화를 하는 것이 불가능하며, 비용이 많이 발생
군집 표출 cluster sampling	실행이 간편하고 비용 효율적임	계산하기 어려우며, 결과를 해석하기 어려움

층화표출 vs 군집표출

오류	내용
층화표본추출	모집단을 어떤 기준에 따라 상이한 소집단으로 나누고, 이들 각 소집단들로부터 표본을 무작위적으로 추출하는 방법
군집표본추출	모집단을 소집단(군집)들로 나누고, 일정 수의 소집단을 무작위로 표본추출한 다음, 추출된 소집단 내의 구성원들을 모두 조사하는 방법

층화 표본추출

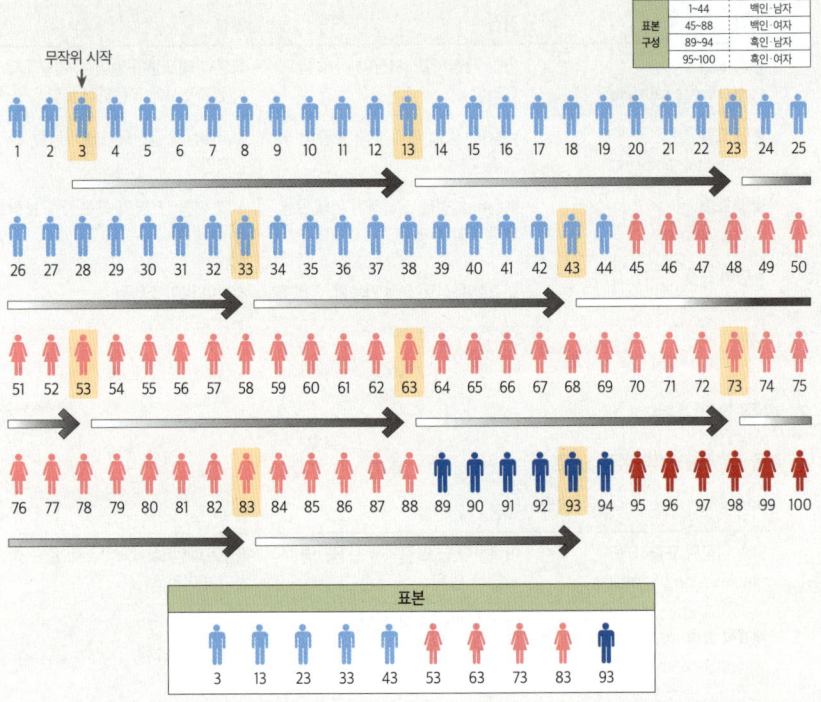

무작위 시작으로 층화된 체계적 표본. 층화된 체계적 표본은 두 단계를 포함한다. 하나는 모집단의 구성원들을 동질적인 층으로 모으는 것이다. 여기서는 간단하게 성별을 층화변수로 사용했지만, 더 많은 변수들이 사용될 수 있다. 그런 다음 층화된 배열에서 k번째(여기서는 10번째) 사람을 표본에 추출한다.

10. 자료분석 방법

(1) 교차분석

교차분석(cross-tabulation analysis)은 교차집계라고 불리는 매우 간단한 자료 분석 방법. 명목 및 서열척도와 같은 범주형 변수들을 분석하기 위해 2개 변수가 가진 각 범주를 교차하여 해당 빈도를 표시하는 교차분석표를 작성함으로써 두 변수간의 독립성과 이질성을 분석하는데 이용됨

교차분석의 예시

흡연량	직업군			행 합계
	일반사무	영업	생산	
heavy	12	27	9	48
medium	5	10	17	32
light	7	7	6	20
열 합계	24	44	32	100

카이자승(χ^2) 검정

교차분석표에서 집단 간 차이가 있는지 없는지를 분석할 때 카이자승(χ^2)이라는 통계치를 이용하여 검정하기 때문에 카이자승 검정이라고도 한다. 카이자승(χ^2) 검정은 관찰빈도(observed frequency)와 기대빈도(expected frequency)와의 차이를 계산함으로써 두 변인간의 관계가 유의미한지 아니면 상호독립적인지를 검증하는 방법이다. χ^2값이 클수록 집단 간 차이가 있다고 볼 수 있다. 카이자승(χ^2) 검정은 다음과 같은 방법으로 이루어진다. χ^2검정은 관찰빈도(observed frequency)와 기대빈도(expected frequency)와의 차이를 계산함으로써 두 변인간의 관계가 유의미한지 아니면 상호독립적인지를 검증하는 방법이다. χ^2을 구하는 공식은 다음과 같다.

$$\chi^2 = \sum \frac{(o-e)^2}{e}$$

o=관찰빈도
e=기대빈도

기대빈도 $= \dfrac{f_r f_c}{n}$, 여기서 n은 총사례수, f_r는 가로의 소계, f_c는 세로의 소계를 나타낸다.

(2) 군집분석

군집분석(cluster analysis)은 대상 또는 사례들을 군집(clusters)이라 불리는 상대적으로 동질적인 집단으로 분류하는데 이용되는 기법으로 시장 세분화에 사용됨

군집분석의 예

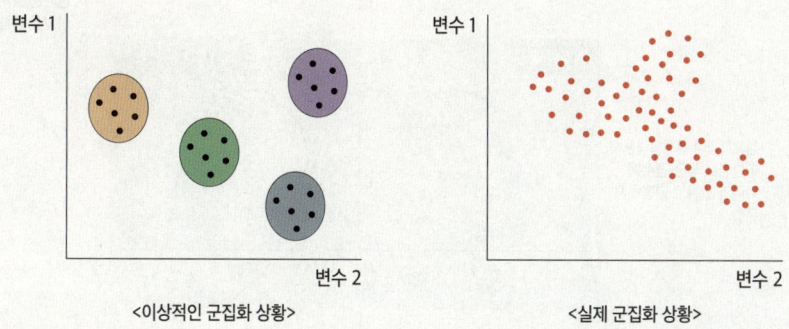

<이상적인 군집화 상황> <실제 군집화 상황>

(3) 분산분석

분산분석(ANOVA: analysis of variance)은 집단 간 평균의 차이가 있는지를 검증하는 방법임. 분산분석은 3개 이상의 모집단으로부터 표본을 추출한 경우, 표본평균 값의 차이가 클수록(집단 간 분산이 클수록) 그리고 각 표본의 요소들 간의 차이가 작을수록(집단 내 분산이 작을수록) 모집단의 평균값 간에는 차이가 있을 가능성이 높음. 분산분석의 검정통계량은 F임

$$F = \frac{집단\ 간\ 제곱합}{집단\ 내\ 제곱합} = \frac{ms_b}{ms_w}$$

※ F값은 분자가 커질수록 그리고 분모가 작아질수록 큰 값을 가짐. 따라서 집단 간 분산이 클수록 그리고 집단 내 분산이 작을수록 F값은 커지며, F값이 크다는 것은 집단 간 평균의 차이가 클 확률이 높다는 것을 의미함

분산분석의 예

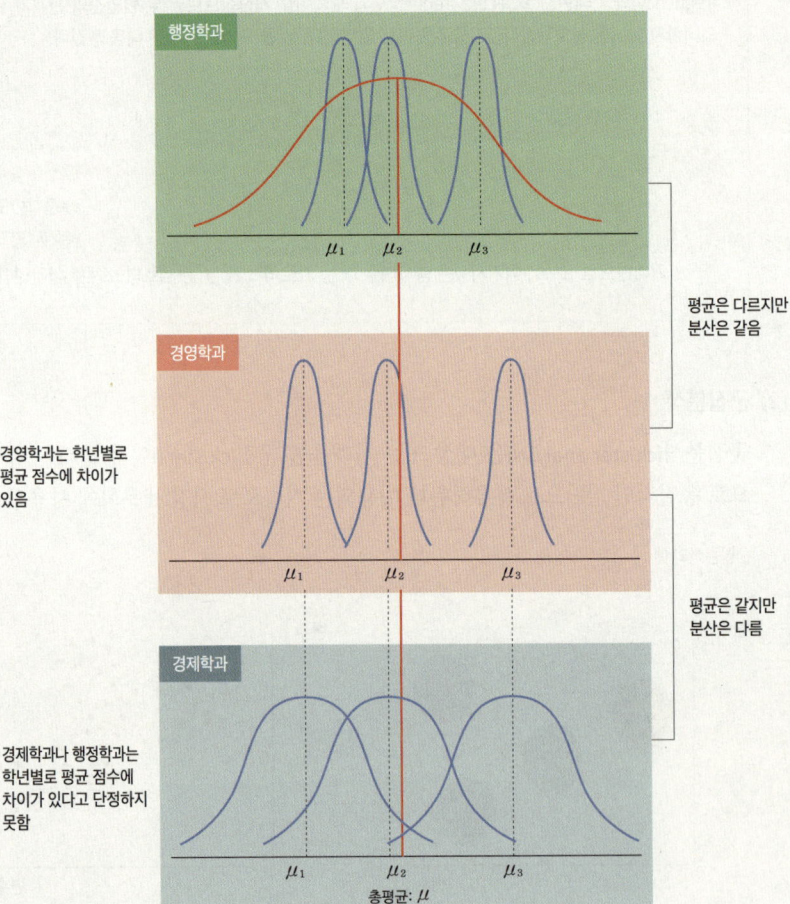

(4) 상관관계분석

상관관계분석(correlation analysis)은 두 변수 사이의 관계가 어느 정도 밀접한가를 측정하는 기법

(5) 판별분석

판별분석(discriminant analysis)은 판별함수를 개발하여 각 대상들의 특성을 대입해서 각 대상들이 속하는 집단을 찾아내려는 기법

(6) 요인분석

요인분석(factor analysis)은 주어진 많은 정보를 쉽고 간단하게 보다 적은 수의 요인으로 줄여주는 기법

(7) 다차원 척도법

다차원 척도법(MDS: multi-dimensional scaling)은 공간상에 시각적인 표현(visual display)으로 응답자들의 지각과 선호를 나타내는 절차로, 소비자의 고려대상이 되는 여러 제품들을 소비자가 느끼기에 비슷한 순서대로 짝지어 나열하고, 그 자료를 바탕으로 컴퓨터 분석을 통해 비슷한 제품들은 서로 가깝게, 그렇지 않은 제품들을 서로 멀리 위치하도록 공간상에 배치하는 기법. 포지셔닝 시에 사용됨

다차원 척도법의 사례

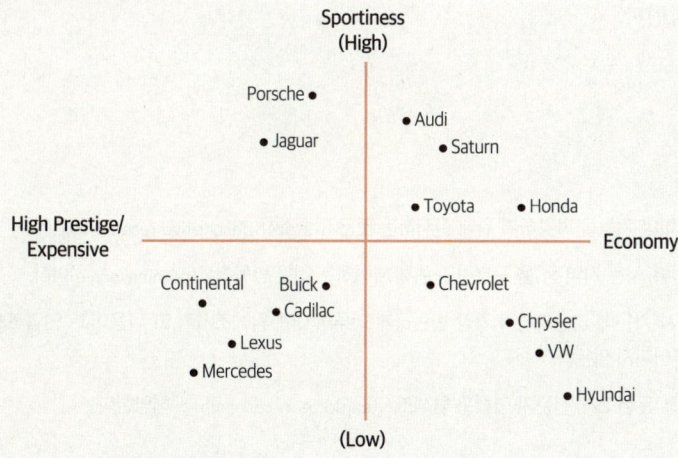

(8) 컨조인트 분석

컨조인트 분석(conjoint analysis)은 표적시장에 가장 적절한 제품을 디자인하기 위해 제품 각각의 속성에 있어서 자사 제품이 어느 정도 수준을 갖도록 할 것인지에 대한 결정에 도움을 주는 기법

01 1차 자료(primary data)는 당면 문제 해결을 위해 조사자가 직접 수집한 자료이므로 통상 2차 자료보다 수집비용이 더 많이 든다.

02 인과조사(causal research)는 시장의 특색이나 기능을 파악하기 위해 실시된다.

03 설문지를 이용한 마케팅 조사시, 설문 문항들을 계량화하기 위해 여러 가지 척도(scale)들을 사용하는데, 성별을 계량화하는데 사용되는 것은 서열척도(interval scale)이다.

04 탐색조사, 기술조사, 인과조사 가운데 가장 빈번하게 이루어지는 조사는 탐색조사이다.

05 표적집단면접(focus group interview), 문헌조사, 전문가 면접은 기술조사(descriptive research) 방법에 포함된다.

06 표적집단면접법(FGI)과 투사법(projective technique)의 차이점 중 하나는 실시하고자 하는 조사목적을 조사 대상자에게 밝히는가의 여부이다.

07 패널조사와 실험설계는 탐색조사(descriptive research)에서 이용되는 방법이다.

08 통제집단 사후설계(after-only with control group design)는 순수실험설계(true experiment design)에 포함된다.

---

01 O

02 X 시장의 특색이나 기능을 파악하기 위해 실시하는 것은 기술조사(descriptive research)이다.

03 X 특정 집단(성별, 사는 지역 등)을 구분하기 위해 부여하는 것은 명목척도(nominal scale)이다.

04 X 위 3가지 조사 가운데 기술조사가 가장 빈번하게 이루어지며, 탐색조사가 그 다음이고, 인과조사는 그다지 자주 이루어지지 않는다.

05 X 표적집단면접, 문헌조사, 전문가 면접은 탐색조사(exploratory research)에 해당한다.

06 O

07 X 패널조사(panel research)는 기술조사(descriptive research)에 주로 사용되고, 실험설계는 주로 인과조사(causal research)에 주로 사용된다.

08 O 통제집단 사후설계와 통제집단 사전사후설계는 순수실험설계에 해당한다.

09 단일집단 사후실험설계(one-group, posttest design)는 순수실험설계 방법에 포함된다.

10 학력을 초졸, 중졸, 고졸, 대졸 등으로 구분하여 묻는 설문의 계량화는 서열척도(ordinal scale)가 바람직하다.

11 등간척도(interval scale)는 속성의 절대적 크기를 측정할 수 있기 때문에 사칙연산이 가능하다.

12 척도에 따라 변수가 갖게 되는 정보량의 크기는 서열척도(ordinal scale)보다 등간척도(interval scale)가 더 크다.

13 리커트 척도(Likert scale)는 양쪽 끝에 상반되는 의미를 가지는 척도에서 선택하도록 하는 질문형태이다.

14 표본오류(sampling error)란 표본추출과정에서 발생하는 오류를 의미하며, 표본의 크기가 커질수록 표본오류는 감소한다.

15 표본의 수가 증가할수록 비표본오류는 작아지고 표본오류는 커진다.

---

09 ✕ 단일집단 사후실험설계는 사전실험설계(pre-experimental design)에 해당한다.

10 ○ 학력으로 집단을 구분하면서 동시에 학력간 상대적 높낮이가 존재하므로 학력의 계량화는 서열척도가 적절하다.

11 ✕ 등간척도는 절대 '0'의 개념이 존재하지 않기 때문에 속성의 절대적 크기를 알 수 없다.

12 ○ 척도에 따라 변수가 갖게 되는 정보량의 크기는 명목척도(nominal scale), 서열척도(ordinal scale), 등간척도(interval scale), 비율척도(ratio scale) 순으로 증가한다.

13 ✕ 양쪽 끝에 상반되는 의미를 가지는 척도에서 선택하도록 하는 질문형태는 어의차이 척도(semantic differential scale)이다. 반면 리커트 척도는 동의정도를 묻는 질문형태로 구성된다.

14 ○ 표본의 크기가 증가할수록 표본이 모집단에 가까워지므로 대표성이 낮은 표본이 추출될 확률은 점점 낮아지게 된다.

15 ✕ 표본의 수가 증가할수록 표본의 크기가 모집단의 크기에 근접하기 때문에 표본오류는 감소하고, 증가되는 표본크기로 인하여 자료수집 과정에서 발생하는 비표본오류는 증가한다.

16   표본프레임이 모집단과 정확하게 일치하지 못함으로써 발생하는 오류는 표본오류에 포함된다.

17   비확률표본 추출보다는 확률표본 추출이 표본오류 발생가능성이 높다.

18   표본조사에서 불포함 오류(non-inclusion error)와 무응답 오류(non-response error)는 비관찰 오류(non-survey error)에 포함된다.

19   조사현장의 오류와 자료처리의 오류는 관찰오류(survey error)에 포함된다.

20   표본추출과정에서 표본추출방법의 결정은 표본프레임 결정에 앞서서 실시된다.

21   비확률 표본추출(nonprobability sampling)은 표본 원소들을 선택하기 위해 확률보다는 조사자의 개인적 판단에 의존한다.

22   확률 표본추출(probability sampling)은 모집단에 속한 사람이 표본에 포함될 확률을 명시하는 것이 가능하다.

23   단순 무작위 표본추출(SRS: simple random sampling)은 대표적인 비확률 표본추출 방법이다.

24   체계적 표출(systematic sampling)에서 표본은 무작위로 시작점을 선택하고, 그 다음 표본추출 틀로부터 i번째 원소를 연속적으로 추출하는 방법이다.

---

16   ✕   표본프레임이 모집단과 정확하게 일치하지 못함으로써 발생하는 오류를 불포함 오류라 하는데 이는 비표본 오류에 포함된다.

17   ✕   확률표본 추출이 비확률표본 추출보다는 대표성이 높은 표본을 뽑을 확률이 높기 때문에 표본오류의 가능성이 상대적으로 더 낮다.

18   ○

19   ○

20   ✕   표본추출과정은 모집단 정의 → 표본프레임 결정 → 표본추출방법 결정 → 표본크기 결정 → 표본추출의 순으로 진행된다.

21   ○

22   ○   확률 표본추출은 모집단으로부터 뽑을 수 있는 크기의 모든 잠재적 표본을 미리 명시하는 것이 가능하고 각 표본이 선택될 확률을 미리 명시하는 것이 가능하다.

23   ✕   단순 무작위 표출(SRS)은 대표적인 확률적 표본추출 방법이다.

24   ○

25 층화표본추출(stratified sampling)은 확률표본추출이며, 모집단을 서로 상이한 소집단들로 나누고 이들 각 소집단들로부터 표본을 무작위로 추출하는 방법이다.

26 단순 무작위 표출(SRS)보다 체계적 표출이 비용이 더 많이 소요된다.

27 군집 표본추출(cluster sampling)이란 모집단을 서로 상이한 소집단들로 나누고 이들 각 소집단으로부터 표본을 무작위로 추출하는 방법이다.

28 교차분석(cross-tabulation analysis)은 명목척도(nominal scale)나 서열척도(ordinal scale) 성향을 가지고 있는 사회현상 분석에 주로 사용된다.

29 군집분석(cluster analysis)은 대상을 동질적인 집단으로 분류하는데 사용되는 기법으로 시장세분화에도 사용된다.

30 컨조인트 분석(conjoint analysis)은 표적시장에 가장 적절한 제품을 디자인하기 위해 자사 제품이 각각의 제품속성에 있어서 어느 정도 수준을 갖도록 할 것인지를 결정할 때 도움을 주는 기법이다.

31 체계적 오차는 타당성(validity)과 관련된 개념이며, 비체계적 오차는 신뢰성(reliability)과 관련된 개념이다.

---

25 O

26 X 체계적 표출은 표본 프레임을 구성할 필요가 없기 때문에 단순 무작위 표본추출보다 비용이 덜 든다.

27 X 모집단을 서로 상이한 소집단들로 나누고 이들 각 소집단으로부터 표본을 무작위로 추출하는 방법은 층화 표본추출(stratified sampling)이다. 군집 표본추출(cluster sampling)이란 모집단을 소집단으로 나누고, 일정수의 소집단을 무작위로 표본추출한 다음 추출된 소집단 내의 구성원들을 모두 추출하는 방법이다.

28 O 교차분석은 명목척도나 서열척도 같은 이산적 척도를 분석할 때 사용된다.

29 O

30 O

31 O 체계적 오차(systematic error)는 척도 자체가 잘못됨으로써 발생하는 오류이므로 타당성과 관련된 개념이며, 비체계적 오류(nonsystematic error)는 측정하는 사람이나 상황으로부터 발생하는 오류이므로 신뢰성과 관련된 개념이다.

3. 마케팅 전략

1. 시장 세분화

시장 세분화(market segmentation)는 한 기업이 시장을 일정한 기준에 따라 몇 개의 동질적인 소비자 집단으로 나누는 과정. 같은 세분시장 내에서는 소비자들의 선호가 동질적이어야 하며, 세분시장 간에는 소비자의 선호가 이질적이어야 함

시장 세분화의 기본조건

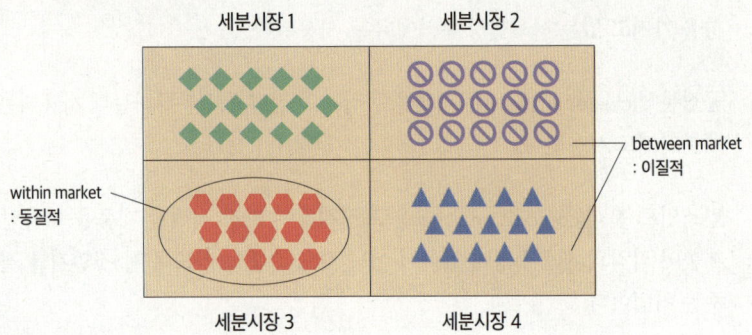

(1) 시장세분화 기준

시장세분화 변수

기준	내용
고객 행동변수 (1차적 역할)	추구편익 사용상황 사용량 상표애호도 또는 태도 고객생애가치 (효과계층모형의) 반응단계

고객 특성변수
(2차적 역할)
	인구통계적 변수
	  연령/성별/소득/직업/지역
	  가족생활주기/가족의 크기
	  교육수준/사회계층
	심리분석적 변수
	  라이프스타일
	  성격

(2) 시장 확인

1) 기준변수가 불연속적인 경우

   기준변수가 몇 개의 범주(category)로 나누어질 때, 교차 테이블 분석(cross-tabular analysis)을 이용

2) 기준변수가 연속적인 경우

   기준변수가 연속적인 경우에는 군집분석(cluster analysis)을 이용

(3) 효과적인 시장 세분화 기준

효과적인 시장 세분화 기준

요건	개념
측정가능성 measurable	세분시장의 크기, 구매력, 기타 특성들을 측정할 수 있어야 함
접근가능성 accessible	세분시장에 효과적으로 도달하고 만족시킬 수 있어야 함
규모적정성 substantial	세분시장이 충분한 규모와 수익 가능성을 가져야 함
세분시장 내 동질성과 세분시장 간 이질성	같은 세분시장 내에 속한 고객들끼리는 최대한 비슷하여야 하고, 서로 다른 세분시장에 속한 고객들끼리는 최대한 달라야 함

(4) 시장세분화의 예외적 경우

① 혁신적인 신상품의 경우에는 시장세분화가 시기상조일 수 있음
② 지나친 세분시장 마케팅은 수익성을 악화시킬 수도 있음
③ 도전자는 역세분화(counter-segmentation)를 하는 것이 바람직할 수도 있음

> **역세분화** counter-segmentation
> 차별적 마케팅을 활용하게 되면 더 높은 매출을 달성할 수 있지만 비용도 증가하기 때문에 이 전략의 수익성에 대해 일반화된 주장을 하기는 어렵다. 이러한 점 때문에 기업들은 시장을 지나치게 세분화하지 않도록 주의해야 한다. 시장이 지나치게 세분화된 경우에는 고객기반을 통합하는 역세분화(counter-segmentation)를 해야 한다. 예컨대 Smith Kline Beecham(파로돈탁스와 센소다인 치약으로 유명한 회사)은 동시에 구취제거, 하얀 치아, 충치예방 등의 혜택을 추구하는 3개의 세분시장을 동시에 끌어들일 수 있는 Aquafresh 치약을 출시하였다.

2. 표적시장 선정

표적시장 선정의 수준

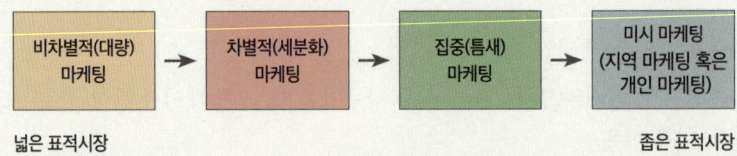

넓은 표적시장 → 좁은 표적시장

표적시장 선정 전략

전략	내용
비차별적 마케팅 undifferentiated marketing	세분시장의 차이를 무시하고 하나의 제공물로 전체시장을 공략하는 전략
차별적 마케팅 differentiated marketing	여러 세분시장을 표적시장으로 삼고, 이들 각각의 시장에 독특한 제품을 제공하여 영업을 하는 방법
집중적 마케팅 concentrated marketing	자원이 제한되어 있는 많은 기업들이 하나의 표적시장에 집중함으로써 높은 점유율을 확보하려는 방법
미시적 마케팅 micro marketing	개별고객 수준에서 각 고객의 욕구에 맞춰 제품과 마케팅프로그램을 제공하는 방법

3. 포지셔닝

포지셔닝(positioning)이란 표적시장의 소비자들의 마음 속에 차별적인 위치를 차지하도록 기업의 제공물과 이미지를 설계하는 활동

(1) 전반적인 포지셔닝 전략

① **속성에 의한 포지셔닝** positioning by attribute
제품자체가 지니고 있는 고유의 속성 즉, 규모나 연한 등을 소비자에게 인식시키는 것

② **혜택에 의한 포지셔닝** positioning by benefit
제품이 경쟁제품과 다른 혜택을 지녔다는 점을 소비자에게 인식시키는 것

③ **사용상황에 의한 포지셔닝** positioning by use/application
제품이 사용될 수 있는 적절한 상황과 용도를 소비자에게 인식시키는 것

④ **사용자에 의한 포지셔닝** positioning by user
표적시장 내의 전형적 소비자를 겨냥하여 자사제품이 그들에게 적절한 제품이라고 인식시키는 것

⑤ **경쟁자에 의한 포지셔닝** positioning by competitor
자사의 제품이 경쟁사의 제품보다 좀 더 좋은 속성을 지녔다고 포지셔닝하는 것

⑥ **제품 카테고리에 의한 포지셔닝** positioning by product category
자신의 특정 제품 카테고리에서 리더임을 알리는 포지셔닝 방식

⑦ **품질이나 가격에 의한 포지셔닝** positioning by quality/price
자신의 제품이 가장 좋은 품질이나 가장 낮은 가격을 가지고 있음을 포지셔닝하는 것

4. 기타 마케팅 전략

(1) 제품/시장 확장 매트릭스

전략분야의 앤소프(H. Ansoff)가 제시한 기업의 성장 벡터에 관한 매트릭스로 기업이 향후 자신의 제품이나 시장과 관련된 방향을 어느 곳으로 향해야 하는지를 결정하는데 도움을 주는 도표임

제품/시장 확장 매트릭스

제품/시장 확장 매트릭스의 개념

전략	내용
시장침투	기존 제품을 변경하지 않고 기존 고객에게 더 많이 판매하는 것 **예** 스타벅스가 제품의 변경없이 기존 고객들에게 매출액을 더 높이려고 광고, 가격, 서비스 점포디자인 등을 향상시키는 것
시장개발	새로운 시장을 개발하여 기존 제품을 판매하는 것 **예** 스타벅스가 새로운 시장인 고령층을 공략하는 전략
제품개발	기존 시장을 대상으로 수정된 혹은 새로운 제품을 제공하는 것 **예** 스타벅스가 비커피 음용자를 공략하기 위해 초콜릿 음료를 메뉴에 추가하는 것
다각화	새로운 제품을 개발하여 새로운 고객에게 판매함으로써 기업성장을 도모하려는 전략 **예** 스타벅스가 자신의 브랜드를 이용하여 캐쥬얼 의류시장에 진출하는 것

5. 시장의 매력도 평가

시장 매력도 평가 기준

요인	세부항목
외형적 요인	현재 시장규모 시장잠재력 성장률 제품수명주기 단계 판매의 주기성 또는 계절성 현재의 수익성
구조적 요인 5 force model	현재 시장 내에서의 경쟁 잠재적 진입자로부터의 위협 구매자의 교섭력 공급자의 교섭력 대체재의 위협
환경적 요인	인구통계적 환경 경제적 환경 사회적 환경 기술적 환경 법률적 환경

6. 경쟁우위 평가

(1) 경쟁의 개념

① **상품형태** product form **수준의 경쟁**
   같은 형태를 가진 상품들 간의 경쟁을 말하며, 일반적으로 가장 치열한 경쟁
   > 예 코카콜라와 펩시콜라의 경쟁

② **상품범주** product category **수준의 경쟁**
   상품형태는 다소 다르지만 기본적으로 같은 범주에 속하는 상품들 간의 경쟁
   > 예 청량음료 범주에 속하는 코카콜라와 칠성사이다와의 경쟁

③ **본원적 편익** intrinsic benefit **수준의 경쟁**
   형태나 범주는 다르지만 고객에게 기본적으로 동일한 편익을 제공하는 상품들 간의 경쟁
   > 예 오렌지 주스와 코카콜라와의 경쟁

④ **예산** budget **수준의 경쟁**
   제공하는 편익이 다르더라도 고객의 한정된 예산을 차지하기 위하여 여러 상품들이 경쟁
   > 예 돌반지와 유아용품의 경쟁

마케팅 근시안 marketing myopia
마케팅에서는 대체가능성(substitutability)이 있는 것은 모두 경쟁자가 될 수 있는 것으로 보기 때문에, 오렌지 주스가 코카콜라의 경쟁상대가 아니라고 한다면 이는 고객의 관점을 무시한 근시안적인 생각이다. 이렇게 경쟁의 범위를 같은 형태나 같은 종류로 한정시켜서 좁게 보는 것을 마케팅 근시(marketing myopia)라고 부른다. 즉 마케팅 근시는 경쟁자를 본원적 편익(intrinsic benefit) 수준까지 넓게 보지 않고 제품형태(product form)나 제품범주(product category) 수준으로 국한시키는 것을 말한다.

---

(2) 경쟁자 파악

경쟁자 파악 방법

분류	기법	
기업중심적 방법	제품/시장 확장 매트릭스 기술적 대체가능성 표준산업분류	
고객중심적 방법	고객지각에 기초한 방법	지각도 상품제거 사용상황별 대체
	고객행동에 기초한 방법	상표전환 매트릭스 수요의 교차탄력성

01   가족생애주기와 소득은 심리분석적(psychographic) 세분화 변수에 해당한다.

02   소비자 행동과 직접적 관련성이 가장 높은 세분화 변수는 고객행동 변수이다.

03   시장세분화 변수 가운데 추구편익(benefit sought)은 고객특성 변수에 해당한다.

04   시장세분화 기준변수를 크게 고객행동변수와 고객특성변수로 구분했을 때, 사용상황은 고객특성변수로 분류된다.

05   시장 세분화 시, 동일 시장 내에서는 소비자 선호도가 동질적일수록 그리고 세분시장 간에는 이질적일수록 좋다.

06   세분화된 시장을 통합하여 여러 세분시장을 동시에 공략할 수 있는 제품을 내놓는 것을 시장침투(market penetration) 전략이라고 한다.

07   만약 독신남녀 시장을 공략하려는 향수회사가 이들이 사는 지역이나 이들이 즐겨보는 미디어를 알아낼 수가 없다면 이는 접근가능성(accessible)이 충족되지 않는 시장세분화이다.

08   차별적 마케팅(differentiated marketing)은 세분시장의 차이를 무시하고 하나의 제공물로 전체시장을 공략하는 방법이다.

---

01   ✗   연령, 가족생애주기, 성별, 소득 등은 인구통계적(demographic) 세분화 변수이다.

02   ○

03   ✗   추구편익은 고객행동 변수에 해당한다.

04   ✗   사용상황은 추구편익, 사용량, 상표애호도와 더불어 '고객 행동변수'에 해당한다.

05   ○

06   ✗   세분화된 시장을 통합하여 여러 세분시장을 동시에 공략할 수 있는 제품을 내놓는 것을 역세분화 전략(counter-segmentation)이라고 한다.

07   ○

08   ✗   세분시장의 차이를 무시하고 하나의 제공물로 전체시장을 공략하는 방법을 비차별적 마케팅(undifferentiated marketing)이라고 한다.

09   개별 고객의 욕구에 맞춘 제품과 서비스를 제공하는 것을 미시적 마케팅(micro marketing)이라고 한다.

10   집중적 마케팅(concentrated marketing)은 자원이 제한적인 기업에게 매력이며, 큰 시장에서 작은 시장점유율을 추구하기 보다는, 작은 시장에서 큰 시장점유율을 추구하는 기업에 적절하다.

11   포지셔닝에 사용되는 지각도(perceptual map)는 컨조인트 분석을 활용하여 작성된다.

12   제품 포지션(product's position)이란 제품이 소비자의 마음속에서 경쟁제품에 비해 상대적으로 차지하고 있는 위치를 의미한다.

13   표적시장 내의 전형적 소비자를 겨냥하여 자사제품이 그들에게 적절한 제품이라고 인식시키는 것은 사용상황에 따른 포지셔닝에 해당된다.

14   기존 제품을 변경하지 않고 기존 고객에게 더 많이 판매하려는 것은 시장개발 전략이다.

15   판매시장의 지역적 확장은 시장개발(market development) 전략에 포함되지 않는다.

---

09   O
10   O
11   X   지각도는 다차원 척도법(MDS: multidimensional scaling)을 이용하여 작성된다.
12   O
13   X   표적시장 내의 전형적 소비자를 겨냥하여 자사제품이 그들에게 적절한 제품이라고 인식시키는 것은 사용자에 의한 포지셔닝에 해당된다.
14   X   기존 제품을 변경하지 않고 기존 고객에게 더 많이 판매하려는 것은 시장침투 전략이다.
15   X   인구통계적 시장 확장과 더불어 지역적 시장 확장도 시장개발 전략에 포함된다.

16. 고객점유율(share of customer)을 높이기 위해 기존 고객들에게 교차판매(cross-sell)와 상향판매(up-sell)를 유도하는 것은 제품/시장 확장 매트릭스에서 시장개발(market development) 전략에 해당한다.

17. 상표전환 매트릭스나 수요의 교차탄력성은 시장의 매력도를 평가하는 방법이다.

18. 시장의 매력도에 영향을 미치는 외형적 요인에는 현재 시장규모, 시장 잠재력, 시장 성장률, 상품수명주기단계, 판매의 주기성 또는 계절성, 현재의 수익성 등이 있다.

19. 상품 형태(product form) 수준의 경쟁보다 상품 범주(product category) 수준의 경쟁이 더 치열하다.

20. 일반적으로 코카콜라나 펩시콜라 간의 경쟁처럼 같은 상품 형태(product form) 수준의 경쟁이 가장 치열하다.

21. 상품 범주(product category) 수준의 경쟁이란 코카콜라나 칠성사이다처럼 상품 형태는 다소 다르지만 기본적으로 같은 범주(예 청량음료 범주)에 속하는 상품들 간의 경쟁을 말한다.)

22. 휴대폰의 보급으로 청소년들의 통신비가 급증하면서 다른 부문(예 놀이공원)에 대한 지출이 줄어드는 것도 상품간 경쟁이라 볼 수 있다.

---

16 ✗ 교차판매와 상향판매는 제품개발 전략에 해당한다.
17 ✗ 상표전환 매트릭스나 수요의 교차탄력성은 경쟁자 파악 기법이다.
18 ○
19 ✗ 상품 범주(product category) 수준보다 상품 형태(product form) 수준 경쟁이 더 치열하다.
20 ○
21 ○
22 ○ 예산수준에서는 휴대폰 회사와 놀이공원도 경쟁자가 될 수 있다.

23 마케팅 근시(marketing myopia)는 경쟁의 범위를 제품형태 수준이 아닌 본원적 편익 수준에서 바라보는 것이다.

24 지각도(perceptual map)와 상표전환 매트릭스(brand switching matrix)는 고객중심적 경쟁자 파악 방법에 해당한다.

25 제품수명주기 단계는 경쟁자를 파악하는 방법 중 하나이다.

26 제품 제거(product deletion)는 고객 지각에 기초한 경쟁자 파악 방법이고, 사용상황별 대체(substitution in-use)는 고객 행동에 기초한 경쟁자 파악 방법이다.

27 지각도와 상품제거, 사용상황별 대체는 고객행동에 기초한 경쟁자 파악방법이다.

28 제품/시장 매트릭스(product/market matrix)를 이용한 경쟁자 파악 방법은 잠재적인 경쟁자들을 파악해 준다는 장점과 관리자의 주관적인 판단에 의존한다는 단점을 갖고 있다.

29 상표전환 매트릭스(brand switching matrix)를 이용한 경쟁자 파악 방법은 두 브랜드를 1:1로 비교하기 때문에 두 브랜드간의 경쟁관계 발생 유무와 경쟁관계 발생 원인을 설명해준다.

30 사용상황별 대체(substitution in-use)를 이용한 경쟁자 파악 방법은 경쟁의 범위를 폭 넓게 파악하는데 도움이 된다.

---

23 ✗ 마케팅 근시란 경쟁의 범위를 같은 형태나 종류로 한정시켜 좁게 보는 것을 말하므로, 경쟁의 범위를 본원적 편익 수준이 아니라 제품형태나 제품범주 수준으로 보는 것을 말한다.

24 ○

25 ✗ 제품수명주기 단계는 경쟁자 파악 방법이 아니라 시장의 매력도를 평가하는 방법이다.

26 ✗ 제품 제거와 사용상황별 대체는 모두 고객지각에 기초한 방법이다.

27 ✗ 지각도와 상품제거, 사용상황별 대체는 고객지각에 기초한 경쟁자 파악방법이다. 고객행동에 기초한 방법은 상표전환 매트릭스와 수요의 교차탄력성이다.

28 ○

29 ✗ 상표전환 매트릭스(brand switching matrix)는 여러 명의 고객들에게 지난번에 무엇을 샀으며 이번에는 무엇을 샀는지를 질문하고 이를 정리하여 구매자들이 한 상표에서 다른 상표로 전환하는 비율을 계산해 놓은 표를 말한다. 이를 이용한 경쟁자 파악 방법은 두 브랜드를 1:1로 비교하기 때문에 두 브랜드간의 경쟁관계 발생 유무는 알 수 있지만 경쟁관계 발생 원인은 설명해주지 못한다.

30 ○

4. 제품, 서비스, 브랜드

1. 제품개념의 차원

차원	내용
핵심제품 core product/benefit	고객이 구입하는 근본적인 혜택이 형상화된 모습
실제제품 actual product	구매 시 고객이 기대하는 속성, 편익, 서비스 등을 형상화시킨 것
확장제품 augmented product	핵심제품과 실제제품을 지원하는 추가적인 서비스와 혜택

2. 제품의 분류

(1) 소비재의 분류

소비재는 쇼핑습관에 따라 편의품(convenience product), 선매품(shopping product), 전문품(specialty product)으로 분류됨

소비재 유형별 마케팅 고려요인

마케팅 고려요인	소비용품의 유형		
	편의품	선매품	전문품
고객 구매행동	빈번한 구매. 구매계획을 하지 않음. 대안 비교 노력 혹은 쇼핑 노력을 기울이지 않음. 고객의 관여 수준이 낮음	덜 자주 구매됨. 상당한 구매계획과 쇼핑 노력을 기울임. 가격, 품질, 스타일 등에 근거하여 브랜드 대안을 비교함	강한 브랜드 선호도와 충성도, 특별한 구매노력, 브랜드대안 간 비교가 이루어지지 않음. 가격민감도가 낮음
가격	저가격	고가격	매우 고가격
유통	집약적 유통	선택적 유통	전속적 유통
촉진	제조업체에 의한 대량 촉진	제조업체와 유통업체에 의한 광고와 인적판매	제조업체와 유통업체에 의해 특정 고객층을 겨냥해 신중하게 수행되는 촉진활동
예	치약, 잡지, 세탁세제	주요 내구재, TV, 가구, 의류	고급 시계, 고급 크리스털 제품 등의 사치품

3. 제품믹스와 제품라인

제품믹스의 예

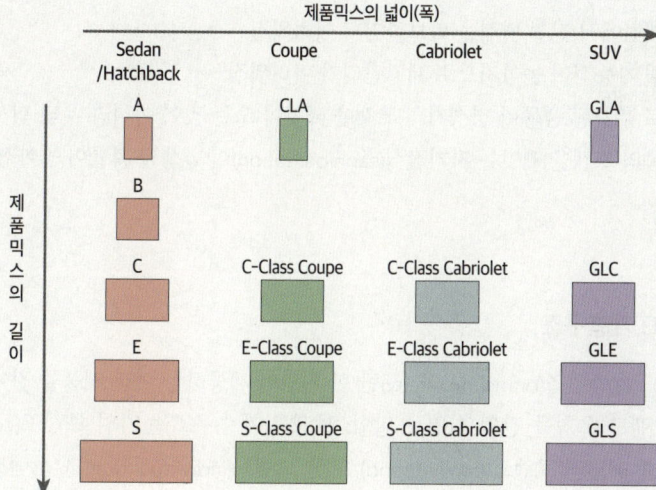

(1) 제품믹스 개요

어떤 회사가 판매하는 모든 제품들의 집합을 제품믹스(product mix)라고 하고 서로 밀접하게 관련된 제품들의 집합을 제품라인(product line)이라고 함
- 제품믹스의 폭(width)이란 제품믹스 안에 들어 있는 제품라인의 개수를 말함
- 제품라인의 길이(length)는 상품라인 안에 들어 있는 브랜드의 개수를 가리킴
- 제품라인의 깊이(depth)는 어떤 브랜드가 얼마나 많은 품목을 거느리고 있는가를 의미함

(2) 제품믹스의 구성

여러 개의 제품들로 제품라인을 구성하는 것이 바람직한 이유
- 욕구의 이질성 때문
- 소비자의 다양성 추구 성향 때문
- 가격 민감도의 차이 때문
- 경쟁자의 진입을 저지할 수 있기 때문
- 판매량을 증대할 수 있기 때문
- 전문기업(또는 브랜드)이라는 이미지를 줄 수 있고, 이를 통하여 고품질 이미지도 획득할 수 있기 때문

(3) 제품믹스의 구성 시 유의할 점

제품라인 내에 무작정 새로운 품목을 추가하기만 하면 다음과 같은 문제점들이 발생할 수 있음

- 생산의 효율성이 떨어져서 비용 상승
- 선택의 폭이 너무 많아져서 고객들이 혼란을 느끼고 구매를 연기하거나 포기할 수도 있음
- 소매점에서 진열 면적을 확보하기가 어려워짐
- 품절 가능성이 높아지므로 재고관리가 어려워짐
- 새로 추가된 품목이 경쟁자의 고객을 빼앗아 오는 것이 아니라 우리 회사의 다른 품목의 고객을 빼앗는 자기잠식(cannibalization)이 발생할 확률이 높아짐

4. 브랜드 계층구조

브랜드 계층구조(brand hierarchy)란 한 기업이 제공하는 여러 제품들 간에 적용되는 브랜드 유형들 간의 서열을 말함. 브랜드 계층구조는 기업 브랜드(corporate brand), 패밀리 브랜드(family brand), 개별 브랜드(individual brand), 브랜드 수식어(brand modifier)로 구분됨

브랜드 계층구조의 예

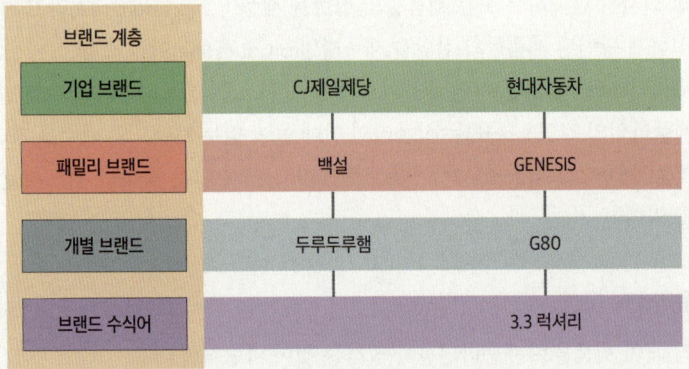

5. 브랜드 자산

브랜드 자산은 브랜드 인지도와 브랜드 연상으로 구성되는데, 브랜드 인지도(brand awareness)는 브랜드가 알려진 정도를 의미하며, 브랜드 연상(brand association)은 브랜드와 관련된 모든 생각, 감정, 지각, 이미지, 경험, 신념, 태도 등을 의미함

브랜드 자산의 구성요소

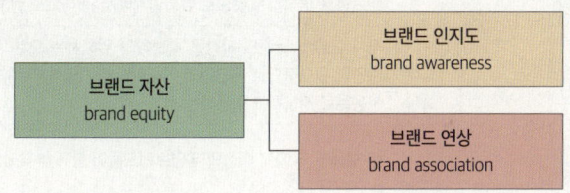

(1) 브랜드 인지도

브랜드가 알려진 정도를 말하며, 상표친숙도에 직접적인 영향을 미치고, 특정제품군에서 인지도가 높은 제품은 바로 구매로 연결되기도 함. 브랜드 인지도는 브랜드 자산을 구성하는 2가지 축의 하나로 브랜드 자산을 구축하기 위한 필수조건임. 브랜드 인지도는 상표구매결정 과정(인지-태도-구매)상의 첫 번째 단계로 제품 관여도가 낮은 경우, 높은 인지도는 소비자의 친밀감을 불러일으키며, 또한 정보탐색 단계에서 고려상표군(consideration set)에 들어가게 하는 역할을 함

브랜드 인지도 피라미드

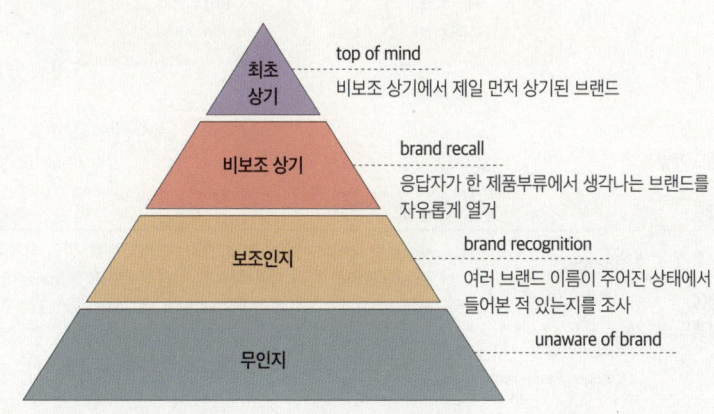

6. 브랜드 의사결정

(1) 브랜드 주체 결정

브랜드 전략	내용
제조업자 브랜드 manufacturer brand	제조업자 자신이 브랜드명을 소유하며, 생산된 제품의 마케팅전략을 제조업자가 직접 통제하는 것
유통업자 브랜드 private brand	중간상 브랜드라고도 하며, 도소매업자가 하청 생산된 제품에 자신의 브랜드명을 부착하는 것으로 유통업계에서 PB라고도 불림
라이센싱 licensing	자사 고유의 브랜드 자산을 확보하기 위해서는 오랜 시간과 많은 재무자원이 필요하므로 유명인의 이름이나 인기영화, 책 혹은 다른 브랜드를 사용료로 지불하고 이용하는 것
복합브랜드 co-branding	한 제품에 두 가지 이상의 유명브랜드들이 함께 부착되는 것
요소브랜드 ingredient branding	어떤 브랜드 제품에 반드시 들어가야 하는 자재, 구성품, 부품에 대한 브랜드 자산을 창출하기 위해 복합해야 하는 경우

(2) 브랜드 개발

브랜드 개발전략

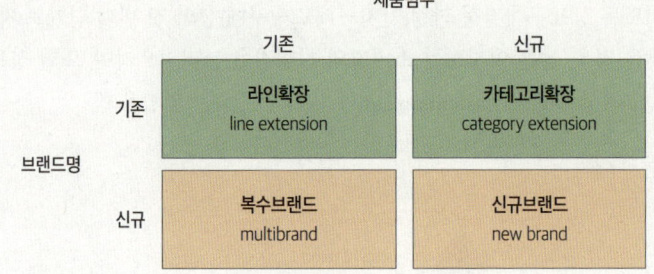

브랜드 개발전략

전략		개념
공동 브랜드	라인확장 line extension	제품범주 내에서 새로운 형태, 컬러, 사이즈, 원료, 향의 신제품에 기존 브랜드명을 함께 사용하는 것, 수평적 라인확장(horizontal line extension)과 수직적 라인확장(vertical line extension)으로 구분됨
	카테고리확장 category extension	현재의 브랜드명을 새로운 제품 범주의 신제품으로 확장하는 것
개별 브랜드	복수브랜드 multi brand	동일한 제품범주 내에서 여러 개의 브랜드를 사용하는 전략
	신규브랜드 new brand	새로운 제품범주에 새로운 브랜드를 출시하는 전략

1) 라인확장

라인확장(line extension)은 제품범주 내에서 새로운 형태, 컬러, 사이즈, 원료, 향의 신제품에 기존 브랜드명을 함께 사용하는 것. 기업은 신제품을 출시할 때 낮은 원가와 낮은 위험을 실현하는 방안의 하나로 라인확장을 사용함. 또는 다양한 소비자 욕구를 충족시키기 위해, 과잉생산능력을 활용하기 위해, 혹은 소매점의 진열공간을 더 많이 차지하기 위해 라인확장을 사용할 수 있음

라인확장의 종류

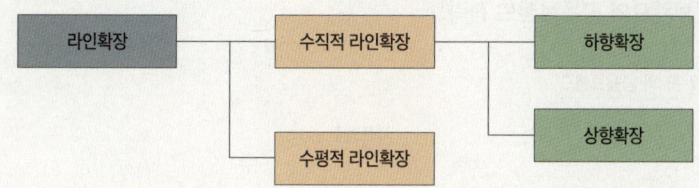

① 장점

우리가 '신상품'이라고 부르는 것 중의 대부분은 라인확장에 해당되는데, 그 이유는 라인확장이 적은 비용으로 매출 및 수익성 증대 효과를 거둘 수 있는 장점을 갖고 있기 때문

② 위험
  - ㉠ 기존브랜드가 신상품의 특성을 잘 나타내지 못할 가능성이 있음
  - ㉡ 라인확장이 부적절하거나 실패할 경우 소비자들이 모브랜드에 대해서 갖는 태도가 나빠지거나 심한 경우에는 판매도 줄어들 수 있음. 이것을 부정적인 반향효과(feedback effect)라고 함
  - ㉢ 하향확장의 경우 모브랜드의 고급 이미지를 희석시켜서 결국에는 브랜드 자산을 약화시키는 희석효과(dilution effect)가 발생할 위험이 큼
  - ㉣ 상향확장의 경우, 프리미엄 이미지 구축에 실패할 가능성이 있음
  - ㉤ 같은 브랜드의 상품이 서로 다른 유통 경로로 판매될 경우, 경로간의 갈등을 일으킬 위험이 있음

2) 카테고리 확장

카테고리 확장(category extension)은 현재의 브랜드명을 새로운 제품 범주의 신제품으로 확장하는 것

① 장점
  - ㉠ 낮은 비용으로도 신상품의 성공 가능성을 높일 수 있음
  - ㉡ 긍정적인 반향효과(feedback effect)를 기대할 수 있음

② 위험
   ㉠ 두 상품 범주 간에 유사성이 낮은 경우에는 카테고리 확장이 실패할 가능성이 높음
   ㉡ 기존 브랜드가 어떤 상품 범주와 밀접하게 연결되어 있다면, 카테고리 확장은 실패할 가능성이 높음
   ㉢ 카테고리 확장에서도 라인확장에서와 마찬가지로 부정적인 반향효과, 즉 희석효과(dilution effect)가 발생해 모브랜드가 타격을 입을 수 있음

(3) 개별브랜드와 공동브랜드 전략

개별브랜드와 공동브랜드

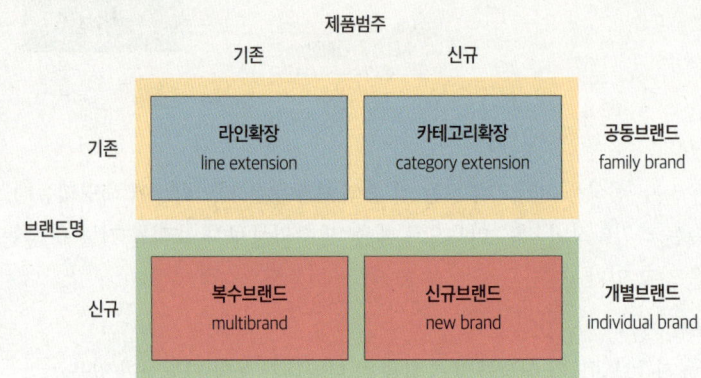

7. 서비스 마케팅

(1) 서비스의 특징

서비스의 특징

특징	내용
무형성 intangibility	서비스는 제품과는 달리 형태가 없음, 따라서 경험적 속성이 매우 강함
생산과 소비의 비분리성 inseparability	서비스는 생산과 동시에 소비가 발생함
이질성 heterogeneity	서비스는 제공자, 구매자, 제공상황에 따라 서비스의 품질에 많은 차이가 발생
소멸성 perishability	서비스는 생산과 소비가 동시에 이루어지면 보관이 불가능함, 따라서 수요와 공급을 적절히 조정하는 것이 중요함

(2) 서비스 기업의 마케팅 전략

서비스산업에서 세가지 유형의 마케팅

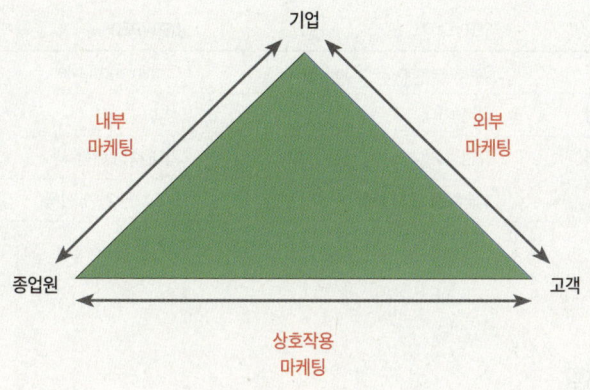

서비스 마케팅의 유형

유형	내용
내부마케팅 internal marketing	서비스 기업이 고객 접촉점에 있는 종업원과 지원 서비스 종사자들에게 고객을 더 만족시키도록 유도하고 동기부여하는 행위
상호작용 마케팅 interactive marketing	서비스 접점에서 구매자와 판매자의 상호작용 품질을 제고시켜 서비스 품질을 실현하는 노력

(3) 서비스의 품질관리

1) SERVQUAL

서비스 품질에 대한 기대수준과 실제 제공되는 서비스 성과 차이를 분석하는 모형

SERVQUAL의 설문항목

차원	의미	항목수
신뢰성 reliability	약속한 서비스를 믿게 하며 정확하게 제공하는 능력	4
확신성 assurance	서비스제공자들의 지식, 정중, 믿음, 신뢰를 전달하는 능력	5
유형성 tangibles	시설, 장비, 사람, 커뮤니케이션 도구 등의 외형 물리적인 도구 포함	4
공감성 empathy	고객에게 개인적인 배려를 제공하는 능력, 관심 및 친절	4
대응성 responsiveness	기꺼이 고객을 돕고 신속한 서비스를 제공하는 능력, 자발성	5

2) SERVPERF

서비스 품질 측정 시, 기대수준의 측정없이, 서비스 성과만을 측정하는 모형

SERVQUAL과 SERVPERF 비교

구분	SERVQUAL	SERVPERF
제안자	Parasuraman, Zeithaml, Berry	Cronin and Taylor
모델의 구성	성과-기대	성과
기대의 정의	규범적 기대	기대 측정 안함
측정차원	5개 차원 22개 항목	5개 차원 22개 항목

8. 신제품 개발

신제품 개발과정

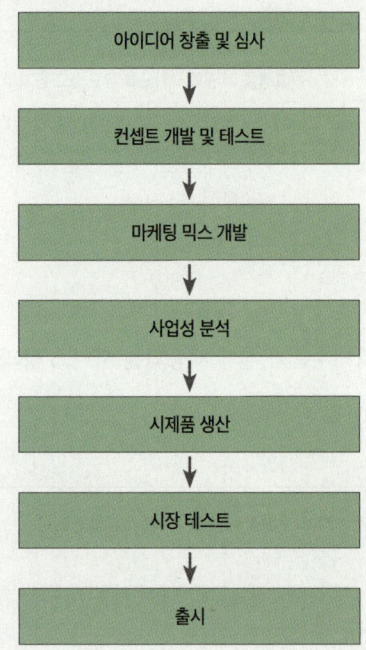

9. 소비자 수용과정

(1) 혁신적인 신제품의 확산

시장에 출시된 신제품이 커뮤니케이션 과정을 통하여 시장 내에서 퍼져나가는 과정. 상대적 이점, 단순성, 커뮤니케이션 가능성, 부합성은 확산에 영향을 미치는 신제품 특성 요인임

확산곡선

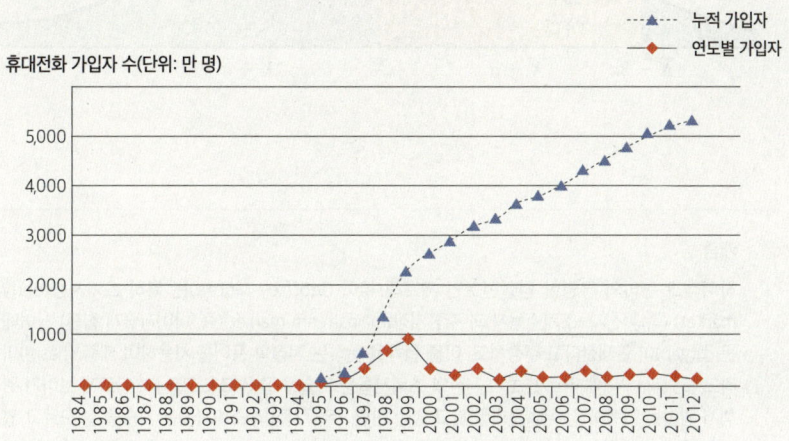

(2) 신제품의 수용에서 개인차

수용자 집단의 특징

수용자 집단	특징
혁신자 innovators	모험적으로 위험을 감수하고 새로운 아이디어를 수용
조기수용자 early adopter	존중에 기반하여 행동하며, 자신의 커뮤니티에서 여론주도자이고 새로운 아이디어를 조기에 수용하지만, 신중하게 선택
조기다수자 early majority	신중하며, 리더는 아니지만 보통 사람보다는 빨리 새로운 아이디어를 수용
후기다수자 late majority	의심이 많으며 대다수가 사용한 후 새로운 것을 수용
지각수용자 laggard	전통에 얽매어 있고, 변화를 의심하고 혁신은 전통이 된 후에야 수용

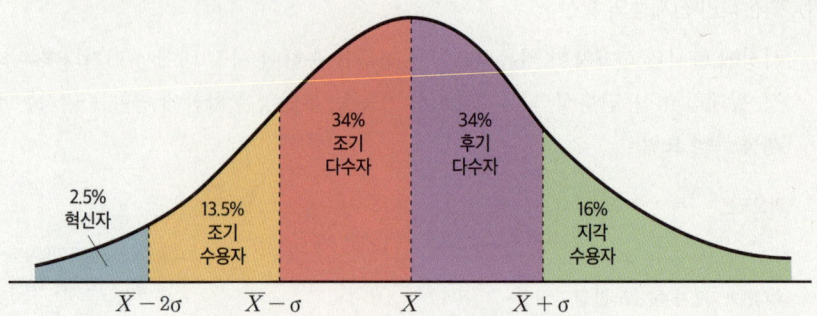

혁신수용시점에 따른 수용자 분류

캐즘

하이테크 분야의 유명한 컨설턴트인 제프리 무어(Geoffrey Moore)는 특히 초기시장(early market) (즉 혁신자+조기수용자)과 주류시장(mainstream market)(즉, 나머지 3개 집단) 사이에 큰 갭(gap)이 존재한다고 주장하고, 이를 협곡을 뜻하는 지질학 용어를 사용하여 캐즘(chasm)이라고 불렀다. 무어에 따르면 초기 시장의 소비자들은 기술을 잘 알고 있고, 남과 다르게 보이기 위해서 위험을 기꺼이 감수할 용의를 갖고 있는 반면, 주류 시장의 소비자들은 기술을 잘 모르고 있고, 위험을 최소화하고 싶어하며 남과 함께 가기를 원한다고 한다. 그러므로 초기시장에서 성공한 마케팅 방식을 그대로 주류시장에 적용하려고 하면 캐즘에 빠져서 실패하게 될 것이다. 무어는 초기시장에서 성공하려면 앞선 기술이 가장 중요하지만, 주류시장에서 성공하려면 기술만으로는 충분하지 않고 소비자의 문제를 완벽하게 해결해줄 수 있는 솔루션(solution)을 제공해야 한다고 주장하였다.

10. 제품수명주기

(1) 제품수명주기 PLC

제품수명주기 곡선

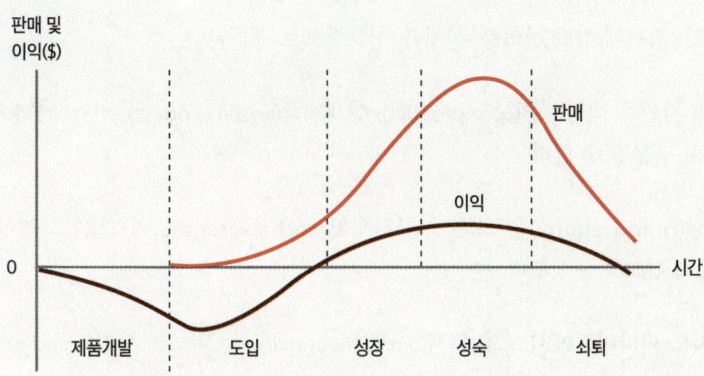

제품수명주기의 특징과 마케팅 목표

		도입기	성장기	성숙기	쇠퇴기
특징	판매	낮음	고성장	극대점 도달	감소
	원가	높음	점차 하락	낮아짐	낮음
	이익	적자 또는 낮은 이익	점차 증가	높은 이익	감소
	고객	혁신자	조기수용자	조기다수자 +후기다수자	지각수용자
	경쟁자	없거나 소수	증가	다수(감소 시작)	감소
마케팅 목표		제품인지도 형성과 시용구매창출	시장점유율 확대	기존 점유율을 유지하면서 이윤 극대화	비용절감과 수확

▶ 주의사항
① 제품수명주기 이론은 변화가 빠른 시장에서만 유용함
② 제품수명주기는 마케팅활동의 독립변수가 아니라 종속변수임
③ 제품수명주기는 제품범주나 제품형태 수준에서 사용하여야 하며, 브랜드 수준에서 사용해서는 안됨

01 선매품(shopping product)은 각 상표마다 독특한 특성 혹은 브랜드 정체성이 있는 제품으로 구매에 상당한 노력을 기꺼이 감수하려는 일정 수의 구매자 집단이 존재한다.

02 소비재는 쇼핑습관에 따라 편의품, 선매품, 전문품으로 구분된다.

03 제품 개념의 차원은 핵심제품(core product), 실제제품(actual product), 기능제품(functional product)으로 구분될 수 있다.

04 브랜드 자산(brand equity)은 브랜드 인지도(brand awareness)와 브랜드 연상(brand association)의 합으로 구성된다.

05 브랜드 인지도 피라미드에서 보조 인지(brand recognition)는 비보조 상기(brand recall)보다 더 높은 수준이다.

06 브랜드 연상(brand association)이란 브랜드가 알려진 정도를 의미한다.

07 제품라인(product line)은 상호 밀접하게 관련되어 있는 제품들의 집합이다.

---

01 X 각 상표마다 독특한 특성 혹은 브랜드 정체성이 있는 제품으로 구매에 상당한 노력을 기꺼이 감수하려는 일정 수의 구매자 집단이 존재하는 것은 전문품(specialty product)이다.

02 O

03 X 제품 개념의 차원은 핵심제품(core product), 실제제품(actual product), 확장제품(augmented product)으로 구분될 수 있다.

04 O

05 X 브랜드 인지도 피라미드에서 보조인지(brand recognition)는 비보조 상기(brand recall)보다 더 낮은 수준이다.

06 X 브랜드가 알려진 정도를 의미하는 것은 브랜드 인지도이다. 브랜드 연상이란 브랜드를 듣거나 보았을 때 떠오르는 생각과 느낌 그리고 영상들을 가리키는 말이다.

07 O 제품라인(product line)은 상호 밀접하게 관련되어 있는 제품들의 집합을 의미하는데, 비슷한 기능을 수행하거나, 동일한 고객집단에게 판매되거나, 동일한 유통경로를 통해 판매되거나 혹은 비슷한 가격대에서 판매되는 제품들을 일컫는다.

08 제품믹스(product mix)의 폭(width)은 제품믹스 안에 들어 있는 제품라인의 개수이다.

09 제품라인(product line) 내에 새로운 품목을 추가할 경우 자기시장잠식(cannibalization) 문제가 발생할 수 있다.

10 브랜드 계층구조는 기업 브랜드(corporate brand), 패밀리 브랜드(family brand), 개별 브랜드(individual brand), 브랜드 수식어(brand modifier)로 구분된다.

11 브랜드 자산을 직접 확보하는 것이 어렵거나 비용이 많이 소요될 때, 사용료를 지불하고 기존 브랜드를 사용하는 것을 라이센싱(licensing)이라고 한다.

12 제품수명주기 상 성숙기(maturity stage)에 업체간 가격경쟁이 치열할 경우, 대형유통업체를 중심으로 유통업자 브랜드(private brand)가 등장할 가능성이 높다.

13 우리 회사의 브랜드와 다른 회사의 브랜드를 결합해서 사용하는 것은 코브랜딩(co-branding)의 일종이다.

14 브랜드파워가 약한 경우에 타 기업의 유명 브랜드를 결합해서 같이 쓰는 것은 코브랜딩(co-branding) 전략에 속한다.

---

08 O 제품라인이 추가되며 제품믹스의 폭은 넓어지고, 제품라인 자체의 길이가 길어지면(즉 제품라인에 새로운 품목이 추가되면) 제품믹스의 길이가 길어진다.

09 O 제품라인 내에서 무작정 새로운 품목을 추가하기만 하면, 새로 추가된 품목이 경쟁자의 고객을 빼앗아 오는 것이 아니라 우리 회사의 다른 품목의 고객을 빼앗을 가능성이 있다. 이것을 자기시장잠식(cannibalization)이라고 부른다.

10 O

11 O

12 O

13 O 공동브랜딩(co-branding)은 한 제품에 두 가지 이상의 유명브랜드들이 함께 부착되는 것을 말한다. 우리 회사의 브랜드와 다른 회사의 브랜드를 결합해서 사용하는 것이 그 예이다.

14 O

15 라인 확장(line extension)과 복수브랜드(multi-brand)의 공통점은 기존 브랜드명을 다른 제품과 공동으로 사용한다는 것이다.

16 기존 브랜드와 다른 제품 범주에 속하는 신제품에 기존 브랜드를 붙이는 것은 라인확장(line extension)이다.

17 카테고리 확장은 라인확장과는 달리 기존 브랜드를 동일 제품 범주 내로 확장하는 것이다.

18 복수브랜드(multi-brand)는 동일한 제품 범주내에 여러 개의 브랜드를 사용하는 전략이다.

19 라인확장보다는 복수브랜드가 상표 전환자(brand switcher)를 붙잡기에 더 유리하다.

20 수직적 라인확장(vertical line extension)이란 라인 확장된 신상품이 기존 상품보다 가격이 높거나 낮은 경우를 말한다.

21 희석효과(dilution effect)가 발생할 가능성은 상향확장(upward line extension)보다 하향확장(downward line extension)에서 더 높다.

22 라인확장을 할 때 자기잠식(cannibalization)의 위험성은 하향 확장보다 상향 확장에서 높다.

---

15 ✗ 기존 브랜드명을 다른 제품과 공동으로 사용하는 것은 라인확장과 카테고리확장이다.

16 ✗ 기존 브랜드와 다른 제품 범주에 속하는 신제품에 기존 브랜드를 붙이는 것은 라인확장이 아니라 카테고리 확장(category extension)이다.

17 ✗ 카테고리 확장은 기존 브랜드명을 다른 범주의 제품에 확장하는 것이다.

18 ○

19 ○ 상표전환자를 붙잡기 위해서는 여러 개의 브랜드가 필요한데, 라인확장은 하나의 브랜드를 같은 카테고리 내에서 여러 제품이 사용하는 것이지만 복수브랜드는 여러 가지 브랜드를 사용하기 때문에 상표전환자를 붙잡기 유리하다.

20 ○

21 ○ 기존상품보다 낮은 가격대로 확장하는 하향확장의 경우 모브랜드의 고급 이미지를 희석시켜 결국 브랜드 자산을 약화시키는 희석효과가 발생할 가능성이 상향확장보다 더 높다.

22 ✗ 자기잠식(cannibalization)이란 가격이 낮은 품목이 가격이 높은 품목의 판매를 잠식하여 상품라인 전체의 수익성을 악화시키는 것을 말한다. 라인확장시 자기잠식의 위험성은 상향 확장보다 하향 확장에서 높다.

23. 복수브랜드 전략은 새로운 제품 범주에서 출시하고자 하는 신제품을 대상으로 새로운 브랜드를 개발하는 경우이다.

24. 브랜드 확장 시, 두 제품 범주 간의 유사성은 브랜드 확장의 성공에 긍정적인 영향을 미치는 반면에 브랜드이미지와 제품 간의 유사성은 브랜드 확장의 성패에 영향을 미치지 않는다.

25. 상향 확장(upward line extension)의 경우, 신제품의 고급(프리미엄) 이미지 구축에 실패할 가능성이 있다.

26. 카테고리 확장과 라인 확장은 공동브랜드(family brand) 전략이다.

27. 서비스는 생산과 소비가 비분리되므로 고객 접점 관리가 중요하다.

28. 비성수기 수요개발이나 예약시스템의 도입은 서비스의 소멸성(perishability)을 극복하기 위한 것이다.

29. 서비스 기업에서 고객만족을 높이기 위해, 우선 내부고객, 즉 종업원을 만족시키는 것을 내부마케팅(internal marketing)이라고 한다.

30. SERVPERF는 서비스에 대한 기대와 실제 서비스 성과의 차이를 분석하는 것이다.

---

23. ✗ 새로운 제품 범주의 신제품에 새로운 브랜드를 개발하는 경우를 신규브랜드(new brand)라고 한다.
24. ✗ 두 제품 범주 간의 유사성이 높을수록 브랜드 확장 특히 카테고리 확장(category extension)의 성공가능성은 높아진다. 그런데 여기서 말하는 유사성은 제품과 제품 사이의 유사성 뿐만 아니라 브랜드 이미지와 제품 사이의 유사성도 포함된다.
25. ○
26. ○
27. ○
28. ○ 가령 미용사들의 노동력은 저장되지 않고 소멸되기 때문에 모닝퍼머 같은 비성수기 수요개발이나 예약시스템의 도입이 필요하다.
29. ○
30. ✗ 서비스에 대한 기대와 실제 서비스 성과의 차이를 분석하는 것은 SERVQUAL이다.

31   SERVQUAL의 설문항목 가운데, 유형성(tangibles)은 서비스 제공 기업의 시설이나 장비 등에 관한 것이다.

32   신제품개발 프로세스에서 '마케팅 믹스 개발'은 '사업성 분석'을 한 후에 실시되어야 한다.

33   시제품 생산은 시장테스트 전에 실시한다.

34   제품수명주기 상에서 이익과 매출액이 가장 높은 시기는 성숙기이다.

35   도입기(introduction stage)의 마케팅 목표는 비용절감과 수확이다.

36   도입기의 주요 고객층은 조기수용자(early adopter)이다.

37   제품수명주기는 마케팅 활동에 따른 종속변수이다.

38   제품수명주기는 브랜드 수준에서만 사용되는 것이며, 제품범주 수준에서는 사용될 수 없다.

39   수용시점에 따른 수용자 유형에서 조기다수자(early majority)는 혁신소비자(innovator) 바로 다음에 수용하는 소비자 집단이다.

---

31 O
32 X 마케팅 믹스 개발은 사업성 분석 전에 실시되어야 한다.
33 O
34 O
35 X 도입기의 마케팅 목표는 제품인지와 시용구매창출이다.
36 X 도입기의 주요 고객층은 혁신자(innovators)이다.
37 O 제품수명주기는 마케팅 활동에 따라 달라지기 때문에 마케팅 활동의 독립변수가 아니라 종속변수이다.
38 X 브랜드의 수명은 제품범주나 제품형태의 수명보다 길기 때문에 제품수명주기는 제품범주나 제품형태 수준에서 사용하여야 하며, 브랜드 수준에서는 사용해서는 안된다.
39 X 수용시점에 따른 수용자 유형에서 혁신소비자(innovator) 바로 다음에 수용하는 소비자 집단은 조기수용자(early adopter)이다.

40 로저스(Rogers)는 수용이 이루어지는 시점에 따라 소비자를 4개의 수용자 범주로 분류하였다.

41 확산 곡선의 기울기는 제품유형에 관계없이 동일하다.

42 후기다수 수용자(late majority)는 조기수용자(early adopter) 바로 다음에 신제품을 수용하는 소비자 집단이다.

43 시장규모는 성숙기보다는 성장기에서 더 크고, 제품원가는 도입기보다는 성장기에서 더 높다.

40 ✗ 로저스(Rogers)는 수용이 이루어지는 시점에 따라 소비자를 혁신자(innovator), 조기수용자(early adopter), 조기다수자(early majority), 후기다수자(late majority), 지각수용자(laggard)의 5개 범주로 분류하였다.

41 ✗ 신제품을 구입한 소비자의 수를 누적해서 표시하면 S자 모양의 곡선을 확인할 수 있는데 이를 확산곡선이라고 한다. 확산 곡선의 기울기는 제품유형에 따라 모두 다르다.

42 ✗ 조기수용자 바로 다음에 신제품을 수용하는 집단은 조기다수자(early majority)이다.

43 ✗ 시장규모는 성장기보다 성숙기가 더 크고, 제품원가는 성장기보다는 도입기가 더 높다.

5. 가격

1. 가격의 특성

① 가격은 다른 마케팅 믹스 요소들과는 달리 쉽게 변경할 수 있음
② 가격 이미지는 쉽게 바꿀 수 없음
③ 가격변경은 기업의 이익에 즉각적으로 커다란 영향을 미침
④ 가격경쟁은 가급적 피하는 것이 바람직함

2. 가격결정 시 고려 요인

1) 고객의 심리와 가격

고객의 심리와 관련한 가격

용어	내용
준거가격 reference price	소비자들이 제품가격의 고·저를 평가할 때 비교기준으로 사용하는 가격
단수가격 odd-pricing	현재의 화폐단위보다 조금 낮춘 990원, 29,900원 등의 가격을 책정하여 소비자들에게 가격을 낮게 책정하였다는 인식을 심어주기 위한 것
유보가격 reservation price	소비자가 어떤 제품에 대해 지불할 의사가 있는 최고가격을 말함. 이에 따라 구매 전에 소비자가 생각하고 있었던 유보가격보다 제시된 제품 가격이 비싸면 소비자는 구매를 유보하게 됨
최저수용가격 lowest acceptable price	소비자가 구매할 용의가 있는 최저가격을 말함

2) 손실 회피성

사람들은 손해를 회피하려는 경향이 강하기 때문에, 자신에게 손해가 되는 경우와 이득이 되는 경우 중에서 손해가 되는 경우에 더 민감하게 반응하는데 이를 심리학에서는 손실 회피성(loss aversion)이라고 함

3) 웨버의 법칙

처음에 자극이 강할수록 다음에 오는 자극이 다르게 보이기 위해서 필요한 차이가 더 커야 함

> **예** 낮은 가격의 제품은 가격이 조금만 올라도 구매자가 가격인상을 알아차리지만, 높은 가격의 제품은 어느 정도 올라도 구매자가 가격인상을 알아차리지 못함

$$K = \frac{\Delta I}{I}$$

I : 원래의 자극수준을 의미
ΔI : 알아차릴 수 있는 변화의 양

4) JND

JND(just noticeable difference)란 가격변화를 느끼게 만드는 최소의 가격변화폭을 의미함

> **예** 만약 어떤 소비자가 제조업자 브랜드 세제(가격 5,000원)의 가격보다 유통업자 브랜드(PB: private brand) 세제의 가격이 1,000원 이상 싸야지만 가격차를 인식한다고 하면, JND는 1,000원이 되는 것임

절대식역과 차이식역

절대식역(absolute threshold)이란 지각을 발생시킬 수 있는 최소한의 자극의 양을 말한다. 즉, 인간이 자극을 알아차릴 수 있는 가장 낮은 수준의 자극점을 뜻한다. 반면 차이식역(differential threshold)은 2개의 자극을 지각할 수 있는 최소한의 차이를 말한다. 절대식역이 자극이 있는지 없는지를 판별하는 영역이라고 하면 차이식역은 두 자극 간 차이가 있는지 없는지를 판별하는 영역이라고 할 수 있다. 소비자는 차이식역 이하에서 자극 간의 어떤 차이도 파악할 수 없다. 그래서 차이식역을 JND(just noticeable difference)라고도 한다.

---

5) 가격-품질 연상

가격-품질 연상(price-quality association)이란 구매자들이 가격이 높은 상품일수록 품질도 높을것이라고 기대하는 것, 지각적 추론(perceptual inference)과 관련 있음

3. 기본적인 가격결정 방법

(1) 원가기준법

원가기준법(cost-plus pricing 또는 markup pricing)은 제품의 원가에 업계에서 사용하는 이익을 더한 것을 가격으로 책정하는 방법임. 이 방법은 단순하다는 장점 때문에 많은 품목의 가격을 결정해야 하는 유통업자들이 주로 이용하지만 고객의 관점을 완전히 무시하며, 경쟁자의 가격이나 원가에 대한 고려가 없다는 단점을 지님

(2) 목표수익률 기준법

목표수익률 기준법(target-return pricing)이란 목표로 하고 있는 투자수익률(ROI: return on investment)을 달성할 수 있도록 가격을 결정하는 방법임

(3) 경쟁기준법

경쟁기준법(going-rate pricing)은 경쟁자의 가격을 기준으로 동일한 수준이나 아니면 조금 높거나 낮도록 가격을 결정하는 방법임. 이 방법은 가격경쟁을 최소화할 수 있다는 장점을 갖고 있는 반면에 고객측면을 전혀 고려하지 않는다는 단점을 갖고 있음

(4) 지각된 가치기준법

지각된 가치기준법(perceived-value pricing)이란 말 그대로 고객이 지각한 가치를 기준으로 가격을 결정하는 방법을 의미함

4. 고객별 가격결정

(1) 가격차별

동일한 제품에 대해 개별고객마다 또는 세분시장마다 다른 가격을 받는 것을 가격차별(price discrimination)이라고 함

1) 가격차별의 기준
   - 유보가격이 높은 집단에는 높은 가격을 매김
   - 높은 가치를 느끼는 집단에는 높은 가격을 받음
   - 가격민감도가 높은 집단에는 낮은 가격을 받고, 가격민감도가 낮은 집단에는 높은 가격을 받음

가격차별의 사례

구분	사례
직접적 가격차별	• 학생할인 • 항공요금할인 • 수량할인(quantity discount) • 이중요율(two-part tariff) • 할인시간가격(off-peak pricing) • 할인쿠폰(discount coupon)
간접적 가격차별	• 소프트웨어 업그레이드 가격 • 제품라인 가격정책

5. 제품별 가격결정 : 보완재

제품별 가격결정

종류	내용
캡티브 프로덕트 가격 captive product pricing	주제품(면도기, 카메라)과 종속제품(면도날, 필름)을 함께 생산·판매하는 기업은 주제품에 대해서는 가격을 낮게 책정하고 종속제품에 대해서는 고가격을 책정하는 가격전략을 흔히 사용. 서비스에서는 이를 이중요율 가격(two-part tariff)이라고 함
묶음가격 bundling	여러 개의 제품들을 묶어서 할인된 가격으로 판매하는 것. 순수묶음(pure bundling)과 혼합묶음(mixed bundling)이 있음. 상품의 종류가 많고, 상품 하나하나에 대하여 고객들이 지각하는 가치가 너무나 이질적이어서, 기업이 상품별로 가격을 매기고 따로따로 파는 것이 어려운 경우

이중요율 가격결정 two-part pricing

이중요율 가격결정은 서비스 영역에서 사용하는 캡티브 프로덕트 가격전략이다. 서비스 가격은 고정된 기본수수료(주제품)와 사용량에 따른 변동가격(종속제품)으로 구성되는 것이 일반적이다. 예를 들면, SK 텔레콤의 '표준요금제'는 기본요금 12,000원에 통화시간에 비례하여 10초당 18원의 요금이 부과된다.

즉 기본요금은 서비스 이용을 유도하기 위해 가능한 낮게 책정하고, 이익의 상당부분은 사용량에 비례하여 부과하는 변동수수료로 얻는다. 이와 유사한 가격전략을 사용하는 곳으로 극장을 들 수 있다. 극장은 영화관람료를 주제품 가격으로 하며 구내매점에서 추가 수입을 창출한다.

6. 시간의 흐름에 따른 가격결정

(1) 스키밍 가격

스키밍 가격(market-skimming pricing)은 신제품을 개발초기에 가격민감도가 가장 낮은 고소득 소비자층을 상대로 고가격을 책정하였다가 이들의 구매가 감소하기 시작하면 가격에 민감한 일반소비층을 표적으로 가격을 인하하여 단계적으로 이익을 극대화하는 것임

- 고가격에도 불구하고 상당 수의 소비자가 그 제품을 구매하고자 할 때
- 잠재 구매자들이 가격-품질 연상을 강하게 갖고 있을 때
- 초기 고가격이 소량생산으로 인한 단위 당 높은 생산비용을 상쇄할 수 있을 때
- 초기 고가격에도 불구하고 당분간 경쟁사의 시장진입이 어려울 때

(2) 시장침투 가격

시장침투 가격(market-penetration pricing)은 스키밍 가격과는 반대로, 신제품이 처음 나왔을 때 매우 낮은 가격을 매긴 다음, 시간의 흐름에 따라 점차 가격을 높여 나가는 가격정책임

- 소비자들이 가격에 민감하여 낮은 가격이 빠른 시장성장을 실현할 수 있을 때
- 생산량이 축적될수록 제조원가와 유통비용이 빨리 하락할 때(경험곡선 효과가 클 때)
- 저가격전략이 경쟁사들의 시장진입을 방지할 수 있을 때

> **경험곡선효과**
>
> 생산경험이 누적됨에 따라 평균원가가 하락하는 현상을 경험곡선(experience curve)효과라고 한다. 만약 어떤 기업에서 경험곡선 효과가 있다면 제품수명주기의 초반부에 높은 시장점유율을 차지해야 한다. 경험곡선 효과가 큰 산업에서는 '초기의 낮은 가격 → 대량판매 → 대량생산 → 원가하락'의 사이클이 일어남으로써 경쟁자들보다 훨씬 더 낮은 원가를 달성할 수 있게 되고, 이것을 진입장벽으로 활용할 수 있다.
>
> **누적생산량과 단위 당 원가**
>
>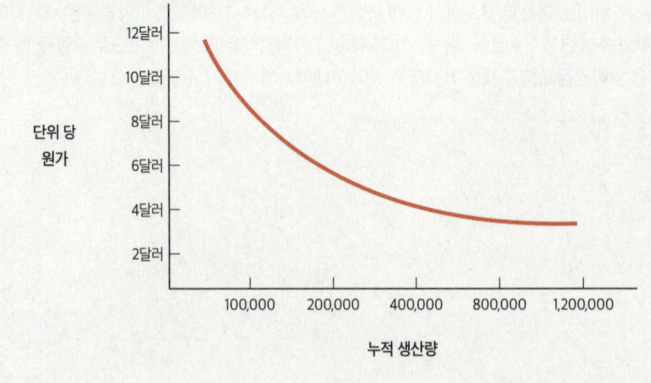

7. 가격과 소비자 효용

(1) 프로스펙트 이론 prospect theory

전통적인 효용함수와 프로스펙트 이론의 가치함수

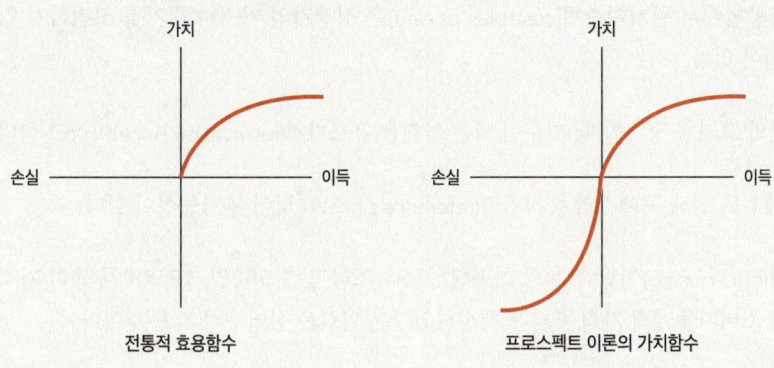

전통적 효용함수 / 프로스펙트 이론의 가치함수

※ 전통적 효용함수와 프로스펙트 이론의 가치함수의 차이점은 손실영역의 유무임

1) **준거점 의존성** reference dependence
   출발점이 어디인가가 가치 결정에 중요한 역할을 한다는 개념. 사람마다 기준점이 다르기 때문에 부의 절대액으로 효용을 측정해서는 안됨

2) **민감도 체감성** diminishing sensitivity
   이익이나 손실의 가치가 작을 때는 변화에 민감하여 작은 변화가 큰 가치 변동을 가져온다는 개념. 보통 준거점 근처가 기울기가 가파르기 때문에 더 민감함

3) **손실회피성** loss aversion
   손실은 같은 금액의 이득보다 훨씬 강하게 평가된다는 개념

4) **시사점**
   ① '이득은 나누고 손실은 합하라'
   가치함수가 손실영역과 이득영역에서 그 모양을 달리하는 데에 기인함. 예컨대 소비자에게 두 개 이상의 사은품을 제공하는 경우 이들을 한 번에 제공하는 것보다는 별도의 사은품으로 제공하는 것이 효과적일 것임(복수이득 분리의 법칙). 반면 소비자가 받은 서비스의 계산서를 제시할 때는 여러 개로 나누어서 제시하는 것보다는 한 번에 묶어서 제시하는 것이 소비자의 지각된 손실을 줄여주는 것이 됨(복수손실 통합의 법칙)

01 가격은 다른 마케팅 믹스에 비하여 상대적으로 쉽게 변경가능하다.

02 가격결정방법에서 원가기준법(cost-plus pricing)은 경쟁자의 가격과 원가를 고려하지 않는다는 단점이 있다.

03 제품가격의 고저를 평가할 때 기준이 되는 가격을 유보가격(reservation price)이라고 한다.

04 빈번한 세일로 인해 구매자의 준거가격(reference price)이 낮아질 가능성이 있다.

05 단수가격(odd-pricing)이란 현재의 화폐단위보다 조금 낮춘 990원, 29,900원 등의 가격을 책정하여 소비자들에게 가격을 낮게 책정하였다는 인식을 심어주기 위한 것이다.

06 최저수용가격(lowest acceptable price)은 구매자가 품질을 의심하지 않으면서 구매할 수 있는 가장 낮은 가격을 의미한다.

07 소비자는 JND(just noticeable difference) 이하에서는 가격 차이를 인식할 수 없다.

01 O 마케팅 믹스 가운데 가장 쉽게 변경할 수 있는 것이 가격이며, 가장 변경하기 어려운 것이 유통이다.

02 O 원가기준법은 원가를 기반으로 가격을 결정하는 방법인데, 단순하다라는 장점도 있지만, 고객의 관점을 완전히 무시하고, 경쟁자의 가격이나 원가에 대한 고려가 없다는 단점도 있다.

03 X 비싼지 싼지를 판단하는 기준가격을 준거가격(reference price)이라고 한다.

04 O

05 O

06 O

07 O JND는 변화를 감지하는 최소한의 폭을 의미하므로 JND 이하에서는 자극간 차이를 인식할 수 없다.

08　절대식역(absolute threshold)은 두 개의 자극이 지각적으로 구분될 수 있는 최소한의 차이를 말하며, JND(just noticeable difference)라고도 한다.

09　가격인하로 인한 판매량 상승을 극대화하기 위해서는 JND 범위 내에서 가격을 인하하는 것이 효과적이다.

10　웨버의 법칙(Weber's law)이란 가격변화에 대한 지각은 변화 전 가격수준에 따라 달라진다는 것이다.

11　가격차별(price discrimination)이란 고객들의 유보가격이 다르다는 이유로 가격을 차별하는 것을 말한다.

12　서비스보다는 제품의 가격차별화가 더 용이하다.

08　✕　절대식역(absolute threshold)이란 지각을 발생시킬 수 있는 최소한의 자극의 양을 말한다. 즉, 인간이 자극을 알아차릴 수 있는 가장 낮은 수준의 자극점을 뜻한다. 반면 차이식역(differential threshold)은 2개의 자극을 지각할 수 있는 최소한의 차이를 말한다. 절대식역이 자극이 있는지 없는지를 판별하는 영역이라고 하면 차이식역은 두 자극 간 차이가 있는지 없는지를 판별하는 영역이라고 할 수 있다. 소비자는 차이식역 이하에서 자극 간의 어떤 차이도 파악할 수 없다. 그래서 차이 식역을 JND(just noticeable difference)라고도 한다.

09　✕　소비자는 JND 이상에서는 자극간 차이를 인식하며, JND 이하에서는 자극간 차이를 인식하지 못하기 때문에 가격인하로 인한 판매량 상승 효과를 높이기 위해서는 JND 범위 이상으로 가격을 인하하는 것이 바람직하다.

10　○

11　○

12　✕　제품에 비해 서비스는 물리적 형태가 없어 원가를 가늠하기 어렵기 때문에, 가격차별이 상대적으로 용이하다.

13   직접적 가격차별은 똑같은 제품에 대해 가격을 달리 책정하는 것을 말하고, 간접적 가격차별이란 상품을 조금 다르게 한 후 가격을 달리 매기는 것을 말한다.

14   이중요율 가격(two-part tariff)은 서비스 영역에서 사용하는 캡티브 프로덕트 가격(captive product pricing) 결정이다.

15   순수 묶음가격(pure bundling)은 여러 가지 제품들을 묶음으로 판매하고 개별적으로도 판매하는 가격정책이다.

16   캡티브 프로덕트 가격전략(captive product pricing)과 묶음제품 가격전략(product bundle pricing)은 제품이 대체재일 때 사용되는 가격전략이다.

17   경험곡선 효과가 클 때, 시장침투 가격전략(market-penetration strategy)이 적절하다.

18   스키밍 가격 전략(market-skimming strategy)은 신제품 개발 초기에 가격에 민감한 일반 소비자층을 겨냥한 가격 전략이다.

19   소비자들이 가격-품질 연상(price-quality association)을 강하게 갖고 있을 때는 스키밍 가격전략을 사용하는 것이 바람직하다.

20   가격을 높게 매겨도 경쟁자들이 들어올 가능성이 낮은 경우 시장침투 가격전략(market-penetration strategy)을 사용하는 것이 적절하다.

---

13   O

14   O   이중요율 가격은 고정된 기본료는 가능한 낮게 책정하고, 사용량에 따른 변동가격은 높게 책정하는 것을 말한다.

15   X   여러 가지 제품들을 묶음으로 판매하고 개별적으로도 판매하는 가격정책은 혼합 묶음가격(mixed bundling)이다. 순수 묶음가격은 묶음으로만 판매하고 개별적으로는 판매하지 않는 가격정책이다.

16   X   캡티브 프로덕트 가격전략(captive product pricing)과 묶음제품 가격전략(product bundle pricing)은 제품이 서로 보완재일 때 사용된다.

17   O

18   X   스키밍 가격 전략은 신제품 개발 초기에 가격민감도가 낮은 고소득층을 겨냥한 전략이다.

19   O

20   X   가격을 높게 매겨도 경쟁자들이 들어올 가능성이 낮은 경우 스키밍 가격전략(market-skimming strategy)을 사용하는 것이 적절하다.

21 프로스펙트(prospect) 이론의 가치함수가 전통적 효용함수와 다른 점은 손실영역이 존재한 다는 점이다.

22 프로스펙트(prospect) 이론의 가치함수에서 발견할 수 있는 3가지 개념은 준거점 의존성, 민감도 체감성, 손실회피성이다.

23 사람들은 1,000원 이익보다는 1,000원 손실에 더 민감하게 반응한다.

24 프로스펙트 이론에 따르면 소비자에게 제공되는 이득은 합하고, 손실은 나누어 제공하는 것이 좋다.

25 해당 상품 시장에서 고객들이 지각하는 상품의 가치가 이질적이어서 상품별로 가격을 결정하기 어려운 경우에 사용되는 가격 정책을 캡티브 프로덕트 가격 정책(captive product pricing)이다.

26 마크업 가격책정(markup pricing)은 가격책정의 궁극적 목표인 이윤극대화에 효과적이다.

27 원가가산 가격책정(cost-plus pricing)은 고객의 관점을 무시하고 경쟁자의 가격을 고려하지 않는다는 결함을 가지고 있다.

---

21 O 전통적 효용함수는 손실영역이 없지만, 프로스펙트 이론의 효용함수는 손실영역이 존재한다.

22 O

23 O 사람들은 같은 금액의 이득보다는 같은 금액의 손실에 더욱 민감하게 반응한다는 개념을 손실회피성(loss aversion)이라고 한다.

24 X 프로스펙트 이론에 따르면, 복수의 이득은 분리하는 것이 낫고, 복수의 손실은 합하는 것이 좋다.

25 X 해당 상품 시장에서 고객들이 지각하는 상품의 가치가 이질적이어서 상품별로 가격을 결정하기 어려운 경우에 사용되는 것은 묶음가격(bundling)이다.

26 X 마크업 가격책정(markup pricing)은 제품의 원가에 업계에서 사용하는 이익을 더한 것으로 가격을 책정하는 방법으로 이 가격책정의 궁극적 목표는 '비용의 회수'이다.

27 O

6. 유통

1. 유통경로의 본질

(1) 유통경로의 역할

1) 유통경로(중간상)의 존재 이유

① 시간상의 불일치

시간상의 불일치란 생산시점과 소비시점의 불일치를 의미함

> 예 우리나라에서 쌀은 가을에만 생산되지만 소비는 1년 내내 일어남

② 장소상의 불일치

장소상의 불일치란 생산장소와 소비장소의 불일치를 의미함

> 예 쌀은 농촌지역에서 생산되지만, 소비는 전국적으로 일어남

③ 형태상의 불일치

형태상의 불일치란 생산되는 형태와 소비되는 형태의 불일치를 말함

> 예 쌀은 대량으로 생산되지만 소비자는 10kg, 20kg 등과 같이 소량으로 구매함

중간상의 효율성

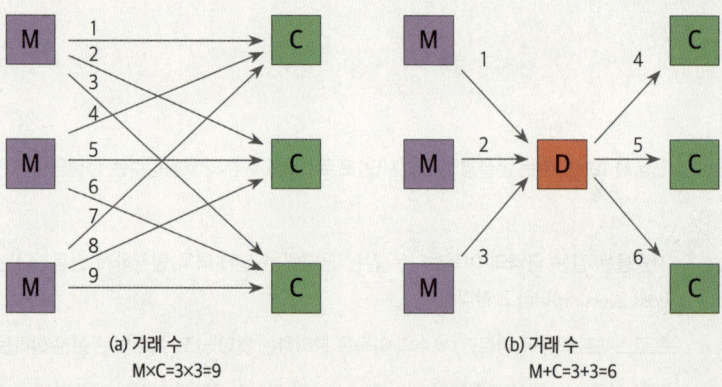

(a) 거래 수
M×C=3×3=9

(b) 거래 수
M+C=3+3=6

M : 제조업체   D : 유통업체   C : 고객

(2) 경로수준의 수

유통경로의 유형

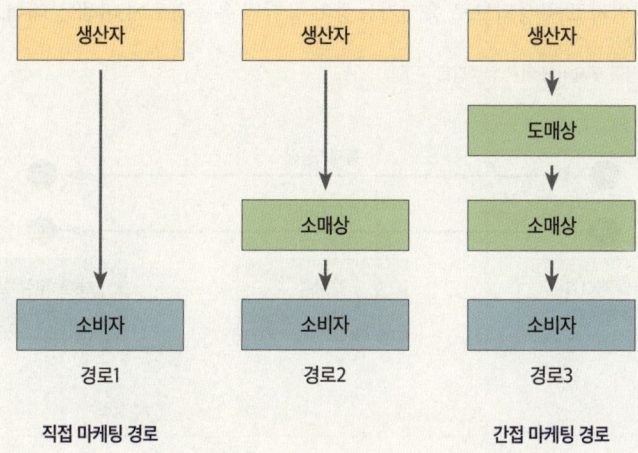

(3) 유통경로의 변화

인터넷의 등장으로 델(Dell)처럼 중간상을 배제하고 대부분의 유통기능을 생산자가 직접 수행하는 회사들도 등장하게 되었는데 이처럼 유통경로에서 중간상들을 배제하는 것을 디스인터미디에이션(disintermediation)이라 함

> **전면적인 디스인터미디에이션이 힘든 이유**
> 1. 오프라인 기업들이 전부터 이용하고 있었던 중간상들과 관계를 하루아침에 끊는 것은 쉽지 않다.
> 2. PC처럼 표준화된 상품 이외에는 온라인으로 충분한 정보를 제공하는 것이 어렵다.
> 3. 단지 한 생산자의 제품만 취급하는 웹사이트는 구매자에게 그다지 큰 가치를 제공하지 못한다.
> 4. 제조업자나 소비자들은 유통경로 기능을 수행하는 데 익숙치 않으므로, 기존의 중간상들이 제조업자나 소비자에 비하여 유통경로 기능을 수행하는 데에 비교 우위를 갖고 있다.

2. 유통경로 구조

(1) 통합적 유통경로와 독립적 유통경로

통합적 유통경로(integrated distribution channel)에서는 제조업자의 뜻대로 유통경로 기능이 수행된다는 장점이 있음. 이것을 통제가능성이라고 부름. 반면 독립적 유통경로(independent distribution channel)는 여러 기업의 제품을 취급하는 다양한 유통업자로 구성되므로 통제가능성이 통합적 유통경로에 비해 상대적으로 낮음

통제가능성과 투자비에 따른 유통경로 구조

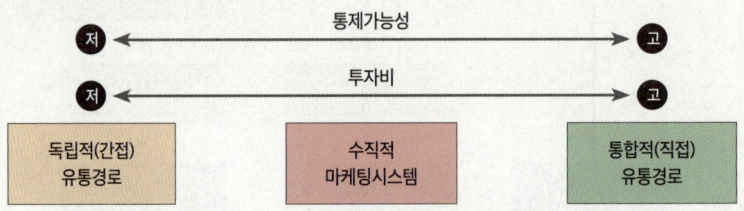

통합적 유통경로가 적절한 상황

1. 생산자가 이미 통합적 유통경로를 갖고 있는 경우
2. 그 상품을 취급할 수 있는 다수의 유능한 중간상들이 없는 경우
3. 중요한 영업비밀이 있는 경우
4. 그 상품을 판매하는데 요구되는 수준이 높거나 일관된 경험을 제공하는 것이 중요한 경우
5. 규격화된 상품을 판매하는 것보다는 상품을 구매자의 요구에 맞춰주는 것이 중요한 경우
6. 품질보증이 중요한 경우
7. 운반이나 보관절차가 복잡한 경우
8. 한 번에 판매되는 양이 많고 자주 판매되는 상품인 경우

(2) 혼합적 유통경로

혼합적 유통경로는 독립적 유통경로와 통합적 유통경로를 혼합한 유통경로를 의미함. 대부분의 기업들은 통합적 유통경로와 독립적 유통경로의 장점을 모두 살리기 위해 복수경로 마케팅 시스템(multichannel marketing system)을 구축하는 회사들이 많음

1) 복수경로 마케팅 시스템

   과거에 많은 기업들은 하나의 유통경로를 통해 하나의 시장을 공략하였지만, 오늘날에는 세분시장과 유통망의 증가로 인해 점점 더 많은 기업들이 복수경로 마케팅 시스템(multichannel marketing system)을 채택하고 있음. 이러한 복수경로 마케팅은 하나의 기업이 둘 이상의 유통경로를 통하여 여러 세분시장을 공략하고자 할 때 주로 사용

2) 하이브리드 마케팅 시스템

   유통경로 기능들 중의 일부는 제조업자가 수행하고, 나머지는 다른 사업자(보통 유통업자)가 수행하는 유통경로를 쓰기도 하는데, 이것을 하이브리드 마케팅 시스템(hybrid marketing system)이라고 부름

(3) 수직적 마케팅 시스템

   독립적 유통경로와 통합적 유통경로는 각각 장단점이 있어서, 이 두 가지 경로의 장점을 살리기 위해 절충적인 유통경로 구조들이 등장하게 되었는데, 수직적 마케팅 시스템(VMS : vertical marketing system)도 혼합적 유통경로의 하나임

   전통적 유통경로와 수직적 마케팅 시스템의 비교

   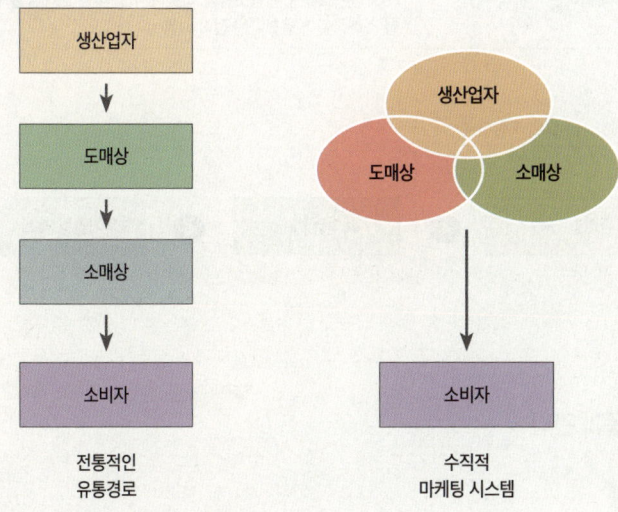

1) VMS의 종류

① **기업형** VMS
한 기업이 다른 경로구성원들을 법적으로 소유·관리하는 경로유형

② **관리형** VMS
경로구성원들의 마케팅활동이 소유권이나 계약에 의하지 않고 어느 한 경로구성원(경로리더)의 규모와 힘에 의해 조정되는 경로유형

③ **계약형** VMS
계약에 기초하여 유지되는 VMS

계약형 VMS

구분	내용
프랜차이즈 조직	프랜차이즈 조직(franchise organization)은 흔히 '체인점'이라고 불리는데, 본부(franchisor)가 가맹점(franchisee)에 대하여 제품, 서비스, 상점관리의 노하우 등을 제공하는 대가로 계약금이나 로열티(royalty) 등의 수입을 얻는 계약에 의하여 운영되는 유통경로를 가리킴
소매상 협동조합	소매상 협동조합(retailer cooperative)은 중소 소매상들이 연합하여 만든 조직체를 가리키는데, 대기업이 운영하는 슈퍼마켓 체인에 대항하기 위하여 형성됨
도매상이 후원하는 자발적 체인	도매상이 후원하는 자발적 체인(wholesaler-sponsored voluntary chain)은 소매상 협동조합과 비슷하지만, 대형 도매상을 중심으로 소형 소매상들이 뭉쳤다는 점이 다름

수직적 마케팅 시스템의 통합정도

3. 경로행동과 관리

(1) 경로행동

1) 경로갈등의 유형

경로갈등	내용
수평적 갈등 horizontal conflict	유통경로 상의 동일한 수준(단계)에 있는 경로구성원들 간의 갈등
수직적 갈등 vertical conflict	유통경로 상의 서로 다른 단계에 있는 경로구성원들 간의 갈등

2) 경로갈등의 원인

① **목표 불일치** goal incompatibility
경로구성원 각자의 목표가 서로 다르고, 이들 목표를 동시에 달성할 수 없는 경우 발생하는 갈등

② **영역 불일치** domain dissensus
경로구성원간에 각자의 역할이나 영역에 대하여 합의가 이루어지지 않는 경우 발생하는 갈등

③ **지각 불일치** perceptual differences
동일한 사안을 놓고도 경로구성원들이 인식을 다르게 하는 경우 발생하는 갈등

(2) 유통경로에서의 권력의 원천

유통에서 권력의 원천

권력의 원천	특징
보상적 권력 reward power	금전 또는 지위상승 등의 보상에 바탕을 둔 것
강압적 권력 coercive power	권력을 가진 경로구성원의 영향력 행사에 따르지 않을 경우 처벌을 받을 것이라는 두려움 때문에 발생하는 것
합법적 권력 legitimate power	경로구성원 A가 B에게 영향력을 행사할 권리를 가지고 있고, 또한 B는 그것을 받아들일 의무가 있다고 경로구성원 B가 믿기 때문에 발생되는 권력 예 프랜차이즈 본사가 가맹점에게 갖는 권력
준거적 권력 referent power	경로구성원 B가 A와 일체감(identification)을 갖기를 원하기 때문에 A가 B에 대해 갖는 권력
전문적 권력 expert power	경로구성원 A가 특별한 지식이나 기술이 있다고 B가 지각할 때 발생하는 권력

4. 유통경로 설계 의사결정

(1) 고객욕구의 분석

① **1회 구매량** lot size
만약 고객이 한 번에 소량을 구매하기를 원한다면 유통경로를 길게 설계하는 것이 합리적임

② **대기 시간** waiting time
고객들은 통상적으로 빠른 배달 경로를 선호하므로 고객들에게 제품이나 서비스를 빠르게 공급하기 위해서는 상대적으로 긴 유통경로를 설계해야 함

③ **공간적 편의성** spatial convenience
  유통경로가 고객들의 제품구매를 쉽게 하는 정도로서 고객들이 제품의 가까운 지역에서 쉽게 구매하는 것을 원할 때 유통경로를 길게 설계해야 함

④ **서비스 지원** service backup
  유통경로가 제공하는 부가적 서비스로서 기술수준이 높은 상품의 경우 사후서비스의 편리성을 감안하면 유통경로를 짧게 설계해야 함

(2) 경로 커버리지 전략
유통 경로는 중간상의 수에 따라 집약적 유통, 선택적 유통, 전속적 유통으로 구분됨

경로 커버리지 전략

경로전략	집약적 유통 intensive distribution	선택적 유통 selective distribution	전속적 유통 exclusive distribution
개념	일정 지역 내에서 가능한 한 많은 수의 중간상들에게 상품을 공급하는 것	전속적 유통과 집약적 유통의 중간 형태	일정 지역 내에서 하나의 중간상에게만 상품을 공급하는 것(이 중간상은 경쟁 제품은 취급하지 않음)
특징	중간상의 푸시(push)보다는 소비자의 풀(pull)에 의해서 팔리는 상품에 적합 예 저가의 생활용품 같은 편의품이나 유행상품	전속적 유통과 집약적 유통의 중간	높은 마진이 보장되므로 중간상이 적극적으로 푸시(push)함 예 고급가구와 같은 전문품에 적합
통제정도	저	중	고

중간상의 수

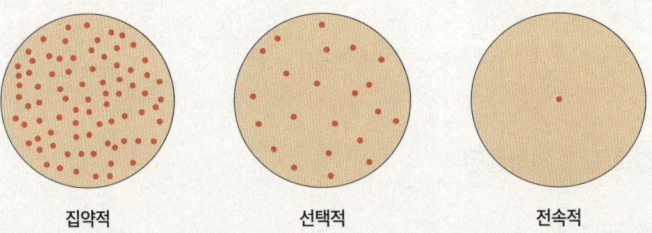

집약적   선택적   전속적

5. 거래비용이론에 따른 유통경로의 설계

윌리암슨(Williamson)은 거래비용이론(transaction cost theory)에서 다음의 변수들 때문에 내부화된 유통경로가 선호된다고 주장함

내부화된 유통경로를 설명하는 변수

변수	내용
자산특유성 asset specificity	특정 거래만을 위해 투자가 전문화된 정도, 다른 공급자로부터 대체구매가 불가능하다면 자산특유성이 높은 것임. 자산특유성이 높은 거래는 구매자나 공급자 모두 일정기간 동안 쌍방 간의 교환관계에 묶이게 됨
거래의 반복발생 빈도 frequency	거래가 단속적인지 지속적인지의 여부
불확실성 uncertainty	환경변화의 예측 불가능성 내지는 복잡성을 의미함
제한된 합리성 bounded rationality	인간은 모든 문제를 완벽하게 처리할 수 있는 능력을 지니고 있지 않음을 의미함
기회주의 opportunism	속임수로 자기 자신의 이익을 추구하는 것을 의미함
정보밀집성 information impactedness	정보가 자유롭게 유통되기 보다는 한 사람 내지는 소수 집단에 밀집되어 있음을 의미함

6. 소매상

(1) 점포형 소매상

1) **재래시장**

   점포형 소매상의 원조이며 재래시장은 도매기능과 소매기능을 겸하는 경우가 많음

2) **전문점** specialty store

   한정된 제품라인을 취급하지만, 그 제품라인 안에서는 다양한 브랜드를 취급하고 깊이 있는 구색을 갖춘 점포를 말함

3) **백화점** department store

   백화점은 다양한 상품 구색, 편리한 입지, 쾌적한 쇼핑공간, 높은 신뢰성, 강력한 품질보증을 제공하고 있고, 그 대신 가격이 높은 것이 특징

4) **슈퍼마켓** supermarket

   비교적 큰 규모, 저가격, 저마진, 대량판매, 셀프서비스로 운영되며, 식료품과 가정용품에 대한 소비자의 전반적인 욕구를 충족시키기 위한 소매점

5) **편의점** convenience store

비교적 소규모의 점포로 주거지역 가까이에 입지하며, 1주 내내 늦은 시간까지 영업하고, 재고 회전이 빠른 편의품 등의 한정된 제품계열을 다소 비싼 가격으로 판매함

6) **대형마트**

대형마트는 유명 브랜드 상품을 낮은 가격으로 판매하는 소매업태를 가리킴. 이마트, 홈플러스 등이 대표적이고, 미국에서는 월마트가 대표적임

7) **전문 할인점**

전문점이 높은 수준의 서비스, 품위 있는 매장, 높은 가격을 갖고 있다면, 전문 할인점(specialty discount store) 또는 카테고리 킬러(category killer)는 상대적으로 낮은 수준의 서비스, 넓지만 평범한 매장, 낮은 가격을 특징으로 함

8) **양판점**

양판점(GMS: general merchandising store)은 한마디로 상품구색 및 매장 형태는 백화점과 비슷하지만, 유명 브랜드보다는 자체 브랜드(private brand)를 많이 취급하므로 가격은 백화점보다 저렴함

(2) **무점포 소매상**

1) **방문판매**

방문판매(direct sales)로 주로 판매되는 제품은 보험, 아동용 도서, 학습지, 화장품 등임

2) **다이렉트 마케팅**

다이렉트 마케팅(direct marketing)이란 우편, 전화, 팩스, 이메일 또는 인터넷을 이용해서 고객으로부터 어떤 반응이나 대화를 이끌어내는 것

3) **자동판매기**

자동판매기(vending machines)는 1950년대 후반 저가의 편의품을 판매하기 위하여 미국에서 처음 등장한 이후 점차 그 범위가 확대됨

(3) 소매업의 동향

① 새로운 소매 형태와 복합
② 점포 유형 간 경쟁의 증가
③ 점포 소매와 무점포 소매 간 경쟁
④ 초대형 소매상의 출현
⑤ 소매기술의 중요성 증가

(4) 소매업의 진화과정

1) 전문화

포탈 형태의 소매상보다는 전문화된 소매상을 선호하는 현상

예 전문 할인점(카테고리 킬러)의 등장으로 할인점들이 전문 할인점과 치열한 경쟁을 벌이게 됨

2) 고급화

소매업에 처음 들어온 업태는 저원가, 저마진, 저가격으로 시작하지만, 보다 상류층 소비자들을 흡수하기 위하여 점차 상품 및 서비스를 개선하고 가격을 올리게 됨

예 양판점의 등장이 백화점을 고급화시켰고, 뒤이어 할인점의 등장은 백화점의 고급화를 더욱 촉진함

> **소매업 수레바퀴 가설** wheel of retailing
> 소매업에 처음 들어온 업태(백화점)는 저원가, 저마진, 저가격으로 시작하지만 보다 상류층 소비자들을 흡수하기 위해 점차 상품 및 서비스를 개선하고 가격을 올리게 됨. 이렇게 되면 이 공백을 메우기 위해 새로운 업태가 더 낮은 원가, 마진, 가격을 앞세워서 진입하고, 기존 업태는 가격경쟁을 피하기 위해 더욱 차별화된 제품을 취급하고 고급화의 길을 걷게 됨. 미국의 경우 '백화점 → 양판점 → 할인점 → 회원제 창고형 도소매점'의 순서로 등장함

7. 도매상

(1) 도매상의 유형

1) 상인도매상 merchant wholesaler

독립 소유 업체로서 취급하는 상품에 대한 소유권을 가짐

① 완전 서비스 도매상

정보제공, 촉진, 협상, 주문, 금융 등의 거의 모든 유통기능을 수행하며, 누구를 대상으로 하는지에 따라 도매상인(wholesale merchant)과 산업재 유통업자(industrial distributor)로 구분됨

② **한정 서비스 도매상**

거래 고객들에게 몇 가지 서비스만을 전문적으로 제공하는 도매상으로 현금거래 도매상(cash-and-carry wholesaler), 트럭 도매상(truck wholesaler), 직송 도매상(drop shipper), 진열 도매상(rack jobber) 등으로 구분됨

2) **브로커** broker

구매자와 판매자를 모아서 협상을 도와주며, 고용한 측으로부터 수수료를 받음, 한 번의 거래로 끝나는 단기적 관계

3) **대리상** agent

좀 더 장기간에 걸쳐 구매자 또는 판매자를 대리하며, 대부분의 제조업자 대리상은 소수의 숙련된 판매인력을 가진 소규모 사업체임

① **제조업자 대리점** manufacturers' agent

서로 경쟁관계에 있지 않은 두 개 이상의 제조업자들과 계약을 맺고 이들을 대신하여 판매활동을 하는 대리점을 말함

② **판매 대리점** selling agent

거래제조업자의 전 품목을 판매할 수 있는 계약을 맺고 판매활동을 하는 대리점

③ **구매 대리점** purchasing agent

구매자(즉 소매상)와의 계약에 의하여 구매를 대신하고, 구매한 제품을 검사, 보관, 배달해 주기도 하는 대리점

④ **수수료 상인** commission merchant

제품의 소유권은 갖지 않지만, 제품을 갖고 다니면서 판매를 성사시키는 기능을 함

4) **제조업체 도매상** manufacturers' sales branches and offices

제조업체 도매상은 독립적인 도매상이 아니라 제조업자가 소유하고 운영하는 것으로 도매상의 기능을 수행함

8. 상권분석

(1) 상권의 구성요소

점포의 상권은 일반적으로 1차 상권(primary trading area), 2차 상권(secondary trading area), 한계상권(fringe trading area)으로 구성

상권의 구성요소

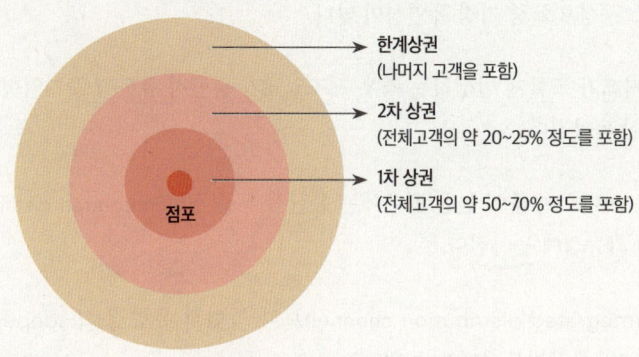

- 한계상권 (나머지 고객을 포함)
- 2차 상권 (전체고객의 약 20~25% 정도를 포함)
- 1차 상권 (전체고객의 약 50~70% 정도를 포함)

(2) 상권분석 방법

상권분석 방법

방법	특징
체크리스트법 checklist method	상권의 범위에 영향을 미치는 요인들을 크게 세 가지 즉, 상권 내의 제반 입지 특성, 상권고객 특성, 상권경쟁구조 등으로 구분하고 이들 각각에 관한 체크리스트를 만들어 분석하는 기법
유추법 analog method	애플바움(W. Applebaum)의 유추법은 자사의 신규점포와 특성이 비슷한 기존의 유사점포를 선정하여 그 점포의 상권범위를 추정한 결과를 자사 점포의 신규입지에서의 매출액(상권규모)을 측정하는데 이용하는 방법
중심지이론 central place theory	크리스탈러(Christaller)의 중심지이론에 의하면 한 도시(지역)내에 여러 상업중심지(상권)가 존재할 때 각 상업중심지로부터 상업서비스기능을 제공받을 수 있는 가장 이상적인 배후상권의 모양은 정육각형임
소매인력법칙 law of retail gravitation	라일리(W. J. Reilly)의 소매인력의 법칙에 따르면 두 경쟁도시가 그 중간에 위치한 소도시로부터 끌어들일 수 있는 상권규모(proportion of retail trade)는 그들의 인구에 비례하고, 각 도시와 중간(위성)도시 간의 거리자승에 반비례함
공간적 상호작용 모형 spatial interaction model	허프(D. C. Huff)의 공간적 상호작용 모형에 따르면 소비자의 점포에 대한 효용은 점포의 매장면적이 클수록 증가하고, 점포까지의 거리가 멀수록 감소함

01 유통경로는 생산된 제품을 소비시점까지 보관하여 시간상의 불일치를 해소한다.

02 중간상은 생산자와 소비자와의 총 거래 수를 증가시켜 거래의 경제성을 달성한다.

03 유통은 마케팅 믹스 구성요소 중 가장 유연성이 낮다.

04 거래규모가 작고 거래가 드물게 발생하는 경우 제조업체가 통합적 유통경로(기업형 VMS)를 갖게 될 가능성이 높아진다.

05 구매자가 요구하는 서비스 수준이 높은 경우에는 통합적 유통 경로(integrated distribution channel)를 갖게 될 가능성이 높아진다.

06 통합적 유통경로(integrated distribution channel)보다 독립적 유통경로(independent distribution channel)의 통제가능성이 더 높다.

01 O 유통경로는 시간상의 불일치, 장소상의 불일치, 형태상의 불일치를 해소한다.

02 X 중간상은 생산자와 소비자와의 총 거래 수를 감소시켜 거래의 효율성을 높인다.

03 O 유통경로는 일단 구축되면 변경하기가 쉽지 않기 때문에 마케팅 믹스 구성요소 가운데 가장 유연성이 낮다.

04 X 거래규모가 작고 거래가 드물게 발생하는 경우, 즉 거래비용이론(transaction cost theory)에서 말하는 '거래의 발생빈도'가 낮을 때는 유통망을 내부화(make)하는 것보다는 외부화(buy)하는 것이 상대적으로 거래비용을 줄일 수 있으므로 통합적 유통경로(기업형 VMS)보다는 독립적 유통경로를 갖게 될 가능성이 높아진다.

05 O 통합적 유통 경로(integrated distribution channel)란 유통경로 기능들을 제조업자가 직접 수행하는 것을 말하는데, 구매자가 요구하는 서비스 수준이 높은 경우, 중요한 영업비밀이 있는 경우, 한 번에 판매되는 양이 많고 자주 판매되는 상품인 경우에는 통합적 유통 경로를 갖게 될 가능성이 높아진다.

06 X 독립적 유통경로(independent distribution channel)보다 통합적 유통경로(integrated distribution channel)의 통제가능성이 더 높다.

07 수직적 마케팅 시스템(VMS: vertical marketing system)이 전통적 유통경로(conventional distribution system)보다 경로갈등의 통제가 더 용이하다.

08 수직적 마케팅 시스템(VMS: vertical marketing system)은 하나의 통일된 시스템으로 행동하는 생산업자, 도매상, 소매상으로 구성된다.

09 수직적 마케팅 시스템(VMS)에서 소매상 협동조합은 관리형 VMS이고 프랜차이즈 조직은 계약형 VMS이다.

10 프랜차이즈 조직(franchise organization)은 관리형 VMS(administered VMS)에 해당한다.

11 관리형 VMS(administered VMS)는 몇몇 경로구성원의 규모와 힘을 근거로 형성된다.

12 소매상 협동조합은 대형 도매상을 중심으로 소형 소매상들이 자발적으로 만든 체인이다.

13 '도매상이 후원하는 자발적 체인(집단)'은 대형 도매상을 중심으로 중소 제조업체들이 자발적으로 만든 경로유형이다.

14 복수경로 마케팅 시스템(multichannel distribution system)은 한 기업이 하나 이상의 고객 세분시장에 도달하기 위해서 두 가지 또는 그 이상의 마케팅 경로를 사용하는 경우를 말한다.

---

07 O
08 O
09 × 소매상 협동조합과 프랜차이즈 조직은 도매상이 후원하는 자발적 체인과 더불어 계약형 VMS이다.
10 × 프랜차이즈는 계약형 VMS에 해당된다.
11 O
12 × 대형 도매상을 중심으로 소형 소매상들이 자발적으로 만든 것은 도매상이 후원하는 자발적 체인(wholesaler-sponsored voluntary chain)이다. 소매상 협동조합(retailer cooperative)은 중소 소매상들이 연합하여 만든 조직체를 의미하며, 대기업이 운영하는 슈퍼마켓 체인에 대항하기 위하여 형성되었다.
13 × '도매상이 후원하는 자발적 체인(집단)'은 수직적 마케팅 시스템(VMS)의 일종으로 대형 도매상을 중심으로 중소 제조업체가 아니라 중소 소매상들이 뭉친 유통형태이다.
14 O

15 하이브리드 마케팅 시스템(hybrid marketing system)은 유통경로 기능들 중의 일부는 제조기업이 수행하고, 나머지는 유통기업이 수행하는 유통경로를 말한다.

16 수평적 마케팅 시스템(horizontal marketing system)은 새로운 마케팅 기회를 추구하기 위해 같은 경로 수준에 있는 둘 혹은 그 이상의 기업이 결합한 것이다.

17 경로갈등 가운데 수직적 갈등은 동일한 수준(단계)에 있는 경로구성원 간의 갈등을 말한다.

18 제조업자는 빠른 시장침투를 위해 저가격 정책을 쓰려고 하고, 반대로 중간상은 단기 이익을 위해 고가격 정책을 쓰려고 할 때 발생하는 갈등은 목표 불일치에 의한 갈등이다.

19 유통경로 갈등의 원인 중 목표 불일치는 경로구성원 간에 각자의 역할이나 영역에 대하여 합의가 이루어지지 않은 것을 말한다.

20 판매량이 감소한 사실을 놓고, 프랜차이즈 본부의 해석(예 가맹점의 서비스 질에 문제가 있어서)과 가맹점(예 경쟁브랜드의 신규출점 때문에)의 해석이 서로 달라서 발생하는 갈등은 지각 불일치(perceptual differences)와 관련이 있다.

21 프랜차이즈 시스템에서 프랜차이즈 본사가 가맹점에 대해 갖는 권력은 보상적 권력이다.

22 제조업자가 중간상에게 계약에 의거하여 일정 수준의 재고를 유지하도록 요구할 수 있는 것은 전문적 권력과 관련이 있다.

---

15 O

16 O

17 ✗ 수직적 갈등(vertical conflict)이란 서로 다른 단계에 있는 경로구성원 간의 갈등을 말한다.

18 O

19 ✗ 경로구성원 간에 각자의 역할이나 영역에 대하여 합의가 이루어지지 않아서 발생하는 것은 영역 불일치로 인한 갈등이다.

20 O 지각불일치로 인한 갈등은 동일한 사안을 놓고도 경로구성원들이 인식을 다르게 하는 경우를 말한다.

21 ✗ 프랜차이즈 본사가 가맹점에게 갖는 권력은 합법적 권력이다.

22 ✗ 제조업자가 중간상에게 계약에 의거하여 일정 수준의 재고를 유지하도록 요구할 수 있는 것은 합법적 권력(legitimate power)과 관련이 있다.

23 전문적 힘(expert power)은 경로구성원 A가 B에 대해 일체감을 갖고 있거나 갖게 되기를 바라기 때문에 발생하는 힘이다.

24 마케팅 경로를 집약적, 선택적, 전속적 유통으로 분류하는 것은 중간상의 수에 따른 분류이다.

25 전속적 유통(exclusive distribution)은 중간상의 역할이 그다지 중요하지 않은 제품에 적합하며, 제조업체의 표적시장 범위가 넓을수록 유리하다.

26 전문품에 적합한 경로 커버리지는 집약적 유통(intensive distribution)이다.

27 중간상 통제 측면에서는 전속적 유통(exclusive distribution)보다 선택적 유통(selective distribution)이 낫다.

28 자산특유성(asset specificity)이 높을 때, 중간상을 배제하고 모든 유통활동을 직접 수행하는 것이 좋다.

---

23 ✗ 준거적 힘(referent power)은 경로구성원 A가 B에 대해 일체감을 갖고 있거나 갖게 되기를 바라기 때문에 발생하는 힘이다. 반면 전문적 힘(expert power)은 경로구성원 A가 특별한 지식이나 기술이 있다고 B가 지각할 때 발생하는 권력이다.

24 ○

25 ✗ 중간상의 역할이 그다지 중요하지 않은 제품에 적합하며, 제조업체의 표적시장 범위가 넓을수록 유리한 것은 집약적 유통(intensive distribution)이다.

26 ✗ 전문품에 적합한 경로 커버리지는 전속적 유통(exclusive distribution)이다. 집약적 유통(intensive distribution)은 편의품에 적합한 유통경로이다.

27 ✗ 전속적 유통이 중간상 통제가 가장 잘 된다.

28 ○ 자산특유성이 높은 거래는 구매자나 공급자 모두 일정기간 동안 쌍방간의 교환관계에 묶이게 되며, 이를 유지하기 위해 각별한 노력을 기울이게 된다. 그 결과 거래당사자들은 시장메커니즘을 통한 거래보다는 내부화된(수직적으로 통합된) 거래를 선택할 가능성이 높다.

29 전문점(specialty store)의 경쟁적 우위는 저렴한 제품가격에 있다.

30 백화점과 대형할인매장은 도매상(wholesaler)이다.

31 방문판매(direct sale), 자동 판매기(vending machine), 다이렉트 마케팅(direct marketing)은 무점포 소매상에 포함된다.

32 방문판매는 영업사원에 의해 판매되는 무점포형 소매상인 반면에 다단계판매는 '제조업자－도매업자－소매업자－소비자'와 같은 일반적인 유통경로를 거치는 점포형 소매상이다.

33 제조업체 도매상(manufacturers' sales branches and offices)은 독립적인 도매상이 아니며 제조업체에 의해 직접 소유·운영된다.

34 상인도매상(merchant wholesaler)은 제품에 대한 소유권을 갖지 않는다.

35 상인도매상(merchant wholesaler)과 대리점(agent)은 취급하는 제품의 소유권은 갖고 있는 반면에 브로커(broker)는 소유권 없이 단지 거래를 성사시켜주는 역할을 한다.

---

29 ✕ 전문 할인점(specialty discount store)의 특징은 낮은 수준의 서비스, 넓지만 평범한 매장, 낮은 가격이다. 반면 전문점(specialty store)은 높은 수준의 서비스, 품위있는 매장, 높은 가격이 특징이다.

30 ✕ 소비자에게 직접 제품을 판매하는 것은 모두 소매상(retailer)이다.

31 O

32 ✕ 다단계판매도 무점포 소매상에 해당한다.

33 O 도매상은 상인도매상(merchant wholesaler), 대리점(agent), 브로커(broker), 제조업자 도매상(manufacturers' branches and offices)으로 구분되는데 그 가운데 제조업체 도매상은 독립적인 도매상이 아니며 제조업체에 의해 직접 소유·운영된다.

34 ✕ 상인도매상은 제품에 대한 소유권을 가지며, 중개인(broker)과 대리상(agent)은 소유권을 갖지 않는다.

35 ✕ 상인도매상(merchant wholesaler)은 취급하는 제품의 소유권을 갖고 있는 반면에 브로커(broker)와 대리점(agent)은 소유권 없이 단지 거래를 성사시켜주는 역할을 한다.

36 한정 서비스 도매상(limited-service wholesaler)은 상품을 소유하지 않는 대신 소수의 상품 라인만을 취급한다.

37 도매상 중에서 판매 대리점(selling agents)은 구매자(소매상)와의 계약에 의한 구매대행활동을 하며, 제품에 대한 소유권을 보유하고 있다.

38 라일리(Reilly)의 소매인력법칙(law of retail gravitation)은 개별점포의 상권경계를 정하는데 주로 이용된다.

39 소매업의 수레바퀴 가설은 기존의 업태가 새롭게 등장한 유통업태와의 경쟁에서 우위를 점하기 위해 점점 더 낮은 가격을 무기로 삼는다는 것을 설명한다.

---

36 ✗ 한정 서비스 도매상(limited-service wholesaler)은 상인 도매상(merchant wholesaler)의 일종으로 상품을 소유하며, 거래 고객들에게 몇가지 서비스만을 제공하는 도매상이다. 예로는 현금거래 도매상(cash-and-carry wholesaler), 트럭 도매상(truck wholesaler), 직송 도매상(drop shipper), 진열 도매상(rack jobber) 등이 있다.

37 ✗ 도매상 중에서 구매 대리점(purchasing agents)은 구매자(소매상)와의 계약에 의한 구매대행활동을 하며, 제품에 대한 소유권을 보유하고 있지 않다. 반면 판매 대리점(selling agents)은 거래제조업자의 전 품목을 판매할 수 있는 계약을 맺고 판매활동을 하는 대리점이다.

38 ✗ 라일리의 소매인력법칙은 도시들간의 상권경계를 결정하는데 주로 이용된다.

39 ✗ 맥네어(M. P. McNair)의 소매업의 수레바퀴 가설은 기존의 업태가 가격경쟁을 피하기 위해 더욱 차별화된 제품들을 취급하고 고급화의 길을 걷는 것을 설명한다.

7. 촉진관리

1. 촉진믹스

(1) 촉진(=마케팅 커뮤니케이션)
제품의 존재를 현재 또는 미래의 고객들에게 알리고, 구매하도록 설득하며, 구매를 유인할 수 있는 여러 가지 인센티브를 제공하는 활동

(2) 촉진믹스
촉진 활동을 수행하기 위한 수단을 의미하며, 광고, PR, 구전, 판매촉진, 인적판매 등이 대표적 수단임

촉진믹스의 유형과 특징

유형	특징
광고 advertising	특정 광고주에 의한 아이디어, 상품 또는 서비스의 비인적 프레젠테이션과 촉진
PR public relations	회사나 제품 이미지를 증진하거나 보호하는 프로그램
구전 word of mouth	제품의 장단점이나 구매 또는 사용경험에 관한 사람과 사람 간의 구두, 서면 또는 전자적 커뮤니케이션
판매촉진 sales promotion	제품 및 서비스의 시용 혹은 구매를 촉진하기 위한 단기적인 인센티브
인적판매 personal selling	판매와 고객관계를 구축하기 위한 목적으로 수행되는 대면적인 프레젠테이션

촉진믹스 요소별 대표적인 수단들

유형	대표적 수단
광고	방송 광고, 인쇄 광고, 온라인 광고, 옥외 광고 등
PR	보도자료, 홈페이지, 스폰서십, 사회봉사활동 등
구전	대면 접촉, 소셜 미디어 등
판매촉진	할인쿠폰, 샘플, 사은품, 경품 등
인적판매	프리젠테이션, 고객초청세미나 등

2. 촉진믹스의 일반적 특성

(1) 제품유형별 촉진믹스

제품에 따른 촉진믹스의 상대적 중요성

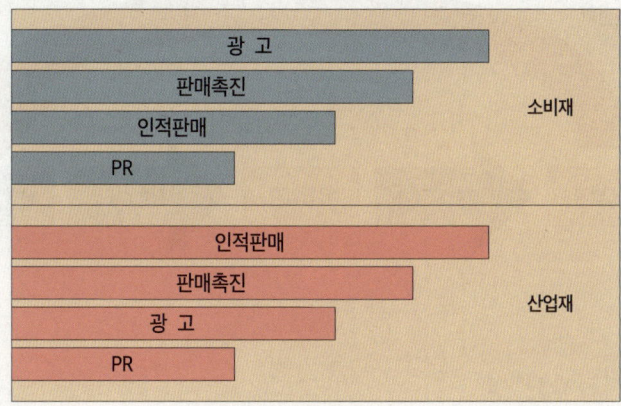

(2) 반응단계별 촉진믹스

효과계층단계별 촉진믹스 요소의 효과

영역	효과계층단계	광고	PR	구전	판매촉진	인적판매
인지 cognitive	인지	●	●			
	지식	●	●	●		
감정 affective	호감	●	●	●		
	선호	●	●	●		
	확신			●	●	●
행동 behavior	구매				●	●

(3) 푸시와 풀

푸시전략과 풀 전략

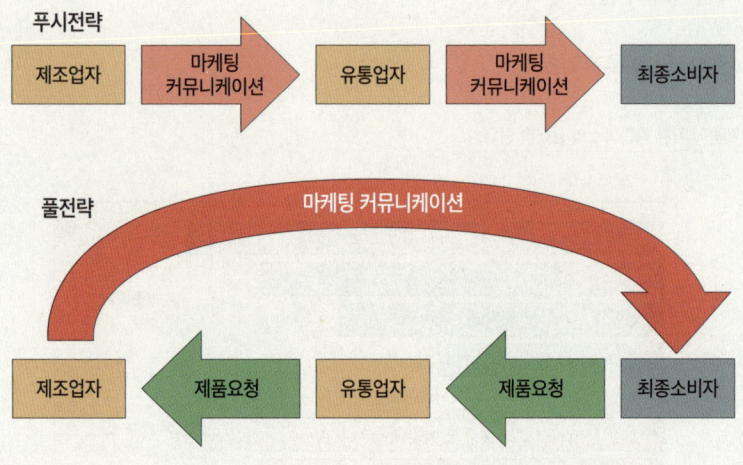

1) **푸시 전략** push strategy

   제조업체는 도매상에게, 도매상은 소매상에게, 소매상은 최종소비자에게 제품을 적극적으로 판매하는, 즉 밀어붙이는 전략

2) **풀 전략** pull strategy

   제조업체가 최종소비자들을 상대로 적극적인 촉진활동을 하여 이들로 하여금 자사제품을 찾게 함으로써 중간상인들로 하여금 자발적으로 자사제품을 취급하게 하는 전략

푸시와 풀에 따른 촉진믹스의 구성

	광고	PR	구전	판매촉진		인적판매
				소비자 판촉	중간상 판촉	
푸시		●			●	●
풀	●	●	●	●		

3. 광고

<u>주요 광고 관련 의사결정</u>

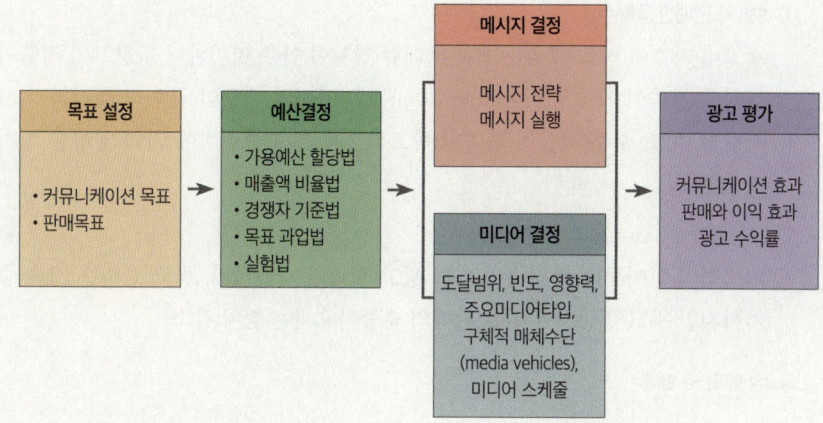

(1) 광고목표 설정

광고는 효과계층모형 가운데 비교적 앞부분에 가장 큰 효과를 발휘하는 반면, 정작 구매를 완결짓는 데에는 광고 이외에도 여러 가지 다른 변수(예 판매촉진, 인적판매, 가격 등)들이 더 큰 영향을 미치기 때문에 광고의 목표는 '커뮤니케이션 목표'로 정하는 것이 바람직함

1) 커뮤니케이션 목표

① 상품 카테고리에 대한 욕구 자극
② 브랜드 인지도 향상
③ 제품정보제공
④ 브랜드에 대한 호의적 태도 형성
⑤ 브랜드 선호도 향상
⑥ 만족도 향상/구매후 부조화 감소

(2) 광고예산의 결정

1) 판매반응함수 sales response function
판매반응함수란 광고비와 매출액 간의 관계를 함수로 표현한 것

① S형의 판매반응함수
광고비 지출이 적을 때에는 매출에 대한 영향이 아주 미미하다가 광고비 지출이 점차 증가하여 가속점(threshold level)을 넘어서면 매출이 급속히 증가하기 시작하고, 어느 수준 이상의 과다한 광고비 지출은 매출증가에 거의 영향을 미치지 않게 됨

② 오목증가 concave 형의 판매반응함수
가속점이 없이 처음부터 두드러진 광고 효과가 나타나며, 광고 효과는 계속 증가하지만 광고의 증가에 따른 판매의 순증가효과는 점차 감소

광고의 판매반응 형태

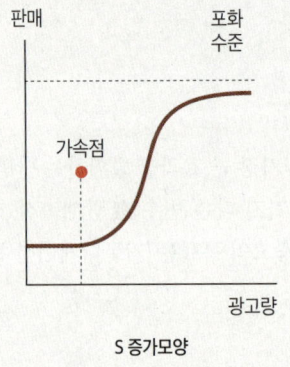
S 증가모양

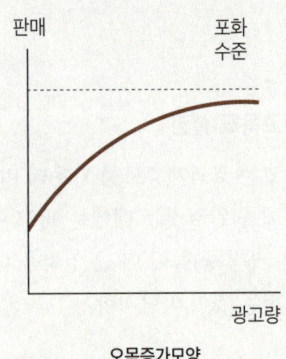
오목증가모양

2) 시간의 흐름에 따른 광고효과

① 이월효과 carryover effect
과거(현재)에 이루어진 광고의 효과가 누적되어 현재(미래)의 매출에 영향을 미치는 것

② 광고 중단의 영향
광고를 계속하다가 중단하면 매출액이 급감하는 것이 아니라 서서히 감소하는 패턴을 보임

3) 광고예산 결정 방법

① 가용예산 할당법 affordable method
회사의 재정이 허락하는 범위 내에서 최대한의 액수를 촉진예산으로 책정하는 방법으로 주로 소규모의 기업에서 사용, 광고를 투자가 아니라 비용으로 간주하고 있다는 단점이 있음

② **매출액 비율법** percentage-of-sales method
실무에서 가장 널리 쓰이는 방법으로 현재 혹은 예상되는 매출액의 일정한 비율을 광고예산으로 책정하는 방법임. 광고비를 매출액의 원인으로 보는 것이 아니라, 매출액의 결과라고 간주하는 논리적인 오류를 범하고 있음

③ **경쟁자 기준법** competitive-parity method
매출액 대비 광고예산의 비율을 경쟁자들이 사용하는 비율 그대로 쓰는 방법을 말함. 모든 경쟁자들이 같은 비율을 쓰게 되면, 광고경쟁이 일어나는 것이 억제될 가능성이 있음

④ **목표 과업법** objective-and-task method
이 방식은 ① 구체적인 촉진목표의 설정 ② 목표를 달성하기 위해 필요한 과업 결정 ③ 과업을 수행하기 위해 필요한 예산의 추정의 순으로 예산을 추정하는 방법임. 이 방법은 다른 방법들과는 달리 매우 논리적이라는 장점을 갖고 있으나 실제 현실에 적용이 어렵다는 단점도 있음

⑤ **실험법** experimentation method
실험법은 두 가지 이상의 광고비 수준들을 실험적으로 지출하고, 그 결과 얻어지는 매출액을 비교한 다음, 광고예산을 결정하는 방법임

(3) 메시지 결정

1) 메시지 소구

여러 가지 메시지 소구

유형	특징
이성적 소구 rational appeal	청중 자신의 이익과 관련이 있는 것으로 제품의 품질, 경제성, 가치, 성능 등을 제시하여 구매를 유도
감성적 소구 emotional appeal	구매할 동기를 부여하는 부정적인 혹은 긍정적인 감정을 일으켜 제품을 구매하도록 유도
도덕적 소구 moral appeal	무엇이 옳고 적합한지에 관한 청중의 생각에 초점을 맞춤
성적 소구 sex appeal	성적인 소재를 이용한 광고를 의미하며, 청중들의 흥미를 유발하고 주의를 끄는 효과가 있음
공포 소구 fear appeal	청중들에게 광고에서 제안하는 것을 따르지 않았을 때 닥치는 위험을 인식시키고, 극복하는 방법을 보여주는 광고, 공포수준이 너무 낮거나 높으면 광고 효과가 나타나지 않을 수 있음
유머 소구 humor appeal	유머러스한 소재를 이용한 광고를 말하며, 대개 스토리상에서 예기치 못한 반전을 집어넣음으로써 웃음을 유발함

2) FCB 그리드

광고대행사 Foote, Cone & Belding의 Richard Vaughn이 개발한 광고기획모형으로 소비자 관여도(고 vs 저)와 소비자의 성향(thinking vs feeling)을 두 축으로 하여 네 가지 유형의 소비자반응(행동)모형을 제시하고, 각 유형에 적합한 광고 전략을 제시함

FCB Grid

	사고 Thinking	느낌 Feeling

고관여	1. 정보제공적 광고(Informative)
	- 승용차, 집, 가구, 신제품 등
	- 소비자 반응 모형: 인지-감정-행동
	                Learn-Feel-Do
	- 시사점
	  가. 광고효과측정: 회상(Recall)
	  나. 매체: 긴 카피, 사고를 유발하는 매체수단
		2. 감정유발 광고(Affective)
		- 보석, 화장품, 패션의류, 오토바이
		- 소비자 반응 모형: 감정-인지-행동
		                Feel-Learn-Do
		- 시사점
		  가. 광고효과측정: 태도변화, 정서적 환기
		  나. 매체: 넓은 지면, 이미지 창출형 매체수단

저관여	3. 습관형성 광고(Habit formation)
	- 식품 가정용품
	- 소비자 반응 모형: 행동-인지-감정
	                Do-Learn-Feel
	- 시사점
	  가. 광고효과측정: 매출
	  나. 매체: 작은 광고지면, 10초 광고, 라디오, POS
		4. 자아만족 광고(Self-satisfaction)
		- 담배, 술, 캔디
		- 소비자 반응 모형: 행동-감정-인지
		                Do-Feel-Learn
		- 시사점
		  가. 광고효과측정: 매출
		  나. 매체: 입간판, 신문, POS

(4) 미디어 결정

1) 도달범위, 빈도, GRP

① 도달범위

도달범위(reach)는 주어진 기간 동안에 적어도 한 번 이상 광고에 노출된 청중의 수 또는 비율을 의미함

> **빈도보다 도달범위를 높이는 것이 바람직한 경우**
> - 신상품인 경우
> - 유명 브랜드의 브랜드 확장 제품인 경우
> - 구매주기가 긴 상품인 경우
> - 표적청중을 명확히 정의하기 어려운 경우

② 빈도

빈도(frequency)는 청중들이 특정 기간 동안 광고 메시지에 노출되는 횟수를 말함

> **도달범위보다 빈도를 높이는 것이 바람직한 경우**
> - 강력한 경쟁자가 있는 경우
> - 메시지가 복잡한 경우
> - 표적청중들이 우리 상품에 대하여 부정적인 태도를 갖고 있는 경우
> - 구매주기가 짧은 상품인 경우

> **광고효과의 감퇴** advertising wearout
> 빈도(frequency)를 높이면 어느 수준까지는 광고의 효과가 높아지지만, 그 수준을 넘어서서 계속 빈도를 높이면 청중들이 광고에 더 이상 반응을 보이지 않거나, 경우에 따라서는 싫증이나 짜증을 내서 광고의 효과가 떨어질 수도 있다. 이것을 광고효과의 감퇴라고 부른다.

③ GRP

GRP(gross rating points)는 특정 광고 스케줄에 노출된 총접촉률 또는 중복된 시청자 수를 의미하는 것으로 GRP는 도달범위와 빈도의 곱으로 계산됨

$$GRP = 도달범위(reach) \times 빈도(frequency)$$

2) 주요 미디어 유형 media type을 선정

미디어 유형 선정시 CPM(cost per thousand reach: 1,000명의 표적청중에게 도달하기 위한 광고비)도 고려해야 함

> **CPM**
> CPM(cost per thousand persons reached)이란 청중 1,000명에게 도달하기 위해 필요한 비용이다. 예를 들어 A신문에 5단짜리 흑백광고를 내는 비용이 1,000만 원이고, 독자수가 200만 명이면, A 신문의 CPM은 5,000원(=1,000만 원÷200만 명×1,000명)이다. 또한 B신문에 5단짜리 흑백광고를 내는 비용은 800만 원이고 독자수가 80만 명이라면, B신문의 CPM은 10,000원(=800만 원÷80만 명×1,000명)이다. 그러므로 CPM 기준으로는 A신문이 B신문보다 더 효율적인 매체수단이다.
> 그러나 위의 계산에는 오류가 있다. 위 계산의 오류는 A신문의 독자 200만 명과 B신문의 독자 80만 명이 모두 우리 광고의 표적청중이라고 생각한 것이다. 만약 우리 광고가 30~40대 직장인들을 표적으로 하고 있고, A신문의 독자들 중에서 1/4이, 그리고 B신문의 독자들 중에서 3/4이 표적청중에 해당된다면, CPM은 A신문이 20,000원(=1,000만 원÷50만 명×1,000명)이고 B신문이 13,333원(=800만 원÷60만 명×1,000명)이다. 그러므로 표적청중을 기준으로 하면, B신문이 더 효율적인 매체수단이 된다.

3) 구체적인 미디어 수단 혹은 도구 media vehicle를 선정

미디어 도구(media vehicles)란 일반적인 미디어의 구체적 프로그램이나 잡지명 등을 말하는 것으로, 표적청중에게 전달하려는 광고를 TV 미디어 중 어느 프로그램에 삽입할 것인지, 혹은 잡지 가운데 어떤 잡지를 이용할 것인지를 말함

(5) 광고 미디어 스케줄

① 집중형

집중형(blitz)은 한 기간에 광고비를 모두 지출하는 것

② 지속형

지속형(even)은 정해진 기간 동안 고르게 노출 일정을 계획하는 것

③ 파동형

파동형(pulsing)은 주기적으로 낮은 수준의 광고활동과 높은 수준의 광고활동을 번갈아 가면서 하는 것

광고 스케줄링의 유형

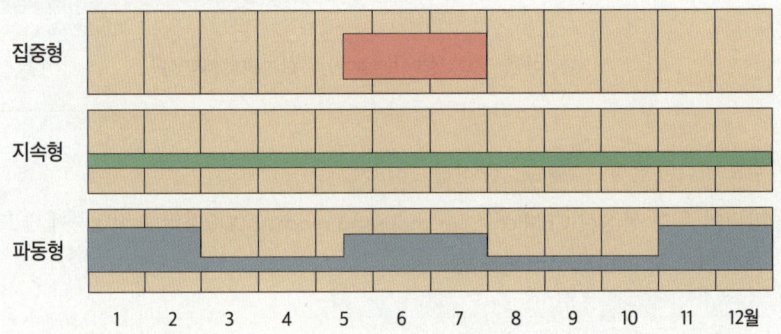

광고 스케줄링의 패턴

패턴	장점	단점	적합한 경우
집중형 blitz	단기적으로 큰 효과	• 광고효과가 곧 소멸할 가능성 • 지나친 집중으로 광고예산 낭비할 가능성	• 신상품 발매 시 • 예산이 부족한 경우 • 경쟁광고가 많은 경우 • 다양한 세분시장에 노출될 필요가 있는 경우
지속형 even	매체시간 확보 시 유리	• 지나친 광고 노출로 광고효과의 감퇴현상이 일어날 가능성 • 평균 광고량 작음	• 독점적 성숙 제품 • 지속적인 기억보강이 필요한 경우
파동형 pulsing	예산의 효율적 사용	• 매체 시간 확보 어려움	• 구매주기가 규칙적인 경우 • 경쟁자가 지속형 광고를 하는 경우

(6) 광고모델의 선정

광고모델의 속성과 수용자 처리 모형

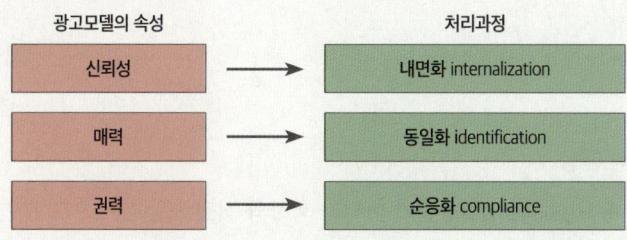

1) 신뢰성

소비자들은 신뢰성(credibility)있는 모델이 전달하는 메시지는 정확하다고 생각하기 때문에 이들의 의견을 수용하는 과정에서 내면화(internalization)가 일어남. 그러나 신뢰성이 낮은 사람이 전달하는 메시지는 시간이 지난 다음에 그 효과가 나타나는 수면효과(sleeper effect)가 나타나기도 함

2) 매력

모델의 매력은 동일화(identification) 과정을 거쳐 소비자를 설득시킴. 그러나 지나치게 매력적인 광고모델(유명인 모델)의 경우 광고모델이 브랜드보다 강조되는 음영효과(overshadowing effect)가 발생할 수도 있음. 또한 해당 모델이 지나치게 많은 제품광고에 중복 출연하면 광고 메시지들 간에 간섭현상(interference effect)이 발생하여 특정제품의 메시지에 대한 기억을 방해할 수 있음

3) 권력

정보원천이 권력을 갖고 있으면, 순응화(compliance) 과정을 통해 메시지의 수용도가 높아짐

(7) 광고의 효과

1) 문의 테스트 inquiry test

매체를 통하여 집행된 광고물에 대한 소비자들의 문의를 토대로 광고효과를 측정하는 것임

2) 재인 테스트 recognition test

소비자에게 다수의 브랜드명을 제시한 후 자신이 본 광고의 브랜드를 표시하게 하는 것으로 객관식으로 측정됨

3) 회상 테스트 recall test

소비자가 스스로 기억하는 브랜드나 내용을 파악하기 위한 것으로 주로 주관식으로 측정됨

4. PR

(1) 개념과 대상

PR은 홍보(publicity)활동뿐만 아니라 회사와 직접 또는 간접으로 관련이 있는 여러 집단들과 좋은 관계를 유지하는 활동, 합법적인 로비활동, 회사의 경영진에 대하여 회사 이미지나 사회적 이슈에 대하여 조언을 하는 활동, 그리고 회사에 위기가 닥쳤을 때 이를 관리하는 등의 활동이 모두 포함됨

(2) PR의 수단

마케팅에 활용될 수 있는 대표적인 PR 수단

수단	내용
홍보	회사 자체, 회사의 임직원 또는 제품 등에 관한 뉴스거리를 발굴하여 언론 매체에 실리도록 함
출판물	사보, 브로슈어, 연례 보고서, 신문 또는 잡지 기고문 등
이벤트	기자회견, 세미나, 전시회, 기념식, 행사 스폰서십, 스포츠마케팅 등
연설	최고경영자 또는 임원들이 각종 행사에 참석하여 연설
사회봉사활동	지역사회나 각종 공익 단체에 기부금을 내거나 임직원들이 직접 사회봉사 활동에 참여

> **광고와 홍보 publicity의 차이**
> 1. 광고는 매체비용을 지불하지만, 홍보는 지불하지 않는다.
> 2. 청중들은 광고보다는 언론의 기사나 뉴스를 더 신뢰한다.
> 3. 광고의 내용, 위치, 일정 등에 대해서는 기업이 통제할 수 있지만, 홍보의 경우에는 그렇지 않다.

(3) PR 효과측정

PR의 효과를 측정하는 방법으로 언론매체에 회사나 회사의 제품이 노출된 횟수를 카운트한 다음, 이를 금액으로 환산하는 방법이 널리 쓰임. 이것을 노출횟수(exposure) 측정이라고 함. 그러나 이 방법은 PR의 효과를 지나치게 단순하게 측정한다는 문제점을 안고 있음

5. 인적판매

인적판매(personal selling)란 판매원(salesperson)이 직접 고객과 대면하여 자사의 제품이나 서비스를 구입하도록 권유하는 커뮤니케이션 활동을 말하며, 판매원 판매라고도 함. 고객의 반응에 맞추어 즉석에서 커뮤니케이션 할 수 있는 융통성이 있으나 비용이 많이 든다는 단점도 있음

(1) 인적판매의 특성

① **외부판매** outside selling
판매사원이 잠재구매자를 방문하여 판매활동을 하는 것

② **내부판매** inside selling
소매 또는 도매 점포에서 판매사원이 잠재구매자에게 판매활동을 하는 것

6. 판매촉진

(1) 판매촉진의 개념

판매촉진(sales promotion)은 제품과 서비스를 구매 또는 장려하기 위해 제공되는 단기적인 인센티브로 구성됨

판매촉진의 종류

종류	내용
소비자 판매촉진 consumer promotion	제조업자가 직접 소비자를 대상으로 여러 가지 인센티브를 제공하는 것
중간상 판매촉진 trade promotion	제조업자가 중간상(보통 도매업자나 소매업자)을 대상으로 인센티브를 제공하는 것
도매업자 판매촉진 wholesaler promotion 또는 소매업자 판매촉진 retailer promotion	도매업자가 소매업자를 대상으로, 또는 소매업자가 소비자를 대상으로 인센티브를 제공하는 것

(2) 판매촉진의 이론적 근거

1) 기대효용이론

① **취득효용**
제품가치와 지불가격의 비교에 의해 결정되는 일반적 의미의 효용

② **거래효용**
지불가격과 준거가격을 비교하여 느끼는 상대적 의미의 효용

2) **지각된 위험** perceived risk

소비자는 사용경험이 없는 제품에 대하여 불확실성으로 인한 위험을 감소시키기 위해 무료샘플, 소량의 시용제품을 써보거나, 혹은 쿠폰을 이용하여 사용해 봄으로써 제품의 성능에 대한 불안감을 줄이고자 함

3) **고전적 조건화와 수단적 조건화**

① 고전적 조건화

무조건 자극	무조건 반응	조건자극
먹이	침	종
경품행사 특별진열 소매점광고	호의적 태도	상표

② 수단적 조건화

수단적 조건화의 좋은 예는 포장 내 쿠폰(in-pack coupon)임

(3) 판매촉진의 종류

1) **소비자 판매촉진**

가격 수단

종류	내용
쿠폰 coupon	명시된 제품을 구매할 때 구매자에게 할인을 한다는 증빙서
리베이트 rebates	구매 이후에 가격을 할인해주는 것으로 소비자가 구매 증서를 제조업체에 보내면 구매액의 일부를 되돌려 주는 것
보너스 팩 bonus packs	같은 상품 또는 관련된 상품 여러 개를 묶어서 싼 가격에 판매하는 것
보상판매 trade-ins	우리 회사 혹은 경쟁회사 상품 사용자들에게 그 상품을 반납하고 우리 상품을 구입하는 조건으로 일정 기간 동안 일정 액수를 할인해 주는 것

비가격 수단

종류	내용
샘플 sample	소비자에게 무료로 나누어 주는 특수포장된 소량의 제품
사은품 premium	제품의 구매를 유도하기 위한 인센티브로, 무료 또는 낮은 비용으로 제공되는 상품
고정고객 우대 patronage reward	회사의 제품이나 서비스의 정기적인 사용자에게 제공되는 현금이나 다른 형태의 보상. 항공사에서 제공하는 마일리지 프로그램과 슈퍼마켓의 단골고객을 위한 전용카드를 발급하고 계산대에서 많은 할인을 해주는 것
콘테스트 contest	소비자에게 신청서를 제출할 것을 요구하고, 심사단이 신청서를 평가하여 가장 우수한 것을 선정
추첨 sweepstake	누구든지 참여할 수 있으며 운에 의해서 결정되는 것
구매시점 디스플레이 point-of-purchase display	소비자들이 어떤 상품을 구매하도록 유도하기 위하여 소매점 내에 눈에 잘 띄게 진열해 놓는 것

2) 중간상 판매촉진

여러 가지 중간상 판매촉진

종류		내용
가격 수단	입점공제 slotting allowance	소매업자가 신상품을 취급해주는 대가로 제조업자가 상품대금의 일부를 공제해 주는 것
	광고공제 advertising allowance	소매업자가 자신의 광고물에 어떤 상품을 중점광고해주는 대가로 제조업자가 상품대금의 일부를 공제해 주는 것
	진열공제 display allowance	소매업자가 점포 내에 어떤 상품을 일정 기간 동안 눈에 잘 띄게 진열해주는 대가로 제조업자가 상품대금의 일부를 공제해 주는 것
	구매공제 buying allowance	제조업자가 일시적으로 출고가격을 인하하거나, 일정 비율의 상품을 무료로 제공하는 것

(4) 판매촉진의 효과

1) 가격 판촉은 소비자들의 가격 민감도를 높임

가격판촉이 거듭되면 고객들의 준거가격이 낮아지기 때문에, 가격판촉이 끝난 후에 구매량이 큰 폭으로 감소할 수 있고, 따라서 판촉으로부터 얻을 수 있는 이익이 감소될 수 있음

2) 판촉이 브랜드 이미지를 나쁘게 할 수도 있음

판촉을 자주하면 소비자들이 그 브랜드를 '싸구려'로 인식하기 때문에 브랜드 이미지가 떨어지고 더 나아가서는 브랜드 자산이 떨어질 수 있음. 하지만 항상 그런 것은 아니고, 비가격수단들 중에서 사은품(premium)은 브랜드 이미지를 높이는 데 매우 큰 효과를 발휘할 수 있음

01   제품의 장단점이나 구매 또는 사용 경험에 대한 사람과 사람 간의 구두, 서면 또는 전자적 커뮤니케이션을 PR(public relations)이라고 한다.

02   촉진예산의 설정에 있어서, B2C(business to consumer) 기업은 광고의 비중이 가장 높고, B2B(business to business) 기업은 인적판매의 비중이 상대적으로 높다.

03   효과계층모형에서 표적청중(target audience)이 제품에 대해 전혀 모르거나, 단지 제품의 이름만 알고 있을 때, 마케팅 관리자는 먼저 호감(liking)과 선호(preference)를 구축해야 한다.

04   효과계층모형에서 표적 청중들이 제품에 대해 알고 있다면, 그 다음 단계는 소비자에게 호감(liking), 선호(preference), 확신(conviction)이라는 '감정(affective)'을 유발하는 것이다.

05   효과계층모형에서 광고와 PR은 확신과 구매 단계에 가장 큰 효과를 발휘하며, 판매촉진과 인적판매는 인지, 지식, 호감, 선호 단계에서 큰 효과를 발휘한다.

06   전형적인 푸시 전략(push strategy)은 중간상 판촉과 인적판매이다.

07   광고목표(advertising objective)는 매출과 관련된 목표가 적합하다.

---

01   X   제품의 장단점이나 구매 또는 사용 경험에 대한 사람과 사람 간의 구두, 서면 또는 전자적 커뮤니케이션을 구전(word of mouth)이라고 한다.

02   O

03   X   표적 청중이 제품에 대해 모르거나, 이름만 알고 있을 때 마케팅 관리자의 목표는 표적청중들의 인지(awareness)와 지식(knowledge)의 창출이 목표가 된다.

04   O

05   X   효과계층모형에서 광고와 PR은 인지, 지식, 호감, 선호 단계에 가장 큰 효과를 발휘하며, 판매촉진과 인적판매는 확신과 구매 단계에서 큰 효과를 발휘한다.

06   O

07   X   광고는 효과계층모형에서 비교적 앞부분에서 큰 효과를 발휘하는 반면, 정작 구매를 완결짓는 데에는 광고 이외에도 여러 가지 다른 변수들이 더 큰 영향을 미치기 때문에 광고의 목표는 매출관련 목표보다는 커뮤니케이션 목표로 설정되는 것이 바람직하다.

08 S형의 판매반응함수를 갖는 제품의 경우, 광고비를 너무 적게 지출하면 광고효과를 거의 거둘 수 없다.

09 광고예산 결정시 가장 중요한 가정은 촉진예산이 매출액을 결정해야 한다는 것이다. 이 맥락에서 가장 적합한 예산책정 방법은 가용예산 할당법(affordable method)이다.

10 광고예산 결정방법에서 가용예산 할당법(affordable method)은 광고를 비용이 아닌 투자로 간주하고 있으며, 광고비의 과소지출보다는 과다지출을 초래하는 경우가 더 많다.

11 광고예산 결정 방법 가운데 매출액 비율법(percentage-of-sales method)은 광고비를 매출액의 원인으로 보는 것이 아니라, 매출액의 결과라고 간주한다.

12 광고예산 결정방법 가운데 목표 과업법은 논리적이라는 장점을 갖고 있지만 실제 현실에 적용하여 사용하기가 쉽지 않다.

13 공포소구(fear appeal) 광고의 경우 공포의 수준은 높을수록 좋다.

14 FCB 그리드는 고관여-저관여, 사고(thinking)-느낌(feeling)이라는 두 차원을 이용하여 소비자반응 모형을 제시하고 있다.

---

08 O

09 X 가용예산 할당법은 회사의 재정이 허락하는 범위 내에서 최대한의 액수를 광고예산으로 책정하는 방법이므로 촉진예산↑ → 매출액↑의 관계에 대한 고려가 전혀 없다.

10 X 가용예산 할당법은 광고를 투자가 아닌 비용으로 간주하고 있으며, 광고예산이 어떤 원칙없이 해마다 들쭉날쭉해진다는 단점이 있으며, 광고비의 지출은 과다보다는 과소인 경우가 더 많다.

11 O 매출액 비율법은 예상되는 매출액의 일정한 비율을 광고예산으로 책정하는 방법이다. 따라서 이 방법은 광고가 매출액을 결정하는 것이 아니라 (예상)매출액이 광고비를 결정하는 논리적 모순을 범하고 있다.

12 O 목표 과업법은 다음과 같은 순서로 광고예산을 책정한다. ㉠ 구체적인 광고목표의 설정, ㉡ 목표를 달성하기 위해 필요한 과업결정, ㉢ 과업을 수행하기 위해 필요한 예산의 추정, 따라서 다른 방법들과는 달리 매우 논리적이라는 장점이 있지만 실제 현실에서 적용이 쉽지 않다는 단점이 있다.

13 X 공포소구(fear appeal) 광고의 경우, 공포수준이 너무 낮거나 너무 높으면 광고 효과가 나타나지 않을 수도 있다.

14 O

15 광고의 도달범위(reach)란 주어진 기간 동안 광고 캠페인에 노출되는 표적청중의 비율이다.

16 광고의 빈도(frequency)란 표적시장에 있는 사람이 메시지에 노출되는 평균적인 회수이다.

17 메시지가 복잡한 경우에는 빈도(frequency)보다는 도달범위(reach)를 높이는 것이 바람직하다.

18 매체결정에서 표적청중을 명확히 정의하기 어려운 경우에는 일반적으로 도달범위(reach)보다는 빈도(frequency)를 높이는 것이 좋다.

19 구매주기가 긴 제품인 경우에는 빈도(frequency)보다는 도달률(reach)을 높이는 것이 바람직하다.

20 GRP(gross rating point)는 도달범위(reach)에 빈도(frequency)를 곱하여 계산한다.

21 GRP(gross rating points)는 청중 1,000명에게 광고를 도달시키는 데 드는 광고비용을 가리키는 용어이다.

22 CPM(cost per thousand person reached)은 1,000명의 청중에게 도달하는데 필요한 광고비를 의미한다.

23 다른 조건이 동일하다면 CPM이 가장 높은 미디어가 가장 효율적이다.

---

15 O
16 O
17 X 광고 메시지가 복잡한 경우에는 도달범위보다는 빈도를 높이는 것이 좋다.
18 X 매체결정에서 표적청중을 명확히 정의하기 어려운 경우에는 일반적으로 빈도(frequency)보다는 도달범위(reach)를 높이는 것이 좋다.
19 O
20 O
21 X 청중 1,000명에게 광고를 도달시키는 데 드는 광고비용은 CPM(cost per mille)이다. GRP는 특정 광고 스케줄에 노출된 총접촉률이다.
22 O
23 X 다른 조건이 같다면 CPM이 가장 낮은 미디어가 가장 효율적이므로 미디어 선정에서 우선적인 기준이 된다.

24 광고 스케줄링 유형 가운데 집중형(blitz)은 지나친 광고 노출로 광고효과의 감퇴현상이 일어날 가능성이 있다.

25 신뢰성(credibility)이 낮은 사람이 전달한 메시지는 시간이 지난 다음 그 효과가 나타나는 수면효과(sleeper effect)가 나타나기도 한다.

26 광고모델의 매력도와 신뢰성은 각각 동일시(identification) 과정과 내면화(internalization) 과정을 거쳐 소비자를 설득시킨다.

27 광고의 효과 측정 방법 가운데, 재인 테스트(recognition test)는 소비자가 스스로 기억하는 브랜드나 내용을 파악하기 위한 것으로 주로 주관식으로 측정된다.

28 홍보(publicity)는 기업과 관련이 있는 여러 집단들(투자자, 정부, 국회, 시민단체 등)과 좋은 관계를 구축하고 유지하는 총체적인 활동이기 때문에 PR(public relations)보다 대상범위가 넓다.

29 홍보는 광고보다 상대적으로 비용과 신뢰성이 낮은 반면에 통제가능성은 높다.

---

24 ✗ 지나친 광고 노출로 광고효과의 감퇴현상(advertising wearout)이 일어날 가능성이 있는 것은 지속형(even)이다.

25 ○

26 ○

27 ✗ 소비자가 스스로 기억하는 브랜드나 내용을 파악하기 위한 것으로 주로 주관식으로 측정되는 것은 회상 테스트(recall test)이고, 재인 테스트는 소비자에게 다수의 브랜드 명을 제시한 후 자신이 본 광고의 브랜드를 표시하게 하는 것으로 객관식으로 측정된다.

28 ✗ 홍보(publicity)는 매체비용을 지불하지 않고 특정 기업의 활동이나 제품에 대한 정보를 언론의 기사나 뉴스 형태로 내보낸 것만을 가리키지만, PR(public relations)은 기업과 관련이 있는 여러 집단들(투자자, 정부, 국회, 시민단체 등)과 좋은 관계를 구축하고 유지하는 총체적인 활동이기 때문에 보다 대상범위가 홍보보다 넓다.

29 ✗ 홍보(publicity)는 매체비용을 지불하는 광고보다 상대적으로 내용, 위치, 일정에 대한 통제가능성 및 비용이 낮은 반면에 신뢰성은 높다.

30 인적판매(personal selling)는 구매자의 확신과 구매를 구축함에 있어서 가장 효과적인 도구이지만 고객 1인당 비용은 매우 높다.

31 인적판매에서 내부판매(inside selling)는 판매사원이 잠재 구매자를 방문하여 판매활동을 하는 것이다.

32 제조업자가 직접 소비자를 대상으로 여러 가지 인센티브를 제공하는 것은 소비자 판매촉진(consumer promotion)이다.

33 소매업자 판매촉진(retailer promotion)은 소매업자를 대상으로 한 판매촉진을 말한다.

34 소비자 판촉 수단에서 준거가격이 낮아질 위험은 가격할인판촉보다 리베이트에서 더 높다.

35 샘플(samples)은 신제품 시용 유도, 반복구매 촉진, 다른 판촉 방법들에 비해 낮은 비용 등의 장점이 있다.

36 제조업자가 직접 소비자를 대상으로 여러 가지 인센티브를 제공하는 것은 소비자 판매촉진(consumer promotion)이다.

---

30 O

31 X 인적판매는 외부판매와 내부판매로 나누어지는데, 판매사원이 잠재구매자를 방문하여 판매활동을 하는 것은 외부판매이고, 소매 또는 도매 점포에 판매사원이 잠재구매자에게 판매활동을 하는 것은 내부판매이다.

32 O

33 X 소매업자 판매촉진은 소매업자가 소비자를 대상으로 인센티브를 제공하는 것이다.

34 X 가격할인판촉이 거듭되면 고객들의 준거가격이 낮아지기 때문에, 가격할인판촉이 끝난 후에 구매량이 큰 폭으로 감소할 수 있다. 따라서 소비자 판촉 수단에서 준거가격이 낮아질 위험은 리베이트보다 가격할인판촉이 더 높다.

35 X 샘플은 다른 촉진방법들에 비해 상대적으로 비용이 많이 들고, 더불어 샘플이 정확하게 배포되지 못하면 사용되지 않는 샘플이 많이 발생하기 때문에 비효율적일 수 있다.

36 O

37   보너스 팩(bonus packs)은 일정 기간 동안 제품을 구입한 사람에게 구입가격의 일부를 금품으로 보상해 주는 것이다.

38   중간상 판매촉진에는 샘플, 쿠폰, 리베이트, 사은품(premium), 고정고객 우대(patronage reward) 제도 등이 있다.

39   구매 공제(buying allowances)는 소비자 판매촉진(consumer promotion)에 포함된다.

40   구매 공제(buying allowances)는 소매업자가 신제품을 취급해 주는 대가로 제조업자가 제품대금의 일부를 공제해 주는 것이다.

41   진열 공제(display allowances)와 입점 공제(slotting allowances)는 중간상 판매촉진(trade promotion) 수단이다.

42   관여도가 높은 제품 카테고리에서 가격수단을 이용한 판매촉진은 브랜드 이미지를 나쁘게 만들 가능성이 높다.

---

37   ✗   보너스 팩(bonus packs)이란 같은 상품 또는 관련된 상품 여러 개를 묶어서 싼가격에 판매하는 것을 말한다. 일정 기간 동안 제품을 구입한 사람에게 구입가격의 일부를 금품으로 보상해 주는 것은 리베이트(rebate)이다.

38   ✗   샘플, 쿠폰, 리베이트, 사은품(premium), 고정고객 우대(patronage reward) 제도 등은 소비자 판매촉진이다.

39   ✗   구매 공제(buying allowances)는 제조업자가 일시적으로 출고가격을 인하하거나(가격인하), 일정 비율의 상품을 무료로 제공하는 것(물량 할증)을 말한다. 이는 중간상 판매촉진에 해당한다.

40   ✗   소매업자가 신제품을 취급해 주는 대가로 제조업자가 제품대금의 일부를 공제해 주는 것은 입점 공제(slotting allowances)이다. 구매 공제(buying allowances)는 제조업자가 일시적으로 출고가격을 인하하거나 일정 비율의 제품을 무료로 제공하는 것이다.

41   ○

42   ○

8. 소비자 행동

1. 관여도

관여도(involvement)는 특정 상황에서 특정의 대상에 대한 개인의 관련성 지각정도 혹은 중요성 지각 정도를 의미함

(1) 관여도를 증가시키는 요인

① 제품의 중요도
② 제품이 감성 소구를 가질 때
③ 제품에 대한 지속적 관심
④ 제품의 구매가 상당한 위험을 수반할 때

(2) 관여도의 구분

1) 지속적 관여
개인이 특정 제품군에 대하여 오랜 기간 동안 지속적으로 관심을 갖는 것

2) 상황적 관여
특정상황에 국한해서 어떤 대상에 대하여 일시적으로 높은 관심을 보이는 것

(3) 관여도와 수단-목적 사슬

1) 의의
수단-목적 사슬(means-end chain) 모형은 제품의 구체적인 속성이 제품의 사용 결과, 그리고 종국적으로 소비자의 최종가치와 연결되어 있음을 가정

수단-목적 사슬의 예

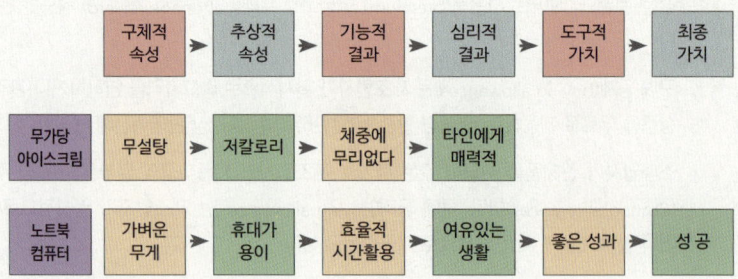

2) 수단-목적 사슬의 적용

고관여 소비자는 제품의 속성이 가치관과 관련되었다고 생각하고, 저관여 소비자는 그렇게 생각하지 않기 때문에 제품을 소비자의 최종 가치나 목표에 연결시켜 관여도를 높이는 전략을 구현하는 것이 바람직함

(4) 관여도에 따른 문제해결 유형

관여도에 따른 문제해결

관여도	구분	내용
고	포괄적 문제해결 extensive problem solving	소비자가 상당한 시간과 노력을 투입하여 수집한 정보를 근거로 여러 대안들을 신중하게 평가하여 최종선택을 하는 것
중	제한적 문제해결 limited problem solving	포괄적 문제해결에 비해 상대적으로 적은 시간과 노력을 투입하는 경우
저	일상적 문제해결 routinized problem solving	담배와 같은 기호품이나 일상적인 생활용품 등을 대상으로 한 구매의사결정에 해당

2. 관여도와 소비자 구매행동의 유형

소비자의 구매행동 유형

브랜드 간 차이	고관여 구매행동	저관여 구매행동
큰	복잡한 구매행동 complex buying behavior	다양성 추구 구매행동 variety-seeking behavior
작은	부조화 감소 구매행동 dissonance-reducing behavior	습관적 구매행동 habitual buying behavior

(1) 고관여 구매행동

1) 복잡한 구매행동 complex buying behavior

소비자들이 제품의 구매에 있어서 높은 관여를 보이고 각 브랜드 간 뚜렷한 차이점이 있는 제품을 구매할 경우의 구매행동은 일반적으로 매우 복잡한 양상을 띠게 됨

2) **부조화 감소 구매행동** dissonance-reducing buying behavior

부조화 감소 구매행동은 소비자들이 구매하는 제품에 대하여 비교적 관여도가 높고 제품의 가격이 비싸고 평소에 자주 구매하는 제품이 아니면서 구매 후 결과에 대하여 위험부담이 있는 제품의 경우, 각 브랜드 간 차이가 미미할 때 일어남

(2) 저관여 구매행동

1) **다양성 추구 구매행동** variety-seeking buying behavior

구매하는 제품에 대하여 비교적 저관여 상태이며 제품의 각 상표 간 차이가 뚜렷한 경우에 소비자들은 다양성 추구 구매를 하게 됨

2) **습관적 구매행동** habitual buying behavior

습관적 구매는 제품에 대하여 소비자가 비교적 낮은 관여도를 보이며 브랜드 간 차이가 미미할 경우에 일어남

3. 소비자행동 모형

종합적인 소비자행동 모형

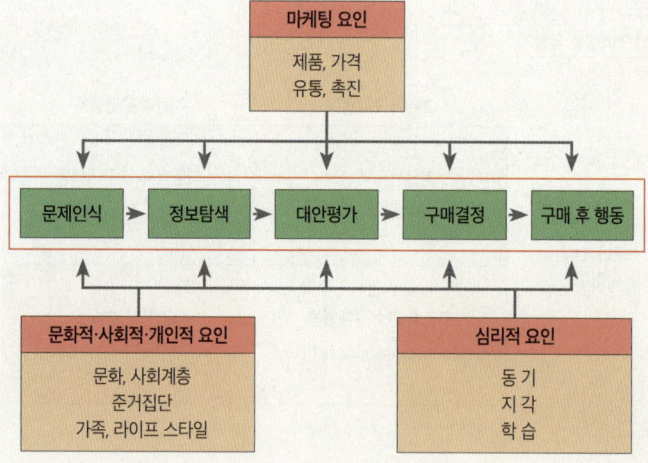

4. 소비자 구매 과정

소비자 구매 과정

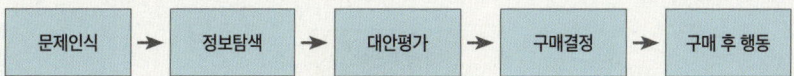

(1) 문제인식

실제 상태와 바람직한 상태간의 차이를 지각하게 되는 단계

문제인식 과정

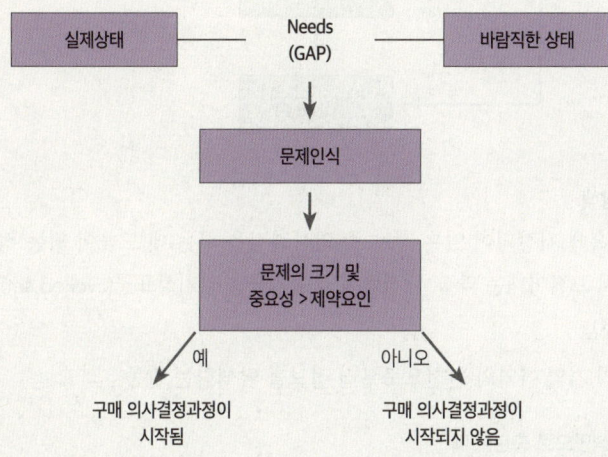

(2) 정보탐색

소비자가 욕구를 인식한 후, 정보를 수집하는 단계

정보탐색 과정

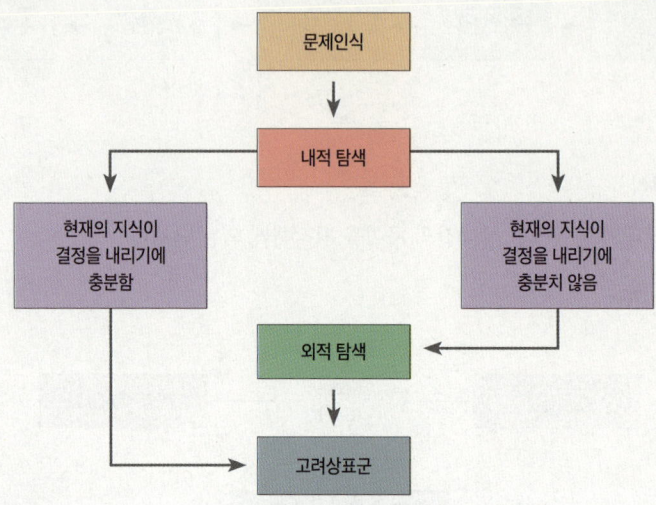

① 내적 탐색

기억 속에 저장되어 있는 정보 중 의사결정을 하는 데 도움이 되는 정보를 기억 속에서 끄집어내는 과정. 내적탐색의 결과물을 환기상표군(evoked set)이라고 함

② 외적 탐색

자신의 기억 이외의 원천으로부터 정보를 탐색하는 활동

■ 내적 탐색만으로 충분할 때

> 고려상표군 = 내적 탐색의 결과물 (환기상표군)

■ 내적 탐색만으로 충분하지 않을 때

> 고려상표군 = 내적 탐색의 결과물 (환기상표군) + 외적 탐색의 결과물

고려상표군과 환기상표군의 수 비교

고려상표군의 수 ≥ 환기상표군의 수

(3) 대안의 평가

대안평가 방식

방식	특징	종류
보완적 방식	소비자가 각 상표의 어떤 속성의 약점을 다른 속성의 강점에 의해 보완하여 전반적인 평가를 수행하는 방식	다속성 태도 모형
비보완적 방식	한 평가기준에서의 약점이 다른 평가기준에서의 강점에 의하여 보완이 되지 않도록 하는 평가방식	사전편집식 순차적 제거식 결합식 분리식

1) 보완적 방식

다속성 태도 모형(multi-attribute attitude model)은 각 대안의 가치를 각 속성들의 상대적 중요성을 나타내는 가중치를 곱해 구하게 됨. 소비자가 다속성 태도 모형을 사용할 경우, 각 상표에 대한 기준별 평가를 합산하거나 평균 또는 가중평균 등의 방법을 거쳐 전반적 평가를 이룸. 최종적으로 가장 높은 평가를 받은 상표가 선택됨

2) 비보완적 방식

방식	내용
사전편집식 lexicographic rule	소비자가 가장 중요하게 생각하는 기준부터 비교하여 제품을 선택하는 것
순차적 제거식 elimination by aspect	사전편집식과 동일하지만, 최저수준(acceptable cutoff)을 정하여 이 수준을 넘어서느냐 아니면 미치지 못하느냐에 따라 탈락을 결정짓는다는 점에서 차이가 있음
결합식 conjunctive rule	각 기준별로 받아들일 수 있는 최소수준(cutoff)을 정하고 어느 한 선택기준이라도 이 수준에 미달할 경우 이 대안은 제외시킴
분리식 disjunctive rule	결합식과 마찬가지로 기준별로 최저수준을 정하지만, 접속규칙과는 달리 어떤 한 기준이라도 최소수준을 넘어서면 무조건 합격점을 줌

(4) 구매결정

1) 소비자 구매행동의 유형

소비자의 구매행동은 관여도와 과거 경험 정도에 따라 복잡한 의사결정, 브랜드충성도, 관성적 구매, 다양성 추구로 구분됨

소비자 구매행동의 유형

	고관여	저관여
최초 구매	복잡한 의사결정	다양성 추구
반복 구매	브랜드충성도	관성적 구매

① **복잡한 의사결정** complex decision making
  복잡한 의사결정은 관여수준이 높고 새로운 제품을 구매하는 소비자의 구매행동으로 포괄적 문제해결(extensive problem solving)을 말함

② **브랜드충성도** brand loyalty
  고관여 소비자가 구매된 브랜드에 만족하면 그 브랜드에 대해 호의적인 태도를 형성하여 동일한 브랜드를 반복구매하게 되는데, 이를 브랜드충성도라고 함

③ **다양성 추구** variety seeking
  다양성 추구는 소비자가 이전에 구매한 브랜드에 싫증이 나서 또는 단지 새로운 것을 추구하려는 의도에서 다른 브랜드로 전환하는 것을 말함

④ **관성적 구매** inertia
  제품사용경험이 있는 저관여 소비자가 복잡한 의사결정을 피하기 위해 동일한 브랜드를 반복구매하는 것을 관성적 구매라고 함

2) 구매의 상황적 요인

소비자들의 제품에 관한 태도가 구매행동에 대한 설명력이 의외로 낮은 경우가 많은데 그 이유는 다음과 같음
① 예기치 않은 상황요인들, 가령 제품의 품절인 경우
② 확장된 피시바인 모델(extended Fishbein model)은 제품 자체에 대한 태도보다는 그 제품을 구매하는 의도가 더 중요하다고 봄
③ 태도의 인출가능성(attitude accessibility)

(5) 구매 후 행동

구매 후 소비자가 거치는 다양한 심리적 과정들은 다음과 같음

1) 인지부조화

많은 경우 소비자들은 제품을 구매, 소비, 처분한 후에 그러한 의사결정이 올바른 것이었는가에 대하여 확신하지 못하는 경험을 하게 되는데 이를 구매 후 부조화 (post-purchase dissonance)라고 함

구매후 부조화가 더욱 커지게 되는 상황

1. 제품을 반품할 수 없을 때
2. 가격이 높은 제품일 때
3. 선택한 제품이 갖지 못한 장점이 다른 제품에 있을 때
4. 관여도가 높을 때
5. 모든 의사결정을 전적으로 자신이 스스로 했을 때

구매 후 부조화를 줄이기 위한 방안

1. 긍정적 정보는 더욱 검색하고, 부정적 정보는 차단
2. 자신이 선택한 대안의 장점은 의식적으로 강화시키고, 선택하지 않은 대안의 장점은 의미를 축소
3. 의사결정 자체에 대한 의미를 축소
4. 태도에 따른 신념 변화

---

2) 만족/불만족

① 기대불일치 모델

올리버(Oliver)의 기대 불일치 모델(expectancy disconfirmation model)에 따라 실제가 기대보다 크다면 만족하고, 실제가 기대보다 작다면 불만족

만족/불만족의 기대 불일치 모델

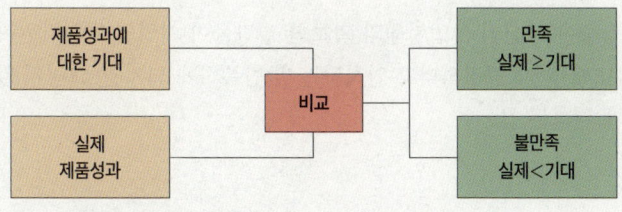

※ 마케터는 소비자에게 너무 과다하게 약속해서는 안 됨. 즉 마케터는 현실성이 없는 기대를 조성해서는 안 됨

② 귀인 attribution 이론

소비자들은 구매한 제품이나 서비스가 자신들의 욕구를 충족시키지 못하면, 그 이유를 찾아내고 설명하려고 함. 이를 위해 다음의 3가지 요인을 확인함

귀인요인

요인	내용	상황	귀인
안정성 stability	이 사건의 원인이 일시적인가 아니면 지속적인가?	일시적	내부(소비자)
		항구적	외부(기업)
책임소재 focus	이 문제는 소비자가 유발했는가 아니면 기업이 유발했는가?	소비자 책임	내부(소비자)
		기업 책임	외부(기업)
통제가능성 controllability	이 문제는 소비자가 통제할 수 있는 문제인가 아니면 소비자가 통제할 수 없고 기업이 통제해야 하는 문제인가?	소비자 통제	내부(소비자)
		기업 통제	외부(기업)

※ 소비자들은 문제의 원인이 항구적이고, 기업과 관련되어 있으며, 소비자가 통제할 수 없다고 인식하는 순간 불만족할 가능성이 높아짐

불만족 귀인요인

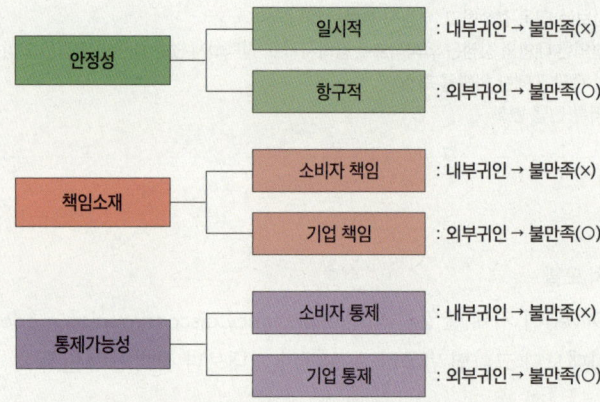

③ 공정성이론

소비자들은 자신의 투입자원과 확보한 결과물이 기업의 투입자원이나 결과물과 비교해 볼 때 공정하다고 인식되는 한 만족하게 되지만, 그렇지 않다면 불만족하게 된다는 것

3) 불평행동

소비자들은 불평행동이 많은 시간과 노력을 필요로 하거나 또는 그렇게 함으로써 돌아오는 실익이 적고, 제품이 중요하지 않은 경우 불평행동을 하지 않음

4) 제품처분

소비자가 예전에 상표를 왜 처분했는지에 대해 마케터가 이해하고 있다면, 이어질 구매의사결정에 더 긍정적인 영향을 미칠 수 있음. 나아가 제품처분과 관련된 소비자 행동은 자원재활용 측면에서도 중요함

5. 소비자 행동에 영향을 미치는 요인

(1) 문화적 요인

1) 문화 culture

어느 특정 사회가 지니고 있는 가치관, 태도, 살아가는 방식

2) 사회계층 social class

비슷한 가치관, 관심사와 행동을 공유하는 사람끼리 구성된 비교적 영구적이고 계층적인 사회적 구분

(2) 사회적 요인

1) 준거집단 reference group

한 개인의 태도나 행동을 형성하는데 직·간접적인 비교점 혹은 준거점의 역할을 하는 집단

2) 가족

구매행동에 강한 영향을 주며, 사회에서 가장 중요한 소비자 구매조직

3) 역할과 지위

사람의 위치는 역할과 지위로 정의될 수 있음. 사람들은 보통 자신의 지위에 맞는 제품을 선택하기 때문에 마케팅 관리자는 소비자의 역할과 지위에 많은 관심을 두어야 함

(3) 개인적 요인

1) 연령

우리나라는 자신에 걸맞게 행동해야 한다는 규범이 강하기 때문에, 연령은 소비자 행동에 매우 큰 영향을 미침

2) 패밀리 라이프 사이클

패밀리 라이프 사이클의 단계는 미혼, 신혼부부, 젊은 부부, 중년 부부, 장년 부부, 노년단계, 사별 후 독신기 등으로 구분되는데 가족단위로 구매결정이 이루어지는 상품의 경우에는 이 단계가 중요함

3) 라이프 스타일

사람들이 살아가는 방식으로 개인마다 독특한 삶의 양식을 취함. 라이프 스타일에 대한 연구는 주로 소비자들의 활동(activity), 관심사(interest), 그리고 의견(opinion)의 측정을 중심으로 이루어짐

4) 성격과 자아개념

개인의 독특한 성격과 자아개념은 특정 제품이나 브랜드의 선택과 관련된 소비자 행동 분석에 유용함

(4) 심리적 요인

1) 동기

어떤 목표를 달성하기 위해 개인의 에너지가 동원된 상태

2) 지각

여러 감각기관을 통해 두뇌로 들어온 자극을 선택(select), 조직화(organize), 해석(interpret)하는 과정

3) 학습

경험으로 인한 개인행동의 변화

6. 소비자 정보처리과정

(1) 노출

노출(expose)은 개인이 자극에 물리적으로 접근하여 개인의 다섯 개 감각기관 중 한 개 이상이 활성화될(active) 준비상태를 말함

1) 선택적 노출

선택적 노출(selective exposure)은 소비자가 필요하고 관심을 갖는 정보에만 자신을 노출시키는 지각적 메커니즘을 말함. 예를 들어, e-mail로 받게 되는 광고물을 제목도 보지 않고 삭제해 버리는 것

(2) 감지

1) 차이식역

차이식역(differential threshold)은 두 개의 자극이 지각적으로 구분될 수 있는 최소한의 차이를 말하며, JND(just noticeable difference)라고도 함. 예를 들어, 소비자가 20도 소주와 19도 소주의 강도를 구분 못하지만 20도 소주와 18도 소수의 강도를 구분한다면 그에게 차이식역은 2도임

2) 식역하 지각

식역하 지각(subliminal perception)이란 절대식역(absolute threshold) 이하의 자극을 인식하는 것을 말함, 즉 의식 수준 이하에서 자극을 지각하는 것을 의미함. 이러한 현상에 대해 증식효과이론(incremental effects theory)은 개인이 매우 미약한 자극에 노출되면 처음에는 이를 감지하지 못하지만 반복적으로 노출되면 자극의 표상이 개인의 신경체계에 축적되어 추후 그 자극의 강도가 절대식역(absolute threshold)을 초과하기 때문인 것으로 설명

(3) 주의

1) 지각적 경계

소비자는 정보에 노출되었을 때 그 정보가 자신의 욕구 혹은 환기된 동기(aroused motive)와 관련성이 높을수록 더 많은 주의를 기울이는데 이를 지각적 경계(perceptual vigilance)라고 함. 여대생들을 대상으로 한 연구에서는 다이어트를 하는 학생들은 하지 않는 학생들에 비해 과거보다 식품광고가 더 많아진 것으로 생각하는 것으로 나타났는데 이는 그 학생들이 다이어트로 인해 배가 고픈 상태에 있어 타인들보다 식품광고에 더 민감하게 주의가 주어졌기 때문임

2) 지각적 방어

소비자는 자신의 기존 신념과 태도에 크게 불일치하는 정보에 노출되면 이를 회피하는 경향이 있음. 그러나 그러한 정보에 강제적으로 노출되면 그 정보를 왜곡시킴으로써 자신의 기존 신념과 태도를 보호하려는 심리적 경향이 있는데 이를 지각적 방어(perceptual defense)라고 함

(4) 이해

1) 지각적 추론

지각적 추론(perceptual inference)은 한 대상을 평가할 때 직접적인 평가를 하지 않고 다른 것들로부터 추리하는 것을 말함. 가격-품질 연상(price-quality association)은 지각적 추론에 의한 것임

2) 순서효과

순서효과(order effects)에는 두 가지가 있음. 첫째는 최근효과(recency effect)로서 자극의 내용들이 차례로 제시된 경우 맨 끝에 제시된 부분에 비중을 많이 두어 지각하는 것이고, 둘째는 초기효과(primacy effect)로서 처음에 제시된 부분에 많은 비중을 두어 지각하는 것임

7. 기억

(1) 기억의 구조와 기능

1) 단기기억

단기기억은 정보처리가 이루어지는 동안 유입된 정보가 일시적으로 저장되는 장소로, 단기기억에 관한 정보과부하(information overload) 가설은 소비자가 제한된 시간에 처리할 수 있는 정보의 양은 제한적이기 때문에 정보처리능력을 초과할 정도로 많은 정보가 주어지면 오히려 최선의 제품을 선택할 가능성이 낮아진다고 주장. 정보과부하 가설은 소비자에게 제품정보를 보다 많이 제공할수록 좋다는 기존의 소비자정책과 상반됨

2) 장기기억

단기기억에서 처리된 정보는 장기기억(long-term memory)으로 들어가 거의 영구적으로 저장됨

① **쇠퇴이론** decay theory

이는 기억의 자국(trace)이 시간이 경과함에 따라 서서히 사라진다는 것임. 즉, 이 이론은 어떤 정보가 생각나지 않는 것은 시간이 지나면서 그 정보의 자국이 희미하거나 사라졌기 때문인 것으로 설명함

② **방해이론** interference theory

이는 특정 정보를 인출하고자 할 때 다른 정보가 방해한다는 것임. 이 이론은 한때 생각나지 않던 정보도 시간이 지난 다음 다시 생각나는 현상을 설명해줌

8. 태도와 관련된 이론들

(1) 다속성 태도모델

피시바인(Fishbein)의 다속성 태도모델(multi-attribute attitude model)은 태도 형성을 제품의 속성과 편익에 대한 소비자 신념의 함수로 설명

$$A_o = \sum_{i=1}^{n} b_i e_i$$

이 식에서
A_o : 대상에 대한 태도(attitude toward an object)
b_i : 이 대상이 속성 i를 갖는다는 신념(belief)의 강도
e_i : 속성 i의 평가(evaluation)
n : 부각적 신념의 수

1) 다속성 태도모형의 유용성
① 소비자 행동예측
② 마케팅 관리자에게 풍부한 정보제공

2) 다속성 태도모형의 한계점
제품의 속성만으로는 구매자의 태도를 충분히 설명할 수 없는 상품들이 존재할 수 있음. 가령 향수, 화장품 등

(2) 피시바인 확장모델 Fishbein's extended model

피시바인과 에이젠(Fishbein & Ajzen, 1975)이 주장한 합리적 행동이론(theory of reasoned action)은 사람들이 특정 행동에 대해 긍정적인 태도를 가지고 있고, 자신에게 중요한 주변 사람들에게 그 행동이 용인될 수 있을 때(주관적 규범), 행동 의도(동기)가 높아지게 된다고 주장함. 즉 소비자의 구매의도는 대상과 관련된 행동에 대한 태도(attitude toward the behavior)와 소비자의 행동에 대해 다른 사람들이 어떻게 볼 것인가에 관한 주관적 규범(subjective norm)에 의해 결정된다고 봄

확장된 Fishbein 모델의 개념적 틀

1) 행동에 대한 태도(개인적 요인)

행동의도에 영향을 미치는 것은 대상에 대한 태도(attitude toward an object)가 아니라 행동에 대한 태도(attitude toward the behavior)임. 예를 들어, 소비자들은 어떤 옷을 살 때 비록 보기에 마음에 들더라도(대상에 대한 태도) 자신에게 어울리지 않는다고 생각되면(행동에 대한 태도) 구매를 하지 않음

2) 주관적 규범(사회적 요인)

주관적 규범(subjective norm: SN)은 행동의도에 영향을 미치는 사회적 요인으로 그 행동과 관련하여 사회적 측면에서 생각할 때 어떻게 할 것인가에 대한 개인의 주관적 생각임. 예를 들어, 고급 수입차 구매에 대해 긍정적 태도(행동에 대한 태도)를 갖고있더라도 사원들(준거집단)이 자신의 수입차 구매에 부정적일 것이라고 생각하는 사장은 수입차 구매를 하지 않을 수 있음

(3) 의도적 행동모델

바고지(Bagozzi)는 의도적 행동모델에서 피쉬바인 확장모델에서 태도의 결정 요소 중 평가의 요소 대신 조건적 접근/회피 반응이라는 요인을 사용할 것을 제시함

(4) 정교화가능성 모델

페티와 카치오포(Petty & Cacioppo)의 정교화가능성 모델(ELM: elaboration likelihood model)은 고관여 소비자는 정보처리에 더 많이 동기부여되기 때문에 보다 정교화(중심)된 정보처리를 하며, 저관여 소비자들은 정보처리에 거의 동기부여되지 않기 때문에 정교화하지 않은(주변) 정보처리를 하게 된다고 주장

1) 활용 전략

① 타겟 소비자의 관여도가 높을 경우에는 제품의 속성에 대한 논점을 명확히 하고 강력한 메시지를 제시하여 정교한 정보 처리를 유도할 필요가 있음
② 비누, 치약, 맥주와 같은 저관여 제품의 광고에 대해서 소비자는 메시지를 적극적으로 처리하려는 동기가 낮기 때문에, 제품 속성에 대해 강력히 주장하는 광고보다는 주변단서를 이용하는 광고가 효과적임
③ 매체 선택도 중요한 고려 사항인데, 고관여된 소비자는 메시지 내용을 정교히 처리하려는 동기가 높기 때문에 인쇄 매체와 같이 스스로 처리 속도를 조절할 수 있는 매체가 효과적이지만, 저관여 상태의 소비자는 메시지 주장보다는 주변 단서에 관심을 갖기 때문에 인쇄 매체보다 주변 단서를 효과적으로 활용할 수 있는 TV가 광고 매체로서 더욱 효과적임

정교화 가능성 모델

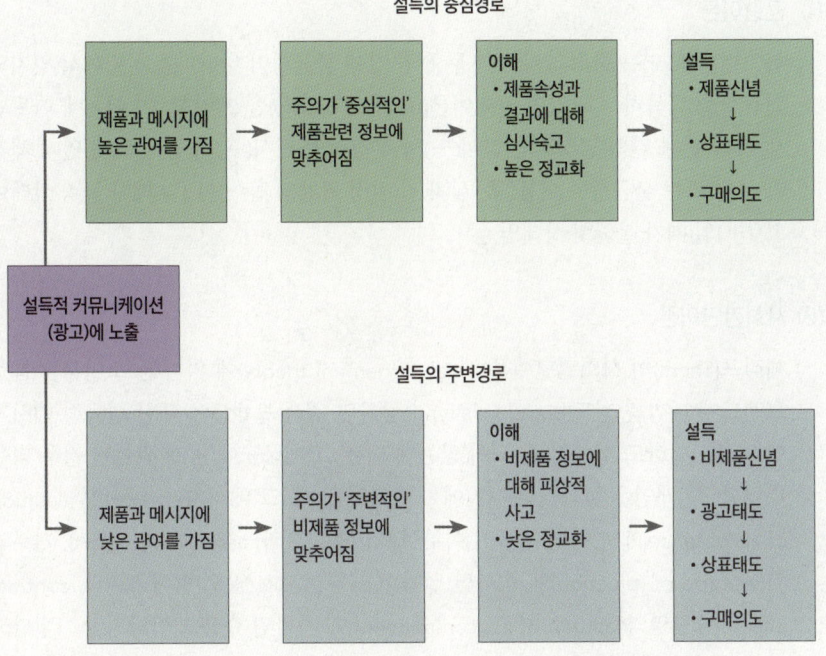

(5) 저관여 소비자의 태도 형성/변화

1) 저관여 학습

크루그먼(Krugman)의 저관여 학습(low involvement learning) 이론에 따르면, TV는 인쇄매체에 비하여 관여도가 낮은 매체이며 또한 TV를 통해 광고되는 상품들도 저관여 제품인 경우가 대부분임. 저관여 상황하에서 시청자들은 광고를 보면서 실제로 주의를 집중하지 않기 때문에 나중에 광고에 대해 들어도 내용은 기억 못하고 광고를 본 적이 있다는 정도만 기억함. 이런 저관여 학습으로 태도변화를 일으키지는 못하겠지만, 상표명을 부각시킬 수 있고, 또 어떤 속성을 부각시킬 수 있음. 그러다가 소비자가 우연히 점포에 들러 쇼핑을 하다가 눈에 익은 이 상표를 선택하게 되며, 스스로 내가 왜 이 상표를 선택했는가 하는 자문을 하게 되고 이것이 이 상표에 대한 좋은 태도로 연결될 수 있음

2) 단순 노출 효과

로버트 자욘츠(Robert Zajonc)가 제시한 단순 노출 효과(mere-exposure effect)는 사람들이 설득 대상물에 단순히 노출되는 것만으로도 대안에 대한 긍정적 태도가 형성될 수 있다는 심리학 이론임

9. 태도변화와 관련된 이론들

(1) 균형이론

하이더(Heider)는 특정의 대상과 두 사람 간에 불균형이 나타나는 상황에서 인지의 일관성을 회복하는 과정인 균형이론(balance theory)을 제안함. 이 이론에 따르면 세 가지 관계 간의 긍정적인 정서(+)와 부정적인 정서(−)의 곱에 의해 인지 체계가 균형 또는 불균형을 이룸. 즉, 삼자 간 감정 관계의 곱이 (+)일 때가 균형 상태이고, (−)일 때가 불균형 상태임

(2) 사회판단이론

셰리프(Sherif)의 사회판단이론(social judgement theory)에 의하면, 소비자는 특정 브랜드에 대한 충성도(brand loyalty)가 강하면 경쟁 브랜드에 대한 설득적 메시지에 노출되더라도 설득이 잘 되지 않는데 이는 그 제품군에 높게 관여된 경우 더욱 뚜렷함. 즉 개인은 설득적 메시지에 노출되었을 때, 그 메시지가 수용영역(latitude of acceptance)에 속하면 설득이 이루어지고(동화효과, assimilation effect), 거부영역(latitude of rejection)에 속하면 설득이 이루어지지 않으며(대조효과, contrast effect), 중립영역(latitude of noncommitment)에 속하면 수용도 아니지만 그렇다고 거부도 아닌 입장을 취함

10. 산업재 시장

(1) 시장구조와 수요

① 소수의 대규모 구매자
② 지리적으로 집중
③ 파생 수요
④ 비탄력적 수요
⑤ 변동성이 큰 수요

(2) 구매 단위의 성격

① 많은 의사결정 참여자
② 전문적 구매노력

(3) 의사결정 형태와 의사결정 과정

① 더 복잡한 의사결정
② 높은 공식화
③ 공급기업과 고객 간의 밀접한 관계

(4) 산업재 구매행동

1) 산업재 구매행동의 주요 특징
   ① 시스템구매와 판매
   ② 구매센터

11. 마케팅 윤리

(1) 제품과 관련된 윤리적 문제
   ① 제품의 결함으로 인한 문제
   ② 원래 위험한 제품이 일으키는 문제
   ③ 성분 및 효능에 대한 허위 표시
   ④ 환경오염
   ⑤ 제품의 계획된 진부화

(2) 가격과 관련된 윤리적 문제
   ① 가격경쟁을 제한하는 행위
   ② 기만적인 가격표시
   ③ 실질적인 가격인상
   ④ 유보가격을 이용한 가격결정

(3) 촉진과 관련된 윤리적 문제
   ① 허위광고와 오도광고
   ② 어린이를 대상으로 하는 광고
   ③ PR 및 구전
   ④ 과도한 판매촉진
   ⑤ 비윤리적 인적판매

(4) 유통과 관련된 윤리적 문제
   ① 우월적 지위를 남용한 대금지급연기
   ② 우월적 지위를 남용한 일방적 비용청구

(5) 마케팅 정보와 관련된 윤리적 문제
   ① 경쟁자 정보 수집
   ② 개인정보 보호

01 제품의 구매가 상당한 위험을 수반할 때 관여도는 감소한다.

02 관여도(involvement)가 높은 소비자는 포괄적 문제해결(extensive problem solving) 과정을 거친다.

03 제품의 기능적인 가치보다 사회적 관계 속에서 갖는 상징적 가치를 고려하여 구매하는 경우 소비자의 관여도는 높다고 할 수 있다.

04 소비자의 구매의사결정 과정은 문제인식 → 정보탐색 → 대안평가 → 구매결정 → 구매 후 행동의 순으로 이루어진다.

05 소비자 구매의사결정 과정의 정보탐색 단계에서 내적탐색(internal search)의 결과물을 고려상표군(consideration set)이라 한다.

06 소비자는 내적 탐색(internal search)만으로 정보가 충분하지 않을 때 추가적으로 외적 탐색(external search)을 실시한다.

07 정보탐색의 결과인 대안을 평가하는 방식 중 보완적 평가(compensatory rule) 방법에는 다속성 태도 모형(multi-attribute attitude model)이 대표적이다.

---

01 ✕ 제품이 자신에게 중요할 때, 제품이 감성소구를 가질 때, 제품에 지속적 관심이 있을 때, 제품의 구매가 상당한 위험을 수반할 때, 관여도는 증가한다.

02 ○

03 ○ 제품의 기능적 가치만이 중요하다면 기능적 필요를 만족시키기만 하면 되지만 상징적 가치가 중요하게 되면 기능적 가치에 추가로 상징적 가치까지 고려해야 하므로 관여도는 높아진다.

04 ○

05 ✕ 내적탐색의 결과물은 환기상표군(evoked set)이다. 고려상표군은 환기상표군과 외적 탐색의 결과물을 합한 것이다.

06 ○

07 ○

08　비보완적 방식(non-compensatory rule)은 특정 속성에서의 약점이 다른 속성에서의 강점에 의해 보완이 되지 않는 방식이다.

09　사전편집식(lexicographic rule)은 중요한 기준부터 순서대로 탈락시킴에 있어서 최저수준(acceptable cutoff)을 사용한다.

10　사전편집식(lexicographic rule)과 결합식(conjunctive rule)은 비보완적 대안평가방식이다.

11　구매경험이 있는 저관여 소비자가 구매노력을 덜기 위해 특정 브랜드를 반복 구매하는 것은 관성적 구매(inertia)와 관련이 있다.

12　특정 브랜드에 대해 호의적 태도를 가지고 반복 구매하는 것은 브랜드충성도와 관련이 있다.

13　올리버의 기대불일치 모형(expectancy disconfirmation model)이 주는 시사점은 고객에 현실성이 없는 기대를 조성해서는 안된다는 것이다.

14　기대불일치 모형(expectancy disconfirmation model)은 제품성과에 대한 기대, 지각된 제품성과, 기대와 성과 간의 차이 평가, 만족·불만족으로 구성되어 있다.

08　O

09　X　중요한 기준부터 순서대로 탈락시킴에 있어서 최저수준(acceptable cutoff)을 정하고 이 수준을 넘어서느냐 그렇지 못하느냐에 따라 탈락을 결정하는 것은 순차적 제거식(elimination by aspect)이다.

10　O

11　O　저관여 소비자가 복잡한 의사결정을 피하기 위해 동일한 브랜드를 반복 구매하는 것을 관성적 구매라고 한다.

12　O　고관여 소비자가 구매된 브랜드에 만족하여 반복 구매하는 것을 브랜드 충성도에 의한 구매라고 한다.

13　O　제품이 실제로 제공할 수 있는 것은 정해져 있기 때문에 이 이상을 약속하는 광고는 소비자로 하여금 불만족을 경험하게 만든다.

14　O

15   구매후 부조화(post-purchase dissonance)는 소비자가 구매 이후 느낄 수 있는 심리적 불편함을 말하며, 구매를 취소할 수 없을 때 발생할 가능성이 높다.

16   불만족한 소비자는 재구매 의도의 감소뿐만 아니라 다양한 불평행동을 보이며, 소비자들은 자신의 불평행동으로부터 기대되는 이익과 비용을 고려하여 불평행동유형을 결정한다.

17   소비자 행동에 영향을 미치는 요인 중 심리적 요인에는 동기, 지각, 학습이 있다.

18   귀인이론(attribution theory)은 구매 후 소비자가 불만족 원인의 추적 과정을 이해하는데 도움이 되며, 원인이 일시적이고 기업이 통제가능한 것이었고, 기업의 잘못으로 일어났다고 소비자가 생각할수록 더 불만족한 가능성이 높다.

19   가격-품질 연상(price-quality association)은 지각적 추론(perceptual inference)과 관련이 있다.

20   정보 내용들이 차례로 제시된 경우 처음에 제시된 부분에 많은 비중을 두어 지각하는 것을 초기효과(primacy effect)라 한다.

21   정보과부하(information overload) 가설에 의하면, 소비자가 제한된 시간에 처리할 수 있는 정보의 양은 제한적이기 때문에 처리능력을 초과할 정도로 많은 정보가 주어지면 오히려 최선의 제품을 선택할 가능성이 낮아진다.

---

15   O

16   O

17   O

18   X   귀인이론에서 원인이 항구적이고, 기업이 통제가능한 것이었고, 기업의 잘못으로 일어났다고 소비자가 생각할수록 더 불만족한 가능성이 높다.

19   O   지각적 추론은 한 대상을 평가할 때 직접적인 평가를 하지 않고 다른 것들로부터 추리하는 것을 말한다. 소비자는 제품의 품질을 평가할 충분한 정보를 갖고 있지 못하면 가격이 높을수록 품질이 더 좋은 것으로 생각하는 경향이 있는데 이것이 지각적 추론에 의한 것이다.

20   O

21   O   정보과부하 가설에 따르면 적당한 정보를 제공하는 것이 소비자의 의사결정을 위해 보다 바람직하다.

22 한때 생각나지 않던 정보도 시간이 지난 다음에 다시 생각나는 경험은 쇠퇴이론(decay theory)으로 설명될 수 있다.

23 피시바인(Fishbein)의 다속성 태도모델(multi-attribute attitude model)은 제품이 가지고 있는 여러 가지 속성 가운데 소비자가 가장 중요하게 생각하는 속성을 우선 고려하여 제품의 구매 의향을 측정하는 것이다.

24 정교화가능성 모델(ELM: elaboration likelihood model)에 따르면, 제품에 관심이 많은 소비자는 광고를 볼 때, 광고 모델이나 음악보다는 제품정보를 중심으로 정보를 처리한다.

25 정교화가능성 모델에 따르면 소비자 정보처리경로는 중심경로(central route), 중간경로(middle route), 주변경로(peripheral route)로 구분된다.

26 정교화가능성 모델은 고관여 소비자를 대상으로 하는 광고의 경우 구체적인 제품정보를 설득력 있게 제시하는 것이 효과적이고, 저관여 소비자를 표적으로 하는 경우에는 제품정보보다 광고모델에 초점을 두는 것이 더 효과적이라고 제시한다.

27 피시바인 확장모델(Fishbein's extended model)을 통해 소비자의 구매의도를 예측할 때는 제품에 대한 태도와 제품의 구매를 주변사람들이 어떻게 볼 것인지를 살펴보면 된다.

28 정교화가능성 모델(ELM)에 의하면 고관여 소비자는 중심단서(예: 제품정보)보다 주변단서(예: 광고모델)에 의해 영향을 받는다.

---

22 ✗ 쇠퇴이론(decay theory)은 기억의 자국이 시간이 경과함에 따라 서서히 사라진다는 것이고, 방해이론(interference theory)은 특정 정보를 인출하고자 할 때 다른 정보가 방해한다는 것이다. 따라서 어떤 정보가 저장한 지 오래될수록 잘 기억이 나지 않는 현상은 쇠퇴이론으로 설명될 수 있고, 한때 생각나지 않던 정보도 시간이 지난 다음에 다시 생각나는 경험은 방해이론으로 설명될 수 있다.

23 ✗ 피시바인의 다속성 태도 모델은 제품이 가지고 있는 여러 가지 속성에 대한 태도의 합으로 소비자의 구매의향을 예측하는 것이다.

24 ○

25 ✗ 정교화가능성 모델에서 소비자 정보처리경로는 중심경로와 주변경로 단 2가지이다.

26 ○

27 ✗ 피시바인 확장모델에서는 소비자의 구매의도를 제품구매 행동에 대한 태도(attitude toward the behavior)와 주관적 규범(subjective norm)으로 설명한다.

28 ✗ 정교화가능성 모델(ELM: elaboration likelihood model)에 의하면 고관여 소비자는 주변단서보다는 중심단서에 영향을 더 많이 받는다.

29   피시바인 확장모델은 구매행동의도(behavioral intention)를 통해서 소비자의 구매행동을 예측하고자 한다.

30   "이 옷 자체는 좋지만, 내가 구매해서 입으면 어울리지 않을 것 같다."는 피시바인 확장모델에서 주관적 규범(subjective norm)에 관한 내용이라고 볼 수 있다.

31   하이더의 균형이론(balance theory)에서 특정 대상과 두사람 간 즉 삼자간 감정관계의 곱은 음(-)일 때 균형상태이다.

32   평소에 20도 소주를 마시던 소비자가 19도로 낮아진 소주는 구분 못하지만 18도로 낮아진 소주를 구분하는 것은 차이 식역(differential threshold)으로 설명될 수 있다.

33   브랜드명, 보증기간, 원산지 등이 품질을 추론하는 단서로 이용되는 것은 지각적 추론(perceptual inference)과 관련이 있다.

---

29 ○   합리적 행동이론(theory of reasoned action)에 토대를 두고 있는 피시바인 확장모델은 구매행동에 직접적인 영향을 미치는 것을 '행동의도(behavioral intention)'라고 본다.

30 ✕   "이 옷 자체는 좋지만, 내가 구매해서 입으면 어울리지 않을 것 같다."는 피시바인 확장모델에서 행위에 대한 태도(attitude toward the behavior)에 해당한다. 반면 주관적 규범(subjective norm)은 자신의 구매를 주변사람들이 어떻게 볼 것인가에 관한 것으로 "내가 이 자동차를 사면 다른 사람들이 어떻게 생각할까?" 라는 내용은 주관적 규범과 관련이 있다고 볼 수 있다.

31 ✕   균형이론(balance theory)에서 삼자간 감정관계의 곱은 양(+)일 때 균형상태이다.

32 ○   차이식역(differential threshold)은 2개의 자극을 지각할 수 있는 최소한의 차이를 말한다. 절대식역이 자극이 있는지 없는지를 판별하는 영역이라고 하면 차이식역은 두 자극간 차이가 있는지 없는지를 판별하는 영역이라고 할 수 있다.

33 ○   지각적 추론(perceptual inference)은 한 대상을 평가할 때 직접적인 평가를 하지 않고 다른 것들로부터 추리하는 것을 말한다. 예를 들어, 사람들은 고급승용차를 타는 사람을 보면 그 사람이 부자이거나 허세가 심하다고 쉽게 추론하게 된다.

34 다이어트를 하는 학생들이 하지 않는 학생들에 비해 과거보다 식품 관련 광고가 더 많아졌다고 느끼는 것은 지각적 방어(perceptual defense)에 해당된다.

35 셰리프(Sherif)의 사회판단이론(social judgement theory)에 의하면, 특정 제품에 관여도가 높은 소비자일수록 경쟁 브랜드에 대한 설득 메시지에 노출되었을 때 설득이 더 잘 이루어진다.

36 개인이 설득적 메시지에 노출되었을 때, 그 메시지가 수용영역(latitude of acceptance)에 속하게 되면 설득이 이루어지는데 이를 동화효과(assimilation effect)라고 한다.

37 개인이 설득적 메시지에 노출되었을 때, 그 메시지가 거부영역(latitude of rejection)에 속하면 설득이 이루어지지 않는데 이를 대조효과(contrast effect)라고 한다.

38 동화효과(assimilation effect)와 대조효과(contrast effect)는 셰리프(Sherif)의 사회판단이론(social judgement theory)에 근거를 두고 있다.

39 산업재의 수요는 파생수요(derived demand)의 성격을 갖는다.

40 산업재는 조직의 구매센터에서 구매의사결정을 하며, 제품만 구매하는 것이 아닌 총체적 솔루션을 구매하는 시스템구매의 특성을 갖는다.

41 산업재 수요는 소비재에 비해, 지리적으로 분산되어 있으며 가격변화에 탄력적이다.

---

34 ✗ 소비자는 정보에 노출되었을 때 그 정보가 자신의 욕구 혹은 환기된 동기(aroused motive)와 관련성이 높을수록 더 많은 주의를 기울인다. 이와 같이 자신과의 관련성이 높은 정보에는 주의를 기울이고 그렇지 않은 정보에는 주의를 기울이지 않는 메커니즘을 지각적 경계(perceptual vigilance)라고 한다.

35 ✗ 셰리프(Sherif)의 사회판단이론(social judgement theory)에 의하면, 특정 제품에 관여도가 높은 소비자일수록 경쟁 브랜드에 대한 설득 메시지에 노출되었을 때 설득이 잘 되지 않는다.

36 ○
37 ○
38 ○
39 ○
40 ○
41 ✗ 산업재 수요는 제조시설이 모여 있는 곳에 집중되며, 가격변화에 큰 영향을 받지 않는다.

PART 3
경영과학/운영관리

01
경영과학

02
생산시스템과 프로세스 관리

03
품질경영

04
생산능력 관리

05
공급사슬관리

06
재고관리

07
운영계획과 자원계획

08
린 시스템 설계

09
경영정보시스템

1. 경영과학

1. 선형계획법

(1) 기본구조

선형계획법(linear programming)의 모형은 결정해야 할 변수 및 이미 정해진 매개변수로 구성된 의사결정 변수(decision variables), 목적함수식(objective function), 제약식(constraints)으로 구성

(2) 풀이방법

> 1단계: 제약식을 그린다.
> 2단계: 실행가능영역을 찾아낸다.
> 3단계: 목적함수를 그린다.
> 4단계: 눈으로 해를 찾는다.
> 5단계: 대수적으로 해를 찾는다.

최대화 문제

목적함수의 기울기	제약식 1 < 목적함수 < 제약식 2	제약식 1 < 제약식 2 < 목적함수	목적함수 < 제약식 1 < 제약식 2
최댓값	제약식의 교점	실행가능영역의 X절편	실행가능영역의 Y절편
예			

최소화 문제

목적함수의 기울기	제약식 1 < 목적함수 < 제약식 2	제약식 1 < 제약식 2 < 목적함수	목적함수 < 제약식 1 < 제약식 2
최솟값	제약식의 교점	실행가능영역의 Y절편	실행가능영역의 X절편
예			

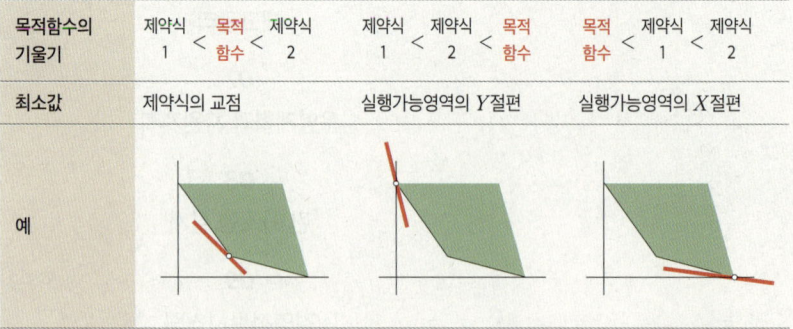

※ 단, 제약식이 위 그림과 같이 표시될 때만 가능함

(3) 민감도 분석

일반적인 선형계획법 모형은 암묵적으로 매개변수(parameter)가 확정적으로 주어져 있다는 것으로 가정하나 현실적으로 이들 매개변수는 변화할 수 있기 때문에 매개변수의 변화가 최적해에 미치는 영향을 분석하는 것을 민감도 분석(sensitivity analysis)이라고 함

(4) 할당모형

할당모형(assignment model)은 작업이나 작업요소를 자원에 할당하는 상황에서 활용할 수 있는 특수 목적 선형계획 모형으로, 대표적인 예는 기계나 작업자에게 작업을 할당하거나, 수리공에게 고장난 기계를 할당하는 것임. 기본 아이디어는 작업과 자원의 최적 결합을 도출하는 것인데, 흔히 사용되는 기준은 비용, 이익, 효율성 그리고 작업성과임

(5) 수송모형

수송모형(transportation model)은 공장이나 창고와 같은 여러 출발지에서 소매상과 같은 여러 목적지로 가는 제품들을 배에 실어 보낼 수 있는 항로 중 가장 비용이 적게 드는 항로를 결정하는 방법

(6) 특수한 선형계획법

특수한 선형계획법

구분	내용
정수계획법 integer programming	최적해로 정수만이 허용되는 확정적 수리모형으로, 일반적인 선형계획법의 모형에 하나의 제약식을 추가하여 최적해가 정수가 되도록 하는 기법
목표계획법 goal programming	목적함수에서 목표하는 하나 이상의 목적(objective)을 고려하는 선형계획법의 변형된 형태

2. 프로젝트 관리(네트워크 기법)

(1) 간트 차트

간트 차트(Gantt chart)는 과학적 관리법 시대에 개발된 것으로 부하할당, 일정계획과 실적비교, 진도관리를 위한 일정통제 등에 다양하게 활용될 수 있으며 적용이 매우 간단하여 프로젝트에서도 일정계획과 통제에 적용될 수 있는 체계적인 방법임

간트 차트 사례

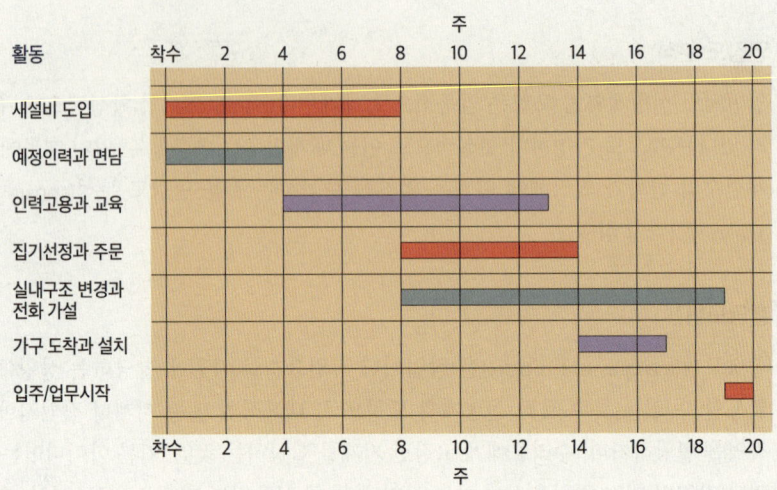

(2) PERT/CPM

1) **핵심 아이디어**

   프로젝트의 각 활동들을 네트워크화된 도형으로 표시하고 가장 오랜 시간이 소요되는 경로 즉 주경로(critical path)를 찾고, 주경로가 지연되지 않도록 관리한다는 것. 만약 주경로가 아닌 다른 경로의 경우라면, 전체 프로젝트를 지연시키지 않는 범위 내(활동 여유시간: slack time)에서의 지연은 무방함. 주경로에 대해서는 활동 여유시간(slack time=0)이 존재하지 않음

2) **활동소요시간 추정**

   CPM(critical path method)은 활동소요시간이 확정적이나 PERT(program evaluation & review technique)는 베타(β)분포를 따름. 베타분포에서 작업을 마치는데 기대되는 시간(t_e)은 다음과 같이 추정됨
   ① **낙관적 소요시간**: 최적의 조건 아래에서의 작업 수행 시간으로 t_o로 표현됨
   ② **비관적 소요시간**: 최악의 조건 아래에서의 작업 수행 시간으로 t_p로 표현됨
   ③ **최빈 소요시간**: 가장 흔히 걸리는 작업 수행 시간으로 t_m으로 표현됨

$$t_e = \frac{t_o + 4t_m + t_p}{6}$$

3) 프로젝트 소요시간 단축

프로젝트 관리자들은 활동 소요시간 단축(crashing)을 위해 다음과 같은 정보를 가지고 있어야 함
① 각 활동에 대한 정규 시간과 단축된 시간에 대한 추정
② 각 활동에 대한 정규 비용과 단축되었을 경우 원가에 대한 추정
③ 주공정 상에 있는 활동들의 리스트

※ 활동여유시간은 미리 알 수 없고, PERT 네트워크를 그린 후에 알 수 있음

4) 일정계획의 수립

주경로(critical path)는 프로젝트의 완료시간을 결정하기 때문에 프로젝트 관리자는 주경로에 초점을 맞춰야 함. 그러나 프로젝트는 1개 이상의 주경로를 가질 수 있음

5) 활동여유시간

활동여유시간(slack time)은 전체 프로젝트의 시간을 지연시키지 않으면서 어떤 활동이 지연될 수 있는 최대의 시간을 말함. 주경로 상에 있는 활동들은 여유시간이 '0'임. 프로젝트 관리자는 여유시간이 없거나 아주 작은 활동들의 진행상황을 지속적으로 감독하면 전체 프로젝트의 일정의 맞추기 위하여 독려해야 할 활동들을 식별할 수 있음. 활동여유시간은 각 활동별로 다음의 4가지 시간치를 이용하여 계산됨

프로젝트의 시작시간과 완료시간

구분	내용
가장 빠른 시작시간 ES : earliest start time	직전 선행활동의 가장 빠른 완료시간과 동일함. 직전 선행활동이 여러 개일 때의 ES는 선행활동의 가장 빠른 완료시간 중에서 가장 늦은 것과 같음. 전체 프로젝트의 경과시간은 주경로상의 마지막 활동의 EF로 결정함
가장 빠른 완료시간 EF : earliest finish time	가장 빠른 시작시간과 예상소요시간 t의 합임 즉 $EF=ES+t$
가장 늦은 시작시간 LS : latest start time	가장 늦은 시작시간은 가장 늦은 완료시간에서 예상소요시간을 뺀 값임 즉, $LS=LF-t$
가장 늦은 완료시간 LF : latest finish time	가장 늦은 완료시간은 직후활동의 가장 늦은 시작시간과 같음. 직후 활동이 여러 개 있으면 LF는 직후 활동들의 가장 늦은 시작시간 중에서 가장 빠른 것과 같음

※ 가장 늦은 시작시간과 가장 늦은 완료시간을 얻기 위해서는 종료 활동으로부터 역순으로 계산함. 먼저 프로젝트의 가장 늦은 완료시간을 주경로 상의 마지막 활동의 가장 빠른 완료시간과 동일하게 정함

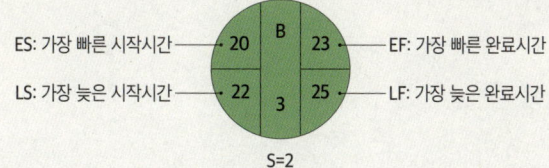

3. 의사결정

(1) 확률적 의사결정

1) **기대치** EV: expected value

    가능한 각각의 상황이 발생할 확률을 추정한 후 각각의 성과액에 해당 확률을 곱하여 계산

2) **기대기회손실** EOL: expected opportunity loss

    각 의사결정에 대한 기회손실의 기대치

    ※ 기대치로 구한 대안과 기대기회손실로 구한 대안은 항상 일치한다.

3) **완전정보의 기대치** EVPI: expected value of perfect information

    보다 나은 의사결정을 내리기 위해서 미래 상황에 대한 정보의 대가로 지불할 용의가 있는 최대 금액

    > 완전정보의 기대치 = 완전정보하의 기대치 - 기존정보하의 기대치

(2) 비확률적 의사결정

비확률적 의사결정

구분	내용
MAXIMAX	가장 좋은 성과 중에서 가장 좋은 결과를 주는 대안을 선택
MAXIMIN	최소의 성과액들 중에서 최대의 성과(maximum of minimum)를 주는 대안을 선택
MINIMAX	최대의 기회손실을 최소화하는 의사결정(minimize the maximum regret) 대안을 선택
Hurwicz	각각의 결정 대안에 대하여 최대 성과액에 α를 곱하고, 최소 성과액에 $(1-\alpha)$를 곱하여 계산
Laplace	각각의 가능한 상황들에 동일한 확률을 적용

4. CVP 분석

(1) 의의

CVP 분석(cost-volume-profit)은 총원가를 변동원가와 고정원가로 분리하고 공헌이익이라는 이익개념을 중심으로 매출수량 및 매출액과 이익의 상호관계를 살펴보는 분석기법임

CVP 분석

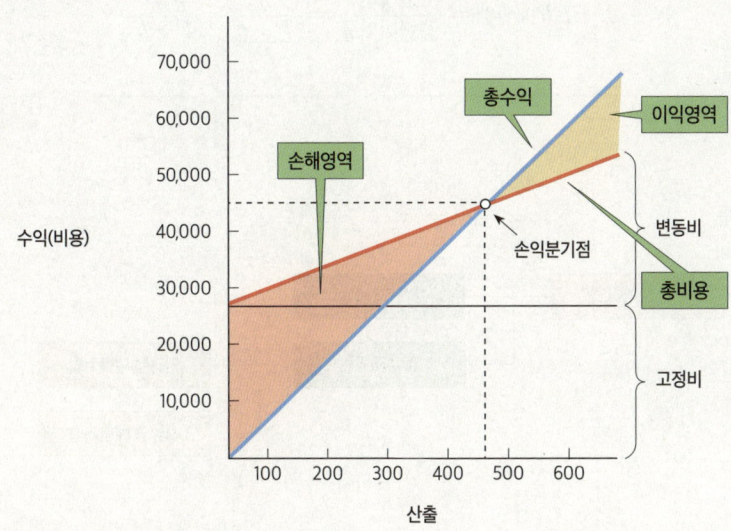

(2) 공헌이익

공헌이익과 공헌이익률

공헌이익	매출액−변동비
	고정비+이익
단위공헌이익	$\dfrac{\text{총공헌이익}}{\text{판매수량}}$
	판매가격−단위변동비
	판매가격×공헌이익률
공헌이익률	$\dfrac{\text{공헌이익}}{\text{매출액}}$
	$\dfrac{\text{단위공헌이익}}{\text{판매가격}}$

(3) 손익분기점

손익분기점(BEP: break-even point)은 매출액이 총원가와 동일한 지점, 즉 이익이 '0'이 되는 매출액 수준을 나타내는 개념

$$BEP매출수량 = \frac{고정비}{단위당 공헌이익} = \frac{a}{P-b}$$

$$BEP매출액 = \frac{고정비}{공헌이익률} = \frac{a}{\frac{P-b}{P}} = \frac{a \cdot P}{P-b}$$

5. 예측

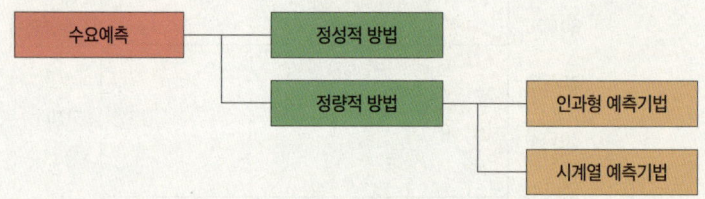

(1) 정성적 방법

정성적 예측기법

기법	내용
시장조사법	대상시장에 대하여 설문지, 전화 또는 개별방문을 통하여 자료를 수집하고 이에 기초하여 예측하거나 가설을 설정하고 검정
델파이법 Delphi method	미래상황에 대하여 전문가나 담당자로 구성된 위원회를 구성하고 개별적 질의를 통해 의견을 수집하여 종합·분석·정리하고 의견이 일치될 때까지 개별적 질의 과정을 되풀이하는 방법
패널조사법	전문가, 담당자, 소비자 등으로 위원회를 구성하여 자유롭게 의견을 개진케 함으로써 결론을 유도하는 방법
판매원 추정법	주기적으로 판매원들이 수요추정치를 작성하게 하고, 이를 근거로 예측하는 방법
경영자 판단법	경영자 집단의 의견, 경험, 기술적 지식을 요약하여 단일 예측치를 얻는 예측방법

(2) 인과형 예측기법

대표적 인과형 예측기법인 회귀분석(regression)은 수요에 영향을 주는 요인들을 독립변수로, 수요를 종속변수로 하고 독립변수에 대한 함수로서 수요를 통계적으로 모형화한 것

1) 회귀분석

수요를 종속변수로, 수요에 영향을 미치는 요인들을 독립변수로 놓고 양자의 관계를 나타내는 회귀방정식(regression equation)을 도출한 다음, 독립변수들의 특정한 값이 주어지면 이를 회귀방정식에 대입하여 종속변수인 수요를 추정하는 기법

> **단순 선형 회귀분석을 사용하기 위한 가정**
> 첫째, 회귀선 부근의 변동은 우연변동(random variation)이어야 한다. 우연변동만 존재한다면 자료값을 그래프로 나타냈을 때 순환변동이나 추세변동과 같은 패턴은 나타나지 않는다.
> 둘째, 회귀선 부근의 편차는 정규분포를 따라야 한다. 회귀선 주위의 자료 값들이 집중되어 있는 반면 회귀선에서 멀어질수록 자료 값들의 분포비율이 낮다면 이는 정규성의 가정을 만족하는 것이라고 볼 수 있다.
> 셋째, 예측은 관측된 값들의 범위 내에서만 유효하다.

기타 인과형 예측기법

예측기법	내용
계량경제모형	일련의 상호 관련된 회귀방정식을 이용하여 각종 경제활동을 예측하는 기법
투입산출모형	각 산업부문 간의 제품이나 서비스의 흐름을 분석하여 수요를 예측하는 기법
선도지표법	예측하고자 하는 대상의 선도지표에 의해 수요를 예측하는 기법
시뮬레이션 모형	각종 내생변수와 외생변수에 대해 가정을 설정한 다음, 컴퓨터를 이용한 모의실험을 통해 수요를 예측하는 일종의 동적모형(dynamic model)임

(3) 시계열 예측기법

과거 수요패턴의 연장선상에서 미래의 수요를 예측하는 방법

1) 시계열의 구성요소

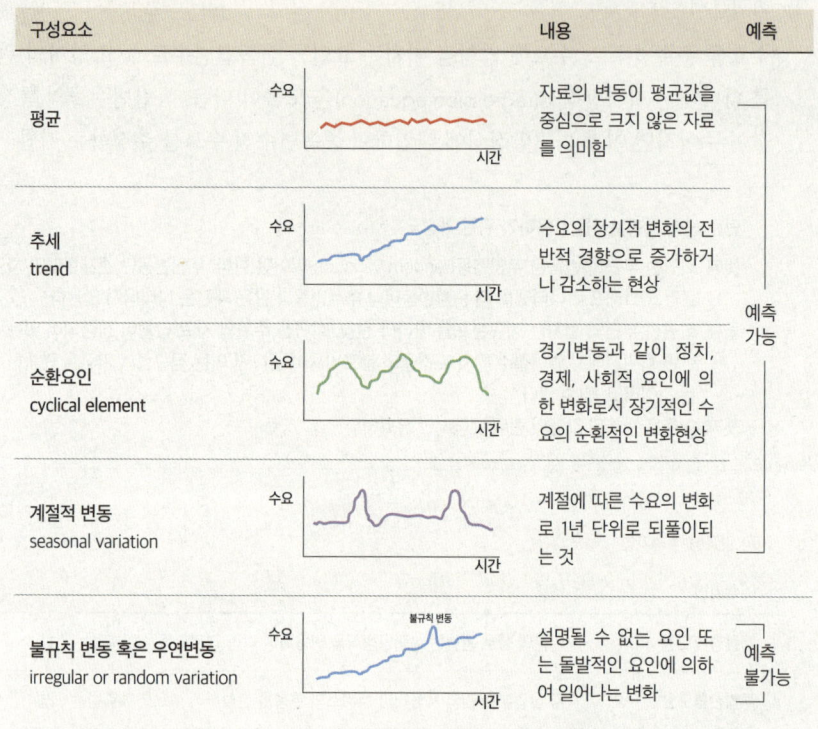

여러 가지 시계열의 구성요소

구성요소	내용	예측
평균	자료의 변동이 평균값을 중심으로 크지 않은 자료를 의미함	예측 가능
추세 trend	수요의 장기적 변화의 전반적 경향으로 증가하거나 감소하는 현상	
순환요인 cyclical element	경기변동과 같이 정치, 경제, 사회적 요인에 의한 변화로서 장기적인 수요의 순환적인 변화현상	
계절적 변동 seasonal variation	계절에 따른 수요의 변화로 1년 단위로 되풀이되는 것	
불규칙 변동 혹은 우연변동 irregular or random variation	설명될 수 없는 요인 또는 돌발적인 요인에 의하여 일어나는 변화	예측 불가능

2) 계절적 영향의 반영

가법모형은 계절적 변동이 수요의 증가와는 상관없이 일정한 양만큼 변동하지만, 승법모형에서는 수요의 증가와 더불어 계절적 변동의 폭이 합산되면서 증가함

수요예측의 가법모형과 승법모형

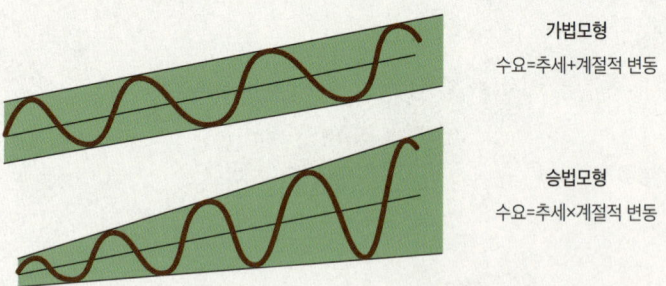

가법모형
수요=추세+계절적 변동

승법모형
수요=추세×계절적 변동

3) 시계열 자료를 활용한 여러 가지 예측 기법

① 단순이동평균법

확률적 변동의 영향을 제거하여 수요 시계열의 평균을 추정하는 방법

$$F_{t+1} = \frac{\text{최근 } n\text{기 수요의 합}}{n} = \frac{D_t + D_{t-1} + D_{t-2} + \cdots + D_{t-n+1}}{n}$$

② 가중이동평균법

평균을 계산할 때 실측치들이 가중치의 합이 '1'인 범위 내에서 서로 다른 가중치를 부여하는 방법

$$F_{t+1} = 0.5D_t + 0.3D_{t-1} + 0.2D_{t-2}$$

③ 지수평활법 exponential smoothing method

평균을 계산할 때 최근 수요에 더 많은 가중치를 부여하는 발전된 형태의 가중이동평균법으로, 다음 기의 예측치는 이번 기에 대한 예측치에 예측오차의 일정 비율을 조정해 준 것

다르게 표현하면,
$$F_{t+1} = F_t + \alpha(D_t - F_t)$$
$$F_{t+1} = \alpha D_t + (1-\alpha)F_t$$

따라서 일반적으로는 다음과 같이 표현됨

$$F_t = \alpha D_{t-1} + \alpha(1-\alpha)D_{t-2} + \alpha(1-\alpha)^2 D_{t-3} + \cdots + \alpha(1-\alpha)^{t-2}D_1 + (1-\alpha)^{t-1}F_1$$

위 식을 보면 과거 정보의 중요성이 $(1-\alpha)$ 만큼 감소한다는 것을 알 수 있으며, 지수평활법이라고 불리는 이유도 이 때문임. 따라서 지수평활법은 최근 자료에 높은 가중치를 부여하고 현재로부터 먼 과거자료일수록 낮은 가중치를 부여하는 예측 방법이라고 할 수 있음

평활상수(α)값에 따른 가중치의 변화

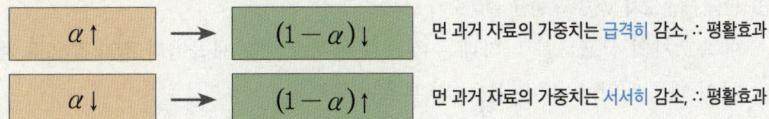

$\alpha\uparrow \rightarrow (1-\alpha)\downarrow$ 먼 과거 자료의 가중치는 급격히 감소, ∴ 평활효과 ↓

$\alpha\downarrow \rightarrow (1-\alpha)\uparrow$ 먼 과거 자료의 가중치는 서서히 감소, ∴ 평활효과 ↑

> **평활효과** smoothing effect
> 그래프를 부드럽게(smooth out)하는 효과를 말함. 지수평활법에서는 평활상수 α값이 클수록 예측치가 크게 계산되어 그래프가 급격하게 꺾이게 되므로 평활효과는 줄어들게 됨. 즉 평활상수 α값이 작을수록 평활효과는 커지게 됨

(4) 복수의 예측기법 사용

1) 조합예측

조합예측(combination forecasting)은 상이한 기법을 사용한다든지, 상이한 데이터를 사용하든지, 혹은 양자의 방법을 모두 사용하든지 해서 얻은 개별 예측치를 평균하는 방법

2) 초점예측

여러 가지 룰을 미리 만들고 매 시점마다 각각의 룰로 만든 예측치의 예측오차를 비교한 후 가장 낮은 예측오차를 산출한 룰로 다음 시점에 대한 예측을 하는 휴리스틱 기법

(5) 예측의 정확도

1) 예측오차의 척도

① **누적예측 오차** CFE : cumulative sum of forecast error
예측오차의 합을 의미

$$CFE = \sum E_t$$

② **평균오차** ME : mean errors
양(+)의 값을 갖는 오차와 음(-)의 값을 갖는 오차가 서로 상쇄되는 단점이 있지만, 예측치의 변의(bias)를 측정하는데는 유용한 자료

$$ME = \frac{\sum E_t}{n}$$

③ **평균 제곱오차** MSE **와 평균 절대오차** MAD
예측오차의 산포도를 나타내는 것으로 예측오차를 제곱이나 절대값으로 계산하기 때문에 양(+) 혹은 음(-)의 부호는 무시됨

$$MSE = \frac{\sum E_t^2}{n}$$

$$MAD = \frac{\sum |E_t|}{n}$$

④ **평균절대비율오차** MAPE : mean absolute percent error

수요의 크기에 대한 상대적 예측오차를 측정하는 방법

> **예** 실제수요가 50일 때 예측치가 45인 경우와 실제수요가 10일 때 예측치가 15인 경우는 다같이 절대편차가 5이지만 실제수요에 대한 상대오차(relative error)를 보면, 전자의 경우는 5/50=10%, 후자의 경우 5/10=50%의 오차가 발생한 것임

$$MAPE = \frac{\sum_{t=1}^{n} \frac{|D_t - F_t|}{D_t} \times 100}{n}$$

2) 예측오차의 해석

예측 오차

오차	해석
평균오차 ME	평균오차가 '0'이면, 편의(bias)는 없음. 즉 예측값이 실제 수요를 항상 과대하거나 과소하게 예측하지 않음. 그러나 예측이 완벽함을 의미하지는 않음
평균제곱오차 MSE	평균제곱오차가 '0'이면, 예측은 완벽함. 즉 오차가 존재하지 않음
평균절대오차 MAD	평균절대오차가 '0'이면, 예측은 완벽함. 즉 오차가 존재하지 않음
평균절대비율오차 MAPE	평균절대비율오차가 적을수록 상대오차가 적음을 의미함

3) 예측오차의 통제

추적지표(TS: tracking signal)란 다음 산식과 같이 누적예측오차(CFE)를 평균절대오차(MAD)로 나눈 값으로 어떤 예측기법에 의한 예측치가 실제치를 잘 따라가고 있는지를 판단하는 하나의 방법임. 측정단위는 MAD임

$$TS = \frac{CFE}{MAD}$$

TS는 매기간마다 재계산되며, 예측치가 실제치를 잘 따라가고 있으면 약간의 양의 오차와 음의 오차가 서로 상쇄되어 '0'에 가까운 값을 가짐. 허용 가능한 추적지표의 값의 범위는 ±4 또는 ±5임

01 PERT/CPM의 핵심 아이디어는 가장 짧은 경로를 찾는 것이다.

02 PERT는 활동소요시간이 확정적임에 반해, CPM은 베타(b)분포를 따른다.

03 어느 활동의 가장 빠른 시작(ES) 시간이 23이고, 가장 늦은 시작(LS) 시간이 26이면 활동여유시간(slack time)은 3이다.

04 주경로 상의 활동들은 가장 빠른 시작(ES)시간과 가장 늦은 시작(LS) 시간이 동일하다.

05 비확률적 의사결정은 발생 가능한 상황이 일어날 확률에 대한 정보가 있을 때의 의사결정이다.

06 확률적 의사결정에서 기대치(expected value)와 기대기회손실(expected opportunity loss)을 이용한 의사결정은 항상 같은 결과를 도출한다.

07 완전정보를 제공한 사람에게 정보제공의 대가로 지불할 수 있는 최대금액을 완전정보의 기대치(EVPI)라 한다.

08 MAXIMAX 기준은 각 대안의 최대값을 최대화하는 의사결정으로 매우 낙관적(optimistic)인 의사결정이다.

---

01 ✕ PERT/CPM의 핵심 아이디어는 가장 긴 경로 즉 주경로(critical path)를 찾는 것이다.

02 ✕ CPM은 활동소요시간이 확정적임에 반해, PERT는 베타분포를 따른다.

03 ○ 가장 빠른 시작(ES) 시간과 가장 늦은 시작(LS) 시간의 차이 혹은 가장 빠른 완료(EF)시간과 가장 늦은 완료(LF) 시간의 차이가 활동여유시간이다.

04 ○ 주경로 상의 활동들은 활동여유시간이 '0'이므로 가장 빠른 시작(ES) 시간과 가장 늦은 시작(LS) 시간이 동일하다.

05 ✕ 비확률적 의사결정은 발생 가능한 상황이 일어날 확률에 대한 정보가 없다는 가정에 기초한 것이다. 확률이 있을 때는 확률적 의사결정임

06 ○

07 ○ 완전정보의 기대치(EVPI)는 완전정보 하의 기대치와 기존 정보 하의 기대치 차이를 의미하며, 이 차이는 완전정보제공자에게 지불할 수 있는 최대금액이다.

08 ○

09 시계열 예측기법은 수요예측의 정성적 기법에 해당한다.

10 수요는 평균수준, 추세, 계절적 변동, 주기적 변동, 우연 변동 등으로 구성되며, 이 중 우연 변동에 대한 예측 정확도가 수요예측의 정확도를 결정한다.

11 일반적으로 단기예측보다는 장기예측의 정확도가 더 높다.

12 회귀분석(regression)은 대표적 인과형 예측기법이다.

13 단순회귀분석(simple regression analysis)에서는 회귀선 부근의 변동이 우연변동(random variation)이라고 가정한다.

14 시계열분석기법에서는 과거 수요를 바탕으로 평균, 추세, 계절성 등과 같은 수요의 패턴을 분석하여 미래 수요를 예측한다.

15 시계열 자료를 분석하면, 우연변동(irregular or random variation)도 예측 가능하다.

16 자료에 추세(trend)가 있을 때는 단순이동평균법(simple moving average method)을 쓰는 것이 좋다.

---

09 ✗ 시계열 예측은 정량적 기법(quantitative method)에 해당한다.

10 ✗ 수요는 평균수준, 추세, 계절적 변동, 주기적 변동, 우연 변동 등으로 구성되며, 이 중 우연 변동(random variation)은 예측이나 통제가 불가능한 변동을 의미한다.

11 ✗ 일반적으로 장기예측이 변동성이 크기 때문에 단기예측보다 정확도가 더 낮다.

12 ○ 회귀분석은 인과관계가 있는 자료를 이용하여 예측하는 기법이다.

13 ○

14 ○

15 ✗ 우연변동은 예측이 불가능한 변동이다.

16 ✗ 단순이동평균법은 자료에 명확한 추세(trend)나 계절적 변동(seasonal variation)이 없을 때 적당한 방법이다.

17 가중이동평균법(weighted moving average)의 일종인 단순지수평활법(simple exponential smoothing)에서는 다음 시점의 수요예측치로 이번 시점의 수요예측치와 실제 수요의 가중평균을 사용한다.

18 지수평활법은 최근 자료에 높은 가중치를 부여하고 현재로부터 먼 과거자료일수록 낮은 가중치를 부여하는 방법이다.

19 지수평활법에서 평활상수 a가 '1'에 가까울수록 평활효과(smoothing effect)는 증가한다.

20 단순지수평활법에서 평활상수 값이 클수록 최근의 자료를 더 많이 반영한다.

21 시계열 자료에 계절적 변동을 반영하는 기법에는 가법모형과 승법모형이 있는데, 이 가운데 승법모형(multiplicative model)은 각 시점별 수요는 해당 주기의 계절별 평균 수요와 시점별 계절지수의 곱으로 표현된다고 가정한다.

22 수요예측에서 평균오차(mean error)가 '0'이면, 예측에 편의(bias)는 없다.

23 초점예측(focus forecasting)은 정확한 예측을 위해 정교하고 복잡한 예측방법을 사용한다.

24 예측오차의 측정방법 가운데 평균절대비율오차(mean absolute percent error)는 수요의 크기에 대한 상대적 예측오차를 측정하는 방법이다.

---

17 ○ 지수평활법은 다음과 같은 공식으로 표현되는데, 다음 시점의 수요예측치로 이번 시점의 수요예측치(F_t)에 $(1-\alpha)$를 곱하고, 실제수요(D_t)에 α를 곱하여 계산한다. $F_{t+1} = F_t + (D_t - F_t) = \alpha D_t + (1-\alpha) F_t$

18 ○ 지수평활법(exponential smoothing)은 지수적으로 감소하는 가중치를 이용하여 최근의 자료일수록 더 큰 비중을, 오래된 자료일수록 더 작은 비중을 두어 미래수요를 예측한다.

19 ✗ 평활상수가 '1'에 가까워질수록 평활효과는 줄어든다.

20 ○ 지수평활법은 과거 자료의 중요성이 $(1-\alpha)$만큼씩 감소하므로, α값이 클수록 먼 과거 자료에 대한 가중치는 급격하게 떨어지고, 최근 자료의 가중치는 상대적으로 커진다.

21 ○

22 ○

23 ✗ 초점예측은 '복잡한 예측모형이 항상 좋은 것은 아니다' 라는 가정 하에 단순한 기준(rule)으로 수요를 예측하는 방법이다.

24 ○

25 예측기법의 정확도가 높을수록 추적지표(TS: tracking signal) 값은 '0'에 수렴한다.

26 평균오차(ME)가 '0'이면, 평균제곱오차(MSE)도 반드시 '0'이다.

27 평균오차(mean error)가 '0'이 아닐 때에도 평균절대편차(mean absolute error)는 '0'이 될 수 있다.

28 예측치가 항상 과다했다면 누적 예측오차(CFE)는 큰 음(−)의 값을 갖는다.

29 정량적 수요예측 기법에는 시장조사법(market research), 유추법(historical analogy), 시계열분석법(time series analysis), 인과분석법(causal analysis) 등이 있다.

30 평균절대편차(MAD)는 예측오차의 절대적인 크기 뿐 아니라 예측치의 편향(bias) 정도를 측정하기 위해서도 사용된다.

31 예측치의 편의(bias)가 커질수록 예측오차의 누적값은 '0'에 가까워지며 예측오차의 평균절대편차(MAD)는 증가한다.

---

25 O

26 X 평균오차가 '0'이라고, 평균제곱오차가 반드시 '0'이 되는 것은 아니다. 평균오차는 기별 오차의 평균을 의미하므로 예측이 완벽하지 않더라도 '0'의 값을 가질 수 있다. 따라서 평균제곱오차가 '0'이 되면, 평균오차도 반드시 '0'이 되나, 이 반대의 경우가 반드시 성립하지는 않는다.

27 X 평균절대편차가 '0'이면 평균오차가 '0'이지만, 반대로 평균오차가 '0'이라고 해서 평균절대편차가 '0'이 되는 것은 아니다.

28 O

29 X 시계열분석법(time series analysis)과 인과분석법(causal analysis)은 정량적 수요예측 기법이고, 시장조사법(market research)과 유추법(historical analogy)은 정성적 수요예측 기법에 속한다.

30 X 평균절대편차(MAD)는 아래 식에서 보는 바와 같이 오차의 절대치를 모두 더한 이를 기간 수로 나눈 값이다. 예측오차의 절대적인 크기 뿐 아니라 예측치의 편향(bias) 정도를 측정하기 어렵다. 편향은 예측치가 전반적으로 높거나 낮음을 나타내는 것으로 이는 평균오차(ME: mean error)를 통해 측정 할 수 있다.

31 X 예측치에 편의(bias)가 없다면 예측오차의 누적값(CFE)은 '0'에 가까워지지만, 예측치에 편의가 존재하고 편의가 커진다면 CFE는 '0'에서 멀어진다. 또한 편의가 커질수록 평균절대오차(MAD)는 증가한다.

2. 생산시스템과 프로세스 관리

1. 운영관리

(1) 운영관리의 개념

생산목표를 달성할 수 있도록 생산활동이나 생산프로세스를 관리하는 것

(2) 제조업과 서비스업 비교

<u>제조업과 서비스업 특성 비교</u>

제조업 성향	서비스업 성향
• 유형, 내구적 제품 • 산출물 재고축적 가능 • 고객 접촉이 적다 • 반응시간이 길다 • 지역, 국내, 국제 시장 • 대규모 설비 • 자본집약적 • 품질측정 용이	• 무형, 보관불가능한 제품 • 산출물 재고축적 불가능 • 고객 접촉이 많다 • 반응시간이 짧다 • 국지적 시장 • 소규모 설비 • 노동집약적 • 품질측정 곤란

(3) 생산시스템

<u>생산시스템</u>

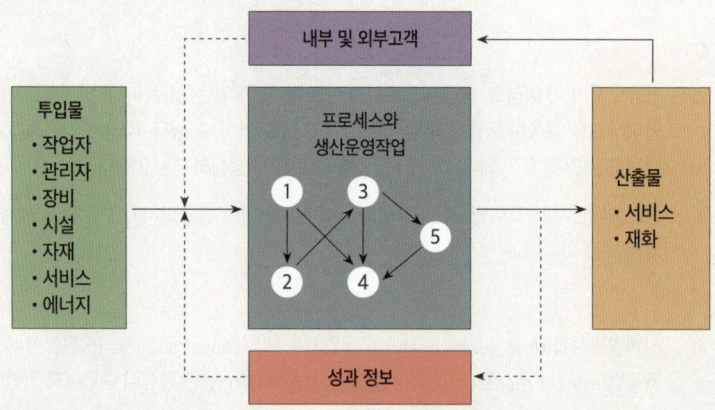

※ 운영관리란 생산시스템을 관리하는 것을 말하여, 생산시스템 내부에 들어가는 프로세스에는 job, batch, line, contiuos flow 등의 4가지가 있음. 또한 한 기업의 산출물은 다른 기업에게는 투입물이 될 수 있음

2. 운영관리의 발전

(1) 영국의 산업혁명과 생산관리

18세기 후반, 영국에서는 이른바 산업혁명으로 공장제(factory system) 공업이 성립됨. 영국의 공장제 공업은 1767년 하그리브스(J. Hargreaves)의 방적기와 와트(J. Watt)의 증기기관 등의 발명으로 이룩됨. 이들 산업기계의 등장으로 미숙련공들도 값싸고 좋은 물건을 신속히 생산하게 됨으로써 이른바 '숙련이 기계로 이전(transfer of skill to machine)' 되는 현상이 시작됨

(2) 과학적 관리법

1) 과업의 과학적 결정

테일러(F. W. Taylor)는 1일의 공정한 작업량을 과학적으로 결정함으로써 임률 결정을 합리화시키고 임률 인하 및 조직적 태업의 근본 문제를 해결함과 아울러 작업의 능률 증진을 도모함

2) 작업 및 제 조건의 표준화

테일러는 개개 노동자의 작업을 주요 기본동작(elementary operations)으로 나누어 각 기본동작에 대한 단위시간을 스톱워치로써 측정하여 집계하고, 불필요한 동작을 제거해서 최선의 작업방법을 마련하는 동시에 작업시간을 확정함

3) 차별적 성과급제

차별적 성과급제도는 성과급제도의 일종이지만, 동일 작업에 대해서 고저 두 종류의 차별적 임률을 설정하고 작업자가 소정의 과업을 달성한 경우에는 고율의 임금을 지불하고, 달성하지 못한 때는 저율의 임금을 지불하는 것

(3) 포드시스템

1) 동시관리와 포디즘의 실현

포드(H. Ford)의 이동조립법(moving assembly method)은 컨베이어와 생산의 표준화를 주축으로 하는데 조립 라인을 구성하는 컨베이어 속도와 근로자의 작업 속도를 기계적으로 동기화시켰고 관리와 연계시킴으로써 동시관리(management by synchronization)를 이룸. 포드시스템은 포드의 경영이념인 "사회에 봉사한다."라는 포디즘(Fordism)에 바탕을 둔 것으로서, 그가 말하는 사회란 고객과 종업원을 지칭하며 대량생산방식을 통해서 최저 생산비를 실현하여 고객들에게는 튼튼하고 좋은 자동차를 싼 가격에 제공하고 종업원들에게는 보다 높은 임금을 지불한다는 것임

2) 생산의 표준화

　① 제품의 단순화(simplification)
　② 부품의 규격화(standardization)
　③ 기계 및 공구의 전문화(specialization)
　④ 작업의 단순화

3) 컨베이어 시스템

포드는 작업자와 공구를 작업순서에 따라 배열시키고 작업 장소에 재료와 재공품을 운반하는 운반설비를 도입하였는데 이것이 유동식 작업을 가능케 한 컨베이어 시스템(conveyor system)임

3. 운영관리의 의의

(1) 생산목표

기업이 경쟁우위를 달성하는 요소 내지 수단이며, 동시에 동일한 수준으로 달성하기 보다는 사업전략에 따라 우선순위를 부여하여 추구해야 하므로 '경쟁우선순위(competitive priorities)'라 함

생산시스템의 경쟁우선순위

범주	경쟁력	예
원가 Cost	1. 저원가 생산(low cost operations)	Costco
품질 Quality	2. 최고 품질(top quality)	Ferrari
	3. 일관된 품질(consistent quality)	McDonald
시간 Time	4. 빠른 인도시간(fast delivery time)	Dell
	5. 적시 인도(on-time delivery)	UPS(United Parcel Services)
	6. 개발속도(development speed)	Li & Fung
유연성 Flexibility	7. 고객화(customization)	Ritz Carlton
	8. 다양성(variety)	Amazon.com
	9. 수량유연성(volume flexibility)	USPS(US Postal Service)

※ 위 표의 경쟁력 가운데 공헌마진이 낮은 '저원가 생산', '일관된 품질', '적시 인도' 등은 알아두는 것이 좋음

(2) 경쟁순위에 따른 제조전략

제조전략

구분	전략	내용	경쟁우선순위
제조 전략	재고생산전략 make-to-stock strategy	즉각적인 납품이 가능하도록, 즉 고객인도시간을 최소화하기 위하여 품목을 재고로 보유하는 전략 예 대량생산	일관된 품질 저원가 생산 적시 인도
	주문조립 제조전략 assemble-to-order strategy	고객의 주문이 접수된 이후 비교적 적은 수량의 부품이나 조립품으로 고객화된 제품을 생산하기 위한 접근방법 예 고가의 소파제작	고객화 빠른 인도시간
	주문생산전략 make-to-order strategy	고객의 사양에 맞춰 소량으로 제품을 생산하는 제조업자가 활용하는 전략 예 고급주택	최고품질 고객화

※ make-to-stock은 원하는 서비스 수준을 최소 비용으로 충족시키는 것이 목표이고, make-to-order는 생산시간을 최소화하는 것이 목표임

4. 프로세스 관리

(1) 프로세스 관리

프로세스 관리는 투입물, 생산운영작업, 작업흐름, 그리고 투입물을 산출물로 변화시키는 방법 등을 선정하는 것

여러 가지 프로세스

프로세스	특징
개별작업 프로세스 job process	다양한 제품을 소량으로 생산하는 경우에 제품마다 각각 다른 공정의 흐름이 요구되는 경우에 활용되는 프로세스
뱃치 프로세스 batch process	표준화된 주문생산공정으로 표준화되어 있는 특정제품을 한동안 생산한 뒤 다른 제품을 같은 생산라인에서 생산하는 방식
라인 프로세스 line process	생산이 고정경로를 따라 순차적으로 이루어지며 제품이 완성될 때까지 한 작업장에서 다른 작업장으로 통제된 속도에 맞추어 이동하게 되는 것
연속 프로세스 continuous flow process	화학, 정유, 제지, 음료 등과 같은 장치산업에서 응용되는 프로세스로 조립생산과 같이 생산은 미리 정해진 순서대로 진행되나 조립생산과는 달리 프로세스가 끊이지 않고 지속적으로 진행되는 특성을 갖고 있음

※ Woodward의 기술분류와 비교하면, unit=job, mass=line, process=continuous flow임

프로세스별 특징

	개별작업	뱃치	라인	연속
개념	고객화된 제품	준-표준화된 제품	표준화된 제품	표준화가 매우 높은 제품
예 — 제조업	기계제작소	제과점	조립라인	제철소, 종이 공장
예 — 서비스업	미용실	학교	카페테리아	중앙난방시스템
생산량	적음	중간	많음	매우 많음
산출의 변동성	매우 높음	중간	낮음	매우 낮음
설비의 유연성	매우 높음	중간	낮음	매우 낮음
장점	다양한 과업을 처리할 수 있음	중간 정도의 유연성	단위 당 비용이 낮고, 생산량이 많으며, 효율적임	매우 효율적이며, 생산량도 매우 많음
단점	느리며, 단위 당 비용이 높으며, 생산계획과 스케줄링이 매우 복잡함	단위 당 비용이 높은 편이며, 생산계획과 스케줄링도 복잡한 편	유연성이 낮고, 휴지기간의 비용이 높음	산출변동이 거의 없으며, 바꾸는 데 비용이 많이 듦. 휴지기간에 비용이 매우 높음

(2) 프로세스 선택

제품-프로세스 행렬

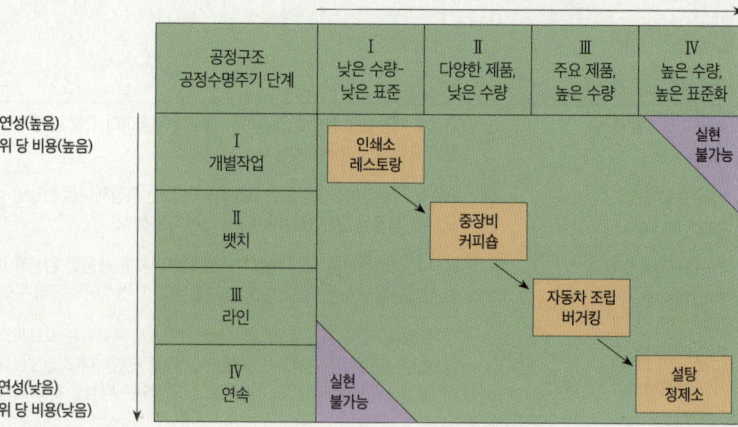

(3) 서비스 매트릭스

슈메너(Schmenner)가 제시한 서비스 매트릭스는 고객화 및 고객접촉의 정도와 노동 집약도라는 2가지 요소에 의해 서비스 시스템을 분류

서비스 매트릭스

	고객접촉 및 고객화 정도 낮음	고객접촉 및 고객화 정도 높음
노동집약도 낮음	**서비스 공장** • 항공사 • 운수회사 • 호텔 • 리조트	**서비스 숍** • 병원 • 자동차 수리 • 기타 수리 서비스
노동집약도 높음	**대량서비스** • 소매업 • 도매업 • 학교 • 소매금융	**전문서비스** • 의사 • 변호사 • 회계사 • 건축사

※ 고객접촉 정도가 높을수록 서비스공정의 불확실성이 높아지고 비효율성이 증가함

서비스 분류

서비스 시스템	내용
서비스 공장 service factory	낮은 고객화와 낮은 노동집약도가 특징임. 항공사, 운송회사, 호텔 등이 포함되며, 마치 공장과 같이 매우 효율적으로 서비스를 생산함
서비스 숍 service shop	노동집약도는 낮으나, 고객화의 정도는 높음. 병원, 자동차 수리업 및 기타 수리업 등
대량서비스 mass service	노동집약도는 높으나 고객접촉과 고객화는 낮음. 도·소매업, 학교, 소매금융 등
전문서비스 professional service	노동집약도와 고객화 정도가 모두 높음. 변호사, 의사, 회계사, 건축사 등

1) 서비스 관리

   ① 노동집약도

   서비스에 대한 노동 대 자본의 비율에 따라 결정되는데, 자본/노동 비율이 낮을수록 좀 더 노동집약도가 높은 서비스로 분류됨

노동집약도	서비스 관리
고	• 인력의 교육 훈련 • 종업원 복지
저	• 토지, 설비, 기기와 같은 자금결정 • 비수기와 성수기의 수요에 대한 결정 • 서비스 공급의 스케줄링에 대한 결정

   ② 고객화 및 고객접촉 정도

   고객접촉(customer contact)은 고객이 서비스 프로세스에 출현하여 적극 참여하고 개인적인 특별한 서비스를 받는 정도를 의미하며, 고객화(customization)는 기업이 고객에게 맞춤 서비스를 제공하는 것을 의미함. 일반적으로 고객접촉도가 높을수록 서비스시스템과 고객 사이의 상호작용이 커지게 되고 이에 따라 불확실성도 높아지고 비효율성이 증가하게 됨

고객화 및 고객접촉	서비스 관리
고	• 일관된 서비스품질 유지 • 종업원의 충성심 관리
저	• 마케팅 • 서비스의 표준화

5. 기술관리

(1) 경쟁우위

신기술을 추구할 때 가장 먼저 고려해야 하는 것은 그것이 경쟁우위(competitive advantage)를 창출하는가의 여부

(2) 경쟁우선순위와 적합성

기술의 변화가 원가, 품질, 시간, 유연성이라는 기업의 경쟁우선순위를 달성하는데 도움이 될지를 검토하는 것

(3) 선도기업의 이점에 대한 고려

신기술을 시장에 가장 먼저 도입한다면 기술 선도 기업으로서의 이점을 누릴 수 있음

(4) 경제적 정당화

신기술 도입은 경제적 정당성을 가져야 함

(5) 혁신적 기술

혁신적 기술(disruptive technology)이란 기존 고객이나 현재의 제품에 대해서는 아직은 가치를 평가받지 못하는 특성을 가진 기술 혹은 기존 고객이나 미래의 고객이 가치를 두는 성과 특성에서는 아직 매우 열악하나, 그것이 다듬어졌을 때는 그러한 성과에서 곧 현재의 기술을 능가할 수 있는 기술을 의미함

6. 설비배치

(1) 제품별 배치

제품별 배치(product layout)는 대량의 제품이나 고객을 시설 내부에서 신속하고 원활하게 흐르도록 하고자 할 때 사용되는 설비배치

장점	• 산출률이 높은 덕분에 단위 당 원가가 낮음 • 과업이 단순하여 훈련 시간과 비용이 적게 들고, 감독이 용이 • 작업장 간의 거리가 짧아 자재취급비용이 낮음 • 인력과 장비의 가동률이 높음 • 생산계획 및 통제가 비교적 단순
단점	• 단순작업의 반복으로 작업자가 지루함을 느낌 • 물량의 변화나 제품의 설계 변경에 유연하게 반응할 수 없음 • 프로세스가 상호의존적이므로 고장이나 무단결근에 매우 취약 • 설비투자가 큼

(2) 공정별 배치

공정별 배치(process layout)는 처리 대상 제품이나 서비스마다 처리 요구 사항이 다를 때 적합한 프로세스임

장점	• 다양한 처리 요구를 다룰 수 있음 • 장비 고장에 크게 취약하지 않음 • 장비 가격이 저렴하며, 유지보수도 쉽고 비용도 적음 • 과업의 다양화로 작업자에게 더 큰 흥미와 만족을 줄 수 있음
단점	• 경로계획과 일정계획을 자주 수립해야 함 • 장비 가동률이 낮음 • 물자 운반이 느리고 비효율적임 • 제품별 배치에 비해 상대적으로 감독비용이 높음 • 단위 당 원가가 높음

(3) 위치고정형 배치(=프로젝트 배치)

위치고정형 배치(fixed position layout)는 제품을 고정시키고 작업자와 장비가 필요에 따라 이동하며 작업하는 배치형태, 프로젝트 배치라고도 함. 일반적으로 프로젝트형 생산은 비반복적이며 1회적인 성격을 가지고 있음. 엄밀히 말해 프로젝트에서는 제품의 흐름은 존재하지 않고, 다만 프로젝트의 완성에 필요한 많은 세부과업들이 있을 뿐임

장점	• 제품 이동이 없으므로 제품에 손상이 가지 않고 이동비용도 발생하지 않음 • 제품이 한 작업장에서 다른 작업장으로 이동되지 않으므로 할당된 노동인력의 계속성이 보장되어 새로운 작업을 시작할 때마다 인력을 재계획하고 교육시킬 필요가 없음
단점	• 동일한 작업자들이 다양한 작업을 처리해야 하므로 숙련된 다기능 작업자가 요구되고, 따라서 높은 수준의 임금을 지불해야 하는 문제가 있음 • 장비 및 인력의 이동에 많은 비용이 들 수 있음 • 일반적으로 장비의 이용률이 낮음

(4) 혼합형 배치

현실적으로 많은 기업들은 제품별, 공정별, 위치고정형 배치의 장단점을 고려하여 세 가지의 혼합 형태를 사용하고 있는데 이를 혼합형 배치(hybrid layout)라고 함

(5) 셀룰러 배치

다수의 유사 부품이나 부품군(part family)의 생산에 필요한 서로 다른 기계들을 가공 진행 순서에 따라 모아놓은 것을 제조셀(manufacturing cell)이라 함. 제조셀은 하나의 기계로 구성되거나, 상호 연결되어 있지 않은 다수의 기계로 구성되거나 또는 다수의 기계가 컨베이어나 기타 자동자재이동장치에 의해 상호 연결된 라인흐름 형태를 취할 수도 있음. 이러한 제조셀을 이용한 제조를 셀룰러 제조(cellular manufacturing)라 하고, 제조셀에 의한 설비배치를 셀룰러 배치(cellular layout)라 함

(6) 프로세스에 따른 설비배치

프로세스와 설비배치의 결합

프로세스 process	설비배치 layout
개별작업 프로세스 job process	공정별 배치(process layout)
배치 프로세스 batch process	
라인 프로세스 line process	제품별 배치(product layout)
연속 프로세스 continuous flow process	

7. 프로세스, 제조전략, 설비배치의 통합

프로세스, 제조전략, 설비배치의 관계

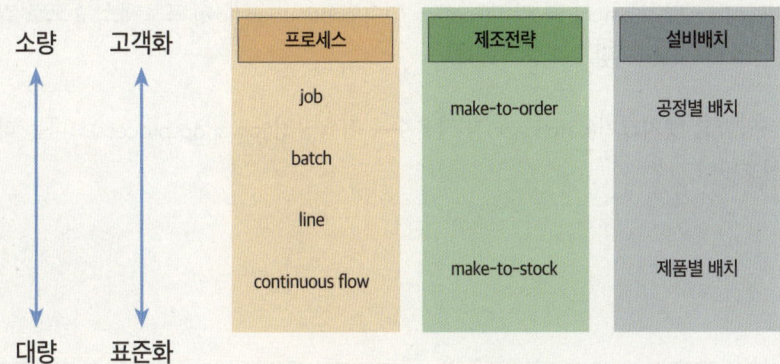

01 서비스는 시간소멸적 특성이 있어 서비스업의 경우 수요관리가 더욱 중요하다.

02 제조업에서 최고 품질(top quality)과 저원가 생산(low cost operation)은 동시에 달성 가능하다.

03 연속 프로세스(continuous flow process)는 자본집약도(capital intensity)가 매우 높기 때문에, 가동률을 높이면서 경비가 많이 드는 정지 및 재시동을 하지 않기 위해 24시간 가동하는 것이 보통이다.

04 주문생산(make-to-order) 공정에서는 납기관리에 비해 수요예측이 더 중요한 반면 계획생산(make-to-stock) 공정에서는 수요예측에 비해 납기관리가 더 중요하다.

05 라인공정(line process)은 단속공정(intermittent process)에 비해 효율성이 비교적 높다는 장점이 있으나 유연성이 비교적 낮다는 단점이 있다.

06 개별작업(job) → 배치(batch) → 라인(line) → 연속(continuous flow) 프로세스 순으로 갈수록 고객화(customization)정도가 증가한다.

07 제품이 다양하고 뱃치크기(batch size)가 작을수록 잡숍공정(job shop process)보다는 라인공정이 선호된다.

---

01 ○

02 × 제조업에서 최고품질 경쟁력을 사용하게 되면, 높은 원가로 인해 가격 상승이 초래되므로, 최고 품질과 저원가 생산은 제조업에서 만큼은 상충관계에 있다.

03 ○

04 × 계획생산(make-to-stock) 공정은 미리 만들어서 재고로 보관하기 때문에 신속한 납기보다는 몇 개를 만들 것이냐의 수요예측이 더 중요하다. 반면 주문생산(make-to-order) 공정은 주문을 받아서 생산하므로 재고에 대한 부담은 없기 때문에 납기관리에 초점을 두어야 한다.

05 ○ 단속공정은 개별작업 프로세스나 배치 프로세스를 의미하는데, 라인공정이 이들 공정보다는 상대적으로 효율성은 높고, 유연성은 낮다.

06 × 고객화(customization)정도는 연속(continuous flow) → 라인(line) → 배치(batch) → 개별작업(job) 프로세스 순으로 갈수록 증가한다.

07 × 제품이 다양하고 뱃치크기(batch size)가 작을수록 라인공정보다는 잡숍공정(job shop process)이 선호된다. 즉 다품종 소량생산에는 잡숍공정이 적합하고, 소품종 대량생산에는 라인공정이 적합하다.

08 배치공정(batch process)은 조립라인공정(assembly line process)에 비해 일정계획 수립 및 재고통제가 용이하고 효율성이 높다.

09 주문생산(make-to-order)전략은 개별작업 프로세스(job process)나 배치 프로세스(batch process)에 적합하고, 재고생산 혹은 계획생산(make-to-stock)전략은 라인 프로세스(line process)나 연속 프로세스(continuous flow process)에 적합하다.

10 주문생산공정(make-to-order process)은 원하는 서비스 수준(service level)을 최소 비용으로 충족시키는 것이 주요 목적이며, 재고생산공정(make-to-stock process)은 생산시간을 최소화하는 것이 주요 목적이다.

11 주문생산(make-to-order)공정은 계획생산(make-to-stock)공정보다 유연성이 높지만 최종제품의 재고수준이 높아지는 단점이 있다.

12 공정별 배치(process layout)는 범용기계설비가 주축을 이루고 있으므로 수요의 변동, 제품 설계의 변경 또는 작업순서의 변동 등에 손쉽게 대응할 수 있다.

13 슈메너(Schmenner)의 서비스 매트릭스는 서비스를 고객화 정도와 노동집약도를 이용하여 구분한다.

---

08 ✗ 조립라인공정(assembly line process)은 생산이 고정경로를 따라 순차적으로 이루어지며 프로세스나 일감이 선형 흐름을 갖기 때문에 배치공정(batch process)에 비해 일정계획 수립 및 재고통제가 용이하고 효율성이 높다.

09 ○

10 ✗ 주문생산공정(make-to-order process)은 고객의 사양에 맞춰 소량으로 제품을 생산하는 제조업자가 활용하는 전략으로 주문에서 납기까지의 생산시간을 최소화하는 것이 주요 목적이다. 반면 재고생산공정(make-to-stock process)은 즉각적인 납품이 가능하도록, 즉 고객인도시간을 최소화하기 위하여 품목을 재고로 보유하는 전략으로 원하는 서비스 수준(service level)을 최소 비용으로 충족시키는 것이 주요 목적이다.

11 ✗ 주문생산공정(make-to-order)은 계획생산공정(make-to-stock)보다 유연성도 높고, 재고수준이 상대적으로 낮은 장점이 있다.

12 ○

13 ○

14　고객화와 노동집약도가 모두 높은 것은 서비스 숍(service shop)이다.

15　노동집약도(labor intensity)가 높아질수록 인력의 교육훈련과 종업원 복지 등을 통한 종업원에 대한 세심한 관리가 중요하다.

16　고객화 정도가 높을수록 숙련인력의 이직방지가 중요하다.

17　노동집약도와 고객화가 모두 높은 것을 전문서비스(professional service)라 하고, 변호사, 의사, 회계사 등의 전문 직업이 이에 포함된다.

18　고객접촉(customer contact) 정도가 높을수록 고객이 서비스 프로세스에 적극 참여하므로 서비스의 불확실성이 증가하고 효율성이 떨어진다.

19　프로세스(process) 선택이 조직 전체의 기본적 활동의 선택문제라면, 설비배치(layout)는 생산시설의 물리적 배열의 문제이다.

20　공정별 배치(process layout)보다는 제품별 배치(product layout)가 생산계획의 통제가 좀 더 용이하다.

21　공정별 배치보다는 제품별 배치가 작업장 간 이동거리가 더 짧다.

14　✗　고객화와 노동집약도 모두 높은 것은 전문서비스(professional service)이다.

15　○　노동집약도가 높다는 것은 작업의 상당한 부분을 인력에 의존하고 있다는 것이고, 종업원에게 발생한 문제는 고스란히 생산성의 하락으로 이어지므로 종업원에 대한 세심한 관리가 중요하다.

16　○

17　○

18　○　고객접촉이란 고객이 서비스 프로세스에 출현하여 적극 참여하고 개인적인 특별한 서비스를 받는 정도를 의미한다. 미용실은 고객접촉도가 높은 서비스라고 할 수 있는데, 가령, 고객이 늦게 예약시간보다 늦게 도착하면 다음 고객에게 제공되는 서비스에까지 영향을 미치므로 서비스의 불확실성과 효율성에 영향을 미치게 된다.

19　○

20　○

21　○

22　공정별 배치는 장비의 고장에 취약하다.

23　제품별 배치보다는 공정별 배치가 더 작업자에게 흥미와 만족을 줄 수 있다.

24　공정별배치를 셀룰러(cellular)배치로 변경함으로써 생산준비시간을 단축시키는 것이 가능하다.

25　제품별배치에서는 제품이 정해진 경로를 따라 이동하지만 프로젝트배치와 공정별배치에서는 다양한 이동경로를 갖는다.

26　개별작업 프로세스(job process)에는 제품별 배치(product layout)가 적절하고, 라인 프로세스(line process)에는 공정별 배치(process layout)가 적절하다.

27　개별작업 프로세스나 배치 프로세스는 공정별 배치(process layout)가 적합하고, 라인 프로세스나 연속 프로세스는 제품별 배치(product layout)가 적절하다.

28　제품별배치에서는 공정별배치에 비해 설비의 고장이나 작업자의 결근 등이 발생할 경우 생산시스템 전체가 중단될 가능성이 낮으며 노동 및 설비의 이용률이 높다.

29　그룹테크놀로지(GT)를 이용하여 설계된 셀룰러배치는 공정별배치에 비해 가동준비시간과 재공품재고가 감소되는 등의 장점이 있다.

22　✗　장비의 고장에 취약한 것은 제품별 배치이다.

23　○

24　○　그룹테크놀러지(GT: group technology)를 활용하여 공정별배치를 셀룰러(cellular)배치로 변경하면 생산준비시간을 단축시키는 것이 가능하다.

25　✗　제품별배치에서는 제품이 정해진 경로를 따라 이동하지만 공정별배치에서는 다양한 이동경로를 갖는다. 그러나 프로젝트배치는 제품의 흐름은 존재하지 않고, 다만 프로젝트의 완성에 필요한 많은 세부과업들이 있을 뿐이다.

26　✗　개별작업 프로세스에는 공정별 배치가 적절하고, 라인프로세스에는 제품별 배치가 적절하다.

27　○

28　✗　제품별 배치는 공정별 배치(process layout)에 비해 설비의 고장이나 작업자의 결근 등이 발생할 경우 생산시스템 전체가 중단될 가능성은 높지만, 노동 및 설비의 이용률은 높다.

29　○　셀룰러 배치는 공정별 배치에 비해 기계 간 자재의 이동거리와 대기시간이 짧기 때문에 생산소요시간이 단축되고 가동준비시간과 재공품 재고가 줄어든다.

3. 품질경영

1. 품질의 개념

제품의 품질은 설계품질, 적합성품질, 가용성, 현장 서비스의 네 가지 차원으로 분해할 수 있음

1) 설계품질

설계품질(design quality)은 제품이 생산되기 전에 마케팅, 엔지니어링, 생산 및 기타 기능이 함께 참여하는 제품설계팀에 의해 결정됨

2) 적합성 품질

적합성 품질(conformance quality)이란 실제 생산된 제품이 설계명세에 부합하는 정도를 말함

3) 가용성

가용성(availability)은 시간 차원의 품질개념이며 제품이 고장이 나서 수리나 보전 중이 아니라 사용 가능한 상태에 있는 비율을 말함

4) 현장 서비스

현장 서비스(field service)란 제품판매 후의 보증과 수리 또는 교체를 의미하며, 고객서비스, 판매서비스, A/S(after sales service) 또는 그냥 서비스라고도 함

2. 품질비용

통제비용과 실패비용은 서로 대칭되는 개념으로 통제비용이 증가하면 실패비용은 감소하는 경향을 가짐

구분	항목	세부사항	예
통제비용	예방비용	품질문제가 발생할 가능성을 감소시키는 것과 관련된 비용	품질개선 프로그램, 훈련, 데이터 수집, 분석, 설계 비용 등
	평가비용 (감시비용)	품질 표준과의 일치 정도를 평가하기 위해 자재, 부품, 제품, 서비스를 측정, 평가, 감시하는 것과 관련된 비용	검사장비, 검증, 연구실, 조사자, 표본추출을 위한 생산중단
실패비용	내부 실패비용	고객에게 인도되기 전에 불량제품이나 서비스와 관련된 비용	재작업 비용, 문제해결, 자재 및 제품 손실, 쓰레기, 작업 중단 등
	외부 실패비용	기준 이하의 제품이나 서비스를 고객들에게 전달한 것과 관련된 비용	제품반송, 재작업비용, 품질보증비용, 이미지 훼손, 배상책임, 벌금 등

3. 제조물 책임

(1) 의미

제조물 책임(PL: product liability)이란 제조자로부터 소매상을 통하여 판매된 상품(제조물)에 어떤 결함 내지 하자가 있어 소비자나 이용자 또는 기타의 자(者)가 인적·재산적 손해를 입은 경우에, 제조자가 부담하는 배상책임을 말함

제조물 책임법과 리콜제도의 비교

구분	제조물 책임법 PL	리콜 recall
성격	• 민사적 책임원칙의 변경 • 손해배상에 관한 법률	행정적 규제
기능	사후 손해배상 책임을 통해 간접적인 소비자의 안전 확보	사전회수를 통해 예방적, 직접적인 소비자 안전 확보 등
근거법	제조물 책임법	소비자 보호법, 자동차관리법, 식품위생법, 대기환경보호법 등
요건	• 제조물의 결함 • 손해의 발생 • 결함과 손해의 인과관계	제조물 결함으로 위해가 발생하거나 발생할 우려가 있을 때

(2) 제조물 책임법의 결함

일반적으로 결함은 제조상의 결함, 설계상의 결함, 표시상의 결함 3가지로 분류할 수 있음

1) 제조상의 결함

제조상의 결함이라 함은 제조업자의 제조물에 대한 제조·가공상의 주의의무의 이행여부에 불구하고 제조물이 원래 의도한 설계와 다르게 제조·가공됨으로써 안전하지 못하게 된 경우를 말함

2) 설계상의 결함

설계상의 결함이라 함은 제조업자가 합리적인 대체설계를 채용하였더라면 피해나 위험을 줄이거나 피할 수 있었음에도 대체설계를 채용하지 아니하여 당해 제조물이 안전하지 못하게 된 경우를 말함

3) 표시상의 결함

표시상의 결함이라 함은 제조업자가 합리적인 설명·지시·경고 기타의 표시를 하였더라면 당해 제조물에 의하여 발생될 수 있는 피해나 위험을 줄이거나 피할 수 있었음에도 이를 하지 아니한 경우를 말함

4. 전사적 품질경영

전사적 품질경영(TQM: total quality management)이란 기업의 모든 구성원들이 품질향상과 고객만족을 달성하기 위해 지속적으로 노력하는 품질혁신 철학을 의미함

TQM 수레바퀴

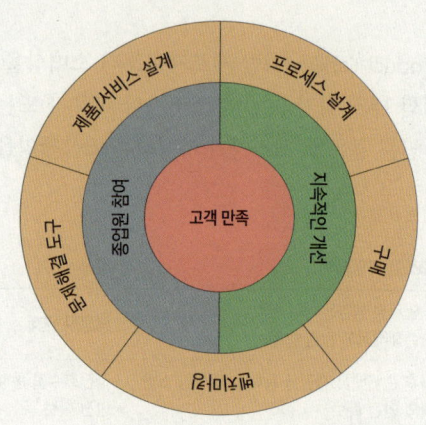

(1) 종업원 참여

1) 문화적 변화

품질경영의 관건은 품질의 중요성을 종업원들에게 일깨워주는 것과 제품품질을 향상시키도록 동기를 부여하는 것임

2) 팀 활동

종업원 참여를 달성하는 방법 중 하나가 팀(team)을 이용하는 것인데, 가장 일반적으로 활용되는 3가지 팀 형태는 문제해결팀, 특수목적팀, 자율적 관리팀임. 정도의 차이는 있으나, 이들 모두는 종업원 임파워먼트(employee empowerment)를 이용한 방법임

(2) 지속적 개선

'카이젠(改善: Kaizen)'이라고 불리는 용어에 근거를 둔 지속적 개선(continuous improvement)은 작업을 개선하기 위한 방법들을 계속적으로 추구하는 철학을 의미함. 지속적 개선은 '계획(plan)—실행(do)—검토(check)—조치(act)'의 사이클(P-D-C-A cycle)을 사용함

지속적 개선을 위한 문제해결 프로세스

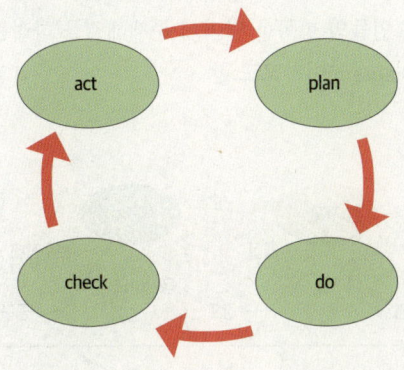

(3) 품질개선을 위한 여러 문제해결도구들

① **체크 시트** check sheet
공정으로부터 자료를 수집하는 가장 기본적인 방법으로 점검표에 의하여 수집된 자료는 도수분포표, 파레토도, 관리도 등의 작성에 사용

② **파레토 도표** Pareto diagram
발생빈도를 기준으로 요인들을 가로축을 따라 내림차순으로 표시한 막대그래프. 가장 중요한 문제 영역에 주목하기 위한 기법

파레토 도표

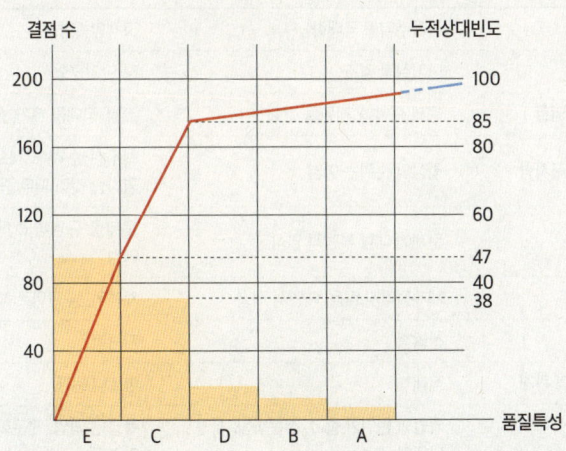

③ **인과분석도** cause and effect diagram

모양 때문에 어골도(fishbone diagram)라 불리기도 하며, 이 도구는 문제의 원인이 될 수 있는 요인들의 항목을 알아내 문제해결을 하려는 것. 이시카와 다이어그램(Ishikawa Diagram)이라고도 함

인과분석도

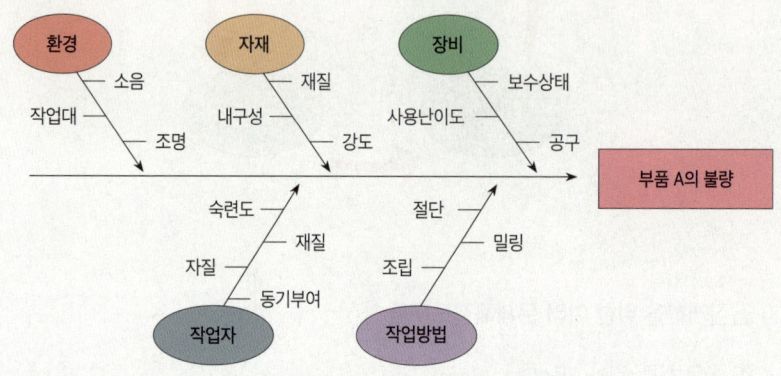

④ **산점도** scatter diagram

두 변수 간의 관계가 있는지를 보여주는 그림으로 가설을 채택하거나 기각하기 위한 기법임

(4) TQM과 전통조직 비교

TQM과 전통조직의 문화 비교

특징	일반조직	TQM
미션	투자수익률 극대화	고객만족향상
목표	단기실적 강조	장·단기균형
경영자의 역할	문제 순위화. 직원들 강요	코칭, 장애물 제거, 신뢰구축 등
고객의 요구사항	최상의 순위는 아님	최우선 순위, 고객요구를 이해하고 규명하는 것이 매우 중요
문제	문제에 대한 부정적 인식	문제를 규명하고 해결해야 할 과제로 여김
문제해결	체계적이지 않음. 개인적 해결	체계적, 팀 단위로 해결
개선	산발적	지속적
공급자와의 관계	적대적	파트너 관계
과업	과업의 범위가 좁고, 전문화됨. 개인 단위의 과업	폭넓은 과업, 전문화가 낮음, 팀단위의 과업 등
초점	제품 지향적(결과지향)	프로세스 지향적(과정지향)

5. 식스시그마

프로세스에서 불량과 변동성을 최소화하면서 기업의 성공을 달성하고, 유지하며, 최대화하려는 종합적이고 유연한 시스템임. 식스시그마가 추구하는 불량률은 100만개 중 3.4개에 불과함

(1) 식스시그마 개선 모형

식스시그마 개선 모형은 프로세스 성과 개선으로 가는 5단계로 이 단계를 DMAIC (Define, Measure, Analyze, Improve, Control)라 함

식스시그마 개선 모형 DMAIC

구분	교육
정의 Define	고객의 니즈를 바탕으로 핵심품질특성(CTQ: critical to quality)은 무엇이며, 이와 관련된 내부 프로세스는 무엇인가를 정의함
측정 Measure	불량의 수준(고객의 욕구와 현재 프로세스의 품질수준의 차이)을 계량적으로 측정함
분석 Analyze	불량의 원인을 파악. 이때 인과분석도(cause and effect diagram)를 활용하여 한정된 자원이 불필요한 곳에 투입되는 것을 막기 위해서는 소수의 핵심인자(vital few)를 추출하는 것이 중요함
개선 Improve	문제의 근본원인을 제거하고, 프로세스 개선을 위한 최적의 조건을 찾아내어 실행하는 단계임
통제 Control	계속해서 불량이 발생하지 않도록 체계적인 품질통제(품질 책임자 선정, 실무자에게 품질교육, 정기적으로 계량적인 품질 측정 등)를 실시함

(2) 식스시그마 조직과 역할

식스시그마 추진요원의 구성

구분	주요 인력	역할	교육
챔피언	사업부 책임자	식스시그마 추진에 필요한 자원을 할당하고 블랙벨트의 개선 프로젝트 수행을 뒷받침한다. 또한 성과에 따른 보상을 실시한다.	1주일 간 챔피언 교육
마스터 블랙벨트	교육 및 지도 전문요원 (식스시그마 전임)	블랙벨트 등과 같은 품질요원의 양성교육을 담당하고, 블랙벨트를 지도·지원한다.	블랙벨트 교육을 받은 후, 2주일 간의 추가 교육
블랙벨트	개선프로젝트 추진 책임자 (식스시그마 전임)	식스시그마 개선 프로젝트의 실무 책임자로서 활동한다.	4주 간의 교육을 포함하여, 총 4개월 간의 교육 및 실습
그린벨트	현업 담당자 (모든 임직원이 가능)	블랙벨트의 개선 프로젝트에 파트타임으로 참여하거나, 상대적으로 작은 규모의 프로젝트를 책임지고 수행한다.	블랙벨트와 동일한 교육을 받는 것이 좋으나, 통상 1~2개월의 교육 및 실습

6. 품질의 측정

품질의 측정

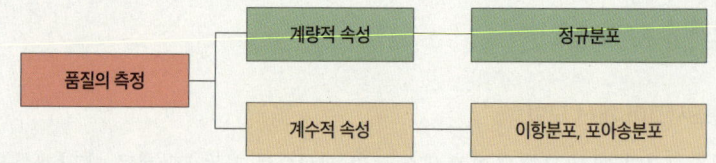

(1) 계량적 속성 variables

무게, 길이, 부피 또는 시간 등과 같이 계량적 특성으로 품질을 측정하는 것

(2) 계수적 속성 attributes

표본에 존재하는 불량품의 개수, 하루에 걸려오는 전화 통화 수처럼 계수적 특성으로 품질을 측정하는 것

7. 통계적 품질관리

(1) 표본검사법 acceptance sampling

원자재나 완제품의 로트로부터 표본을 추출하여 그 검사결과에 의하여 로트의 합격 또는 불합격을 결정하는 통계적 방법

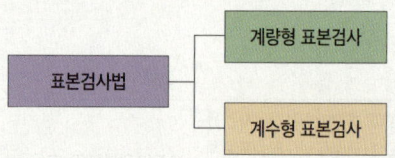

(2) 관리도 control chart

생산 공정상의 품질특성을 대상으로 시간의 경과에 따른 품질수준을 표본으로 추출·측정하여 공정변동의 가능성이나 유무를 통계적으로 결정하는 방법

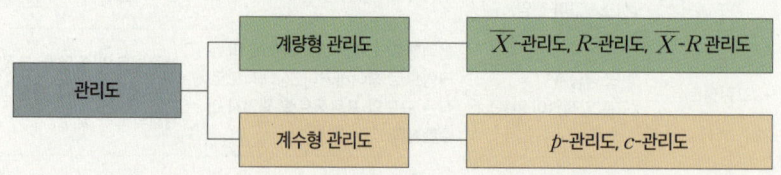

8. 표본검사법

(1) 계수형 표본검사법

1) **1회 표본검사법** single sampling plan

주어진 로트로부터 일정한 크기의 표본을 1회 무작위추출(random sampling)하여 불량품의 수를 검사하고 이를 설정된 허용불량개수(acceptance number)와 비교하여 로트의 합격, 불합격을 결정하는 방법

$$n : 표본\ 크기 \quad x : 불량품의\ 수 \quad c : 허용불량\ 개수$$

① **합격품질수준** AQL : acceptance quality level
합격가능한 품질수준, 즉 좋은 품질수준

② **로트허용불량률** LTPD : lot tolerance percent defective
불합격되어야 할 품질 수준, 즉 나쁜 품질수준을 의미

③ **생산자 위험** α : producer's risk
제1종 오류라고도 하며 좋은 품질수준을 갖는 로트가 표본검사에 의하여 불합격될 확률

④ **소비자 위험** β : consumer's risk
제2종 오류라고도 하며 나쁜 품질의 로트가 표본검사에 의하여 합격될 확률

표본검사에서 발생하는 여러 가지 상황

로트	샘플	합격/불합격 여부	오류여부
양질	양질	합격	정상
	불량	불합격	오류(생산자 위험)
불량	양질	합격	오류(소비자 위험)
	불량	불합격	정상

※ 표본검사법은 전수검사가 아니므로 생산자 위험과 소비자 위험이 항상 존재함

1회 표본검사법의 통계적 접근

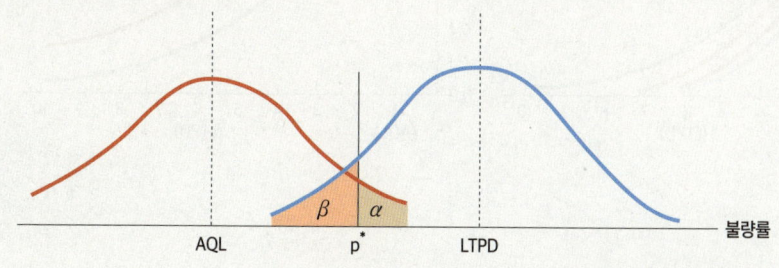

(p^* : 1회 표본검사법의 합격 불합격 임계치)

(2) 검사특성 OC: operating characteristic 곡선

검사 대상이 되는 로트와 적용될 표본검사법이 주어져 있을 때 로트의 품질수준, 즉 불량률의 변함에 따른 로트의 합격확률을 도표로 표시한 것

전형적인 OC 곡선

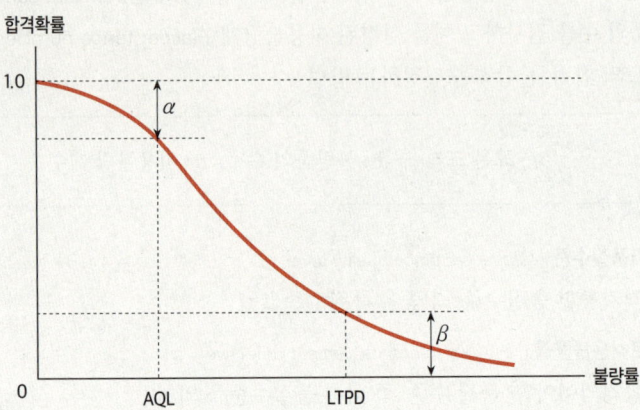

1) OC 곡선의 판별력

OC 곡선이 급경사를 이룰수록 적은 불량률의 차이에도 불구하고 합격확률에 많은 차이가 나며 판별력이 높음

OC 곡선의 판별력

그림(a) 표본의 크기에 따른 OC곡선

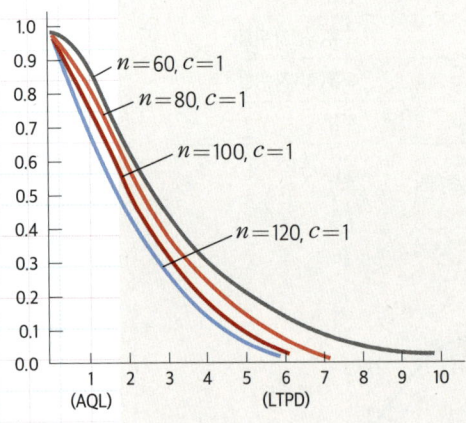

그림(b) 허용 불량 개수에 따른 OC곡선

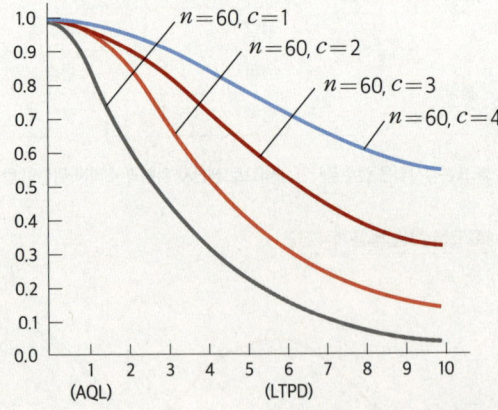

9. 관리도

공정에서 생산되는 제품의 품질특성이 설계규격에 적합한지를 지속적으로 검토하여, 시간이 경과함에 따라 발생하는 이상변동에 의한 공정상의 변화를 찾아내는 데 목적을 두는 통계기법

(1) 변동의 원인

1) **우연변동** random variation

   원자재, 작업환경, 작업방법, 기계상태 등의 미미한 변화와 종업원의 사기, 감독상태 등의 관리문제에 기인하는 피할 수 없는 변동으로서 통제할 수 없음

2) **이상변동** assignable variation

   마모된 공구, 기계장비의 불량, 작업자의 실수 또는 교체, 불량원자재 등 잘못되거나 수정되어야 할 원인에 의하여 발생되는 변동으로 통제되어야 할 변동

관리도 상의 여러 가지 패턴들

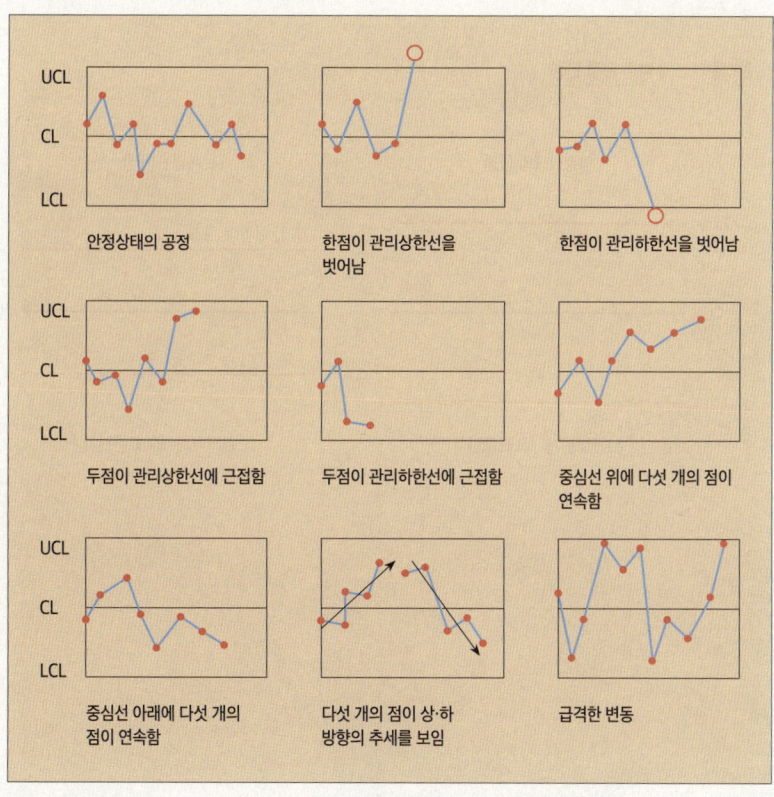

(2) 종류

1) 계량형 관리도

무게, 길이, 강도, 온도, 부피 등과 같이 연속적인 값을 갖는 품질특성을 통제하는 데 사용되며 공정에서 생산되는 품질특성치의 평균을 통제하는 데 사용되는 $\overline{X}-$관리도, 분산을 통제하는 데 사용되는 $R-$관리도, 그리고 공정의 평균과 분산의 이상변동의 여부를 함께 파악하기 위해서 사용되는 $\overline{X}-R$ 관리도가 있음

2) 계수형 관리도

합격 또는 불합격으로 구별될 수 있는 품질특성에 관한 것으로 불량률 관리도($p-$관리도)와 결점수 관리도($c-$관리도)가 있음

(3) 관리한계선과 품질판정

동일한 위치의 타점이지만 관리한계의 범위에 따라서 정상(임의요인만 존재하는 관리도)으로 판정받을 수도 있고, 이상요인이 발생한 관리도로 판정될 수 있음. 따라서 관리한계선이 좁을수록 생산자 위험이 증가하고, 넓어질수록 소비자위험이 증가함

관리한계선에 따른 품질 판정

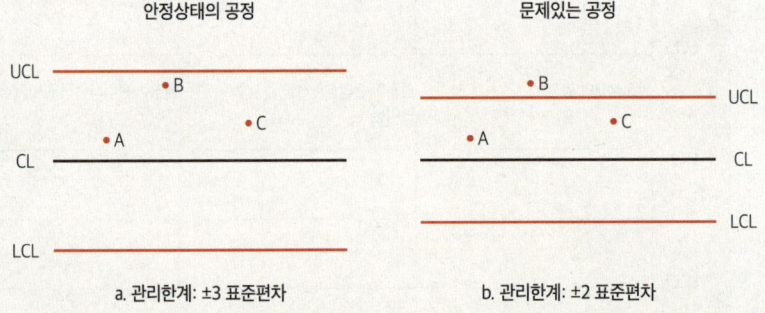

10. 프로세스 능력

(1) 프로세스 능력 개요

- 규격(specification) 혹은 허용오차(tolerance): 공학적 설계나 고객 요구에 의해 설정된다. 개별 산출물이 받아들여질 수 있는 범위이다.
- 관리한계(control limit): 평균 및 범위 등의 표본 통계량이 우연에 의해 변할 수 있는 범위를 나타내는 통계적 한계이다.
- 공정변동(process variability): 공정의 자연적이거나 고유한 우연변동을 나타내며 공정 표준편차로 측정한다.

(2) 시그마수준

일반적으로 시그마수준(sigma level)은 공정중심에서 규격한계까지의 거리가 표준편차(σ)의 몇 배가 되는지를 나타냄

$$시그마수준 = \frac{공정중심에서\ 규격까지의\ 거리}{공정의\ 표준편차}$$

시그마수준과 표준편차의 관계

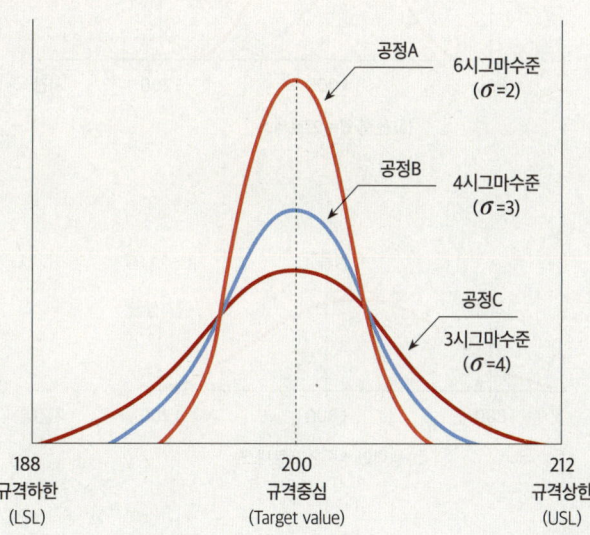

(3) 프로세스 능력 process capability

제품이나 서비스를 설계규격에 맞게 생산할 수 있는 프로세스의 능력을 의미함

1) 프로세스 능력비율 process capability ratio: C_p

프로세스 능력비율은 설계규격의 범위에 비해 프로세스의 범위가 어느 정도인가를 나타내는 것

$$C_p = \frac{\text{설계규격의 범위}}{\text{프로세스의 범위}} = \frac{\text{규격상한} - \text{규격하한}}{6\sigma}$$

어떤 공정이 능력이 있을 경우, 프로세스 능력비율은 최소한 1.0이 되어야 함. 그러나 1.0 비율은 충분한 것이 아님. 오늘날의 추세는 프로세스 능력비율의 목표를 최소한 1.33으로 하고 있음

프로세스 분포와 규격과의 관련성

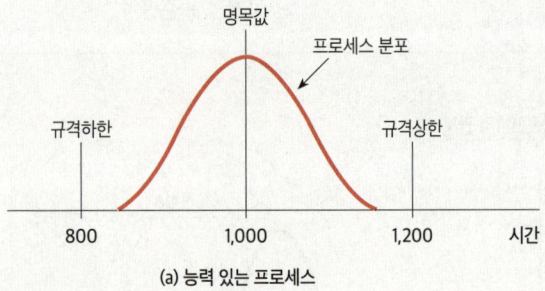

(a) 능력 있는 프로세스

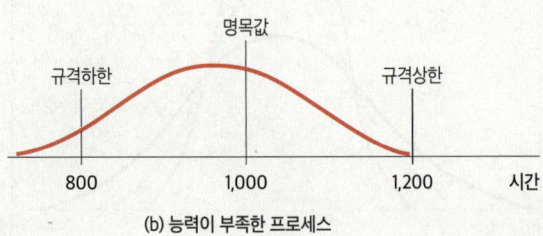

(b) 능력이 부족한 프로세스

프로세스 능력비율에 해당하는 불량수

공정능력비율(C_p)	백만단위 당 불량 수(ppm)
0.50	133,600
0.75	24,400
1.00	2,700
1.10	966
1.20	318
1.30	96
1.40	26
1.50	6.8
1.60	1.6
1.70	0.34
1.80	0.06
2.00	0.0018

프로세스 능력비율과 공정능력

공정능력범위	공정능력
$C_p > 1.33$	공정능력이 충분함
$1.00 \leq C_p < 1.33$	공정능력이 있음
$0.67 \leq C_p < 1.00$	공정능력이 부족함
$C_p < 0.67$	공정능력이 매우 부족함

2) **프로세스 능력지수** process capability index: C_{pk}

프로세스 능력지수는 프로세스가 얼마나 잘 중앙에 놓여 있고 변동성이 받아들여질 수 있는지를 평가함

$$C_{pk} = \text{최소값}\left(\frac{\text{규격상한} - \text{프로세스평균}}{3\sigma}, \frac{\text{프로세스평균} - \text{규격하한}}{3\sigma}\right)$$

11. 기타 품질관리

(1) 품질경영의 역사

1) 국제 품질표준

① ISO 9000

품질경영에 관한 국제규격으로 시장조사, 제품개발, 제품설계, 생산, 검사, 애프터서비스, 제품폐기 등 제품생산에 요구되는 모든 단계와 필요업무를 체계적으로 정리한 품질보증시스템임

② ISO 14000

원재료의 사용과 유해물질의 생성, 처리, 폐기를 지속적으로 추적하도록 요구하는 표준임

(2) 말콤 볼드리지 품질상 Malcolm Baldridge National Quality Award

초일류 품질의 제품이나 서비스를 생산하는 기업을 기리기 위해 1987년 미국 하원이 전임 상무부장관의 이름을 따서 제정한 상

(3) 싱고 시스템 Shingo system

통계적 품질관리(SQC) 기법과 함께 발전되어온 싱고 시스템(Shingo System)은 품질개선이라는 같은 목적을 추구하고 있지만 그 철학면에서는 통계학적인 접근법을 활용하는 경우하고는 매우 다름

1) 싱고 시스템의 관점

SQC(statistical quality control)는 품질문제 예상시점에 대한 확률적인 정보를 주긴 하지만, 항상 불량이 생기고 난 후에 수집된 정보에 의한 것임. 어떠한 문제가 한 작업장의 작업이 완성된 후에 발견되지 않기 위해서는 품질관리를 그 과정 안에서 진행해야 함

2) 싱고 시스템의 품질관리

싱고(Shingo) 철학의 기본적인 특징은 오류와 결함 사이의 차이. 결함이라는 것은 사람들이 오류를 범하기 때문에 생겨나는 것으로 아무리 오류를 범하는 것이 피할 수 없는 것이라 해도 오류를 범한 바로 후에 피드백으로 인해 올바른 조치를 취한다면 결함을 막을 수 있다고 봄. 이런 피드백과 조치는 검사를 요구하는데, 이 검사는 후공정 작업자에 의한 통제(successive check), 자가통제(self-check) 그리고 불량원인 통제(source inspection) 등 임

3) 포카요케

포카요케(ポカヨケ, Poka-yoke)는 원래 일본어로 "실수를 피하는"이란 뜻으로 빠진 부품이 있는지 알려주고, 부품이 남지 않게 하기 위해 계란판에 조립부품을 보관하고, 부품이 제자리가 아니면 맞지 않게 설계하고, 제품의 무게가 지나치게 적다면 소리를 내는 경보시스템 등이 좋은 예임

(4) 품질분임조(QC 서클)

품질, 생산성, 원가 등과 관련된 문제를 해결하기 위해 모이는 작업자 그룹임. 품질분임조는 단순히 의사결정에 작업자를 참여시킨다는 차원을 넘어 작업자들에게 문제해결기법을 훈련시키고 능동적으로 자료를 구하게 하여 작업자들이 공동으로 문제를 해결하도록 하는 데 특징이 있음

(5) ZD 프로그램

통계적 품질관리(SPC)보다는 작업자의 동기부여를 강조하는 ZD(zero defect) 프로그램은 품질관리에 있어서 예방을 강조하는 접근법으로서 처음부터 결점이 없는 완전한 제품을 생산하자는 품질향상운동임

12. 서비스 품질

SERVQUAL과 SERVPERF 비교

	SERVQUAL 모형	SERVPERF 모형
제안자	Parasuraman, Zeithaml, Berry	Cronin and Taylor
모델의 구성	성과-기대	성과
기대의 정의	규범적 기대(제공해야만 할 수준)	기대 측정 안함
측정차원	5개 차원 22개 항목	5개 차원 22개 항목

01 일반적으로 통제비용(control cost)을 증가시키면, 실패비용(failure cost)은 감소한다.

02 품질비용은 일반적으로 통제비용과 실패비용의 합으로 계산된다.

03 결함있는 제품으로 인한 소송비용과 보증서비스는 내부 실패비용(internal failure cost)이다.

04 전체 품질비용을 예방, 평가, 실패비용으로 구분할 때 일반적으로 예방비용의 비중이 가장 크다.

05 전사적 품질경영(TQM: total quality management)은 결과지향적인 경영방식으로 완성품의 검사를 강조한다.

06 TQM(total quality management)은 결과보다는 프로세스 지향적이고 고객만족, 전원참여, 프로세스의 지속적인 개선을 강조한다.

07 데밍(Deming)에 의해 고안된 PDCA사이클은 품질의 지속적 개선을 위한 도구로 활용된다.

08 파레토(Pareto) 도표를 이용하면, 관리자는 20%의 요인에 집중함으로써 80%의 품질문제를 해결할 수 있다.

---

01 O 통제비용은 품질향상을 위한 사전적 비용이고, 실패비용은 품질불량으로 인한 사후적 비용이므로 통제비용을 증가시키면 불량이 감소되어 실패비용은 감소한다.

02 O

03 X 결함 있는 제품으로 인한 소송비용과 보증서비스는 외부 실패비용에 해당한다.

04 X 일반적으로 품질비용, 즉 예방비용, 평가비용, 실패비용 가운데 가장 큰 것은 실패비용이다. 실패비용 중에서는 외부 실패비용이 내부 실패비용 보다 훨씬 크다.

05 X TQM은 결과지향적이 아니라 과정지향적 방법으로 운영된다.

06 O

07 O

08 O

09　파레토 도표를 이용하면 품질 문제의 원인을 밝힐 수 있다.

10　6시그마 품질수준은 공정평균(process mean)이 규격의 중심에서 '1.5 × 공정표준편차(process standard deviation)' 만큼 벗어났다고 가정한 경우, 100만개 당 3.4개 정도의 불량이 발생하는 수준을 의미한다.

11　원인결과도(Fishbone diagram)는 식스시그마의 DMAIC 방법론 중 A(분석)단계에서 문제의 원인을 규명하는 데 사용될 수 있다.

12　식스시그마의 DMAIC 방법론의 M(measure)단계에서는 불량의 수준(고객의 욕구와 현재 프로세스의 품질수준의 차이)을 계량적으로 측정한다.

13　식스시그마의 DMAIC 방법론에서 D(define)단계는 불량의 원인을 파악하는 단계로 이때 인과분석도(cause and effect diagram)를 활용하여 한정된 자원이 불필요한 곳에 투입되는 것을 막기 위해서는 소수의 핵심인자(vital few)를 추출하는 것이 중요하다.

14　식스시그마의 DMAIC 방법론에서 I(improve)단계는 고객의 니즈를 바탕으로 핵심품질특성(CTQ: critical to quality)은 무엇이며, 이와 관련된 내부 프로세스는 무엇인가를 정의하는 단계이다.

09　✗　품질 문제의 원인은 인과분석도(cause and effect diagram 혹은 fishbone diagram)를 통해 분석 가능하다.

10　○

11　○

12　○

13　✗　불량의 원인을 파악하고, 소수의 핵심인자를 추출하는 단계는 D(define) 단계가 아니라 A(analyze) 단계이다.

14　✗　고객의 니즈를 바탕으로 핵심품질특성(CTQ)을 파악하는 것은 D(define)단계이다.

15   CTQ(critical to quality)는 고객입장에서 판단할 때 중요한 품질특성을 의미하며, 집중적인 품질개선 대상이다.

16   6시그마수준의 품질이란 공정중심에서 규격한계까지의 거리가 표준편차의 6배인 것을 의미한다.

17   계량적 속성(variables)을 이용한 품질측정치들은 이항분포나 포아송분포를 나타낸다.

18   관리도(control chart)를 통해 품질문제의 원인을 밝힐 수 있다.

19   일반적으로 관리상한선과 관리하한선이 중심선으로부터 ±3만큼 떨어진 관리도를 많이 사용한다.

20   관리도(control chart) 상에서 관리한계선을 좁게 설정할수록 생산자 위험(a : producer's risk)은 감소한다.

---

15   O

16   O   시그마수준이란 평균에서 규격 상한 또는 하한 사이에 표준편차가 몇 개가 들어갈 수 있는 능력인가를 정량화하여 표시한 지표이다. 6시그마수준이란 공정중심에서 규격한계까지의 거리가 표준편차의 6배임을 나타낸다.

17   X   계량적 속성을 이용한 품질측정치들은 정규분포를 나타낸다. 반면 계수적 속성을 이용한 측정치들은 이항분포나 포아송분포를 나타낸다.

18   X   관리도를 통해 품질문제의 원인을 밝힐 수는 없다. 관리도는 표본으로부터 품질특성값을 측정하여 시간 순서대로 표시하는 것으로 품질에 문제가 있는지 없는지 즉 프로세스가 안정상태인지를 측정하는 방법이다.

19   O

20   X   관리한계선이 넓을 때는 관리한계 내에 있던 품질측정값이 관리한계선을 좁게 설정하면 관리한계를 벗어날 확률이 증가하므로 생산자 위험은 증가한다.

21 관리도(control chart) 상에서 모든 품질측정값들이 관리한계 내에 있으면 공정은 안정상태에 있다고 말할 수 있다.

22 품질개선활동을 통해 품질특성의 산포가 줄어들게 되면 타점들이 지속적으로 하락하는 추세를 보이게 된다.

23 관리한계의 폭을 넓히면 타점이 관리한계 바깥쪽으로 벗어날 가능성이 줄어들고 제2종 오류(소비자 위험)가 증가한다.

24 $\overline{X}$-관리도는 품질특성치의 평균과 제품의 규격을 비교하여 공정에 특별한 이상요인이 발생했는지를 판단하는데 사용된다.

25 표본의 크기가 클수록 OC(operating characteristic) 곡선의 판별력은 높아진다.

26 어느 프로세스의 양 극단값이 규격상한과 규격하한의 사이에 있다면 그 프로세스는 능력(process capability)이 있다고 할 수 있다.

27 공정능력비율이 증가하면 공정의 시그마수준(sigma level)도 증가한다.

---

21 ✗ 관리도에서 모든 품질측정값이 관리한계선 내에 있더라도 일정한 패턴을 보이면, 공정에 문제가 있는 것으로 판정한다.

22 ✗ 품질개선활동을 통해 품질특성의 산포가 줄어들게 되면 타점들이 중심선을 중심으로 안정적인 분포를 보이게 된다. 그러나 지속적으로 하락하는 추세를 보인다면 이는 품질이 안정상태를 벗어났다는 것을 의미한다.

23 ○ 관리한계의 폭을 넓히면 불량품을 합격처리할 오류, 즉 소비자 위험이 증가한다.

24 ✗ $\overline{X}$-관리도는 품질특성치의 평균과 '제품의 규격'을 비교하는 것이 아니라 '관리한계'와 비교한다.

25 ○ 불량률의 변화에 따른 합격확률의 변화를 판별력이라고 하는데, 판별력이 높다는 것은 불량률이 조금 증가하여도 합격확률이 큰 폭으로 떨어지는 것을 의미한다. 이 때문에 OC곡선의 기울기는 가파를수록 판별력이 높은데, 표본의 크기를 크게 할수록 기울기는 가파르게 변한다.

26 ○

27 ○ 공정능력비율이 증가한다는 것은 공정의 표준편차(r)가 줄어든다는 것을 의미하므로, r가 줄어들면 시그마수준은 증가한다.

28 　공정능력비율은 공정이 설계규격(specification)에 적합한 제품을 생산하는 능력이 어느 정도인지를 측정하는 도구이다.

29 　공정능력비율이 증가하면 일반적으로 제품 불량률은 감소한다.

30 　공정능력비율이 1.0 미만이면 공정이 안정상태(under control)를 벗어났다고 판단한다.

31 　설계규격한계(specification limit)가 일정할 때 공정변동(표준편차)이 감소하면 공정능력비율은 증가한다.

32 　품질특성의 표준편차가 작아지면 공정능력(process capability)은 향상되고 불량률은 감소한다.

33 　SERVPERF는 서비스 품질 측정의 gap 모형이다.

34 　싱고시스템(Shingo system)은 통계적 품질관리(SQC)로는 결함을 예방하지 못한다고 주장한다.

28　O　공정능력비율은 설계규격의 범위에 비해 프로세스의 범위가 어느 정도인가를 나타내는 것으로 공정이 설계규격(specification)에 적합한 제품을 생산하는 능력이 어느 정도인지를 측정하는 도구라고 할 수 있다.

29　O　공정능력비율이 클수록 공정의 능력이 좋은 것을 의미하므로 공정능력비율이 증가하면 일반적으로 제품 불량률은 감소한다.

30　X　공정능력비율이 1.0 미만이면 공정능력이 부족하다고 판단한다. 공정의 안정상태를 판단하는 것은 공정능력비율이 아니라 관리도(control chart)이다.

31　O　공정의 범위가 줄어든다는 것은 공정의 변동 즉 공정의 표준편차가 감소한다는 것을 의미한다. 공정의 표준편차가 감소하면 공정능력비율은 증가한다.

32　O

33　X　기대와 성과의 차이를 측정하는 gap 모형은 SERVQUAL 이다.

34　O

35 포카요케(poka-yoke)는 종업원에 대한 지속적인 훈련을 통하여 품질오류를 예방하는 프로그램이다.

36 ISO 9000은 품질 프로그램의 문서화에 대한 인증이며, ISO 14000은 원재료의 사용과 유해물질의 생성, 처리, 폐기를 지속적으로 추적하도록 요구하는 인증이다.

37 품질분임조(QC서클)는 품질, 생산성, 원가 등과 관련된 문제를 해결하기 위해 모이는 작업자 그룹이다.

38 ZD(zero defect)프로그램에서는 불량이 발생되지 않도록 통계적 품질관리의 적용이 강조된다.

---

35 ✗ 포카요케(poka-yoke)는 작업자들이 오류를 범하지 않도록 행동을 제한하거나 실패를 방지하는 간단한 방법들을 의미한다.

36 ○

37 ○

38 ✗ ZD프로그램은 통계적 품질관리(SPC)보다는 작업자의 동기부여를 강조한다. 이는 품질관리에 있어서 예방을 강조하는 접근법으로서 처음부터 결점이 없는 완전한 제품을 생산하자는 품질향상운동이다. ZD프로그램에서는 품질결함은 작업자의 오류에서 비롯되며, 작업자의 오류는 적절한 동기부여를 통해 제거할 수 있다는 가정을 하고 있다.

4. 생산능력 관리

1. 생산능력계획

(1) 생산능력의 측정

1) 생산능력

생산능력(capacity)은 다음과 같이 2가지로 구분됨

① **설계생산능력** design capacity

설계 시에 결정한, 한 작업 단계, 공정 또는 시설의 최대 산출률이나 서비스 용량

② **유효생산능력** effective capacity

설계생산능력에서 작업자의 개인 시간과 장비 유지 관리 등으로 인한 공제량을 뺀 용량

※ 유효생산능력(effective capacity)은 설계생산능력(design capacity)을 초과할 수 없다.

2) 생산설비의 유효성 측정

$$\text{생산능력 효율} = \frac{\text{실제산출률}}{\text{유효생산능력}} \times 100\%$$

$$\text{생산능력 이용률} = \frac{\text{실제산출률}}{\text{설계생산능력}} \times 100\%$$

설계생산능력이 유효생산능력보다 항상 더 크기 때문에 생산능력 이용률(utilization)은 생산능력 효율(efficiency)을 초과할 수 없으며, 설계생산능력이 고정된 상태에서 실제산출률이 증가하면 생산능력 이용률은 향상됨. 또한 실제 산출률(actual output rate)은 유효생산능력을 초과할 수 없음으로 생산능력 이용률 개선의 핵심은 품질문제의 해결, 훌륭한 장비 유지 관리, 충분한 직원훈련, 병목 자원의 완전한 활용을 통하여 유효생산능력을 늘리는 것임

설계생산능력 ≥ 유효생산능력
∴ 생산능력 효율 ≥ 생산능력 이용률

(2) 규모의 경제

규모의 경제(economies of scale)란 산출량을 증가시킴으로써 제품 또는 서비스의 평균 단가가 감소하는 것을 말함

규모의 경제와 규모의 비경제

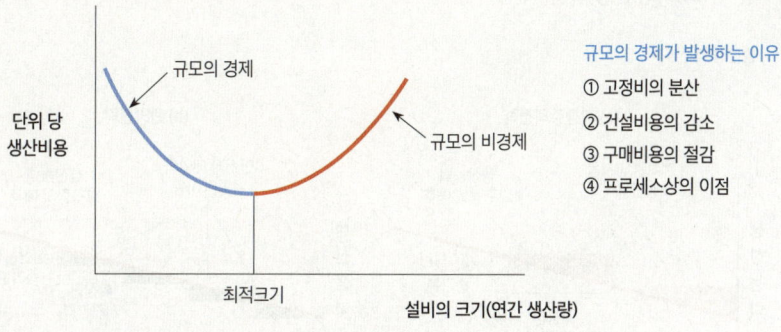

규모의 경제가 발생하는 이유
① 고정비의 분산
② 건설비용의 감소
③ 구매비용의 절감
④ 프로세스상의 이점

(3) 규모의 비경제

규모의 비경제(diseconomies of scale)란 설비의 규모가 증가함에 따라 평균단가가 증가하는 것을 말하는데 이것은 과도한 설비규모가 복잡성, 초점의 상실, 비효율성 등으로 인하여 제품이나 서비스의 평균단가를 상승시키기 때문임

2. 생산능력 증감 시점 및 규모 전략

(1) 여유생산능력 capacity cushion

수요의 불확실성을 고려하여 예상 수요보다 많게 생산용량을 계획하는 것을 말하며, 관행적으로 이 여분은 절대량으로 나타내지 않고 백분율로 나타냄

$$여유생산능력 = (100\% - 이용률)$$

상황에 따른 여유생산능력의 결정

높은 여유생산능력	낮은 여유생산능력
1. 수요의 불확실성이 높을 때 2. 고객서비스가 중요한 산업	1. 표준 제품이나 서비스 2. 자본집약도가 높은 산업 3. 생산설비의 신뢰도가 높을 때 4. 인력의 유연성이 높을 때

(2) 확장의 시기 및 규모

1) **확장주의 전략** expansionist strategy

   수요에 앞서서 확장하기 때문에 불충분한 생산능력으로 인한 판매 손실의 기회를 최소화

2) **관망전략** wait-and-see strategy

   새로운 설비를 신축하는 것과 같은 방법보다는 현재의 설비를 보수하는 것처럼 작은 폭으로 생산능력을 확대하는 전략

   생산능력 전략

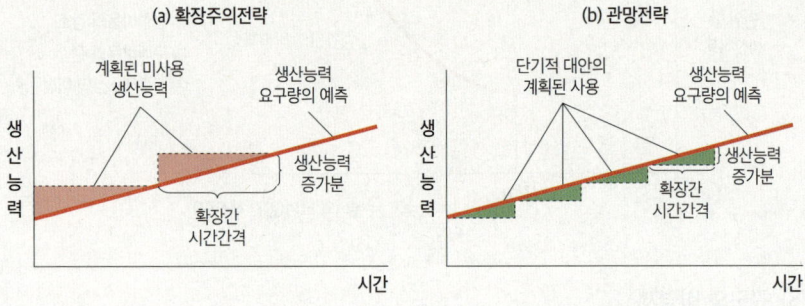

3. 필요 생산용량의 추정

(1) 용량 소요량 계산

$$용량소요량 = \frac{1년치\ 수요량을\ 처리하는\ 시간}{여유를\ 제외하고\ 한\ 작업단위\ (기계,\ 작업자)\ 의\ 1년치\ 작업시간}$$

$$M = \frac{D_p}{N[1-(C/100)]}$$

단, D = 연간예측수요량(고객이나 제품 수)
p = 처리시간(제품 단위나 고객 1인당 시간)
N = 연간설비가동시간
C = 원하는 여유생산능력(단위:%)

1) 공식의 의미

M은 필요한 투입 단위의 수인데 계획 대상기간의 각 연도마다 계산해야 함. 처리시간 p는 프로세스 및 작업방법에 따라 달라짐. 분모는 한 개 작업임

2) 가동준비시간 고려

제품을 여러 가지 생산하는 경우에는 제품 간 전환에 따른 추가 시간이 필요함. 가동준비 시간(setup time)은 한 가지 제품을 생산하다가 다른 서비스로 전환할 때 프로세스를 변경하는데 필요한 시간을 말함. 총 가동준비시간은 연간 예측 수요량 D를 로트당 생산량으로 나누어 연간 가동준비 횟수를 계산한 후, 여기에 1회 가동준비 시간을 곱하여 얻음

$$\text{용량 소요량} = \frac{\text{모든 제품의 연간수요에 대한 처리시간과 가동준비시간의 합}}{\text{여유를 제외하고 한 작업단위 (기계, 작업자)의 1년치 작업시간}}$$

$$M = \frac{[D_p + (D/Q)s]_{\text{제품1}} + [D_p + (D/Q)s]_{\text{제품2}} + \cdots + [D_p + (D/Q)s]_{\text{제품}n}}{N[1 - (C/100)]}$$

단, Q = 로트당 생산량
s = 로트당 가동준비 시간

Q&A 용량 소요량 계산

2개의 고객사를 위해 보고서를 제본하는 복사집이 있다. 보고서는 하나마다 복사본을 여러 권 만든다. 복사본을 복사, 정리, 제본하는데 걸리는 처리시간은 보고서의 페이지 수에 따라 달라진다. 복사집은 하루 8시간씩 연간 250일 운영된다. 복사집 사장은 여유용량(capacity cushion)이 15%이면 좋다고 생각한다. 현재 복사기는 3대가 있다. 다음 정보를 이용하여 이 복사집에 필요한 복사기는 몇 대인지 결정하라.

항목	고객 1	고객 2
연간 수요 예측(권)	2,000	6,000
표준 처리시간(시간/권)	0.5	0.7
표준 로트 크기(권/보고서)	20	30
표준 가동준비 시간(시간)	0.25	0.40

Q&A

$$M = \frac{[D_p + (D/Q)s]_{\text{제품1}} + [D_p + (D/Q)s]_{\text{제품2}} + \cdots + [D_p + (D/Q)s]_{\text{제품}n}}{N[1 - (C/100)]}$$

$$= \frac{[2,000(0.5) + (2,000/20)(0.25)]_{\text{고객1}} + [6,000(0.7) + (6,000/30)(0.40)]_{\text{고객2}}}{[(250일)(8시간)][1 - (15/100)]}$$

$$= \frac{5,305}{1,700} = 3.12$$

올림하면 4대의 복사기가 필요하다.

4. 프로세스 제약관리

(1) 제약의 파악

제약(constraints)이란 시스템의 성과를 제한시키고, 산출을 한정시키는 요인으로, 만약 일부 단계에 제약이 있으면 생산능력에 불균형(일부 부서는 너무 높고, 일부 부서는 너무 낮음)이 발생하고, 그 결과 병목의 생산능력(capacity)이 전체 시스템의 생산능력을 제한함

(2) 제약이론 TOC: theory of constraints

1) 개요

골드랫(E. Goldratt)에 의해 개발된 제약이론의 주요 논리는 병목작업의 해소에 초점을 맞추면, 생산능력과 관련된 복잡성의 많은 부분을 피해갈 수 있다는 것. 그는 생산 시스템의 생산량은 병목작업에 의해 줄어들게 되는데, 이를 해결하기 위해서는 병목이 아닌 작업들을 병목작업의 유휴시간이 최소화되도록 계획을 수립해야 한다고 주장하였음

2) 작업흐름을 최대화하는 절차

① 병목공정의 확인
② 병목공정의 활용
③ 다른 모든 의사결정을 위의 결정사항(제약)에 종속시킴
④ 제약을 향상시킴
⑤ 지속적 개선(1단계로 돌아감)

3) 드럼-버퍼-로프 시스템

제약이론은 시스템을 관리하기 위해 drum-buffer-rope 개념을 사용함

> **버퍼, 작업장애, 작업공전**
> 버퍼(buffering)란 작업단계 간의 저장공간을 의미하는데, 후속 프로세스에서 작업이 시작되기 전에 머무는 공간을 말함. 버퍼는 각 프로세스 단계가 독립적으로 작업할 수 있는 여건을 조성해 줌. 만일 버퍼가 존재하지 않는다면 작업장애 또는 작업공전이 발생하게 됨. 작업장애(blocking)란 재공품을 작업 후 보관할 장소가 없는 경우에 작업을 어쩔 수 없이 중단해야 하는 경우를 말하며, 작업공전(starving)은 선행 프로세스에서 작업물량이 원활히 공급되지 못하며 버퍼가 없을 경우에 작업량이 없어서 작업진행을 할 수 없는 경우를 말함

드럼-버퍼-로프 시스템

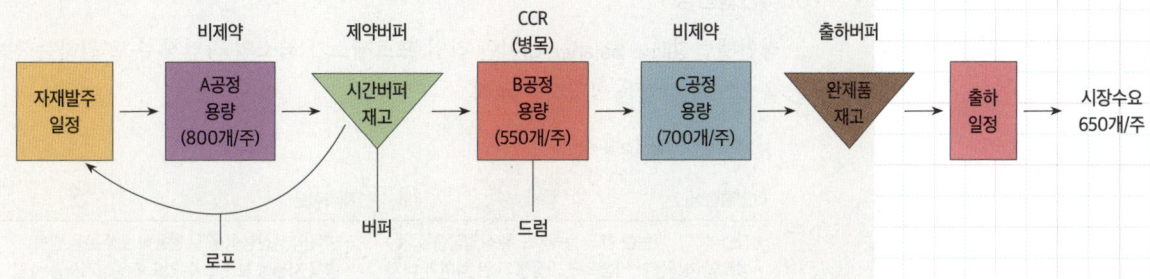

4) **제약이론의 목표**

골드랫은 '기업의 목표는 돈을 버는 것이다'라는 매우 단순한 생각을 가지고 있었으며, 개선의 효과를 평가하기 위해 다음의 3개의 척도를 사용

① 재무적 측정기준
- 순이익 – 화폐가치를 통한 절대적 기준
- 투자수익률 – 투자규모를 고려한 상대적 기준
- 현금흐름 – 생존 가능성 기준

이 세 가지 기준은 반드시 함께 사용되어야 함

② 운영적 기준
- 산출(throughput) – 판매를 통하여 시스템에 의해 창출된 돈
- 재고(inventory) – 판매를 목적으로 한 물건들을 구매하는데 투자된 모든 돈
- 운영비용(operating expenses) – 재고를 산출로 전환하는데 시스템이 소비하는 모든 돈

③ 생산성

생산성은 기업이 목표(산출증대, 재고축소, 운영비용 감소)를 달성하려는 모든 행동들

5. 라인 프로세스의 제약관리

(1) 라인밸런싱

라인밸런싱(line balancing)이란 라인 프로세스가 최소의 작업장 수로 원하는 산출을 얻도록 작업을 할당하는 과정

라인밸런싱과 제약이론의 차이점

라인밸런싱	제약이론
• 작업부하가 가능한 한 균등해지도록 작업장을 설계 • 병목의 가동률과 비병목의 가동률이 큰 차이가 나지 않도록 설계	• 병목의 생산능력을 잘 활용하는 주문을 받음 • 병목 자원을 보존할 수 있도록 일정계획을 수립

라인밸런싱의 목표
1. 각 작업장마다 할당된 과업의 총수행시간은 주기시간을 넘지 않아야 한다.
2. 모든 작업장에 걸친 총유휴시간은 최소가 되어야 한다.

1) 바람직한 산출률

라인밸런싱의 목적은 산출률을 인력계획이나 생산계획에 맞추는 것임

> **예** 일주일에 수요가 2,400단위 발생하고 라인이 일주일에 40시간 운영된다면 이론적인 산출률은 시간 당 60 개임

2) 주기시간

주기시간(cycle time)은 각 작업장에서 한 단위 생산에 허락된 최대시간임

> **예** 라인의 바람직한 산출률이 시간 당 60개이면, 주기시간은 1/60시간=1분=60초임

$$C = \frac{1시간}{r} = \frac{3,600초}{r}$$

단, c = 주기시간(시간)
r = 산출률(단위/시간)

3) 이론적 최소치

바람직한 산출률을 달성하기 위해 라인밸런싱을 활용하여 선행조건을 만족시키면서도 작업장의 수(n)를 최소화할 수 있도록 작업을 각 작업장에 할당하는데, 이를 이론적 최소치(TM: theoretical minimum)라고 함

> **예** 모든 작업요소 시간의 합이 15분이고, 주기시간이 1분이면, 이론적으로 가능한 최소작업장 수는 15/1=15임. 소수점 아래는 올림

$$TM = \frac{\sum t}{c}$$

단, $\sum t$ = 단위 당 총 조립시간(모든 작업 요소의 표준시간의 합)
c = 주기시간

4) 총유휴시간

총유휴시간(idle time)이란 한 단위 조립마다 각 작업장이 낭비하는 시간의 합

$$\text{총유휴시간} = nc - \sum t$$

단, n = 작업장의 수
c = 주기시간
$\sum t$ = 단위 당 총 조립시간(모든 작업 요소의 표준시간의 합)

5) 밸런스 효율

전체 시간 중 생산적인 시간의 비율을 백분율로 표현한 것

$$\text{밸런스 효율} = \frac{\sum t}{nc}$$

6) 밸런스 지체

밸런스 지체(balance delay)는 100%와 효율의 차이

$$\text{밸런스 지체}(\%) = 100\% - \text{밸런스 효율}$$

7) 유휴시간, 밸런스 효율, 밸런스 지체의 관계

$$\text{유휴시간} \downarrow = \text{밸런스 효율} \uparrow = \text{밸런스 지체} \downarrow$$

8) 리틀의 법칙

리틀의 법칙(Little's law)은 작업처리비율, 처리시간 그리고 재공품 재고량들 간의 수학적인 관계를 보여줌

① **작업처리비율** throughput rate

시스템이 단위시간 당 생산할 수 있는 능력, 주기시간이 짧을수록 높아짐

> 예 주기시간이 30초인 시스템에서는 30초마다 완제품이 생산되므로 작업처리비율은 2개/분임

② **처리시간** throughput time

한 개의 제품이 완성되기 위하여 필요한 프로세스 간 이동시간의 합

> 예 제품이 완성되기 위해 주기시간이 30초인 6개의 프로세스를 거쳐야 하고 한 프로세스에서 다른 프로세스로 이동하는데 걸리는 시간은 개당 10초라고 가정하면 처리시간은 230초(=30×6+10×5)임

$$처리시간(T) = \frac{재공품(I)}{작업처리비율(R)}$$

Q&A

1. 생산라인에 재공품 1단위를 가진 6개의 작업장으로 구성되고 작업처리비율이 1분마다 2개라면 처리시간은?

$$처리시간(T) = \frac{재공품(I)}{작업처리비율(R)} = \frac{6단위}{2단위} = 3분$$

2. 평균적으로 1시간에 6명의 고객을 처리하며, 고객이 평균 3시간을 머무는 카페 내부의 평균 고객수는?

$$재공품(I) = 작업처리비율(R) \times 처리시간(T) = 6명 \times 3시간 = 18명$$

Q&A 라인밸런싱

아래의 그림과 같이 6개의 순차적 작업요소로 구성된 조립라인이 있다. 시간 당 40개의 제품을 생산하려 할 때, 주기시간, 이론적 최소치, 유휴시간, 효율을 각각 구하시오.

A(40초) → B(80초) → C(75초) → D(40초) → E(45초) → F(85초)   총과업시간=365초

Q&A

1. 주기시간

$$주기시간 = \frac{1시간}{40} = \frac{3600초}{40} = 90초$$

2. 이론적 최소치

$$TM = \frac{365초}{90초} = 4.0555 ≒ 5개$$

이론적 최소치 5는 실현가능하다. 왜냐하면 D와 E 작업요소를 합쳐서 하나의 작업장을 만들면 되기 때문이다.
새롭게 구성된 작업장은 아래 표와 같다.

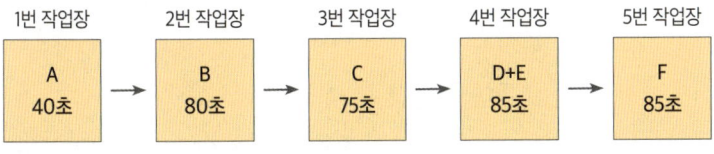

3. 유휴시간

$$유휴시간 = 5 \times 85초 - (40 + 80 + 75 + 40 + 45 + 85)$$
$$= 425 - 365 = 60초$$

4. 효율

$$효율 = \frac{365}{5 \times 85} = \frac{365}{425} = 0.8588 = 85.88\%$$

※ 작업장을 구성한 후에는 유휴시간과 효율 계산에 병목작업장의 시간 즉 '85초'를 주기시간으로 사용함

01 이용률(utilization)이란 실제산출률을 설계생산능력(design capacity)으로 나눈 값이다.

02 효율(efficiency)이란 실제산출률을 유효생산능력(effective capacity)으로 나눈 값이다.

03 설계생산능력(design capacity)은 설계 시 결정한 시설의 최대산출률을 의미하며, 유효생산능력(effective capacity)은 설계생산능력에서 작업자의 개인 시간과 장비 유지관리 등으로 인한 공제량을 뺀 생산용량을 말한다.

04 유효생산능력(effective capacity)은 설계생산능력(design capacity)을 초과할 수 없다.

05 생산능력 이용률(utilization)은 생산능력 효율(efficiency)을 초과할 수 없다.

06 설계생산능력이 고정된 상태에서 실제산출률이 증가하면 생산능력 이용률(utilization)은 향상된다.

07 효과적인 생산관리 활동(제품 및 공정설계, 품질관리 등)을 통해 실제산출률은 증가하지만 유효생산능력은 변하지 않는다.

08 자본집약적 산업에서는 통상 여유생산능력(capacity cushion)을 높게 유지하는 것이 바람직하다.

---

01 O
02 O
03 O
04 O
05 O
06 O
07 X 제품 및 공정설계, 품질관리 등 효과적인 생산관리 활동을 통해 설비의 정비를 위한 시간, 교대 간 휴식시간, 일정변경을 위한 시간, 작업자의 결근 및 기타 생산능력을 감소시키는 활동에 소요되는 시간을 줄일 수 있으며 이때 유효생산능력은 증가한다.

08 X 자본집약적 산업에서는 설비가격이 비싸기 때문에 여유생산능력을 낮게 유지하는 것이 바람직하다.

09 설비의 이용률을 높이면 여유생산능력도 함께 증가한다.

10 고객서비스가 중요한 산업에서는 여유생산능력을 높게 유지해야 한다.

11 관망전략(wait-and-see strategy)의 장점은 높은 규모의 경제와 학습효과이다.

12 라인밸런싱(line balancing)이란 라인프로세스가 최소의 작업장 수로 원하는 산출을 얻도록 작업을 할당하는 과정이다.

13 라인밸런싱이 가장 중요한 설비배치는 공정별 배치(process layout)이다.

14 생산시스템의 산출률은 생산능력이 가장 작은 병목공정에 의해 결정된다.

15 병목공정에서 1시간을 상실했다면, 이는 곧 생산시스템 전체에서 1시간을 상실한 것이다.

16 산출률을 높이기 위해서는 모든 공정에서 골고루 작업처리시간을 줄여야 한다.

---

09 ✗ 여유생산능력은 설비의 이용률이 100%이하로 떨어진 정도를 의미하므로, 이용률의 증가는 여유생산능력의 감소로 이어진다.

10 ○

11 ✗ 규모의 경제 효과를 가져오기도 하고 높은 학습효과를 가져오기도 하는 장점이 있는 것은 확장주의 전략(expansionist strategy)이며, 반면 관망전략(wait-and-see strategy)은 수요를 따라가기 때문에 지나치게 낙관적인 수요예측에 의한 과잉확장, 기술의 진부화, 혹은 경쟁에 대한 부정확한 확장의 위험이 적다는 장점이 있다.

12 ○

13 ✗ 라인 밸런싱은 제품별 배치 설계에서 고려되어야 하는 요소이다. 반면 공정별 배치의 설계에서 중요한 것은 작업장의 공간과 위치의 지정, 인접요인 등이 중요한 요소이다.

14 ○

15 ○

16 ✗ 산출률을 높이기 위해 우선 병목공정의 처리시간을 단축해야만 한다.

17 순서대로 연결된 조립라인에서 버퍼(buffer)가 없으면 작업장애(blocking)는 발생하나 작업공전(starving)은 발생하지 않는다.

18 밸런스 효율(balance efficiency)과 밸런스 지체(balance delay)를 합하면 항상 100%가 된다.

19 조립라인의 생산능력(capacity) 비교를 위해 각 조립라인의 주기시간 당 생산되는 제품의 수가 활용된다.

20 이론적 최소치(TM)가 10이라면 작업장은 10개 이상이 필요하다.

21 생산라인의 총유휴시간이 감소하면 라인효율(efficiency)은 증가한다.

22 조립라인의 변경 없이 주기시간을 늘리는 경우, 조립라인 균형의 효율성은 감소한다.

23 생산라인의 총유휴시간이 감소하면 밸런스지체(balance delay)는 감소한다.

---

17 ✗ 버퍼(buffering)란 단계 간의 저장공간을 의미하는데, 만일 버퍼가 존재하지 않는다면 작업장애 또는 작업공전이 발생하게 된다. 이 두 가지 경우를 방지하기 위해 다단계 프로세스에서는 버퍼가 필요하다.

18 ○

19 ✗ 조립라인의 생산능력(capacity) 비교를 위해 각 조립라인의 주기시간의 길이나 시간 당 생산되는 제품의 수가 활용된다.

20 ○ 이론적 최소치대로 항상 작업장이 만들어지는 것은 아니다. 실제 작업장 수는 이론적 최소치보다 많을 수도 있다.

21 ○ 유휴시간이 감소하면 nc와 $\sum t$의 간격이 줄어든다는 것을 의미하므로 생산라인의 총유휴시간이 감소하면 라인효율(efficiency)은 증가한다.

22 ○ 공식 $\left(효율 = \dfrac{\sum t}{nc}\right)$에서 보는 바와 같이 작업장의 수와 작업에 걸리는 시간을 그대로 유지한 채 주기시간을 늘리면 효율은 감소한다.

23 ○ 생산라인의 총유휴시간이 감소하면 생산라인효율이 증가하므로, 밸런스지체(balance delay)는 감소한다.

24   주기시간(cycle time)은 병목(bottleneck) 작업장의 작업시간과 동일하다.

25   주기시간을 줄이기 위해서는 작업장 수를 줄일 필요가 있다.

26   작업장 수를 고정하면 주기시간을 줄일수록 밸런스 효율은 향상된다.

27   주기시간(cycle time)의 변동없이 처리시간(flow 또는 throughput time)을 감소시키면 재공품재고도 감소되는 경향이 있다.

28   병목공정(bottleneck process)의 이용률(utilization)은 비병목공정의 이용률보다 낮다.

29   생산능력(capacity)이 증가하면 이용률이 증가하는 경향이 있다.

30   생산능력이 감소하면 주기시간이 짧아지는 경향이 있다.

31   가동준비(setup)가 필요한 뱃치공정(batch process)에서 가동준비시간이 늘어나면 생산능력이 증가되는 효과가 있다.

---

24   O

25   X   주기시간을 줄이기 위해서는 작업장 수를 늘려야 한다.

26   O   밸런스 효율 $= \left(\dfrac{\Sigma t}{nc}\right)$에서 n을 고정하고 주기시간(c)을 줄일수록 분모가 작아지므로 밸런스 효율은 향상된다.

27   O   리틀의 법칙, 즉 I=R_T에서 주기시간의 변동이 없다면 '작업처리비율(R)'에는 변화가 없으므로 '처리시간(T)'이 감소하면 재공품재고(I)는 감소한다.

28   X   병목공정은 생산능력이 부과된 수요보다 작아서 항시 가동되고 있으므로 병목공정의 이용률(utilization)은 비병목공정의 이용률보다 항상 높다.

29   X   이용률 $= \dfrac{실제산출률}{설계생산능력}$이므로 생산능력이 증가하면 이용률은 감소한다.

30   X   생산능력이 감소한다는 것은 단위시간 당 생산량이 감소한다는 것을 의미하므로 주기시간은 늘어난다.

31   X   가동준비시간(setup time)이 늘어나면 단위시간 당 생산량이 감소하므로 생산능력은 감소된다.

5. 공급사슬관리

1. 공급사슬의 역동성

   (1) 채찍효과의 개념

   채찍효과(bullwhip effect)란 공급사슬 상류의 기업일수록 주문의 변동을 더 크게 겪고, 그 결과로 기업이 보유하는 재고량에 영향을 미치는 것을 말함. 즉 공급사슬의 하류에서 생긴 수요의 변화가 상류로 거슬러 갈수록 그 크기가 증폭되는 현상

   화장지 공급사슬의 역동성

   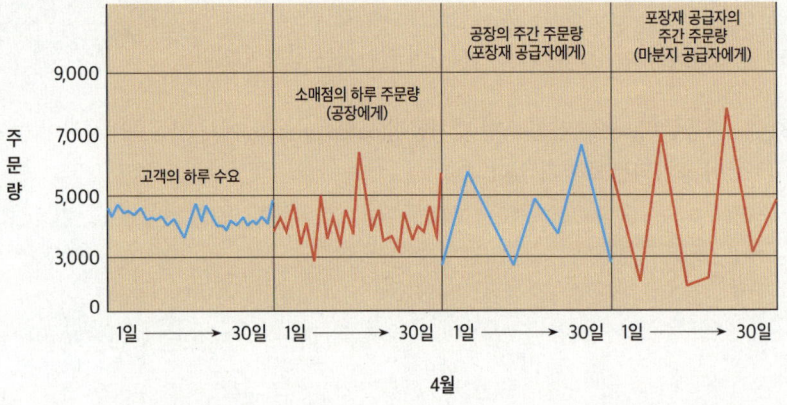

   (2) 채찍효과의 원인

   ① 수요정보의 부재
   ② 긴 리드타임
   ③ 정보 공유의 지연

   (3) 채찍효과의 시사점

   ① 공급사슬은 상호작용이 매우 큰 시스템임
   ② 공급사슬에는 흔히 채찍효과가 나타남
   ③ 모든 단계에 완전한 정보가 제공된다 해도 공급사슬에 채찍효과가 나타날 수 있음
   ④ 공급사슬을 개선하는 가장 좋은 방법은 전체 리드타임을 단축하고 최단시간 내에 실제 수요정보를 모든 단계에 알리는 것

(4) 통합된 공급사슬의 설계

1) 공급사슬 통합

공급사슬의 통합 단계

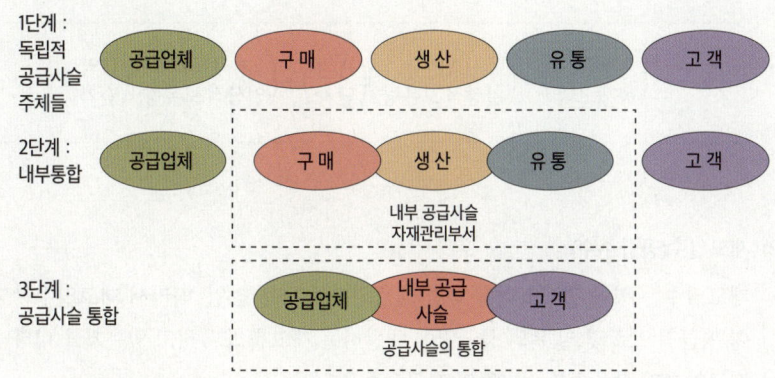

※ 공급사슬에 속한 기업들 간에 상호의존성이 높기 때문에 공급사슬 통합을 위해서는 개별 기업의 최적화 이후 통합보다는 공급사슬 전체 차원에서 개별기업의 활동을 조율하는 것이 바람직

2) 공급사슬운영참조 모델 SCOR model

SCOR 모델(supply chain operations reference model)은 Supply Chain Council에서 70개의 세계적 선도 제조기업의 도움으로 개발한 공급사슬 운영에 대한 참조모형으로, 통합된 공급사슬의 설계가 복잡하며 프로세스 관점(process view)을 요구한다는 점을 강조함. 이 모델은 계획(plan), 조달(source), 생산(make), 전달(deliver) 및 회수(return) 프로세스가 계속 반복되는 기본적인 형태의 공급사슬에 초점을 둔 프레임워크임

미국 공급사슬협회의 SCOR 모델

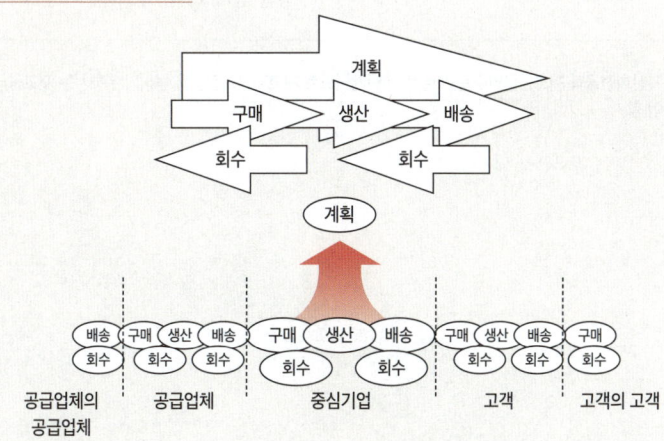

2. 공급사슬의 성과척도

(1) 재고 측정치

1) 평균 총재고액

평균 총재고액(average aggregate inventory value)은 어느 기업에서 재고로 보유하고 있는 품목의 총 평균가치를 의미함

$$\begin{pmatrix} 평균 \\ 총재고액 \end{pmatrix} = \begin{pmatrix} A의 \\ 일상적 보유량 \end{pmatrix} \begin{pmatrix} A의 \\ 단가 \end{pmatrix} + \begin{pmatrix} B의 \\ 일상적 보유량 \end{pmatrix} \begin{pmatrix} B의 \\ 단가 \end{pmatrix}$$

2) 재고일수(공급주수)

재고일수는 평균 총재고액을 연간 매출원가로 나눈 값임. 따라서 재고일수란 기업이 평균적으로 몇 일 분의 공급량에 해당하는 재고를 보유하고 있는가를 나타내며, 재고일수가 작을수록 전반적인 재고수준은 낮음

$$재고일수 = \frac{평균\ 총재고액}{연간\ 매출원가}$$

3) 재고자산회전율

원가로 표현된 연간 매출액을 연간 유지되는 평균 총재고가치로 나눈 값임

$$재고자산회전율 = \frac{연간\ 매출원가}{평균\ 총재고액}$$

※ 재고자산회전율과 재고공급일수는 서로 역의 관계이므로 재고자산회전율을 높이기 위해서는 재고공급일수는 작아져야 함

3. 대량고객화

대량고객화(mass customization)는 표준제품과 표준서비스를 생산하되 최종 제품이나 서비스에는 어느 정도의 고객화를 가미하는 전략

(1) 대량고객화를 위한 공급사슬설계

1) **주문조립생산** assemble-to-order

   표준화된 부품이 제조되거나 구매되어 재고로 유지되다가 이 표준부품을 특정한 고객 주문에 맞추어 조립하는 것

2) **모듈화 설계** modular design

   제품은 다양하면서도 생산원가를 낮추기 위해 제품을 이루는 구성요소를 표준화시키는 방법으로 제조과정에는 대량생산에 의한 규모의 경제를, 최종조립단계에는 제품을 다양화하여 제품차별화를 이루어 비용우위와 차별화를 동시에 추구하는 제품설계의 접근 방법

   > **모듈화 설계와 주문조립생산의 차이**
   > 모듈화 설계(modular design)는 부품자체를 모듈화하고 이 모듈을 여러 종류 준비해서 다양한 고객의 니즈에 맞추는 것이고, 주문조립생산(assembly-to-order)은 부품을 모듈화하는 것이 아니라 생산을 어느 정도 진행시켜서 반제품 상태로 만들어 놓고 고객 주문 시 마무리만 고객주문에 맞게 고객화시키는 방법임

3) **연기** postponement

   주문이 접수될 때까지 서비스나 제품의 생산 활동을 완료하지 않고 연기하는 것임. 지연 차별화(delayed differentiation)라고도 함. 연기의 개념을 공급사슬로 확대하면 채널조립(channel assembly)이 됨. 이는 유통채널상의 구성원을 마치 공장의 한 조립장으로 간주하는 개념으로, 유통업체가 특정 고객에게 제품을 전달하기 전에 최종적인 고객화 조립생산을 담당하는 것을 의미함

4. 아웃소싱 프로세스

투입물의 제조를 택하면 수직적 통합(vertical integration)의 정도가 높아지고, 구매를 택하면 아웃소싱(outsourcing)이 늘어남

(1) 수직적 통합

수직적 통합(vertical integration)은 투입물을 직접 제조하는 것으로 두 가지로 분류됨. 후방통합(backward integration)은 기업인수를 통해 원재료, 부품 및 서비스의 원천인 후방쪽으로 움직이는 것. 반면 전방통합(forward integration)은 기업이 유통센터나 소매점과 같은 유통채널을 보다 많이 보유하는 것을 의미함

(2) 아웃소싱

아웃소싱(outsourcing)은 다른 기업이나 공급업자로 하여금 필요한 서비스나 자재를 공급하도록 하는 것. 핵심역량(core competence) 관점에서 아웃소싱은 기업이 핵심역량의 개발과 유지에 더 집중하기 위해 상대적으로 중요도가 낮은 프로세스들을 외부화(buy)하는 것으로 파악됨. 아웃소싱 가운데 프로세스를 다른 나라로 이전하는 것을 오프쇼어링(offshoring)이라고 함

오프쇼어링

아웃소싱과 자주 혼동하는 개념이 오프쇼어링(offshoring)이다. 오프쇼어링이란 기업 내부에서 수행하던 일을 동일 기업에 속하는 국외의 다른 설비에 맡기는 것을 말한다. 즉 오프쇼어링이란 기업들이 생산 및 서비스 분야의 업무 일부를 인건비가 싼 해외로 이전하는 현상을 말한다. 예를 들면, 미국 기업들이 미국 내의 콜센터(call center)를 인건비가 싸고 영어 구사능력을 갖춘 인도나 필리핀으로 이전하는 경우가 이에 속한다. 제조의 경우, 삼성전자가 구미공장에서 생산하던 휴대폰을 점차 인건비가 싼 베트남 공장으로 이전하는 것도 오프쇼어링의 한 예라고 할 수 있다. 이에 비해 아웃소싱은 원래 기업 내부에서 수행하던 일을 국내외를 불문하고 제3의 다른 기업에 맡기는 것을 말한다. 오늘날에는 많은 기업들이 원가절감, 해외시장 개척 등을 위해 오프쇼어링을 하고 있다.

5. 공급사슬설계 전략

Hau Lee의 불확실성 프레임워크

		수요의 불확실성	
		저(기능적 제품)	고(혁신적 제품)
공급의 불확실성	저 (안정적 프로세스)	식료품, 기본 의류, 연료와 가스 (효율적 공급사슬)	패션의류, 컴퓨터, 팝음악 (반응적 공급사슬)
	고 (진화적 프로세스)	수력발전, 일부 농산물 (위험회피 공급사슬)	통신, 첨단 컴퓨터, 반도체 (민첩 공급사슬)

(1) 효율적 공급사슬

효율적 공급사슬(efficient supply chain)은 최대한의 비용 효율을 추구하는 전략을 채택한 전략. 이 공급사슬의 초점은 자재와 서비스의 흐름을 조화시켜 재고를 최소화하고 공급사슬상에서 기업의 효율성을 극대화시키고자 하는 것임

(2) 반응적 공급사슬

반응적 공급사슬(responsive supply chain)은 다양하고 변화하는 고객의 니즈에 대한 효과적 반응과 유연성을 추구하려는 전략. 반응적이기 위해서 기업들은 구체적인 고객 요구조건을 만족시킬 수 있는 수단으로 주문생산 방식과 대량 고객화를 채택하고 있음

(3) 위험회피 공급사슬

위험회피 공급사슬(risk-hedging supply chain)은 공급 측면의 문제점이 발생할 경우의 위험을 공유하기 위해 공급사슬 내의 자원을 공유하는 전략. 예를 들어 주요 부품에 대한 안전재고를 증가시키거나 동일한 부품을 사용하는 다른 기업들과 재고를 공유함으로써 위험을 공유할 수 있음

(4) 민첩 공급사슬

민첩 공급사슬(agile supply chain)은 고객 니즈에 대한 효과적인 반응과 유연성을 추구하는 동시에 공급부족이나 공급 체계의 문제점에 따른 위험을 회피하기 위해 재고와 여러 생산 자원들을 공유하는 전략을 채택한 전략. 이러한 공급사슬은 위험회피 공급사슬과 반응적 공급사슬의 장점을 결합한 것임

6. 신규 서비스 및 제품 개발 프로세스

(1) 동시공학 concurrent engineering

제품 엔지니어, 프로세스 엔지니어, 마케팅 담당자, 구매담당자, 정보처리 전문가, 품질 전문가 및 공급자를 한 곳에 모이게 해서 고객 기대에 부합하는 제품과 프로세스를 설계하도록 하는 것. 동시공학의 방법을 수행하는 제품개발팀은 느슨한 기능횡단팀(cross functional team) 형태로 구성됨

(2) 컴퓨터지원설계 CAD : computer-aided design

컴퓨터 그래픽을 이용하여 설계하는 것을 말하며, 설계 내용이 일단 컴퓨터에 입력되면 설계 대상을 회전시켜 다른 시각에서 볼 수 있고, 쪼개어 내부를 볼 수도 있으며, 일부를 확대하여 더 세밀하게 검토할 수도 있음

(3) 제조용이성 설계

제조용이성 설계(DFM: design for manufacturability)는 제품의 생산이 용이하고 경제적으로 이루어질 수 있도록 하는 제품설계로, 단순화(simplification), 표준화(standardization), 모듈화(modularization)를 통하여 가능

(4) 조립용이성설계

조립용이성설계(DFA: design for assembly)란 설계의 초점을 부품 수 감축과 조립방법 및 순서에 두는 것임

(5) 물류를 고려한 설계

물류를 고려한 설계(design for logistics)는 제품설계단계에서 자재조달과 유통비용을 포함시키는 것으로 이를 적용하면 엔지니어링과 마케팅뿐만 아니라 구매 및 제조 단계와 물류의 연계성이 크게 향상될 수 있음

(6) 재활용

재활용 용이성 설계(DFR: design for recycling)는 재활용 가능한 부품의 회수를 위하여 제품사용 후 분해 용이성을 염두에 둔 설계

(7) 재생(분해용이성설계)

분해용이성 설계(DFD: design for disassembly)는 부품 수를 줄이고 자재를 적게 쓰도록 하며, 나사 또는 볼트와 너트 대신 간단한 스냅핏(snap-fit)을 장려

(8) 품질기능전개

품질기능전개(QFD: quality function deployment)는 '고객의 목소리'를 제품이나 서비스 개발 프로세스에 통합하는 구조화된 방법. QFD에서 고객요구사항에 관한 정보는 품질의 집(house of quality)이라고 불리는 매트릭스 형태로 정리됨

품질의 집

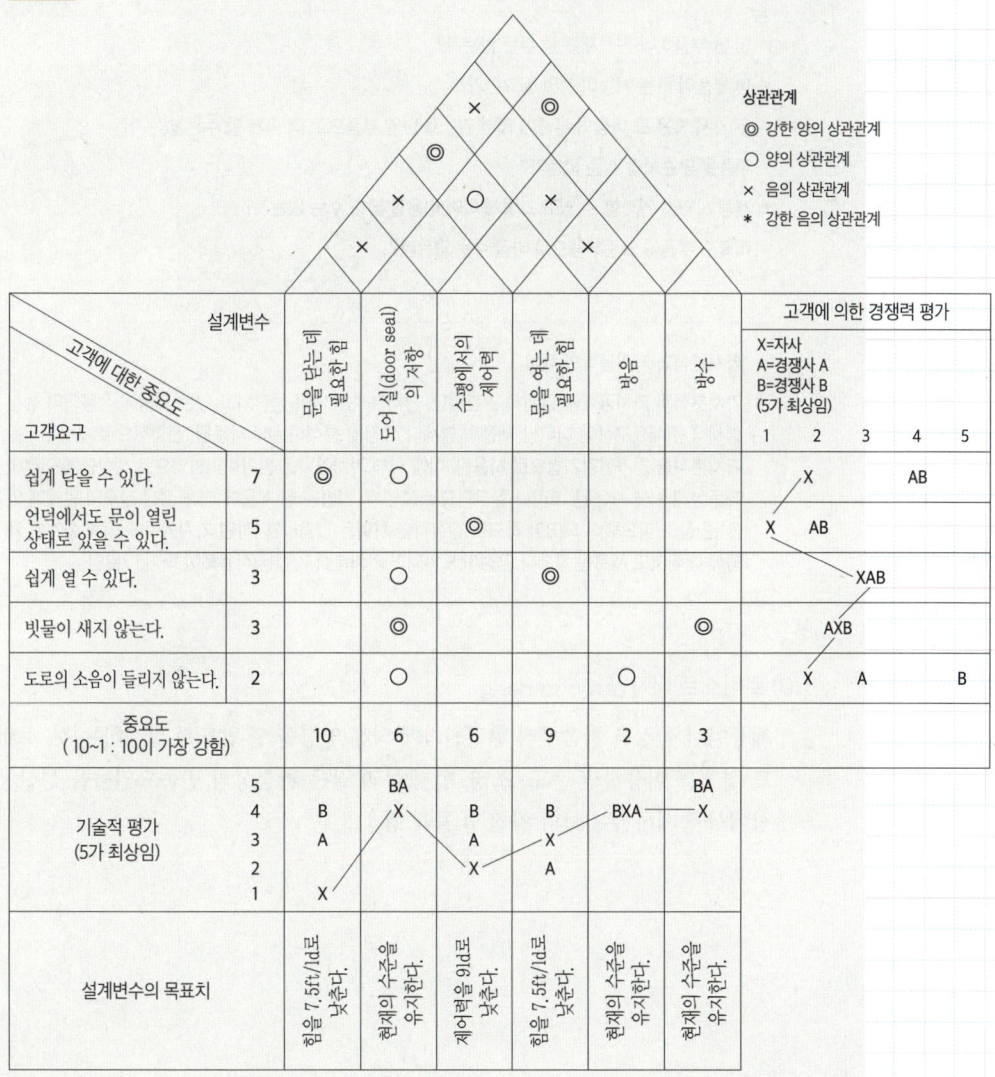

(9) 가치분석

가치분석/가치공학의 기본 목적은 제품과 제품제조과정을 단순화하는 것. 가치분석/가치공학(VA/VE)(value analysis/value engineering)의 목표는 고객에 의하여 정의된 모든 기능적 요구사항들을 충족시키는 동시에 원가절감과 보다 나은 제품의 성능을 이끌어 내는 것임

- 더 싼 부품이나 원자재를 쓸 수는 없는가?
- 이 부품이 하는 기능이 정말 필요한가?
- 두 가지 혹은 그 이상의 부품에 의한 기능을 단일 부품으로 더 싸게 할 수는 없는가?
- 부품을 단순화할 수는 없는가?
- 제품 사양을 완화할 수 있고 그렇게 하여 비용을 낮출 수는 없는가?
- 비표준 부품을 표준부품으로 바꿀 수는 없는가?

> **가치분석과 가치공학의 차이**
>
> 가치분석과 가치공학을 엄밀히 구분하면, 가치분석은 이미 생산되고 있는 제품에 적용되며 생산명세나 구매요구상에 나타난 제품의 명세나 요건을 분석하는데 사용됨. 전형적으로 구매부서는 가치분석을 원가절감기법으로 사용됨. 이에 비해 가치공학은 원가회피방법으로 생산단계 이전의 제품설계 시에 사용됨. 그러나 실무적으로 보면 두 기법은 한 제품에 대해 생산 전후의 관계에 있을 뿐 상호 피드백이 되어야 하므로 실질적인 차이는 없음. 왜냐하면 가치공학에 의해 설계된 제품에 대해서도 새로운 자재나 공정이 도입되면 가치분석 기법을 적용해야 하기 때문임

(10) 로버스트 디자인 robust design

제품이나 공정을 처음부터 환경변화에 의해 영향을 덜 받도록 설계하는 것. 로버스트 설계를 이용하면 온도, 조명, 먼지 등과 같은 환경상의 변동요인들을 생산공정상에서 통제하는 것보다 훨씬 덜 들게 됨

7. 공급자 관계 프로세스

(1) 조달
조달(sourcing) 프로세스는 공급자의 선정, 인증, 평가 및 공급계약 관리 등을 수행

(2) 설계협력

1) 공급자 조기 참여
공급자 조기 참여(early supplier involvement)는 제품이나 서비스의 설계단계에서부터 공급자를 참여시키는 프로그램

2) 사전소싱
사전소싱(presourcing)은 더 높은 수준의 공급자 조기 참여로 컨셉 개발단계에서 납품업체를 선정하고 일부 부품이나 시스템의 설계에 대해 상당한 책임을 부여하는 납품업체 참여제도임

(3) 협상
협상(negotiation) 프로세스는 공급자관계 프로세스의 내부고객이 요구하는 가격, 품질 및 배송요구사항에 부합하도록 효과적인 계약을 달성하는데 중점을 둠

공급자 관계

유형	개념
경쟁지향 competitive orientation	구매자와 공급자와의 협상을 제로섬게임(zero-sum game: 한편이 잃은 만큼 반대편이 얻는 상황)으로 간주하고, 장기계약보다는 단기적 이익을 선호하는 공급자 관계
협력지향 cooperative orientation	구매자와 공급자가 가능한 한 서로 도와주는 동반자로 여기는 공급자 관계

(4) 구매
① 전자자료교환(EDI)
② 카탈로그 허브(catalog hub)
③ 직거래장터(exchange)
④ 경매(auction)

(5) 정보교환

공급사슬에 있는 구성원 간에 정보교환(정보공유)이 강화되면 채찍효과로 인한 현상을 줄일 수 있음

1) RFID

   RFID(radio frequency identification)는 제품에 부착된 태그로부터 발생하는 전파신호를 사용하여 제품을 식별하는 기법

2) 공급자 재고관리

   공급자 재고관리(VMI: vendor-managed inventories)는 공급자가 고객의 재고정보에 접근 권한을 갖는 대신 고객이 요구하는 재고수준을 유지하는데 책임을 지는 것. VMI를 활용하면, 구매자의 재고발주비용은 '0'이 되고 리드타임도 감소하고 더불어 공급자 입장에서는 수요자의 실제 수요정보, 재고정보를 알 수 있으므로 재고관리의 효율성이 향상됨

8. 입지선정

(1) 입지 대안 평가

1) 요인평가법

   요인평가법(factor rating method)은 모든 입지후보에 대하여 선정된 주요 요인에 대한 가중평점을 산정·비교하는 방법

2) 손익분기점 분석

   손익분기점(break-even analysis) 분석은 총비용을 고정비와 변동비로 구분하고 수요량에 따른 총비용과 매출액을 비교하여 최적대안을 결정함

3) 수송비용에 의한 입지선정

   수송비용은 주로 거리에 기인하며, 유클리드 거리(Euclidian distance)는 두 지점 간 직선거리를 의미하며, 직각거리(rectilinear distance)는 두 지점을 직각으로 돌아가는 거리를 의미함

4) 수송모형

   수송모형(transportation model)은 새로운 입지가 기존 시스템에 추가될 때 수송비용을 최소로 하는 수송계획을 찾는 특수한 알고리즘

5) 무게중심법

무게중심법(center of gravity method)은 여러 목적지를 대상으로 하는 어떤 시설을 추가할 때 수송거리를 최소화하거나 수송비용을 최소화하는 위치를 결정하는 방법

> **크로스도킹**
>
> 크로스도킹(cross-docking)은 월마트에 의해 처음으로 도입된 혁신적인 물류시스템으로서 대규모 소매업체에서 사용되고 있다. 크로스도킹이란 공급자들이 트럭으로 지역별 창고(또는 물류센터)의 여러 입하구로 상품을 수송해 오면, 이들 상품들을 각 소매점포의 필요에 따라 분류 및 재그룹화한 다음, 보관없이 곧바로 창고의 다른 쪽 여러 출하구에서 트럭에 실어 각 소매점포로 배송하는 물류시스템이다.
>
> 크로스도킹은 보관 및 하역작업 등을 제거함으로써 비용절감과 함께 물류의 효율성을 증대시킨다. 크로스도킹은 입고 및 출고를 위한 모든 작업의 긴밀한 동기화(同期化)를 필요로 한다. 예를 들면, 월마트는 자사의 방대한 유통망에 걸쳐 크로스도킹이 효과적으로 작동될 수 있도록 정보시스템, 바 코딩(bar coding), 전략적 입지의 대규모 창고들, 많은 트럭수송단 등을 사용하고 있다.
>
> 크로스도킹 시스템에서 창고는 상품을 보관하는 장소라기보다는 고객(소매점포)으로의 효율적인 배송을 조직하는 단기적인 장소가 된다. 크로스도킹의 이점으로는 재고투자, 보관 공간, 취급비용 및 리드타임의 감소를 들 수 있다.

01 공급사슬의 채찍효과(bullwhip effect)란 공급사슬의 하류에서 생긴 수요의 변동이 공급사슬의 상류로 갈수록 증폭되는 현상을 말한다.

02 묶음단위 배치주문(order batching)과 수량할인으로 인한 선구매(forward buying)는 공급사슬의 채찍효과(bullwhip effect)를 초래하는 원인이 된다.

03 공급사슬을 구성하는 각 조직들은 서로 상반된 목표를 갖고 있는 것이 일반적이므로 개별 조직들의 최적화를 이룬 후에 전체 공급사슬의 최적화를 달성하는 것이 바람직하다.

04 정보기술 등을 활용하여 공급사슬 참여자 간에 수요 및 생산계획에 관한 정보를 공유함으로써 채찍효과(bullwhip effect)를 감소시킬 수 있다.

05 주문에서 납품까지 리드타임이 길어질수록 채찍효과(bullwhip effect)는 커지게 된다.

06 채찍효과를 감소시키기 위해서는 공급사슬망 중개업자의 단계수를 늘리고 제품을 다양화함으로써 공급사슬망의 유연성을 증대시킨다.

07 공급사슬 참여자 간에 원활한 정보공유가 이루어지지 않는 경우, 공급사슬에서 고객과의 거리가 멀어질수록 주문의 변동 폭이 증가하는 채찍효과(bullwhip effect)가 발생할 수 있다.

---

01 O

02 O 묶음단위 배치주문(order batching)과 수량할인으로 인한 선구매(forward buying)는 주문량이 증가하기 때문에 수요가 부풀려지는 효과로 인해 채찍효과를 유발할 수 있다.

03 X 공급사슬의 최적화를 달성하기 위해서는 개별조직 관점보다는 공급사슬 전체의 효율성에 초점을 두는 것이 바람직하다.

04 O

05 O

06 X 공급사슬망 중개업자의 단계수를 늘리고, 제품을 다양화시키면 수량변화에 유연하게 대응할 수 없기 때문에 채찍효과가 일어날 가능성이 높아진다.

07 O

08 공급사슬운영참조(SCOR) 모델에서는 공급사슬 운영을 계획(plan), 조달(source), 생산(make), 배송(deliver), 판매(sell)의 다섯 개의 프로세스 범주로 나눈다.

09 공급사슬의 성과척도인 재고자산회전율(inventory turnover)을 높이기 위해서는 재고공급일수(days of supply)가 커져야 한다.

10 크로스 도킹(cross docking)은 입고되는 제품을 창고에 보관하지 않고 재분류를 통해 곧바로 배송하는 것으로 재고비용과 리드타임(lead time)을 줄일 수 있다.

11 대량 고객화(mass customization)전략은 표준화된 단일품목에 대한 고객수요를 최대한 확대하는 방향으로 공급네트워크를 구성하는 것이다.

12 모듈러(modular) 설계는 대량생산과 제품의 고객화를 실현하는 대량 고객화(mass customization)를 가능하게 한다.

13 품질기능전개(QFD: quality function deployment)는 일종의 연기전술로서, 제품이나 서비스의 생산을 진행하되 고객의 요구나 선호도가 알려지기 전까지는 일부를 완성하지 않고 미루다가 고객의 요구를 안 다음 그것을 반영하여 완성하는 것이다.

---

08 ✗ 공급사슬운영참조(SCOR) 모델에서는 공급사슬 운영을 계획(plan), 조달(source), 생산(make), 배송(deliver), 회수(return)의 다섯 개의 프로세스 범주로 나눈다.

09 ✗ 재고자산회전율과 재고공급일수는 서로 역의 관계이므로 재고자산회전율을 높이기 위해서는 재고공급일수는 작아져야 한다.

10 ○ 크로스 도킹(cross docking)은 월마트(Walmart)가 고안한 방법으로 공급업체로부터 입고되는 제품을 창고에 보관하지 않고 재분류를 통해 배송차량으로 옮겨 곧바로 소매점으로 배송하는 방법이다. 창고 규모를 줄이고 하역과 상차 비용을 줄일 수 있어 재고비용을 감소시킬 수 있다. 또한 보관 후 이동이 아닌 소매점으로 바로 배송되기 때문에 리드타임 또한 줄일 수 있다.

11 ✗ 대량 고객화 전략은 고객화된(customized) 제품을 대량으로 공급하는 것을 의미한다.

12 ○

13 ✗ 일종의 연기전술로서, 제품이나 서비스의 생산을 진행하되 고객의 요구나 선호도가 알려지기 전까지는 일부를 완성하지 않고 미루다가 고객의 요구를 안 다음 그것을 반영하여 완성하는 것은 지연차별화(delayed differentiation)이다.

14 　하우 리(Hau Lee)에 의하면 수요의 불확실성 정도 뿐 아니라 공급의 불확실성 정도에 따라서도 공급사슬 전략에 차이가 발생하게 된다.

15 　수요의 불확실성은 낮고 공급의 불확실성은 높은 경우, 안전재고를 높이거나 주요 부품에 대해 다른 기업들과 재고를 공유하는 것이 중요하다.

16 　반응적 공급사슬은 자재와 서비스의 흐름을 조화시켜 재고를 최소화하고 공급사슬상에서 기업의 효율성을 극대화시키고자 하는 공급사슬이다.

17 　대량고객화(mass customization)의 구현을 위해 제품의 모듈화 설계(modular design), 차별화 지연(process postponement) 등이 활용될 수 있다.

18 　동시공학(concurrent engineering)은 설계 담당자, 제조 엔지니어, 생산 담당, 마케팅, 구매 담당자뿐만 아니라 공급자와 고객까지 참여하여 제품과 생산프로세스를 동시에 개발하는 방법이다.

19 　가치공학(value engineering)과 가치분석(value analysis)은 제품의 가치에 공헌하지 않는 불필요한 기능을 제거하고자 한다.

20 　로버스트 디자인(robust design)은 생산환경의 변화에 따라 제품의 설계를 변경하는 방식이다.

14　○

15　○　수요의 불확실성은 낮고 공급의 불확실성은 높은 경우에는 위험회피형 공급사슬로 설계해야 하는데, 이 때 가장 중요한 것은 공급측면의 위험을 줄이기 위해 안전재고를 높이거나 주요 부품에 대해 다른 기업들과 재고를 공유하는 것이 좋다.

16　×　반응적 공급사슬은 수요의 불확실성에 대비할 수 있도록 재고와 생산능력을 적절히 배치시켜 시장수요에 신속하게 반응하고자 하는 것이다.

17　○

18　○

19　○

20　×　로버스트 디자인은 제품이 노이즈에 둔감한 즉 노이즈에 의한 영향을 받지 않거나 덜 받도록 하는 설계를 말한다.

21 로버스트 디자인(robust design)은 품질에 나쁜 영향을 미치는 노이즈(noise)로부터 영향정도를 최소화할 수 있도록 설계하는 것을 의미한다.

22 품질기능전개(QFD: quality function deployment)는 제품설계 전반에 걸쳐 각 단계에서 다소 막연하면서도 추상적인 소비자의 요구, 필요성, 기호 등을 이에 대응되는 기술적인 요구로 전환하는 과정이다.

23 조립용이성 설계(DFA: design for assembly)란 부품 수 감축이나 조립 방법 및 순서에 초점을 맞추는 설계 방식이다.

24 전자문서교환(EDI), 무선주파수인식(RFID)과 같은 정보기술을 활용하여 공급사슬망 가시성(visibility)을 높이면 채찍효과를 줄일 수 있다.

25 수송계획법(transportation model)은 기존 설비들이 네트워크 형태를 가지고 있는 어느 기업이 새로운 설비를 추가할 때, 이윤을 최대화하는 입지 선정에 사용된다.

26 무게중심법은 목표지역의 무게중심(center of gravity)을 구하고 그 주위의 여러 입지에 대한 수송비용을 구하고, 이를 최소화하는 입지를 선정하는 기법이다.

27 공급자 재고관리(VMI: vendor-managed inventories)는 극단적인 전방배치(forward placement)의 사례이다.

28 공급자 재고관리(VMI)를 실시하면 채찍효과를 줄일 수 있다.

21 ○
22 ○
23 ○
24 ○
25 ✗   수송계획법은 이윤을 최대화하는 것이 아니라 수송비를 최소화하는 입지 선정에 사용된다.
26 ○
27 ○
28 ○   VMI 하에서는 제조업체가 자사 제품에 대한 소매업체의 재고를 직접 관리하며, 재고수준과 매 기간의 공급량을 자체적으로 결정하게 된다. 따라서 VMI를 사용하면 제조업체는 소매업체가 발주한 주문에 의존하지 않기 때문에 채찍효과 자체를 피할 수 있게 된다.

6. 재고관리

1. 재고관련 비용

1) 품목비용

품목비용(item cost)이란 재고품목 그 자체의 구매비용 또는 생산비용을 말하며 단위 당 원가에 구매수량 또는 생산수량을 곱한 값으로 표현됨

2) 주문비용 또는 가동준비비용

주문비용(ordering cost)은 재고품목을 외부에서 구입할 때 소요되는 여러 가지 경비와 관리비를 말하며 주문량의 크기와는 관계없는 고정비 성격을 가짐. 한편 재고품목을 기업 내에서 생산하는 경우에는 가동준비비용(setup cost)이 발생. 주문비용과 가동준비비용은 재고관리에서 각각 주문량이나 생산량의 크기에 관계없이 일정액으로 발생하는 고정비로 취급

3) 유지비용

유지비용(holding cost)에는 재고에 묶인 자본의 기회비용, 저장시설에 대한 비용, 취급비용, 보험료, 도난, 파손, 진부화(obsolescence), 세금 등 재고유지와 관련된 모든 비용 항목이 포함

유지비용과 주문비용의 관계

연간수요	주문량	주문횟수	유지비용(500원)	주문비용(10,000원)
1,200개	100개	12회	$\frac{100}{2} \times 500원 = 25,000원$	12회 × 10,000원 = 120,000원
1,200개	200개	6회	$\frac{200}{2} \times 500원 = 50,000원$	6회 × 10,000원 = 60,000원

※ 유지비용과 주문비용은 역의 관계임. 즉, 주문비용을 줄이기 위해 주문횟수를 줄이면 주문량이 증가되어 유지비용이 증가하고, 유지비용을 줄이려고 주문량을 줄이면 주문횟수가 증가되어 주문비용이 증가하게 됨

4) 재고부족비용

어떤 품목의 재고가 고갈되며, 그 품목에 대한 수요는 재고가 보충될 때까지 기다려서 충족되거나 또는 취소됨. 이 경우 재고부족으로 인해 발생하는 여러 가지 비용을 총괄하여 재고부족비용(inventory shortage cost)이라 함

2. 재고의 목적

1) **불확실성에 대처하기 위한 안전재고** safety stock

    재고시스템에 있어서는 공급, 수요 및 조달기간(lead time)의 불확실성이 존재함. 기업은 이러한 불확실성에 대처하기 위해 안전재고를 유지

2) **경제적 생산과 구매를 위한 주기재고** cycle inventory

    고정비의 성격을 가진 가동준비비용(setup cost)과 주문비용(ordering cost) 때문에 대규모 생산이나 구매가 경제적일 때가 많음. 이 때문에 자재를 로트로 생산하거나 구입할 때 발생하는 재고를 주기재고라 함

3) **예상되는 수요나 공급의 변화에 대처하기 위한 예상재고** anticipation inventory

    수요나 공급의 변화가 예상되는 경우, 예상되는 수요나 공급의 변화에 대처하기 위한 재고를 예상재고라 함

    > **안전재고와 예상재고의 차이**
    > 안전재고와 예상재고 둘 다 불규칙한 수요와 공급에 대응하기 위한 재고라는 공통점이 있음. 그러나 안전재고는 주로 단기적인 불확실성에 대응하기 위한 재고이고, 예상재고는 보통 계절적 수요에 대응하기 위한 재고라는 차이점이 있음

4) **운송을 위한 운송재고** pipeline inventory

    생산이나 판매를 위해 한 지역에서 다른 지역으로 운송 중인 완제품 또는 원자재의 재고를 운송재고라 함

3. 완제품 재고의 배치

완제품 재고를 어디에 두느냐에는 집중배치와 전방배치의 두 가지 방법이 있음. 이는 규모의 경제를 통해 효율성을 높이는 집중화(centralization)와 고객에 가까이 위치함으로써 반응성을 향상시키는 분산화(decentralization) 사이에서 무엇을 선택하느냐의 문제임

유형	개념
집중배치 centralized placement	제품 재고를 모두 공장이나 창고와 같이 한 지점에 쌓아두었다가 고객에게 직접 배달하는 것. 고객 수요의 변동이 합해지면서 안전재고와 재고가 줄어드는 재고 통합(inventory pooling) 효과가 있음
전방배치 forward placement	재고를 고객과 가까운 창고, 유통센터, 도매점, 소매점에 쌓아 두는 것

4. 조직전반의 재고관리

(1) ABC 재고관리

ABC 재고관리(ABC inventory planning)는 재고품목을 재고가액에 따라 3가지로 분류하여 경영자가 고가 품목에 집중할 수 있게 하는 것으로, A품목은 매우 자주 주문하는 편이, B품목은 격주로, C품목은 매달 혹은 격월로 주문하는 편이 관리하기 용이함. 이 방법은 파레토 도표를 사용함

ABC 분석

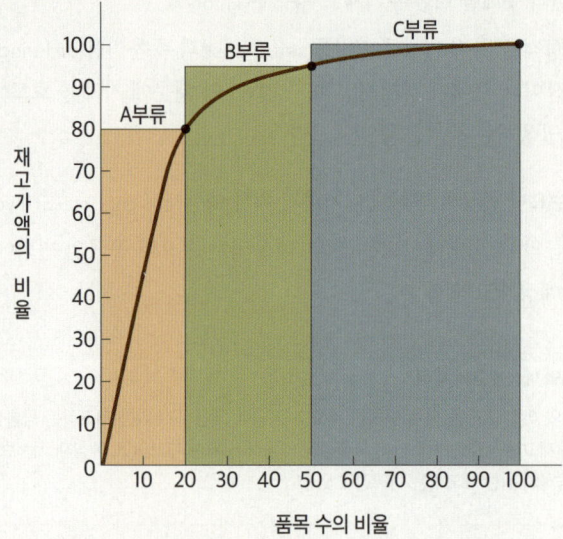

5. 경제적 주문량 모형

경제적 주문량(EOQ: economic order quantity)은 재고유지비용과 주문비용의 교환관계에 균형을 맞추고 최선의 주기 재고수준을 결정하는 것으로 연간 재고유지비용과 주문비용의 합을 최소화하는 로트의 크기를 의미

(1) EOQ의 가정

> **EOQ모형의 가정들**
> 1. 해당 품목의 수요율은 일정하고, 확실히 알려져 있음
> 2. 로트크기에 제한이 없음
> 3. 구입단가는 주문량에 관계없이 일정함
> 4. 관련된 비용은 재고유지비용과 고정비용(주문비용이나 가동준비비용) 밖에 없음
> 5. 다른 품목과 독립적으로 의사결정함
> 6. 리드타임과 공급에 불확실성은 없음

EOQ 가정 도식화

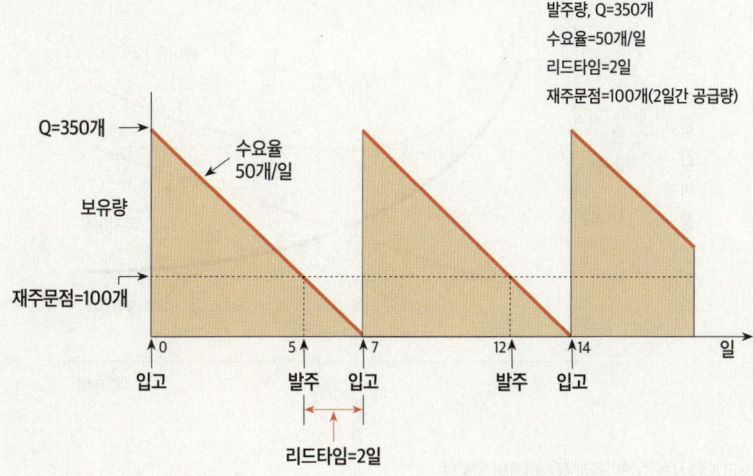

(2) EOQ 계산

1) 연간유지비용

연간유지비용은 Q에 비례하여 증가함

$$\text{연간유지비용} = (\text{평균주기재고}) \times (\text{단위당 유지비용}) = \frac{Q}{2} \times H$$

2) 연간주문비용

$$\text{연간주문비용} = (\text{연간주문횟수}) \times (\text{주문비용 혹은 가동준비비용}) = \frac{D}{Q} \times S$$

3) 연간총비용

$$\text{연간총비용}\,(C) = \text{연간유지비용} + \text{연간주문비용 또는 가동준비비용} = \frac{Q}{2}(H) + \frac{D}{Q}(S)$$

단, C = 연간총비용
Q = 로트크기
H = 단위 당 연간유지비용
D = 연간수요량
S = 로트당 주문비용 또는 가동준비비용

주문량과 재고관련 총비용

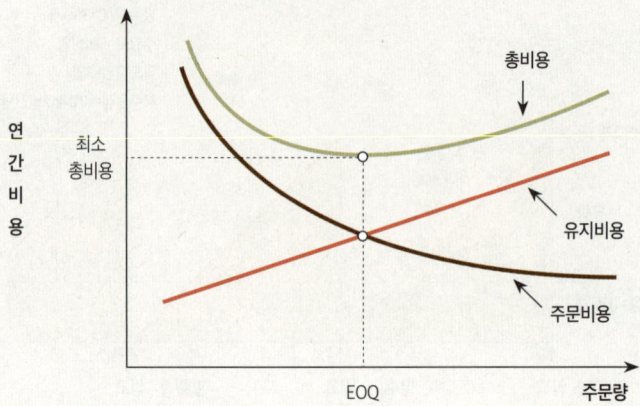

※ EOQ에서는 주문비용과 유지비용이 일치함

$$EOQ = \sqrt{\frac{2DS}{H}}$$

H = 유지비용(holding cost)
D = 연간수요(demand)
S = 주문비용(setup or ordering cost)

4) 주문간격

주문간격(TBO: time between order)이란 보충주문이 도착하는(또는 주문을 내는) 시간간격의 평균치를 말함

$$TBO_{EOQ} = \frac{EOQ}{D} \times (12월/년)$$

(3) EOQ의 시사점

파라미터	EOQ	파라미터의 변화	EOQ의 변화
수요량	$\sqrt{\frac{2DS}{H}}$	↑	↑
주문/가동준비비용	$\sqrt{\frac{2DS}{H}}$	↑	↑
재고유지비용	$\sqrt{\frac{2DS}{H}}$	↓	↑

6. 경제적 생산량

(1) 기본 개념

경제적 생산량 모형(EPQ: economic production quantity)은 생산과 수요가 동시에 발생하는 상황에서 1회 생산량 또는 1회 주문량을 결정하는 모형

(2) 가정

EPQ 모형의 가정은 주문량이 한 번에 입고되지 않고 생산 기간 중에 점차적으로 입고(내지는 증가)된다는 것을 제외하고는 EOQ 모형의 가정과 유사함

> **EPQ 모형의 가정**
> 1. 단지 하나의 품목만을 대상으로 한다.
> 2. 해당 품목의 수요율은 일정하고 확실히 알려져 있다.
> 3. 수요는 계속해서 일정하게 발생하지만 생산은 주기적으로 발생한다.
> 4. 생산율은 일정하다.
> 5. 리드타임은 변하지 않는다.
> 6. 수량 할인은 없다.

(3) EPQ의 계산

하나의 재고 사이클에서 재고수준은 생산율과 사용률 간의 차이와 동일한 비율로 증가됨

EPQ모형

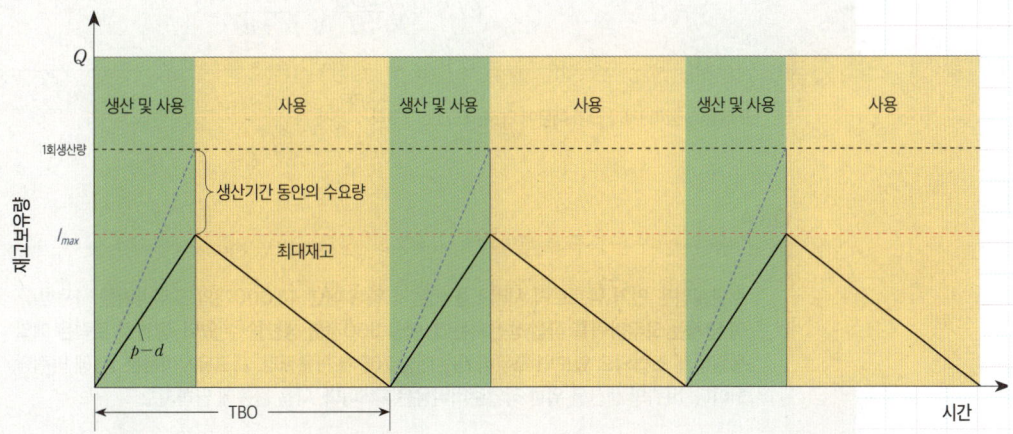

1) 최대 주기재고

생산율 p가 수요율 d를 초과하는 경우, 주기재고는 수요발생보다 빨리 축적됨. 로트크기가 Q이고 1일 생산량이 p개이므로 $\frac{Q}{p}$일 동안 하루 $p-d$개씩 축적됨

$$I_{\max} = \frac{Q}{p}(p-d) = Q\left(\frac{p-d}{p}\right)$$

2) 연간 총비용

EOQ와는 달리 주기재고는 $\frac{Q}{2}$가 아니라 $\frac{I_{\max}}{2}$임. 앞서 정의한 것과 같이 연간수요를 D, 하루 수요를 d라 하면 연간 총비용 공식은 다음과 같음

총비용 = 재고유지비용 + 작업준비비용

$$TC = \frac{I_{\max}}{2}(H) + \frac{D}{Q}(S) = \frac{Q}{2}\left(\frac{p-d}{p}\right)(H) + \frac{D}{Q}(S)$$

3) 경제적 생산로트

이 비용함수에 근거하여 구한 경제적 생산로트(ELS: economic production lot size)는 다음과 같음

$$ELS = \sqrt{\frac{2DS}{H}}\sqrt{\frac{p}{p-d}}$$

※ 두 번째 항이 1보다 크기 때문에 ELS는 EOQ보다 크다.

Q&A

수환실업은 인기 덤프트럭 시리즈를 만들기 위해 매년 48,000개의 고무바퀴를 사용한다. 이 업체는 고무바퀴를 직접 생산하는데, 매일 800개를 생산할 수 있다. 장난감 트럭은 매일 동일하게 조립되고 있으며 고무바퀴는 매일 200개 사용된다. 재고유지비용은 1년에 바퀴당 $1이다. 바퀴의 생산을 위한 작업준비비용은 $45이다. 다음 물음에 답하시오.

Q&A

1. 최적생산량은?

$$ELS = \sqrt{\frac{2DS}{H}}\sqrt{\frac{p}{p-d}} = \sqrt{\frac{2(48,000)45}{1}}\sqrt{\frac{800}{800-200}} = 2,400개$$

2. 재고유지 및 작업준비를 고려한 연간 총재고비용은?

$$TC = \frac{I_{max}}{2}(H) + \frac{D}{Q}(S) = \frac{Q}{2}\left(\frac{p-d}{p}\right)(H) + \frac{D}{Q}(S)$$

$$= \frac{2,400}{2}\left(\frac{800-200}{800}\right)(1) + \frac{48,000}{2,400}(45)$$

$$= 900 + 900 = 1,800$$

3. 로트당 생산에 소요되는 시간은?

$$생산소요시간 = \frac{최적생산량}{1일\ 생산량} = \frac{2,400}{800} = 3일$$

즉, 하루에 800개 생산이 가능하므로 최적생산량 2,400개를 충족하는데는 3일이면 가능하다.

4. 최적 생산량을 위한 생산간격(TBO)은?

$$생산간격(TBO) = \frac{최적생산량}{1일수요} = \frac{2,400}{200} = 12일$$

즉, 고무바퀴의 생산은 매12일마다 이루어져야 한다. 앞에서 계산한 것처럼 2,400개를 생산하는데는 3일이 소요되고, 3일후에 재고수준은 1,800개 이므로 이를 가지고 9일간 사용할 수 있으므로 합쳐서 12일에 한 번씩 생산에 들어가면 된다.

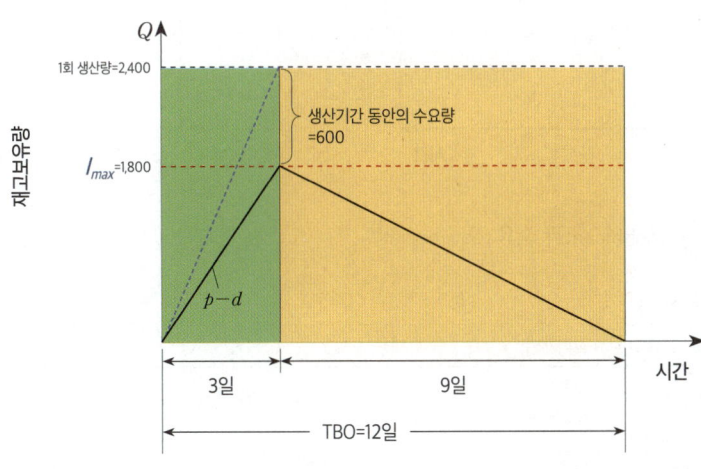

7. 독립수요와 종속수요

1) 독립수요

독립수요(independent demand)란 완제품이나 예비부품(spare parts)에 대한 수요와 같이 다른 품목의 수요에 의존하지 않고 기업 외부의 시장조건에 의해 결정되는 수요를 말함

2) 종속수요

종속수요(dependent demand)란 최종제품의 생산에 소요되는 각종 원자재, 부품, 구성품 등과 같이 모품목의 수요에 종속되어 있는 품목의 수요를 의미함. 따라서 종속수요는 예측에 따라 결정되는 것이 아니라 독립수요 품목의 생산계획에 따라 결정됨

3) 수요의 패턴

독립수요는 시장조건에 의해 결정되며, 우연적인 변동이 있기는 하지만 어떤 시계열 패턴을 가지고 계속적으로 발생함. 반면 종속수요 품목은 독립수요 품목을 생산할 때에만 필요하고, 또 많은 경우에 생산은 로트 방식으로 이루어지므로 종속수요는 산발적이고 일괄적(lumpy)으로 발생함

독립수요와 종속수요

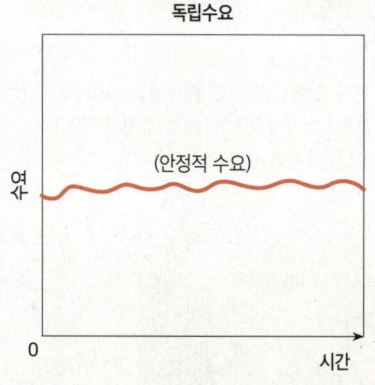
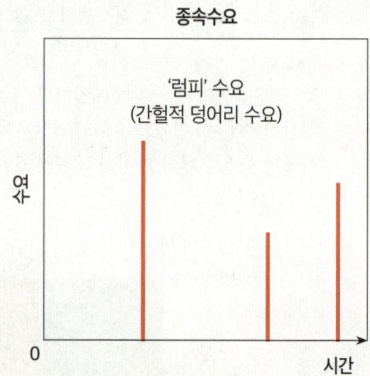

4) 보충 replenishment과 소요 requirement

보충과 소요의 개념

수요	관리개념	내용
독립수요	보충 replenishment	재고가 줄어들면 고객의 수요에 대비하여 다시 재고를 보충
종속수요	소요 requirement	종속수요 품목의 주문량은 이들을 사용하는 상위단계의 품목이 그 종속수요 품목을 얼마나 필요하느냐에 따라 결정됨

8. 재고시스템

재고시스템의 유형

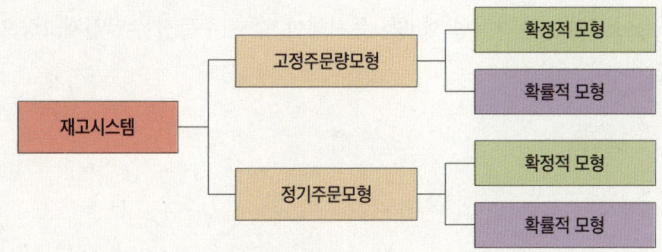

(1) 고정주문량모형(=연속조사 시스템=Q 시스템)

고정주문량모형(fixed-order quantity model)에서는 재고수준이 미리 정해진 재주문점(reorder point) R에 도달하면 일정한 양 Q만큼 주문

1) 확정적 고정주문량모형의 재주문점 산출(=EOQ 모형)

확정적 고정주문량모형은 수요나 리드타임이 일정하기 때문에 재주문점 R은 리드타임 동안의 수요량이며 안전재고는 필요 없음

확정적 고정주문량모형

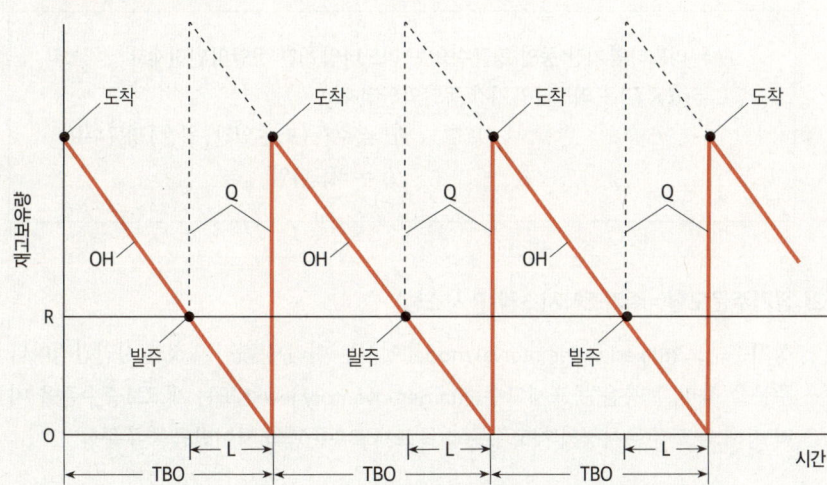

$$R = d \times L$$
$$d = 수요율$$
$$L = 리드타임$$

2) 확률적 고정주문량모형의 재주문점 산출

수요나 리드타임에 변동성이 있을 경우, 실제 수요가 예측 수요를 초과할 가능성이 나타남. 결과적으로 리드타임 동안 재고를 소진할 위험을 줄이기 위해 안전재고(safety stock)라는 추가적인 재고를 유지해야 함. 재주문점은 안전재고량으로 인해 증가함

확률적 고정주문량모형

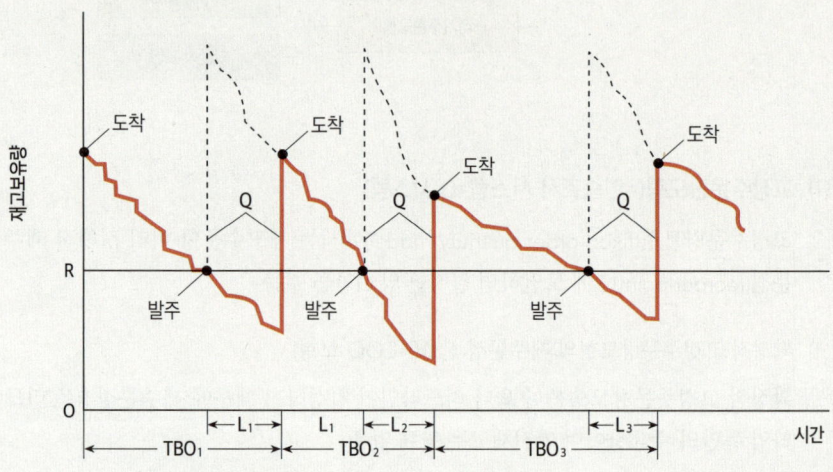

$$R = \text{리드타임 기간 동안 평균수요} + \text{리드타임 기간 동안의 안전재고}$$
$$= (\bar{d} \times L) + \text{리드타임 기간 동안의 안전재고}$$
$$\bar{d} = \text{주간 (또는 일간, 월간) 평균수요}$$
$$L = \text{리드타임}$$

(2) 정기주문모형(=주기조사시스템=P 시스템)

정기주문모형(fixed-order interval model)에서는 미리 정해진 일정한 시간간격마다 주문을 하며, 보통은 목표재고수준(target inventory level) 또는 재고보충수준을 미리 정해 놓고 주문시점의 재고수준과 목표재고수준과의 차이만큼을 주문함

1) 확정적 정기주문모형

정기주문모형에서는 P 기간마다 주문을 하며, 주문량은 주문시점의 재고수준과 목표재고수준 T와의 차이가 됨. 따라서 정기주문모형에서는 최적주문주기 P와 최적 목표재고수준 T의 값을 구해야 함

확정적 정기주문모형

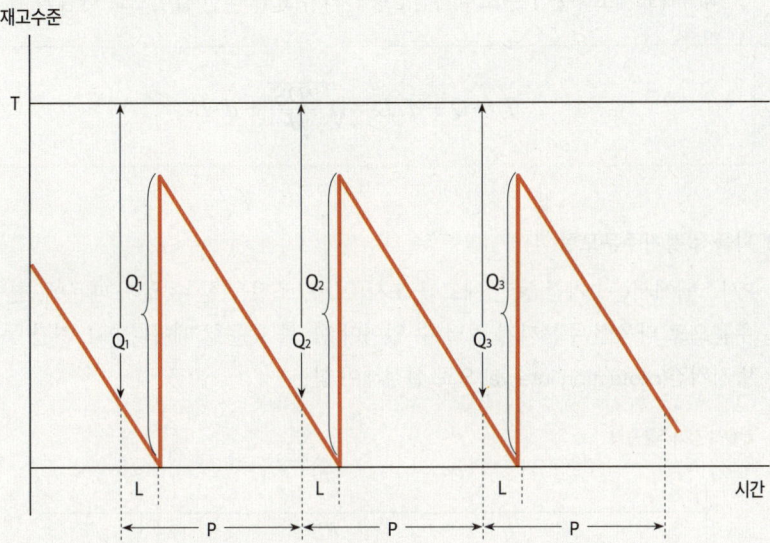

※ EOQ 모형의 가정하에서 고정주문량모형과 정기주문모형의 주문량과 주문주기는 일치함

① **최적주문주기**

EOQ모형과 동일한 가정을 하고 재고부족을 허용하지 않으면 한 주문주기당 주문량 Q는 주문주기 P 기간 동안의 수요 D를 충족시켜야 하므로 다음과 같음

$$Q = D \times P$$

위 식과 EOQ 모형을 활용해서 최적주문주기를 구하면 다음과 같음

$$TC = \frac{Q}{2}H + \frac{D}{Q}S = \frac{DPH}{2} + \frac{S}{P}$$

위 식을 P에 미분한 다음 '0'으로 놓고 풀면 다음과 같이 최적주문주기 P를 구할 수 있음

$$\frac{dTC}{dP} = \frac{DH}{2} - \frac{S}{P^2} = 0$$
$$P^2 = \frac{2S}{DH}$$
$$\therefore P^* = \sqrt{\frac{2S}{DH}}$$

② 최적목표재고수준

최적목표재고수준 T는 조달기간 L 동안의 수요를 더한 값이므로 다음과 같음

$$T = Q + d \cdot L = \sqrt{\frac{2DS}{H}} + d \cdot L$$

2) 확률적 정기주문모형

P시스템에서는 P기간 동안 재고를 조사, 보충, 조정을 할 수 없기 때문에, 한 번의 주문으로 다음번 주문까지 견딜 수 있어야 함. 즉 주문할 때마다 P+L 기간 동안을 방지기간(protection interval)으로 설정해야 함

확률적 정기주문모형

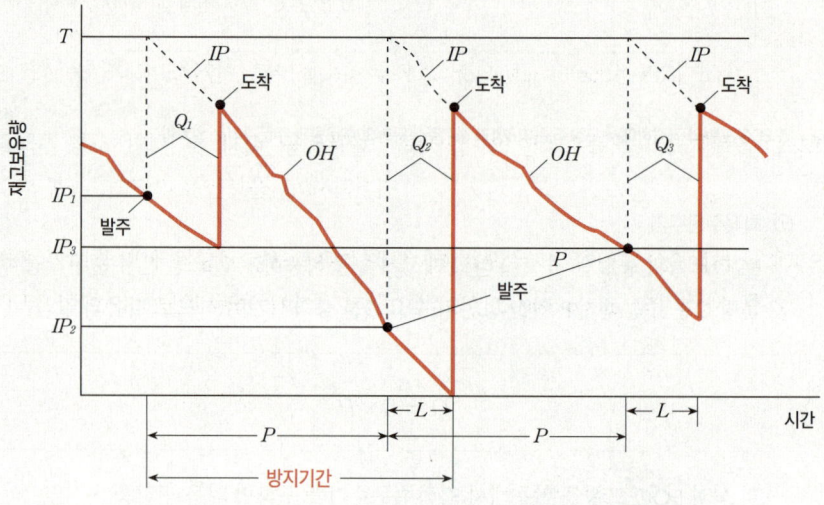

T = 방지기간 동안의 평균수요 + 방지기간 동안의 안전재고
  = $\bar{d}(P+L)$ + 방지기간 동안의 안전재고
T = 목표재고
$\bar{d}$ = 주간 (또는 일간, 월간) 평균수요
P = 조사간격
L = 리드타임

(3) Q시스템과 P시스템의 차이

1) P시스템의 장점
   ① 주기적으로 재고를 보충하므로 재고관리가 편하며, 주문 간격이 고정되면 배달 시기와 배달경로를 표준화할 수 있음
   ② 같은 공급자에게 구매하는 여러 품목을 묶어서 주문할 수 있음
   ③ 재고를 조사할 때에만 재고상태(IP)를 파악하면 됨

2) Q시스템의 장점
   ① 품목별로 조사빈도를 달리할 수 있음. 품목별로 적정한 조사빈도를 정하면 주문비용과 재고유지비용을 절감할 수 있음
   ② 고정 로트크기는 수량할인을 가능하게 함
   ③ 안전재고 수준이 낮아져서 비용을 절감할 수 있음

3) Q시스템 vs P시스템

유형	주문시기	주문량	재고수준 검토	방지기간
고정주문량모형 (Q시스템)	재고수준이 재주문점에 도달할 때	일정	계속 검토	리드타임
정기주문모형 (P시스템)	미리 정해진 주문주기의 말	변함	주문주기의 말에만 검토	주문간격+리드타임

9. 특수한 재고시스템

(1) 이중상자 시스템

이중상자 시스템(two-bin system)은 Q시스템의 개념을 시각적 시스템으로 전환한 것. 즉 재고수준을 시각적으로 판단하여 특정 표시 시점까지 줄어들면 작업자가 주문을 내도록 하는 시스템

(2) 단일상자 시스템

단일상자 시스템(one-bin system)은 P시스템의 개념을 시각적 시스템으로 전환한 것

(3) 조건부 보충시스템

조건부 보충시스템(optional replenishment system)은 고정된 시간 간격으로 재고상태를 조사하여 재고상태가 사전에 정한 수준 이하로 떨어지면 예상 수요에 대비할 수 있을 만큼 주문함

(4) 기본재고 시스템

가장 간단한 형태인 기본재고 시스템에서는 재고가 인출될 때마다 인출량만큼 보충주문을 함. 이러한 1:1 보충정책 때문에 재고수준을 리드타임 동안의 수요량과 안전재고의 합과 같은 기본재고 수준으로 항상 유지할 수 있음

(5) 단일기간 재고시스템

단일기간 재고시스템(single-period inventory system)은 구매가 일회성이고 재고기간이 짧은 경우에 적용됨. 신문, 호텔의 객실, 비행기 좌석 등이 그 예

1) 재고관련 비용

단일기간 재고모형에서는 일반적으로 재고의 부족 및 잉여와 관련된 두 가지 비용에 초점을 둠

① 재고부족비용

재고부족으로 인해 단위 당 실현되지 않은 이익

$$\text{재고부족비용 (shortage cost)} = C_s = \text{단위 당 가격} - \text{단위 당 원가}$$

② 재고잉여비용

유통기간 마지막에 남은 항목으로 인한 것으로 구입비용과 잔존가치의 차이

$$\text{재고잉여비용 (excess cost)} = C_e = \text{단위 당 원가} - \text{단위 당 잔존가치}$$

2) 연속수요일 때 재고수준

$$\text{서비스 수준} = \frac{C_s}{C_s + C_e}$$

여기서,
C_s = 단위 당 재고부족비용
C_e = 단위 당 재고잉여비용

3) 이산수요일 때 재고수준

수요가 이산적일 경우 최선의 구매량을 구하는 방법은 다음과 같다.

- 실현 가능성 있는 여러 수준의 판매량과 그에 해당하는 확률추정치를 나열한다.
- 각 수요량 D와 구매량 Q의 조합에 해당하는 이윤을 나타내는 수익표(pay-off table)를 작성한다. 행은 주문량, 열은 수요량을 표현한다.
  a. 수요가 충분하여($Q≤D$) 정상시즌 안에 모든 물품을 정상이윤 p에 팔수 있으면 이익=(단위 당 이윤)(구매량)=pQ
  b. 구매량이 수요보다 많아서($Q>D$) D만큼만 정상이윤에 팔고, 나머지는 시즌이 끝난 후에 l 만큼 손실을 보면서 처분해야 하면 이익=(단위 당 정상 이윤)×(수요량)−(단위 당 손실)(시즌후의 처분량)=$pD-l(Q-D)$
- 기댓값(expected value) 의사결정 규칙을 사용하여 각 Q의 기대수익액을 구한다.
- 기댓값이 가장 큰 Q를 선택한다.

01   공급, 수요, 리드타임(LT)의 불확실성이 높을 때는 안전재고(safety stock)를 높게 유지해야 한다.

02   계절적 수요에 대응하기 위한 재고를 주기재고(cycle inventory)라고 한다.

03   수송재고(pipeline inventory)를 줄이기 위해서는 리드타임(LT)을 단축해야 한다.

04   수요가 일정할 때, 주문량이 증가하면 주문비용도 함께 증가한다.

05   로트 크기가 커질수록(주문량이 많아질수록), 주기재고(cycle inventory)는 커진다.

06   모든 완제품 재고를 한 곳에 배치하는 집중배치(centralized placement)는 신속한 운송과 수송비용의 절감이 기대된다.

07   재고통합(inventory pooling) 효과는 고객의 변동성 있는 수요가 합쳐짐으로써 재고 및 안전재고가 감축되는 것을 말한다.

08   수요 변동이 있는 경우에 창고의 수를 줄여 재고를 집중하면 수요처별로 여러 창고에 분산하는 경우에 비해 리스크 풀링(risk pooling) 효과로 인하여 전체 안전재고(safety stock)는 감소한다.

---

01 O
02 X   계절적 수요에 대응하기 위한 재고를 예상재고(anticipation inventory)라고 한다.
03 O
04 X   수요가 일정할 때, 주문량이 증가하면 주문횟수가 줄어들기 때문에 주문비용은 감소한다.
05 O
06 X   신속한 운송과 수송비용의 절감은 전방배치의 경우이며, 통합배치의 경우 재고 및 안전재고의 감축효과를 얻을 수 있다.
07 O   재고통합 효과는 재고의 집중배치(centralized placement) 시 얻을 수 있다.
08 O   개별 창고들을 통합하여 즉, 창고의 수를 줄여 중앙 집중 창고로 하면 수요의 변동성으로 측정되는 표준편차 또는 변동계수가 감소하여 안전재고가 감소하게 된다. 이를 리스크 풀링(risk pooling) 효과라고 한다.

09　ABC 재고관리에서 품목대비 금전적 가치가 가장 높은 것은 A 품목이다.

10　ABC 재고관리에서 A 품목의 재고관리는 주기조사 시스템이 적절하다.

11　경제적 주문량은 재고유지비용과 주문비용의 합을 최소화하는 주문량을 의미한다.

12　연간수요가 증가하면 EOQ는 감소한다.

13　경제적 주문량(EOQ) 모형에서는 안전재고를 고려하지 않는다.

14　EOQ에서는 주문비용과 재고유지비용이 일치한다.

15　EOQ보다 높은 수량에서는 주문비용이 유지비용을 초과한다.

16　다른 조건이 일정할 때 연간 수요량이 4배 커지면 1회 최적주문량은 2배 커진다.

09　O

10　X　A 품목의 재고관리는 기본재고 시스템이나 연속조사 시스템이 적절하며, C 품목의 재고관리는 주기조사 시스템이 적절하다.

11　O

12　X　연간수요가 증가하면 EOQ는 증가한다.

13　O　EOQ 모형에서는 리드타임과 수요율이 확실하므로 안전재고는 고려하지 않는다.

14　O

15　X　EOQ보다 높은 수량에서는 유지비용이 주문비용보다 더 크고, EOQ보다 낮은 수량에서는 주문비용이 유지비용보다 더 크다.

16　O　다른 조건이 일정할 때 연간 수요량이 4배 커지면,
$$\sqrt{\frac{2(4)DS}{H}} = \sqrt{\frac{2(2)^2 DS}{H}} = 2\sqrt{\frac{2DS}{H}} = 2EOQ$$ 1회 최적주문량은 2배 커진다.

17 1회 주문량이 커지면 연속된 주문 간 간격시간은 짧아진다.

18 연속조사 시스템(고정주문량 모형, Q-시스템)은 재주문점(ROP)과 병행하여 사용된다.

19 연속조사 시스템(고정주문량 모형, Q-시스템)에서 수요나 리드타임이 일정하면 재주문점은 리드타임 동안의 수요량이 된다.

20 연속조사 시스템(고정주문량 모형)에서 리드타임이 길면 재주문점(ROP)은 낮아진다.

21 서비스 수준을 높이려면 안전재고 수준을 높여야 한다.

22 연속조사 시스템(고정주문량 모형)에서 재고 고갈을 방지해야 하는 기간은 리드타임이다.

23 주기조사 시스템(고정간격 모형, P-시스템)에서는 주문과 주문 사이의 간격이 일정하다.

24 주기조사 시스템(고정간격 모형, P-시스템)이 연속조사 시스템(고정주문량 모형)보다 주문 간격이 더 길다.

25 주기조사 시스템(고정간격 모형)이 연속조사 시스템(고정주문량 모형)보다 안전재고(safety stock)의 양이 많다.

26 안전재고가 없다고 항상 품절되는 것은 아니다.

17 ✗ 주문간격은 $\dfrac{EOQ}{D}$ 이므로 1회 주문량(EOQ)이 커지면 연속된 주문 간 간격시간은 길어진다.
18 ○
19 ○
20 ✗ 연속조사시스템에서 리드타임이 길면, 더 오랜 기간을 버텨야 하므로 재주문점은 높아진다.
21 ○
22 ○
23 ○
24 ✗ 주문간격은 재고조사 방법이 결정하는 것이 아니라, 수요율이 결정한다. 즉 수요율이 높으면 주기조사 시스템의 주문간격이 더 좁을 수도 있다.
25 ○ 주기조사 시스템은 방지기간이 길기 때문에, 연속조사 시스템보다 안전재고의 양이 많다.
26 ○

27 수요발생이 일정할 경우, 제조설비의 셋업(set-up) 횟수를 줄이면 평균재고의 규모도 감소한다.

28 셋업비용이 상대적으로 클 경우에는 1회 생산로트 크기를 줄여야 한다.

29 연속조사 시스템(고정주문량 모형)에서는 재주문점(ROP)의 설정을 위하여 리드타임(LT) 동안에 예측되는 수요의 평균과 표준편차가 사용된다.

30 주기조사 시스템(고정간격 모형)에서는 재고조사를 실시할 때마다 재고를 주문한다.

31 안전재고의 설정을 위해서는 안전재고가 필요한 기간 동안에 예측되는 수요의 표준편차가 사용된다.

32 주기조사 시스템(고정간격 모형)에서 방지기간은 리드타임과 같다.

33 주기조사 시스템(고정간격 모형)을 시각화한 것이 이중상자 시스템(two-bin system)이다.

34 단일기간 재고모형에서는 재고부족비용과 재고잉여비용 만을 고려한다.

27 ✗ 재고를 직접 생산해서 사용하는 경우, 제조설비의 셋업 횟수를 줄이면, 제조설비가 멈추는 시간이 줄기 때문에 평균재고의 양은 증가한다.

28 ✗ 재고를 직접 생산해서 사용하는 경우, 제조설비의 셋업비용이 높으면 즉 제조설비를 중단하고 다른 모델을 생산하기 위한 준비비용이 많이 들면, 한꺼번에 많은 양을 생산하는 것이 더 유리하다.

29 ○

30 ○

31 ○

32 ✗ 주기조사 시스템에서 방지기간은 주문간격과 리드타임의 합과 같다. 왜냐하면 전기에 주문한 재고로 다음 번 주문이 도착할 때까지 사용해야 하기 때문이다.

33 ✗ 이중상자 시스템은 연속조사 시스템을 시각화한 모형이며, 단일상자 시스템은 주기조사 시스템을 시각화 한 것이다.

34 ○

35 조달기간(lead time) 동안의 평균수요가 커지면 안전재고량은 증가한다.

36 서비스 수준(service level)을 높이면 품절확률은 감소하고 안전재고량은 증가한다.

37 조건부 보충 시스템(optional replenishment system)은 재고수준을 정기적으로 확인했을 때 재고량이 사전에 정한 최저재고수준보다 작으면 주문을 하여 최대(목표)재고수준이 되도록 하는 시스템이다.

38 EOQ 모델의 기본 가정 하에서는 정량발주모형(fixed-order quantity model)보다 정기발주모형(fixed-order interval model)의 평균 재고수준이 높게 된다.

39 ABC 재고분류에서 세심한 관리가 필요한 A항목에 포함된 품목은 높은 재고수준을 감수하고서라도 발주간격을 늘리는 것이 바람직하다.

35 ✗ 조달기간(lead time) 동안의 안전재고량에 영향을 미치는 것은 평균수요가 아니라 조달기간 동안의 수요의 표준편차이다. 따라서 조달기간 동안의 수요의 (표준)편차가 커질수록 불규칙한 수요에 대응하기 위한 안전재고량은 증가한다.

36 ○ 서비스 수준(service level)이란 조달기간 동안 발생한 수요가 재고로부터 바로 충족되는 확률을 말한다. 따라서 서비스 수준을 높이면 안전재고량은 증가하고 품절확률은 감소한다.

37 ○

38 ✗ EOQ 모델의 기본 가정 하에서는 수요율이 일정하고 리드타임이 확실하므로, 정량발주모형(Q시스템)과 정기발주모형(P시스템)의 주문량과 주문주기는 서로 일치하므로 평균 재고수준 또한 일치한다. 가령 수요율이 100개/일, 리드타임이 2일, 주문량이 700개라면, Q시스템에서는 200개 남았을 때 주문을 하면 되고, P시스템에서는 7일 간격으로 주문하면 된다. 주문량은 동일하게 700개이므로 평균재고량은 350으로 동일하다.

39 ✗ ABC 재고분류에서 A품목에 대해서는 재고수준을 계속적으로 검토하고, 안전재고를 줄이며, 기록의 정확성을 기할 수 있는 엄격한 재고통제시스템(예를 들면 Q-시스템이나 기본재고 시스템)이 사용되어야 한다.

40 정량발주시스템(Q시스템)은 주문시점마다 재고수준을 점검하고, 정기발주시스템(P시스템)은 재고에 변동이 발생할 때마다 재고수준을 점검한다.

41 정량발주시스템은 재고수준이 재주문점(reorder point) 이하로 떨어지는 경우 사전에 결정한 주문량과 현 재고 수준과의 차이만큼을 주문하고, 정기발주시스템은 일정 시점마다 사전에 결정한 주문량만큼을 주문한다.

42 정량발주시스템에서는 품절이 발생하지 않으며, 정기발주시스템에서는 주문시점부터 주문량이 도착할 때까지의 기간에만 품절이 발생한다.

43 수요의 변동성이 커질수록, 특정 서비스 수준(service level)의 달성을 위해 정량발주시스템에서는 재주문점이 증가하고 정기발주시스템에서는 주문량이 증가하는 것이 일반적이다.

44 정량발주시스템에서 EOQ모형을 사용하는 경우, 주문량은 1회 주문비용 및 단위 당 연간 재고유지비용에 정비례한다.

---

40 × 정량발주시스템(Q시스템)은 재고에 변동이 발생할 때마다 재고수준을 점검하고, 정기발주시스템(P시스템)은 주문시점마다 재고수준을 점검한다. 그래서 Q시스템을 연속조사시스템이라 하고, P시스템은 정기조사시스템이라고 한다.

41 × 정량발주시스템은 재고수준이 재주문점(reorder point) 이하로 떨어지는 경우 사전에 결정한 주문량만큼을 주문하고, 정기발주시스템은 일정 시점의 재고수준과 목표재고수준의 차이만큼을 주문한다.

42 × 정량발주시스템에서는 주문시점부터 주문량이 도착할 때까지의 기간 즉 조달기간에만 품절의 위험이 있으며, 정기발주시스템에서는 주문주기와 조달기간 전체에 걸쳐 품절의 위험이 발생한다.

43 ○

44 × 정량발주시스템에서 EOQ모형을 사용하는 경우, 주문량은 1회 주문비용에 비례하고, 단위 당 연간 재고유지비용에 반비례한다.

7. 운영계획과 자원계획

1. 생산계획 간 관계

2. 총괄생산계획

(1) 총괄생산계획의 영역

계획수립의 수준

장기계획	중기계획	단기계획
장기생산능력 입지선정 설비배치 제품설계 작업시스템설계	고용수준 산출량 재고수준 미납주문 하도급	설비작업량 작업할당 작업순서 생산로트크기 주문량 작업일정
* 장기계획에 대해서는 이미 앞에서 다룸	총괄생산계획의 영역	주생산계획의 영역

(2) 총괄생산계획 aggregate production planning

향후 1년에 걸친 계획대상기간 동안 변화하는 수요를 가장 경제적으로 충족시킬 수 있도록 월별로 기업의 전반적인 고용수준, 산출량, 재고수준, 하도급수준 등을 결정하는 중기계획

1) 목적

세부적인 면에 지나치게 빠져들지 않으면서 회사의 전략적 목표와 일치하는 일반적인 행동방안을 제시하는 것

2) 특성

보통 1년을 대상 계획기간으로 함

3) 산출단위의 통합

   철강산업의 톤, 페인트산업의 갤런 등과 같이 생산되는 모든 제품을 총괄할 수 있는 하나의 산출단위, 즉 총괄생산단위로 표시

4) 생산량 조정

   생산설비 능력, 고용수준, 하도급, 재고수준 등의 변경을 통하여 생산량 조정

(3) 수요와 생산용량

> 수요≒생산용량

(4) 수요와 생산용량 대안들

총괄생산계획에서 고르지 않은 수요에 대처하는 방안은 반응적 대안, 공격적 대안 2가지로 구분됨

1) 반응적 대안 reactive alternatives

   생산용량이 수요에 대응하도록 생산용량의 변경을 시도하는 것
   ① 인력조정: 종업원을 채용하거나 해고
   ② 예상재고: 비수기의 수요에 대처하여 예상재고를 축적하였다가 성수기에 사용
   ③ 인력활용: 초과근무, 단축근무
   ④ 휴가계획: 비수기에 최소인원 만을 남기고 회사의 조업을 중단
   ⑤ 하청업체: 성수기에 단기생산능력 부족을 해결하고자 하청업체를 이용

2) 공격적 대안 aggressive alternatives

   수요가 생산용량과 대응되도록 수요 변경을 시도함
   ① 보완적 제품 : 비슷한 자원을 필요로 하지만 서로 다른 수요를 가지고 있는 제품이나 서비스를 만들어내는 것
   ② 수요창출가격 : 수요를 창출하는 가격으로 판매를 촉진시키는 방법으로 여름의 겨울옷 가격인하, 비수기 항공권가격 인하 등이 있음
   ③ 추후납품 : 추후납품(backlog)이란 미래에 납품하겠다고 약속한 고객 주문의 누적분임. 추후납품을 활용하면 미래의 생산량에 대한 불확실성이 줄고, 생산량의 균등화가 가능해짐

(5) 반응적 대안들을 활용한 수요 충족 기본전략

1) **추종전략** chase strategy

   이는 수요변동에 따라 종업원을 채용 또는 해고함으로써 고용수준을 수요율과 일치시키는 전략으로 공급이 수요를 따라가는 전략

2) **평준화 전략** level strategy

   이는 고용수준을 일정하게 유지하는 전략

   ① 재고수준을 조정하는 전략

   이는 수요의 변동성을 극복하기 위해 완제품의 재고를 가지는 것으로 고용수준이나 생산율을 고정시키고 재고수준을 조절함으로써 수요의 변동을 흡수하는 전략

   ② 노동력의 이용률을 조정하는 전략

   이는 노동력의 규모는 일정하게 유지하되 잔업과 유휴시간을 통한 이용률을 조정하여 수요의 변동에 대비하는 전략

   ③ 하청을 이용하는 전략

   이는 고용수준과 생산율을 모두 일정하게 유지하고, 수요변동은 하청을 이용하여 흡수하는 전략

3) **혼합전략**

   총괄생산계획에서 수요변동에 대처하기 위해 사용할 수 있는 변수들은 채용과 해고를 통한 고용수준의 조정, 잔업과 유휴시간에 의한 작업시간의 조정, 재고 및 추후납품 그리고 하청 등임. 이 가운데서 하나의 전략만을 사용하여 수요변동을 흡수하는 전략을 순수전략(pure strategy)이라 하고, 두 개 이상의 변수를 혼합하여 사용하면 혼합전략(mixed strategy)이라 함

(6) 총괄생산계획에서 고려하는 비용

1) **정규시간비용**

   종업원들에게 지불되는 정규시간 보수뿐만 아니라 건강보험, 치과치료, 사회보장, 퇴직연금, 휴가나 공휴일 혹은 기타 유급휴가에 대한 급여를 포함함

2) **초과근무비용**

   초과근무비용은 부가급부를 제외하고 일반적으로 정규시간보수의 150%임

3) 채용과 해고비용

채용비용에는 구인 광고, 인터뷰, 신규 종업원을 위한 훈련 프로그램, 신규 종업원의 미숙련으로 인한 불량, 생산성 손실, 초기 서류작업 등이 있으며 해고비용은 해직면담, 퇴직수당, 남은 노동자와 관리자를 재훈련시키는 비용, 생산성 저하 등을 포함함

4) 재고유지비용

재고유지비용은 자본비용, 저장·창고의 변동비, 분실 및 진부화 비용, 보험비용과 세금 등을 말함

5) 미납주문과 재고고갈비용

생산촉진 비용, 고객들에게 주는 부정적인 이미지, 판매 기회 상실에 따른 기회비용 등을 의미함

(7) 총괄생산계획의 제 기법

1) 시행착오적 기법

시행착오적 기법 가운데 가장 대표적인 방법은 도표법(graphical method)임. 도표법은 도표를 이용하여 총괄생산계획의 여러 가지 대안을 개발한 다음 이들의 총비용을 계산·비교하여 최선의 대안을 선택하는 기법

2) 수리적 기법

도표법은 간단하지만 최적해를 보장해 주지 못한다는 단점이 있음. 이러한 단점을 극복하기 위해 여러 가지 수리적 모형이 개발되었는데 선형계획법, 목표계획법, 수송모형 등이 이에 해당

3) 휴리스틱 기법 heuristic techniques

① 경영계수 모형 management coefficient model

작업자 수 및 생산율에 관한 과거의 결정들을 이용한 다중회귀분석으로 결정규칙을 찾음

② 탐색결정규칙 search decision rules

비용함수의 형태에 관계없이 계획기간 중 최소의 비용을 가져오는 작업자 수 및 생산율을 체계적으로 탐색해나가는 기법

③ 지식기반 전문가 시스템 knowledge-based expert system

특정 영역의 문제를 해결하기 위해 전문가들의 축적된 지식을 이용하는 것으로 컴퓨터 프로그램임

3. 주생산계획

총괄생산계획(aggregate production planning)을 분해(disaggregate)하여 제품 혹은 작업장 단위로 수립한 생산계획을 주생산계획(MPS: master production schedule)이라고 함

총괄계획에서 주생산계획으로 이동

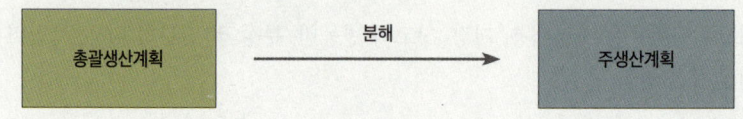

4. 자재소요계획 MRP

(1) MRP의 의의

자재소요계획(material requirement planning)은 최종제품의 제조에 소요되는 원자재, 부품, 부분품 등과 같이 종속수요(dependent demand) 품목의 재고관리를 위한 재고관리기법임

(2) MRP의 이점

MRP는 필요로 하는 하위품목을 필요한 때에 필요한 양만큼 조달하는 것을 목적으로 생산일정이 단축된다든지 새로운 주문이나 주문이 취소되는 경우 등 상황변화에도 쉽게 하위품목의 조달계획을 수정할 수 있는 종속수요를 갖는 하위품목의 일정계획 및 재고 통제기법임

(3) MRP의 특징

MRP는 컴퓨터에 기초한 재고관리기법으로 제조시스템에 최종제품의 수가 다양하고 이에 종속되는 하위품목의 수 또한 다양한 경우에는 수작업에 의하여 다양한 하위품목들의 소요량과 소요시기를 결정하는 것은 불가능하며 결과적으로 MRP를 수행하기 위해서는 컴퓨터의 적용이 필수적임

(4) MRP 구성

MRP 개요

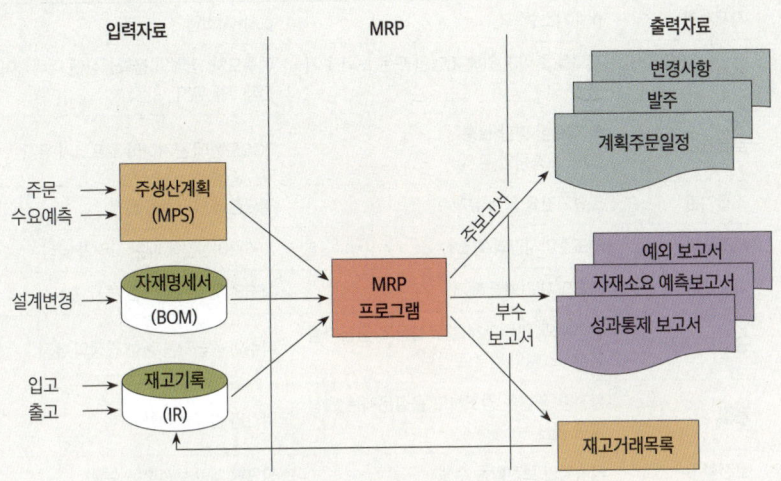

(5) MRP 프로그램의 분류

1) **재생형** regenerative MRP

   MRP 기록(records)을 주기적으로 업데이트 하는 프로그램

2) **순변화** net change MRP

   MRP 기록(records)을 지속적으로 업데이트 하는 프로그램

(6) MRP 활용

MRP에서 제공되는 발주시점과 발주량은 각 작업장에서 작업우선순위를 결정하는데 매우 유용하게 이용될 수 있을 뿐만 아니라 컴퓨터에 의한 MRP 계획은 미래의 불확실성에 쉽게 대응할 수 있어 예기치 못한 새로운 주문이나 주문취소, 납기변경, 주문독촉 등의 경우에 조속한 재계획이 가능

(7) JIT와 MRP 비교

JIT와 MRP의 비교

	JIT	MRP
자재계획	pull 시스템	push 시스템
재고	재고를 줄이기 위해 가능한 모든 노력을 기울임	예측오차, 미래의 불확실성에 대비하여 안전재고를 유지
로트크기	꼭 필요한 양만 보충 (최소 보충량만 유지)	EOQ모형에 근거하여 로트크기 유지
조달기간	조달기간을 짧게 유지	필요한 조달기간을 인정
제조준비	제조준비시간의 최소화	제조준비시간에 대한 고려가 낮음
자재대기	자재의 대기행렬 제거	자재의 대기는 필요한 투자
공급자관계	공급자와 협력관계를 유지하고 공급자를 생산시스템의 일부로 간주	다수의 공급자를 통한 경쟁의 유지
품질	완전한 품질을 강조하고 품질문제는 원천에서 개선	약간의 불량을 허용
보전활동	지속적인 보전활동 수행	필요할 때만 보전활동 수행
작업자	합의에 의한 경영	명령에 의한 경영

5. MRP II

(1) MRP의 단점

MRP에 의하여 수립된 계획을 실행하기 위해서는 생산능력에 대한 검토가 필요하며 능력이 초과되는 경우에는 MPS나 생산능력계획의 수정이 불가피한 단점을 가짐

(2) MRP II로의 확장

MRP(manufacturing resource planning) II는 MRP를 대체하거나 개선시키는 것이 아니라 오히려 MRP의 범주에 생산용량소요계획(CPR: capacity requirement planning)을 포함시키고 계획수립 과정에서 마케팅 및 재무와 같은 조직의 기능영역을 포함한 것

MRP II 개요

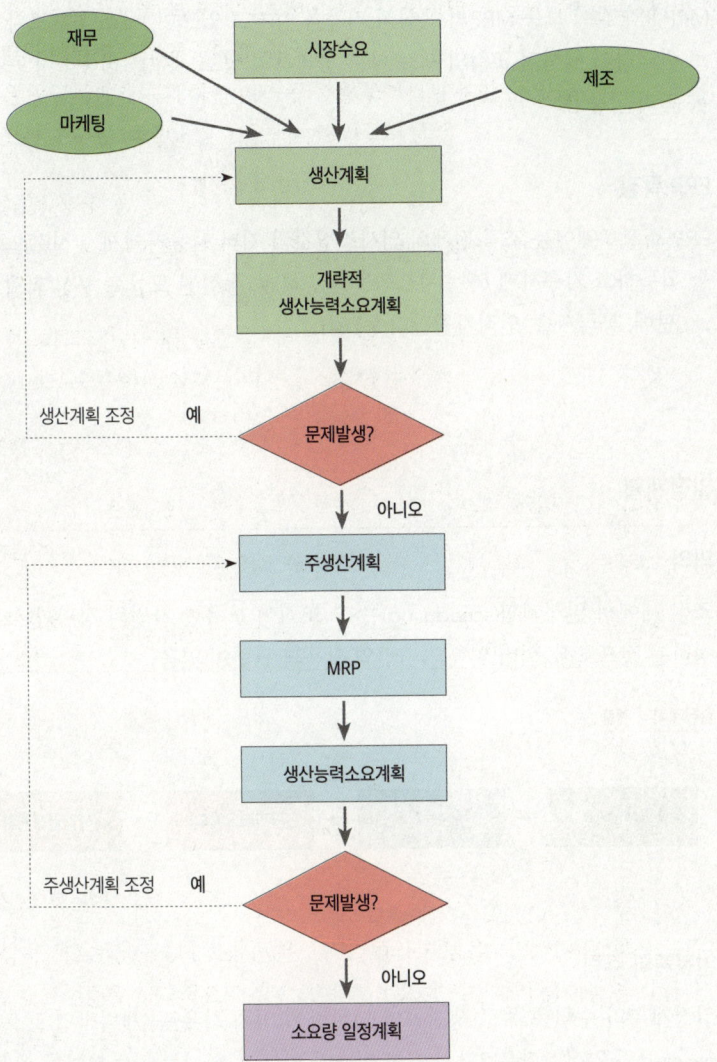

6. ERP

(1) ERP enterprise resource planning 개요

MRP II와 같이 보통 MRP의 핵심적 기능을 가지고 있으며, 시스템을 보다 효과적으로 관리하기 위하여 조직의 서로 다른 영역간의 정보 공유를 허용하며 표준화된 기록 관리를 통합

(2) ERP 특징

ERP 소프트웨어는 조직 전체의 의사결정자와 기타 사용자에게 실시간으로 데이터를 획득하고 가용하게 하는 시스템을 제공하며, 통합된 모듈로 구성(회계, 재무, 제조, 판매, 공급사슬, 인적자원관리 등) 됨

7. 일정계획

(1) 의의

조직 내에서 일정계획(scheduling)은 그 조직이 보유한 자원의 정확한 사용시기를 정하는 것으로서, 설비 및 인적자원의 활용과 관련이 있음

일정계획의 계층

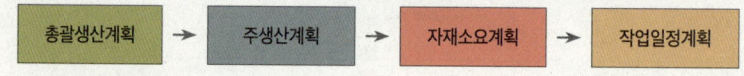

(2) 일정계획 수립

일정계획의 수립은 주로 생산물의 생산량에 의해 좌우됨. 개별작업 프로세스(job process)의 일정계획은 2가지 기본 이슈가 있는데, 하나는 작업부하를 어떻게 배분할 것인가의 문제이고, 다른 하나는 어떤 작업을 먼저 수행할 것인지 순서의 문제임

일정계획의 2가지 측면

(3) 작업순서 결정

작업순서결정(sequencing)은 작업들의 수행 순서를 결정하는 것으로 작업들이 여러 작업장에서 수행되는 순서와 개별 작업장에서 수행되는 순서를 모두 결정함

1) 우선순위 규칙

작업이 처리하는 순서를 정하기 위해 사용되는 기법들을 우선순위 규칙(priority rule)이라고 하는데 가장 많이 사용되는 우선순위 규칙은 다음과 같음

① **선착순규칙** FCFS: first-come, first-served
선착순 규칙 하에서 해당 작업장에 가장 먼저 도착한 작업에 가장 높은 우선권을 줌

② **최소납기일규칙** EDD: earliest due date
납기가 가장 촉박한 작업을 가장 먼저 처리함

③ **최단처리시간규칙** SPT: shortest processing time
해당 작업장에서의 처리시간이 가장 짧은 작업을 다음에 처리함

④ **최소여유시간규칙** slack time remaining
여유시간이란 현재부터 납기까지 남은 시간에서 잔여 처리시간을 뺀 시간이다. 이 규칙에서는 여유시간이 가장 짧은 작업부터 우선적으로 처리함

⑤ **잔여 작업 당 최소여유시간규칙** S/O: slack time remaining per operations
잔여 작업 당 여유시간이란 아래의 식과 같이 여유시간을 앞으로 수행해야 할 잔여 작업의 수로 나눈 값으로 이 규칙에서는 잔여 작업 당 여유시간이 가장 짧은 작업부터 우선적으로 처리함

$$잔여작업당\ 여유시간 = \frac{납기까지\ 남은시간 - 잔여\ 처리시간}{잔여\ 작업의\ 수}$$

⑥ **긴급률** CR: critical ratio
긴급률이란 다음 식과 같이 현재부터 납기까지 남은 시간을 잔여 처리시간으로 나눈 값으로 이 규칙에서는 긴급률이 가장 작은 것을 우선 처리함

$$긴급률(CR) = \frac{납기까지\ 남은시간}{잔여\ 처리시간} = \frac{납기일 - 현재시점}{잔여\ 처리시간}$$

Q&A

아래 표는 어떤 작업장에 대기 중인 5개 작업의 도착순서, 처리시간, 납기를 나타내고 있다. 아래 표를 이용하여 작업의 우선순위를 결정해보자.

작업	도착순서	처리시간(일)	납기(일)
A	1	6	10
B	2	3	4
C	3	5	15
D	4	2	5
E	5	4	9
계		20	

Q&A

<작업의 우선순위>

1. 선착순규칙(FCFS: first-come, first-served)에 의한 작업 순서는 도착순서인 A→B→C→D→E가 된다.
2. 최단처리시간규칙(SPT: shortest processing time)에 의한 작업 순서는 처리시간이 짧은 순으로 D→B→E→C→A이다.
3. 최소납기일규칙(EDD: earliest due date)에 의한 작업 순서는 납기가 가까운 순으로 B→D→E→A→C이다.
4. 최소여유시간규칙(slack time remaining)에 의한 작업 순서는 B→D→A→E→C가 된다.
5. 긴급률(CR: critical ratio)에 의한 작업 순서는 B→A→E→D→C가 된다.

작업	처리시간(일)	납기 (일)	여유시간	긴급률
A	6	10	10-6=4	10/6=1.67
B	3	4	4-3=1	4/3=1.33
C	5	15	15-5=10	15/5=3
D	2	5	5-2=3	5/2=2.5
E	4	9	9-4=5	9/4=2.25

2) 작업순서의 평가기준

① **총완료시간** makespan
총완료시간이란 모든 작업이 완료되는 시간(즉, 최종작업이 완료되는 시간)을 말하며, 총완료시간은 짧을수록 좋음

② **평균완료시간** mean flow time
평균 흐름시간이라고도 하며 작업의 평균 완료시간은 짧을수록 좋음

③ **작업장 내 평균 작업 수**
작업장 내 평균 작업 수는 적을수록 좋음

④ **평균 납기지연시간** average tardiness
납기지연이란 실제 작업완료 시점과 납기 사이의 차이를 말하며 평균 납기지연시간은 작을수록 좋음

⑤ **유휴시간** idle time
작업장, 기계 또는 작업자의 유휴시간은 작을수록 좋음

(4) 두 개의 작업장을 거치는 작업의 순서 결정

두 개의 작업장을 거치는 경우, 존슨의 규칙을 이용하여 최종 작업이 두 번째 작업장에서 완료되는 시간, 즉 총완료시간(makespan)이 최소가 되도록 작업순서를 결정함

> **존슨의 규칙**
> 1단계: 각 작업마다 작업장 1과 작업장 2에서의 처리시간을 산정한다.
> 2단계: 작업장 1, 2에 관계없이 처리시간이 가장 짧은 작업을 선택한다. 이 가장 짧은 처리시간이 작업장 1에서 발생하면 그 작업을 가능한 앞 순위에 놓고, 작업장 2에서 발생하면 그 작업을 가능한 뒷 순위에 놓는다.
> 3단계: 단계 2에서 순위가 결정된 작업은 고려 대상에서 제외한다.
> 4단계: 모든 작업의 순서가 결정될 때까지 단계 2와 단계 3을 반복한다.

01 입지선정과 설비배치 의사결정은 총괄생산계획(aggregate production planning)에서 다루는 문제들이다.

02 총괄생산계획(aggregate production planning)은 개별 제품별 생산계획이다.

03 총괄생산계획(aggregate production planning)에서 추종전략(chase strategy)은 노동력 규모의 변화 없이 재고, 잔업, 임시직, 하청 등과 같은 방법으로 수요변화에 대응하는 방안이다.

04 추종전략(chase strategy)이 미숙련 작업이나 일상적인 일에 적합하다면, 평준화전략(level strategy)은 숙련 작업이나 복잡한 일에 적합하다.

05 최적 총괄생산계획의 도출은 고용수준의 조정, 잔업과 유휴시간에 의한 작업시간의 조정, 재고 및 추후납품, 하청 등의 변수들을 사용하되, 사용가능한 여러 변수들 가운데서 관련 비용을 최소화하는 전략을 선택해야 한다.

06 총괄생산계획(aggregate production planning)은 주생산계획(MPS: master production schedule) 이후에 수립한다.

07 수요추종전략(chase strategy)은 설비의 확장 및 축소를 통해 공급량을 조절하는 전략이다.

---

01 ✕ 총괄생산계획은 중기계획으로 고용수준, 산출량, 재고수준, 미납주문, 하도급 등의 문제를 다룬다.

02 ✕ 총괄생산계획은 개별 제품별로 수립되는 것이 아니라 그 기업이 생산하는 여러 제품을 총괄할 수 있는 공통의 산출단위 즉 총괄생산단위에 입각하여 수립된다.

03 ✕ 추종전략(chase strategy)은 공급이 수요의 변화를 철저히 따라가도록 노동력을 조절하는 것을 말한다.

04 ○

05 ○

06 ✕ 총괄생산계획(aggregate production planning)을 분해(disaggregate)하여 주생산계획(MPS: master production schedule)를 수립한다.

07 ✕ 수요추종전략(chase strategy)은 노동력 규모의 조정을 통해 공급량을 조절하는 전략이다.

08 혼합전략은 수요추종전략이나 평준화전략(level strategy)에 비해 총비용이 증가하는 단점이 있다.

09 평준화전략은 수요추종전략에 비해 재고수준의 변동폭이 크다.

10 제품그룹별 생산계획은 총괄생산계획이 담당하며, 세부 품목별, 기간별 생산계획은 주생산계획(MPS)이 담당한다.

11 자재소요계획(MRP)은 종속수요 품목의 재고관리 기법이다.

12 자재소요계획(MRP)에 필요한 입력자료는 주생산계획(MPS), 자재명세서(BOM), 재고기록(IR) 이다.

08 ✗ 수요변동에 대처함에 있어 고용수준이나 재고수준 하나만을 조절하는 수요추종전략이나 평준화전략으로는 적절한 대처가 불가능하므로 실제로는 복수의 관리변수를 이용하는 혼합전략이 채택된다. 혼합전략은 여러 가지 변수들을 이용할 수 있는 관계로 수요추종전략이나 평준화전략 등의 순수전략보다는 통상 총비용이 더 적다.

09 ○ 수요추종전략은 충원과 해고 등을 통하여 고용수준을 조절함으로써 주문량 변화에 따라 생산율을 맞춰가는 전략이므로 재고수준의 변동폭이 작다. 반면 평준화전략은 일정한 생산율에 맞춰 인력수준을 안정적으로 유지하는 것으로 수요가 평균치 이하로 내려갈 때는 초과 생산된 제품을 재고로 비축하게 되며, 수요가 평균치 이상일 때는 재고가 감소되는 것을 의미한다. 따라서 평준화전략은 수요추종전략에 비해 재고수준의 변동폭이 크다.

10 ○

11 ○

12 ○

13 자재명세서(BOM: bill of materials)는 재고의 조달기간, 현 보유재고, 주문 중인 수량 등의 정보를 제공한다.

14 MRP는 BOM의 나무구조(tree structure)상 하위품목에서 시작하여 상위품목 방향으로 순차적으로 작성한다.

15 MRP를 위해서는 BOM에 표시된 하위품목에 대한 별도의 수요예측(forecasting) 과정이 필요하다.

16 MRP II는 고객, 공급자 등 상하위 공급체계와 설계, 영업, 회계 등 기업 내 연관 부서의 업무를 동시에 고려하지 않고서는 제조에 관한 올바른 의사결정을 내릴 수 없다는 전제 아래 정보의 통합을 통해 기업의 모든 자원을 최적으로 관리하자는 개념이다.

17 일반적으로 생산계획은 총괄생산계획, 자재소요계획(MRP), 기준생산계획(MPS), 작업일정계획(job scheduling)의 순으로 수립한다.

18 모델별 생산계획 혹은 공장별 생산계획을 도출한 후에 이를 총괄화하여 총괄생산계획을 도출한다.

---

13 ✗ 자재명세서는 최종제품으로부터 시작하여 각 상위품목 한 단위를 만드는데 필요한 자재명과 소요량을 보여준다. 반면 재고기록철(IR: inventory records)은 재고의 조달기간, 현 보유재고, 주문 중인 수량 등의 정보를 제공한다.

14 ✗ MRP는 BOM의 나무구조(tree structure)상 상위품목에서 시작하여 하위품목 방향으로 순차적으로 작성되는 Top-down 방식으로 작성된다.

15 ✗ MRP에서는 원자재, 부품, 구성품 등과 같이 수요가 최종 제품이나 상위 품목에 종속되어 있는 종속수요 품목을 대상으로 이루어진다. 따라서 하위품목에 대한 별도의 수요예측 과정은 필요하지 않다.

16 ✗ 전사적 자원관리(ERP: enterprise resource planning)에 대한 설명이다.

17 ✗ 일반적으로 생산계획은 총괄생산계획 → 기준생산계획(MPS) → 자재소요계획(MRP) → 작업일정계획(job scheduling)의 순으로 수립한다.

18 ✗ 총괄생산계획을 먼저 수립한 후에 모델별 혹은 공장별 생산계획인 주생산계획(MPS : master production schedule)을 수립한다.

19 혼합전략(mixed strategy)은 수요충족을 위한 공급옵션을 모두 사용하는 전략으로 예상재고, 시간제 근로자, 하청, 미납주문, 재고고갈 등 모든 옵션을 활용하는 것이다.

20 총괄생산계획은 판매 및 생산계획(S&OP : sales & operations planning)이라고도 한다.

21 추종전략(chase strategy)은 수요의 변동성을 극복하기 위하여 완제품의 재고를 가지는 것으로 고용수준이나 생산율을 고정시키고 재고수준을 조절함으로써 수요의 변동을 흡수하는 방법이다.

---

19 ○ 최선의 총괄생산계획은 평준화 전략이나 추종전략 중 하나에만 의존하지 않고 공급옵션을 모두 고려하는 혼합전략이 될 가능성이 높다. 혼합전략(mixed strategy)은 예상재고, 시간제 근로자, 하청, 미납주문, 재고고갈 등 모든 옵션을 활용하는 것이다.

20 ○ 판매 및 생산계획(S&OP : sales & operations planning)이라는 용어는 기업의 수요와 공급의 균형을 유지하도록 도와주는 역할을 하고 있다는 것을 강조하기 위하여 사용되기 시작되었다. 전통적으로 생산관리 영역에서 총괄생산계획이라고 불러왔던 것이지만, 새로운 용어인 '판매 및 생산계획'은 관련부서 간의 통합 운영의 중요성을 강조하는데 의미가 있다. 관련부서란 일반관리, 영업, 생산, 재무 및 제품 개발부서 등이다.

21 ✕ 수요의 변동성을 극복하기 위하여 완제품의 재고를 가지는 것으로 고용수준이나 생산율을 고정시키고 재고수준을 조절함으로써 수요의 변동을 흡수하는 방법은 평준화전략(level strategy)이다. 반면 추종전략(chase strategy)은 월간 생산요구량에 따라 노동력의 규모를 조정시키는 전략으로 수요의 변동에 직접 연관시켜 고용이나 해고를 하는 방법이다.

8. 린 시스템 설계

1. 린 시스템 개요

(1) 린 시스템

린 시스템은 2차 대전 이후의 열악한 환경에 처한 일본기업의 경영방식에 부여한 명칭인데, 전체시스템 관점에서 효율적인 프로세스를 만들기 위해 고안한 생산시스템을 통칭함. 린 시스템의 일반적인 요소들을 내장하고 가장 널리 알려진 시스템이 바로 JIT(just-in-time) 시스템

2. 린 시스템 접근을 활용한 지속적 개선

(1) JIT의 철학

JIT의 철학은 단순하지만, 강력한데, "여분의 재고와 용량을 잘라내고 부가가치가 없는 활동을 없애서 낭비를 제거하라"라고 요약할 수 있음

8가지 낭비

낭비	정의
과잉생산	필요하지도 않는데 미리 생산하여 재고와 리드타임을 초래하는 행위
과잉처리	단순한 기계로도 충분한데 고가의 정밀 장비를 사용하는 행위
대기	제품이 이동하지 않거나 처리되지 않고 있어서 발생하는 시간 낭비
운반	프로세스 사이의 지나치게 빈번한 물자 이동
동작	실제 작업과는 관련없는 동작
재고	과잉 재고는 작업 현장의 문제를 숨기며 공간을 차지하고, 리드타임을 늘림
불량품	품질불량은 재작업과 폐기를 초래하여 불필요한 비용 야기, 실패비용 최소화를 목표로 함
종업원의 활용 부족	종업원의 지식과 창의성을 활용하지 못하면 낭비제거 노력이 지속되지 못함

(2) 지속적 개선

린 시스템은 품질과 생산성의 지속적 개선을 유도하기 위해 카이젠(Kaizen, 改善)이라는 방법을 사용. 카이젠의 핵심은 재고수준을 낮게 유지하고 시스템에 주기적으로 압박을 가하여 문제점을 파악하고 린 시스템의 요소들에 집중하는 것임

JIT 시스템에서 지속적 개선

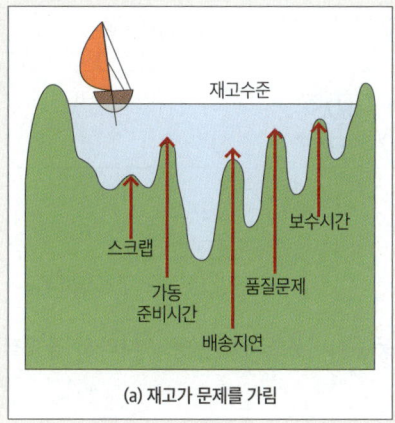

(a) 재고가 문제를 가림

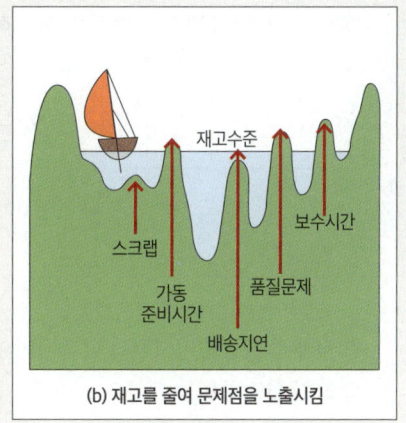

(b) 재고를 줄여 문제점을 노출시킴

3. 린 시스템에서의 공급사슬 관련 사항

(1) 공급업체와의 유대강화

JIT 시스템은 매우 적은 재고로 운영되므로 공급업체와 긴밀한 관계를 유지하는 것이 필수적임

(2) 소규모 로트와 가동준비시간

1) 소규모 로트

로트(lot)란 같이 처리되는 품목의 양을 의미하는데, 린 시스템은 가능한 작은 로트 크기로 생산함. 로트가 작아지면 재고수준이 낮아지고 작은 로트는 큰 로트에 비해 자재를 대기하도록 하는 시간이 짧으므로 큰 로트보다 시스템을 빨리 통과함. 또한 작은 로트는 시스템의 작업부하를 균등하게 하고 과잉 생산을 방지함

2) 가동준비시간

로트크기를 줄이면 로트가 클 때보다 종업원이나 장비의 시간 낭비가 많아지므로 작은 로트 생산을 실시하여 효과를 보려면 가동준비(setup)시간을 단축해야 함

3) 경제적 로트크기

가동준비시간이 '0'에 근접하면 이상적인 1단위 로트 크기가 가능해짐

$$Q = \sqrt{\frac{2DS}{H}}$$

여기서 D = 연간 수요
S = 가동준비비용
H = 연간 단위 당 재고유지비용

위 식에서 가동준비시간이 단축되면 가동준비비용 S가 줄어들고 따라서 경제적 로트 크기 Q도 줄어듬

로트 크기에 대한 전통적 접근법과 린 시스템 접근법

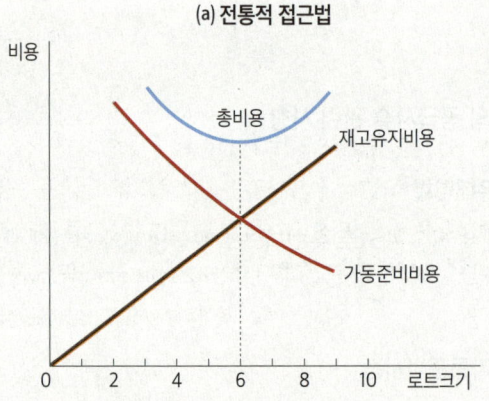

4. 린 시스템에서 프로세스 고려 사항

(1) 풀 방식 업무 흐름

린 시스템은 풀 방식의 자재흐름을 채택하는데 풀 방식(pull method)이란 고객의 주문에 의하여 제품이나 서비스 생산을 개시하는 방식으로 다음 단계의 수요에 의하여 생산이 허가되고 작업물이 이동하는 것을 의미함

(2) 원천적 품질 확보

고객의 기대를 일관성 있게 만족시키기 위해 원천적 품질 확보(quality at the source)라는 관행을 고수하는 것인데, 이 철학은 불량은 그 발생 장소에서 적발하고 고치자는 것임

1) 지도카

원천적 품질 확보를 위해 작업자는 자기 작업의 품질을 스스로 검사하여 불량품은 후속 프로세스에 결코 내려 보내지 않아야 하는데, 문제가 발생하면 자동적으로 프로세스를 정지하고 그 현장에서 바로 고치는 제도를 지도카(Jidoka, 自動化)라 함

2) 포카요케

포카요케(ポカヨケ, poka-yoke)는 실수방지 방법으로 그 목표는 고장이 발생하는 경우 시스템이 자동으로 정지하도록 설계하여 인간의 실수를 막거나 최소화할 수 있도록 하는 방법

3) 안돈

안돈(행등: 行燈)은 생산문제를 가시화하는 하나의 개념임. 간단히 말하면 하나 이상의 색깔있는 전등을 조립라인이나 기계 위에 설치하는 것. 이러한 기법은 제품을 수리하거나 재작업 할 때, 부품의 결품이 나려고 할 때, 생산 중에 불량이 발견되었을 때, 비정상적인 작업이 진행될 때, 작업자에게 이상이 생겼을 때, 그리고 그 밖의 공정에 이상이 있을 때 사용함

(3) 작업장 부하 균일화

린 시스템은 개별 작업장의 1일 부하가 비교적 균등하여야 최상으로 작동하므로, 제조 프로세스에서는 매일 품종 구성과 생산량을 비슷하게 구성하여 작업장의 일별 수요를 균일하게 함. 이를 헤이준카(Heijunka, 平準化)라고 함

(4) 부품·작업방법 표준화

반복성이 높은 서비스 운영에서 효율을 크게 높이려면 작업방법을 분석하고 개선안을 문서화하여 모든 종업원이 사용하게 함

(5) 유연한 노동력

다기능을 보유한 노동력은 여러 가지 작업을 수행할 수 있기 때문에 병목현상이 일어나더라도 재고에 의존하지 않고 해결하는데 도움을 주며, 질병이나 휴가로 빠진 작업자의 일을 대신 할 수도 있음. 제품이나 서비스의 고객화가 높을수록 다기능 작업자의 필요성은 더 커짐

(6) 종합적 예방정비

린 시스템에서는 업무 흐름이 정교하게 조절되고 여유 용량이 작업장 간 안전재고가 거의 없기 때문에 기계의 불시정지는 혼란을 야기하게 됨. 그러므로 종합적 예방정비(TPM: total preventive maintenance)를 통하여 미리 계획된 정비 시간에 기계의 부품교체를 실시하는 편이 기계가 생산 도중에 고장 났을 때보다 쉽고 빠름

5. 린 시스템 배치

(1) 1인 복수기계작업 셀

1인 복수기계작업(OWMM: one-worker, multiple-machines) 셀은 한 사람의 작업자가 라인흐름의 효과를 얻을 수 있도록 한 작업장에서 여러 대의 기계를 동시에 다루는 방법

1인 복수기계작업 셀

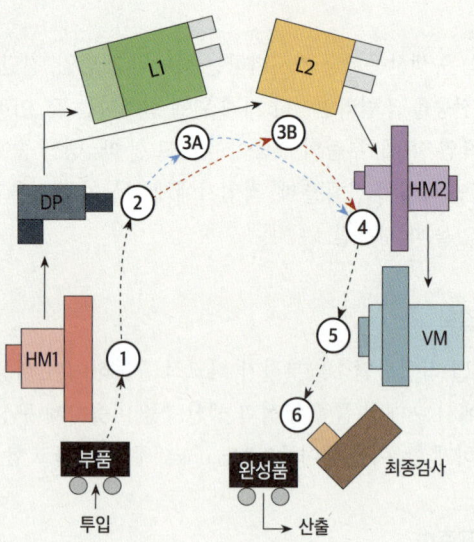

(2) 그룹 테크놀러지 셀

그룹 테크놀러지(GT: group technology)는 부품 혹은 제품들을 비슷한 특성을 갖는 것끼리 유사군(family)을 형성하여 그것들을 생산할 수 있는 기계들을 그룹화(제조 셀)하는 것

GT기법을 적용하기 전후의 공정흐름

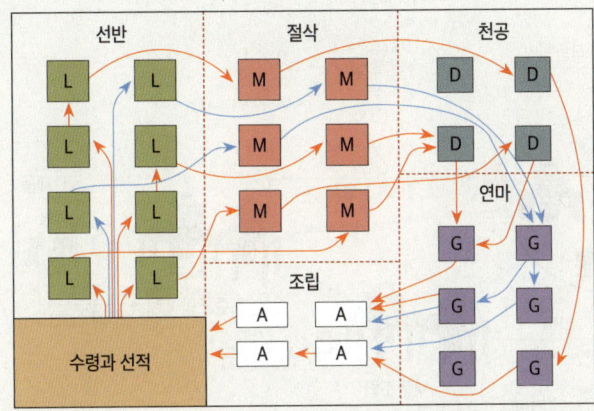

(a) GT기법을 적용하기 전의 공정흐름

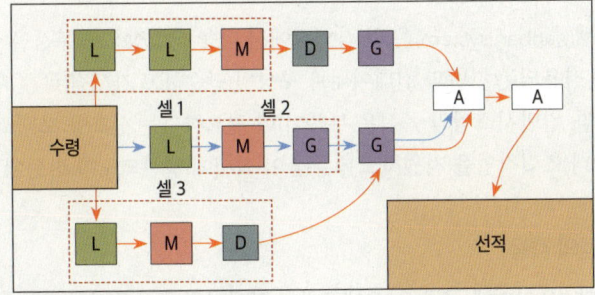

(b) GT기법을 적용한 후의 공정흐름

6. 칸반 시스템

(1) 개요

칸반(Kanban, 看板)은 일본말로 '카드'를 의미하며, 공장에서 생산의 흐름을 통제하기 위해 사용되는 카드를 가리킴. 생산 허가와 자재 이동을 통제하기 위하여 두 가지 유형의 칸반이 사용됨. 하나는 생산칸반(production Kanban)이고, 다른 하나는 인출칸반(withdrawal Kanban)임

칸반시스템의 작동원리

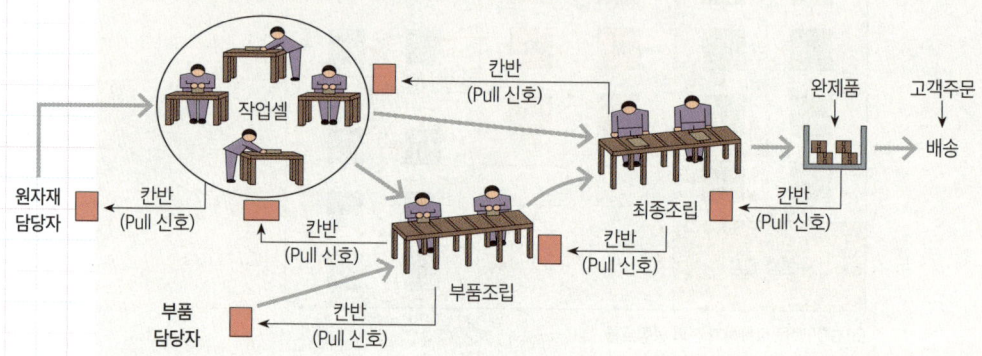

(2) 운영

칸반시스템(Kanban system)은 한 작업장에서 다음 작업장으로 부품을 적시에 끌어가기 위해 사용되는 칸반과 컨테이너로 구성된 단순하고 가시적(可視的)인 부품 인출시스템임. 칸반시스템의 목적은 부품이 더 필요하다는 신호를 보내고, 다음 단계의 제작이나 조립작업을 지원하도록 부품이 적시에 생산되도록 하는데 있음

(3) 칸반시스템의 작동

작업장 A와 B(A가 B에 공급) 사이에 8대의 컨테이너가 사용되며, 각 컨테이너는 정확하게 20개의 부품을 담을 수 있다고 가정하면, 모든 컨테이너가 채워지면 작업장 A의 생산은 중단되므로 두 작업장 간의 최대재고는 160(=80×2)개가 됨.

정상적인 경우, 3대의 컨테이너는 부품이 가득 채워진 상태로 작업장 A의 산출지역에 위치해 있고, 1대의 컨테이너는 작업장 A에서 부품이 생산되는 대로 채워지고 있음. 1대의 가득 채워진 컨테이너는 작업장 A에서 B로 이동 중이고, 2대의 가득 채워진 컨테이너는 작업장 B의 투입지역에 사용을 위해 대기 중이며, 나머지 1대의 컨테이너는 작업장 B의 생산을 위해 사용되고 있음

칸반시스템

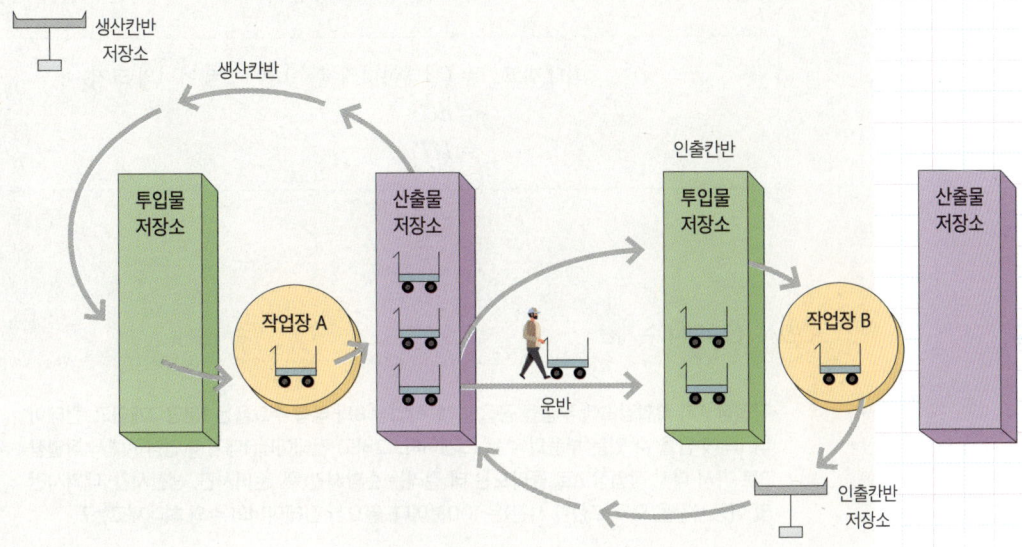

(4) 컨테이너(칸반)의 수 결정

1) **컨테이너 수**

한 작업장의 운영에 필요한 컨테이너의 수는 후속 작업장의 수요율, 컨테이너의 크기 및 컨테이너의 순환시간의 함수이며 다음 공식에 의해 결정됨

$$n = \frac{DT}{C}$$

여기서　n = 컨테이너의 총 수

　　　　D = 생산된 부품을 사용하는 후속 작업장의 수요율

　　　　C = 컨테이너의 크기, 즉 컨테이너 1대에 담을 수 있는 부품의 수

　　　　T = 컨테이너 1대가 한 번 순환하는데 걸리는 시간, 즉 부품을 채우고,
　　　　　　기다리고, 이동하여 사용되고, 다시 돌아올 때까지 걸리는 시간

2) 최대 재고

모든 컨테이너가 채워지면 생산은 자동적으로 중단되므로 최대재고는 다음과 같음

$$\begin{aligned}\text{최대재고} &= (\text{컨테이너의 총수}) \times (\text{컨테이너의 크기}) \\ &= nC \\ &= DT\end{aligned}$$

Q&A 컨테이너 수 계산

작업장 A가 작업장 B에 부품을 공급할 때, 작업장 B의 부품 수요율은 1분당 2개이고, 컨테이너 1대에 담을 수 있는 부품의 수는 25개이다. 그리고 컨테이너 1대가 작업장 A에서 작업장 B로 가서 다시 작업장 A로 돌아오는 데 걸리는 순환시간(즉, 준비시간, 생산시간, 대기시간 및 이동시간을 모두 포함한 시간)은 100분이다. 필요한 컨테이너의 수와 최대재고는?

Q&A

컨테이너의 수 $(n) = \dfrac{DT}{C} = \dfrac{2 \times 100}{25} = 8$대

최대재고 $(nc) = 8 \times 25 = 200$

7. 토요타의 집

토요타의 집은 자사의 종업원들과 공급자들에게 토요타 생산 시스템을 정의하기 위해 만든 시각적 표현을 의미함. 이를 구성하는 2가지 기둥은 JIT와 지도카(jidoka)임

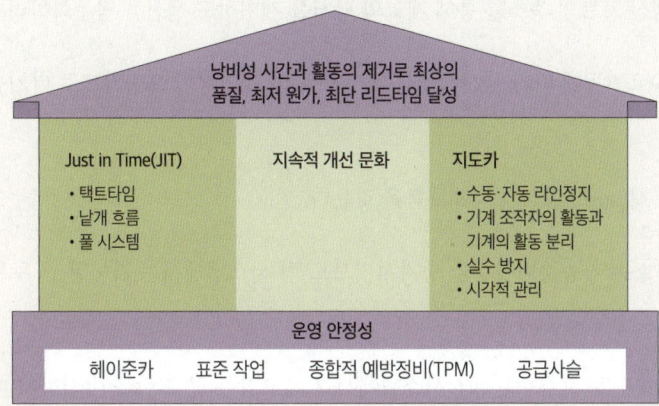

01 JIT는 반복생산에 적합하고, MRP는 비반복적 생산에 적합하다.

02 린 시스템은 생산 로트의 축소를 통해 재고의 낭비를 제거하고 생산을 평준화하려 한다.

03 린 시스템은 수요변동에 따라 생산시설과 작업자 수의 유연성이 요구되므로 다기능공이 필요하다.

04 린 시스템은 푸시(push) 방식의 자재흐름을 갖는다.

05 로트크기의 축소는 가동준비횟수를 증가시키므로 린 시스템에서는 가능한 큰 로트를 사용한다.

06 소량의 완충재고만을 보유하는 JIT 시스템에서 기계고장은 큰 혼란을 야기하기 때문에 종합적 예방정비가 매우 중요하다.

07 JIT 시스템에서는 균일한 작업부하를 유지하기 위해 매일매일 생산하는 품종의 구성과 수량을 일정하게 유지해야 한다.

08 칸반(Kanban)은 생산의 흐름을 통제하기 위해 사용하는 카드를 의미한다.

---

01 O 주생산계획(MPS: master production schedule)이 매일 동일하고 부하가 일정한 순수 반복생산의 경우에는 JIT와 같은 풀 시스템이 적합하다. 반면 비반복적이고 소규모 뱃치로 생산하는 주문생산 프로세스의 생산계획과 통제에는 MRP가 필수적이다.

02 O

03 O

04 X 린 시스템은 고객의 주문에 의해 생산을 개시하는 풀(pull) 방식의 자재흐름을 갖는다.

05 X 린 시스템은 작은 로트를 사용하여 재고를 관리한다. 다만 로트크기의 축소는 가동준비횟수를 증가시키므로 로트크기 감소로 인한 실익을 증가시키기 위해서는 가동준비시간을 단축시켜야 한다.

06 O

07 O

08 O

09 그룹테크놀러지(GT)는 부품 혹은 제품들을 비슷한 특성을 갖는 것끼리 유사군(family)을 형성하여 그것들을 생산할 수 있는 기계들을 그룹화하는 것이다.

10 린 시스템에서 로트 크기를 줄이면 공정에서 품질문제를 조사하거나 처리하는 시간이 감소하게 된다.

11 칸반(kanban)시스템을 통해 공급자에게 소규모의 빈번한 조달을 요구해야 하므로 다수의 공급자를 유지하고 공급자와 단기계약을 체결하는 것이 중요하다.

12 생산시스템의 효율을 극대화하기 위해 생산준비 이후 동일 제품을 최대한 많이 생산하고 다음 제품으로 생산 전환을 하는 혼류생산(mixed-model production) 및 생산평준화(production leveling)를 실시한다.

13 TPS 집을 구성하는 2가지 기둥은 JIT와 풀시스템이다.

14 토요타 생산시스템에서는 전통적인 제조방식에 비해 다기능 작업자보다는 하나의 작업에 전문적인 능력을 갖춘 작업자의 육성을 강조한다.

15 토요타 생산시스템에서는 재작업, 대기, 재고 등을 낭비의 유형으로 간주한다

---

09 O

10 O 로트크기를 줄이면 한꺼번에 생산하는 제품 양이 적기 때문에 품질문제가 발생했을 때 전체 로트를 조사하더라도 적은 시간이 소요된다.

11 X 칸반(kanban)시스템을 통해 공급자에게 소규모의 빈번한 조달을 요구해야 하므로 공급자와의 신뢰와 관계가 중요하다. 따라서 원활한 수급을 위해 소수의 공급자와 장기계약을 체결하는 것이 중요하다.

12 X JIT에서는 생산준비 이후 동일 제품을 대규모 로트로 생산하면 유연성이 하락하기 때문에 소규모 로트로 생산하기 위해 생산준비 시간을 줄이는 것이 중요하다.

13 X TPS 집은 자사의 종업원들과 공급자들에게 토요타 생산시스템을 정의하기 위해 만든 시각적 표현을 의미한다. 이를 구성하는 2가지 기둥은 JIT와 지도카(jidoka)이다.

14 X 유연성이 중요하기 때문에 하나의 작업에 전문적인 능력을 갖춘 작업자보다는 다기능 작업자의 육성을 강조한다.

15 O

9. 경영정보시스템

1. **정보의 개념**

(1) 자료와 정보

① 자료(data): 가공되지 않은 데이터
② 정보(information): 의사결정을 하는데 유용하게 활용되는 일련의 처리 또는 가공된 자료

(2) 정보의 가치에 영향을 미치는 요인

요인	내용
적합성 relevance	관리자가 의사결정을 해야 하는 상황에서 제공되는 정보가 얼마나 적절한가, 의사결정 내용과 얼마나 연관되어 있는가에 관한 것
정확성 accuracy과 증거성 verifiability	정보에 오류가 어느 정도 포함되어 있는지, 정보의 정확성을 확인할 수 있는 정도
적시성 timeless	정보가 필요한 시기에 얼마나 제때에 공급되는지의 정도
형태성 presentability	의사결정자의 요구에 정보가 얼마나 부합되는 형태로 제공되는지에 관한 정도

2. **정보시스템**

(1) 정보시스템이란?

정보시스템(information system)이란 정보를 수집, 처리, 가공, 저장, 공급함으로써 한 조직의 활동과 의사결정, 통제 활동을 지원하는 구성 요소들의 집합

(2) 정보시스템의 구성요소

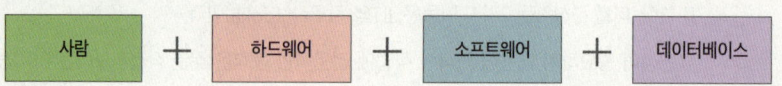

3. 정보시스템과 경영정보시스템

(1) 경영정보시스템의 의의

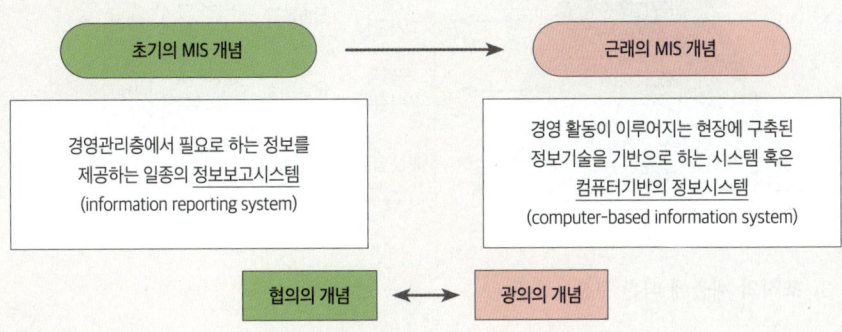

(2) 정보시스템의 구분

1) 조직의 각 위계에 대응되는 통제활동 및 정보의 특성

조직의 위계	주요 업무 및 통제 활동		정보의 특성			
	활동	예	원천	범위	정확성	집중도
최고 경영층	전략계획 strategic planning	중장기계획 수립/통제: 사업단위 조정, M&A 등	외부	광범위	낮다	통합적
중간 경영층	전술통제 tactical control	전략계획에 따른 실행계획 수립/통제: 연간 예산, 사업단위별 평가 등	↕	↕	↕	↕
현장 경영층	운영통제 operational control	부서 단위의 기본 활동/통제: 부서단위별 평가 등				
일선 종업원	실행 operation	일상적 업무처리 등	내부	협소	높다	세분

2) 조직의 각 위계의 의사결정, 통제활동과 정보시스템

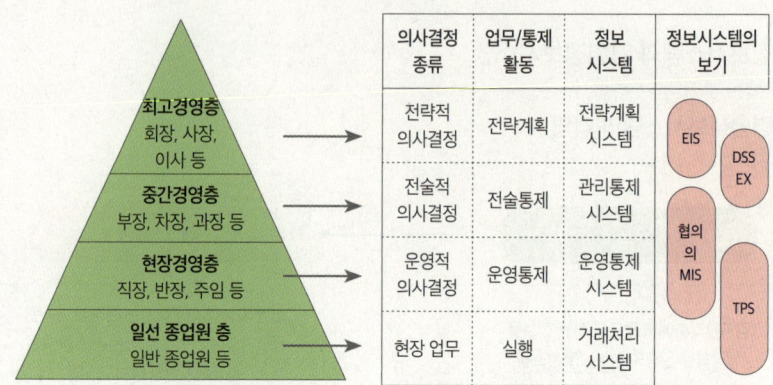

3) 조직의 계층에 따른 구분

① **거래처리시스템** TPS: transactional processing system

조직의 말단부에서 이루어지는 일상적인 업무 처리를 돕는 정보시스템으로 판매 주문 입력, 호텔예약, 급여, 인사기록관리, 그리고 출하 등 경영에 필요한 일상적인 거래를 수행하고 기록하는 전산시스템

② **정보보고시스템** IRS: information reporting system: 협의의 경영정보시스템(MIS)

거래처리시스템(TPS)이나 현장에서 발생한 데이터를 관리자에게 관리통제에 도움을 주기 위해서 요약된 형태로 제공하는 시스템

③ **의사결정지원시스템** DSS: decision support system

중간관리층의 비일상적인 의사결정을 지원하며, 문제해결에 필요한 절차가 사전에 충분히 정의되어 있지 않은 독특하고 빠르게 변화하는 문제들에 집중함. 데이터베이스 시스템(database system)과 모델베이스 시스템(modelbase system), 사용자 인터페이스 기관(user interface unit), 사용자(user)의 네 가지 하위시스템으로 구성

④ **임원정보시스템** EIS: executive information system

임원정보시스템 혹은 중역정보시스템은 고위관리층이 의사결정을 내릴 수 있도록 지원

4) 기능별 정보시스템

① **인적자원정보시스템**

종업원의 모집, 배치, 개발, 평가, 보상 등 인사관리기능을 지원하는 정보시스템

② 생산정보시스템
생산 시스템의 운영 및 통제 활동을 지원하는 정보시스템

③ 마케팅정보시스템
마케팅 활동의 조정 및 통제 등의 활동을 지원하는 정보시스템

④ 재무정보시스템
투자활동과 자금조달 등 재무 활동을 지원하는 정보시스템

⑤ 회계정보시스템
분개에서 전기, 결산에 이르는 회계의 제반 업무 및 이와 관련된 업무를 처리하는 시스템

4. 인터넷과 무선기술

(1) TCP/IP

TCP/IP는 일종의 프로토콜(공통 통신 규칙) 집합으로 TCP와 IP가 주요한 구성요소임. TCP는 'Transmission Control Protocol'의 약어이며 컴퓨터 간의 데이터 이동을 관리하며, TCP는 컴퓨터 간에 접속을 확보하고 순서에 따라 패킷을 전송하며 전송된 패킷의 수신을 알림. IP는 '인터넷 프로토콜(Internet Protocol)'의 약어이며 패킷의 전송과 전송과정에서의 패킷 분해와 재조합을 책임짐. 다음 그림은 4가지 층으로 구성된 TCP/IP 참조 모델임

TCP/IP 모형

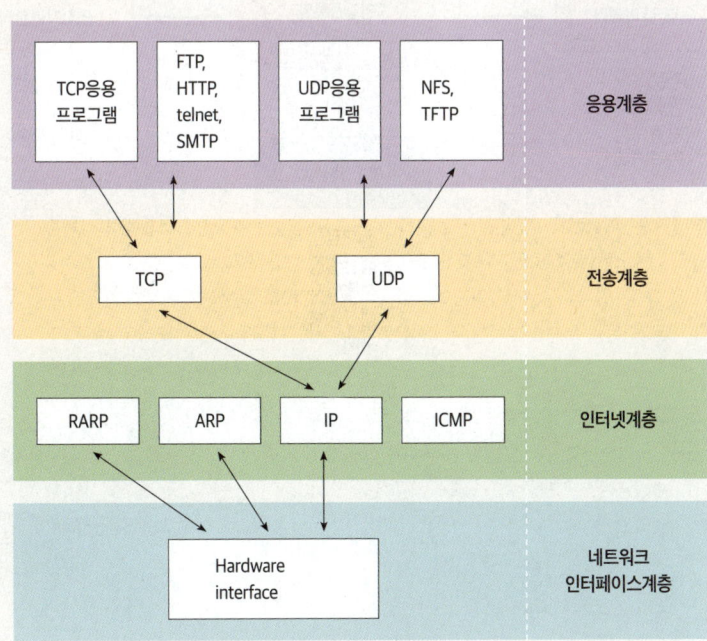

1) 응용계층

   응용계층은 클라이언트 응용프로그램이 다른 계층에 접근할 수 있게 하고 애플리케이션이 데이터의 교환을 위해 사용하는 프로토콜을 정의함

   예 HTTP(Hypertext Transfer Protocol)

2) 전송계층

   전송계층은 응용계층에게 통신 및 패킷 서비스를 제공하는 역할을 함

3) 인터넷 계층

   인터넷 계층은 주소 지정, 경로 지정 및 IP 데이터그램(datagram)이라 부르는 데이터 패킷의 구성을 담당

4) 네트워크 인터페이스 계층

   네트워크 인터페이스 계층은 참조 모델의 가장 바닥에 위치하며, 특정 네트워킹 기술에 관계없이 네트워크 매체를 통한 패킷의 송신 및 수신을 담당

전사적 자원관리 역할

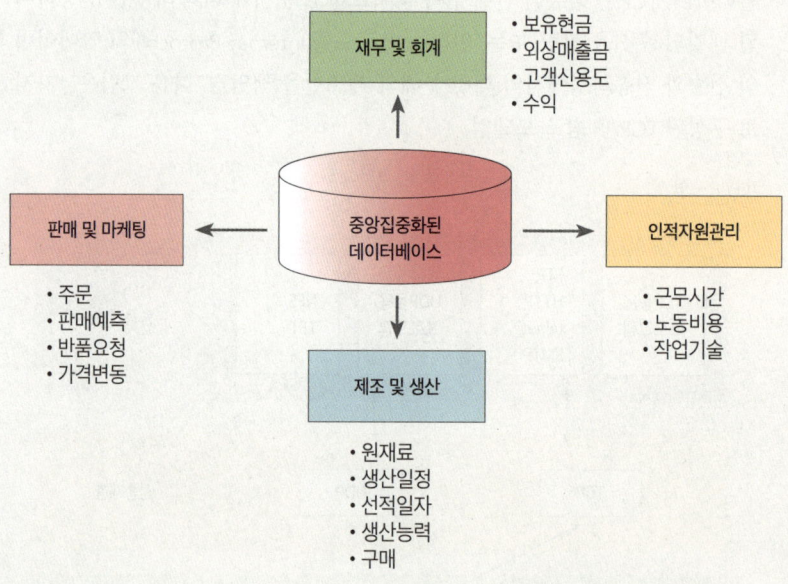

5. 기업 연계 시스템

시스템	내용
전사적 자원관리 ERP: enterprise resource planning	기업들의 제조 및 생산, 재무 및 회계, 판매 및 마케팅 그리고 인적자원관리 등의 비즈니스 프로세스들을 하나의 소프트웨어 시스템으로 통합하기 위한 것
공급사슬관리 SCM: supply chain management	공급업체, 구매 기업, 유통업체 그리고 물류회사들이 주문, 생산, 재고수준 그리고 제품과 서비스의 배송에 관한 정보를 공유하도록 하여 제품과 서비스를 효율적으로 구매, 생산, 배송할 수 있도록 지원
고객관계관리 CRM: customer relationship management	고객관계관리(CRM) 시스템은 수익과 고객 만족 그리고 고객 유지를 최적화할 수 있도록 고객과 관련된 판매, 마케팅, 서비스 부문의 모든 비즈니스 프로세스들을 조정하는데 필요한 정보를 제공
지식관리시스템 KMS: knowledge management system	조직들이 지식과 전문기술의 획득 및 적용을 위한 프로세스들을 보다 잘 관리하며, 기업에 있는 유용한 지식과 경험을 수집하여 비즈니스 프로세스와 경영의사결정의 개선을 위해 언제 어디서나 활용될 수 있도록 지원한다.

CRM 데이터 웨어하우스

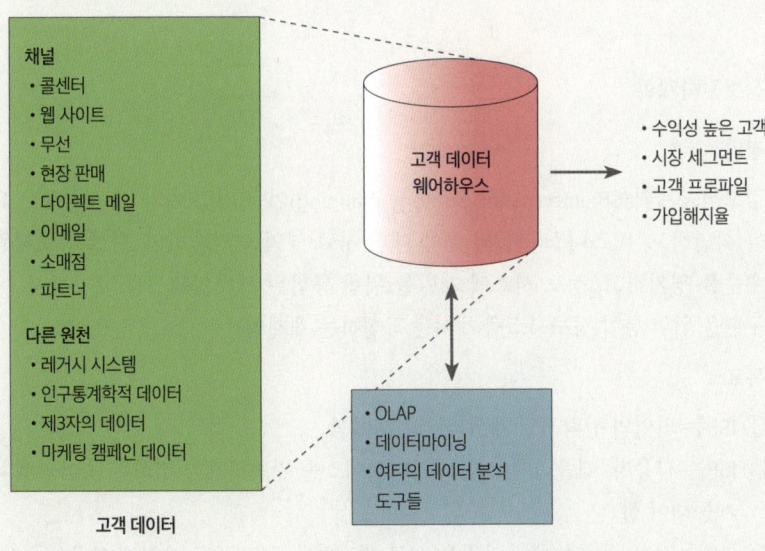

6. 경쟁우위 달성을 위한 정보시스템 활용

(1) 전략정보시스템

1) 등장배경

   기업경영활동으로부터 나온 모든 활동정보(재화/서비스, 프로세스, 거래데이터 등)를 기업의 경쟁무기로 활용하여 전략적으로 이용하려는 전략정보시스템(SIS: strategic information system)이 1980년대 중반부터 태동하게 됨

2) 정의

   정보기술(IT)을 이용하여 경쟁우위를 확보하려는 의도를 가지고 구축한 시스템을 통칭하여 전략 정보시스템이라고 칭함

3) 전략정보시스템의 유형

   - 진입장벽을 구축하는 시스템
   - 전환비용을 유발시키는 시스템
   - 경쟁기반을 변화시키는 시스템
   - 연관기업과의 관계를 개선하고 이익을 주는 시스템

2) 정보전략계획

1) 정의

   정보전략계획(ISP: information strategy planning)이란 기업 내의 전략적 정보 요구를 식별하고, 비즈니스 활동과 이에 대한 자료 영역을 기술하며, 현행 정보지원의 수준을 평가하고, 정보 시스템 개발을 위한 통합된 프레임워크를 제공하며, 이의 구현을 위한 통합 정보시스템 계획을 작성하는 체계임

2) 목표

   ① ISP는 기업의 전략적인 계획과 일치해야함
   ② ISP는 사용자, 애플리케이션, 데이터베이스를 완벽하게 연결하는 IT 아키텍처를 제공해야 함
   ③ ISP는 정보시스템 개발 자원을 서로 경쟁하는 프로젝트 사이에 효율적으로 배분하여 프로젝트들이 제시간에, 예산범위 안에서 요구되는 기능들을 모두 수행할 수 있도록 해야 함

7. 데이터베이스와 정보관리

(1) 전통적인 파일환경의 문제점

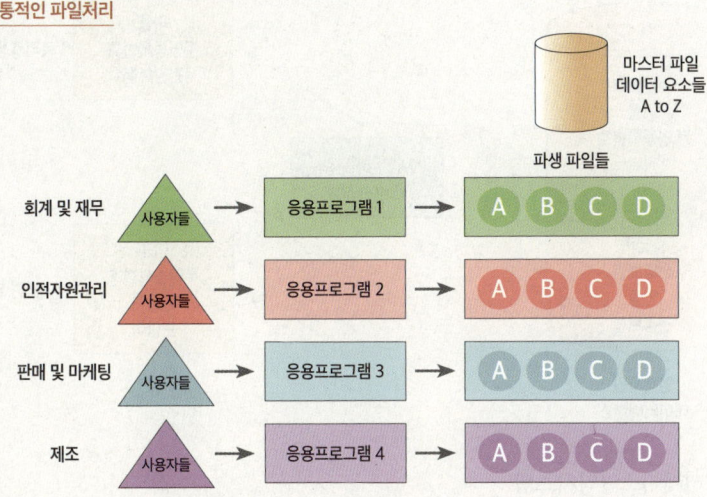

1) **데이터 중복**

    데이터 중복(data redundancy)은 데이터가 하나 이상의 장소나 위치에 저장되어 여러 데이터 파일들에 중복적으로 나타나는 것을 말함

2) **데이터 불일치**

    데이터 불일치(data inconsistency)란 같은 속성이 서로 다른 값을 가지는 것을 말함

3) **프로그램-데이터 의존성**

    프로그램-데이터 의존성(program-data dependency)은 파일에 저장된 데이터와 이런 파일을 갱신하고 유지하는데 필요한 특정 프로그램들 간의 결합관계를 의미함

4) **유연성 부족**

    전통적인 파일 시스템은 특별한 리포트 제공이나 예기치 못한 정보 요구에 대해 시기적절하게 대응할 수 없음

5) **부실한 보안성**

    데이터에 대한 통제 또는 관리 메커니즘이 거의 없기 때문에, 정보에 대한 접근 및 분배가 통제되지 않을 수 있음

6) **데이터 공유 및 가용성 결여**

    상이한 파일들과 조직의 상이한 부분들에 존재하는 정보들은 서로 연관될 수 없기 때문에 정보가 가상 공간에서 시기적절하게 공유되거나 접근되는 것이 불가능

(2) 데이터관리에 관한 데이터베이스 접근방법

여러 뷰들을 가진 인적자원 데이터베이스

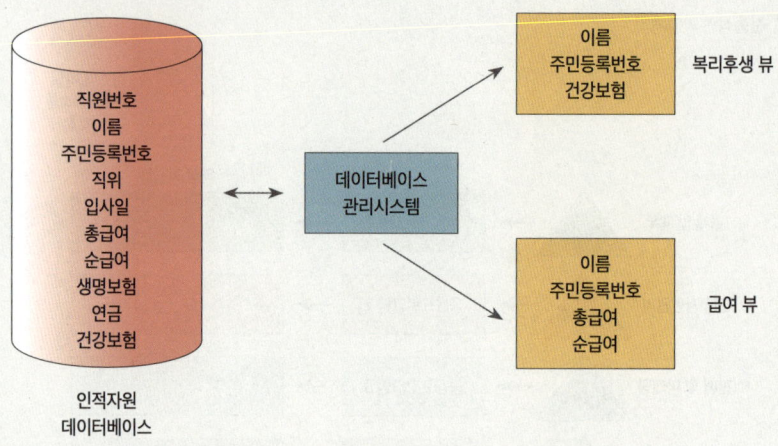

1) **데이터베이스관리시스템**

   데이터베이스관리시스템(DBMS: database management system)은 조직이 데이터를 중앙집중화시키고, 효율적으로 관리하며, 응용프로그램을 통해 저장된 데이터에 접근할 수 있도록 해주는 소프트웨어. DBMS는 응용프로그램들과 물리적 데이터 파일들 간에 인터페이스 역할을 함

8. 관계형 DBMS

(1) 개념

관계형 데이터베이스는 데이터들을 2차원의 테이블[관계(relation)라 부름]들로 표현함

> 예 Microsoft의 Access, IBM DB2, Oracle Database, Microsoft SQL 서버 등

(2) 구성

다음의 예에서 보는 바와 같이 관계형 데이터베이스에는 공급자 개체에 대한 테이블과 부품 개체에 대한 테이블이 있으며, 각 테이블은 데이터들의 행과 열로 구성됨. 각 개체의 개별적인 데이터 요소들은 별개의 필드로 저장되는데, 각 필드는 해당 개체의 속성 하나를 의미함

관계형 데이터베이스 테이블

공급자

공급자_번호	공급자_이름	공급자_거리	공급자_도시	공급자_주	공급자_우편번호
8259	CBM Inc.	74 5th Avenue	Dayton	OH	45220
8261	B. R. Molds	1277 Gandolly Street	Cleveland	OH	49345
8263	Jackson Components	8233 Micklin Street	Lexington	KY	56723
8444	Bryant Corporation	4315 Mill Drive	Rochester	KY	11344

열(속성, 필드)
행(레코드, 터플)
키 필드(주 키)

부품

부품_번호	부품_이름	단위_가격	공급자_번호
137	Door latch	22.00	8259
145	Side mirror	12.00	8444
150	Door molding	6.00	8263
152	Door lock	31.00	8259
155	Compressor	54.00	8261
178	Door handle	10.00	8259

주 키   외래 키

(3) 운영

관계형 데이터베이스 테이블들은 2개의 테이블이 공통된 데이터 요소가 있는 상황에서 사용자가 요구하는 데이터들을 제공하기 위해 쉽게 결합될 수 있음. 관계형 데이터베이스에서는 유용한 데이터들을 도출하기 위해서는 3가지 기본적인 연산(operation)들 select, project, join 을 사용할 수 있음

(4) 데이터베이스 설계

1) 정규화

관계형 데이터베이스 모델을 효과적으로 사용하기 위해 데이터의 복잡한 그룹 내에 존재하는 중복 데이터 요소들과 다루기 불편한 다대다 관계성들을 최소화해야 함. 복잡한 데이터 그룹들로부터 작고, 안정적이며, 게다가 유연하고 적응력 있는 데이터 구조들을 생성하는 프로세스를 정규화(normalization)라 함

2) 참조무결성

참조무결성(referential integrity)이란 한쪽 테이블의 외래키(foreign key)는 반드시 일치하는 연관된 테이블의 주키(primary key)값을 가져야 한다는 것임

(5) 데이터베이스 활용

1) 데이터웨어하우스

데이터웨어하우스(data warehouse)는 기업 전반의 의사결정자들에게 관심이 될 만한 현재 및 과거 데이터들을 저장하는 데이터베이스이다. 이 데이터들은 판매, 고객, 회계, 제조 등과 같은 다수의 핵심적인 거래처리시스템 그리고 웹 사이트 거래 처리를 포함한 외부소스들에 근거를 둠

① 데이터웨어하우스의 특징

1. **주제지향성** subject-oriented

   전사적 자원관리(ERP)와 같은 업무운영 시스템과는 달리 이용자 관점에서 접근이 가능한 주제별 데이터로 분류

2. **통합성** integrated

   다양한 운영데이터를 표준적이고 일관된 데이터웨어하우스용 데이터베이스로 변환. 즉 같은 성격을 갖는 데이터의 표현을 단일화함

3. **시간 가변성** time-variant

   데이터웨어하우스는 과거의 데이터와 현재의 데이터를 동시에 유지한다는 점에서 시간 가변적이라 할 수 있음

4. **비휘발성** non-volatile

   데이터웨어하우스의 마지막 주요 특징인 비휘발성은 데이터웨어하우스에 데이터가 일단 적재되고 나면 주기적인 batch 작업에 의한 갱신 이외에는 데이터베이스에 대한 Insert, Delete 등의 변경이 수행되지 않는 것을 의미함

2) 비즈니스 인텔리전스 도구

데이터웨어하우스에 구조화된 데이터들은 비즈니스 인텔리전스(business intelligence) 도구들을 활용하여 추가적인 분석에 활용될 수 있다. 비즈니스 인텔리전스 도구들로는 데이터베이스 쿼리 및 리포팅 소프트웨어, 다차원 데이터 분석(온라인분석처리), 데이터마이닝 도구를 들 수 있음

① 온라인분석처리 OLAP

온라인분석처리(OLAP: online analytical processing)는 사용자들이 동일한 데이터를 여러 기준들을 이용하는 다양한 방식으로 바라보면서 다차원(multidimensional) 데이터 분석을 할 수 있도록 도와줌

다차원 데이터 모델

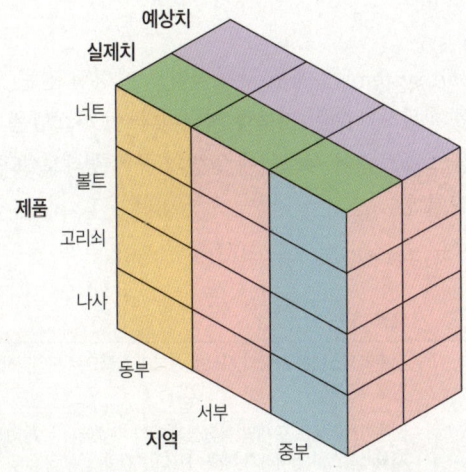

② 데이터마이닝

데이터 마이닝(data mining)은 대용량 데이터베이스들에 숨긴 패턴들과 관계성들을 찾아내고 이런 패턴 및 관계성들을 통해 미래의 행위를 예측함으로써 OLAP를 통해서는 얻을 수 없는 통찰을 제공

9. 객체지향 DBMS

객체지향(object-oriented) DBMS는 데이터들과 데이터를 다루는 절차들을 자동으로 조회되고 공유될 수 있는 객체로 저장함. 객체(object)는 실존하는 정보 또는 이를 사용하는 유·무형의 존재(사람, 장소, 사물, 사건 등)를 나타낸다는 점에서 개체(entities)와 유사한 개념이나 객체는 성질, 상태, 수량 등 자신의 속성을 나타내주는 정적인 데이터 값(attributes)들과 더불어 객체들이 수행하는 동작이나 연산을 같이 포함함

10. 지식경영과 정보시스템

(1) 전문가시스템

전문가시스템(expert system)은 매우 구체적이고 한정된 전문 영역에서 암묵지(tacit knowledge)를 획득하기 위한 지능형 기술이다. 이 시스템은 숙련된 직원들로부터 획득한 지식을 소프트웨어 시스템에 일련의 규칙 형태로 표현하여 다른 사람들이 사용할 수 있도록 함

전문가시스템의 구성요소

구성요소	내용
지식베이스 knowledge base	전문가시스템은 사람의 지식을 규칙의 집합으로 모델링하며 이러한 규칙의 집합을 의미함
추론엔진 inference engine	전문가시스템은 문제의 복잡성에 따라 수백에서 수천 개의 규칙들을 갖는다. 지식베이스를 검색하기 위해 사용되는 전략
사용자 인터페이스 user interface	다른 응용 프로그램에서와 마찬가지로 사용자가 질의와 정보를 입력하는 등 시스템과 상호작용할 수 있게 함
설명 기능 explanation facility	시스템으로 하여금 시스템 자신이 도출한 결론에 대해 설명하거나 정당화할 수 있게 하며, 개발자로 하여금 시스템의 작동을 검사할 수 있게 함

11. 정보기술

(1) 정보시스템의 성장단계 모형

정보시스템 성장단계 모형은 1974년 놀란(Richard L. Nolan)에 의해서 소개된 것으로 기업의 정보시스템이 도입, 발전하는 흐름을 이론화한 것임. 놀란은 S자 곡선으로 각 단계의 세부적인 흐름을 설명함

놀란의 정보기술 성장단계 모형

단계		내용
1단계	착수	• 비용절감을 목적으로 핵심 업무분야별 정보시스템 도입 • 기술활용을 위한 전문요원 도입 • 느슨한 계획과 통제 실시 • 사용자의 방관적 자세 견지
2단계	전파	• 모든 업무분야별로 정보시스템 도입 확대 • 사용자 지향적인 프로그래머 중심으로 정보시스템 조직 구성 • 느슨한 계획수립과 통제 실시 • 사용자의 소극적인 사용의지 소유
3단계	통제	• 기존 업무분야별 정보시스템 재구성(고도화) 및 전자문서화 • 중간관리자 역할 강조 • 공식화된 계획과 통제 방법 수행(관리 및 통제 강화) • 사용자의 독단적인 책임의식 소유
4단계	통합	• 데이터베이스 기술을 이용한 기존 업무분야 개선 추진 • 조직 내 서비스 제공기능을 수행하는 조직부서로 역할 정의 • 적절히 조정된 계획 및 통제 방식 수행 • 사용자의 책임의지 강화
5단계	데이터 관리	• 기존 업무분야의 조직적 통합 • 데이터의 공유 및 여러 응용분야에서 공통으로 이용 가능한 시스템 개발에 중점 • 사용자의 효과적인 책임의식 소유
6단계	성숙	• 조직 내 정보 흐름을 반영할 수 있는 방향으로 통합 • 데이터 자원관리에 중점 • 데이터 자원에 대한 전략계획 수립 • 사용자와 정보시스템 관리조직 간 공동책임의식 확산

(2) 정보보안의 목표

정보보안의 목표

목표	내용
기밀성 confidentiality	수신자 이외에는 데이터를 보지 못해야 한다는 것을 의미
무결성 integrity	데이터가 중간에 변조가 되지 않고 그대로 전달이 되어야 한다는 것을 의미
가용성 availability	정보가 필요할 때 정보는 물론 그 정보를 처리하기 위해 사용되는 컴퓨터자원이 모두 준비되어 있고 정확히 가동이 되고 있음을 의미
부인 봉쇄 non-repudiation	거래 부인 방지를 의미하는데, 후에 송신자나 수신자가 거래를 부인하지 못하는 것. 즉 영수증의 기능을 의미
인증성 authentication	인터넷에서 상대방과 거래 혹은 대화를 하는 과정에서 상대방의 신원을 확인하기 위한 방법 혹은 수단을 말함

12. 클라우드 컴퓨팅

(1) 개념

클라우드 컴퓨팅에서 사용자는 인터넷에 연결된 서비스 제공자의 '클라우드 데이터 센터(CDC : cloud data center)에 접속하여, 어플리케이션, 스토리지, OS, 보안 등 필요한 IT 자원을 원하는 시점에 필요한 만큼만 골라서 사용하게 됨. 한마디로 클라우드 컴퓨팅은 '빌려 쓰고, 자신이 사용한 만큼만 대가를 지불'하는 컴퓨팅 환경이라 할 수 있음

(2) 특징

- 자원의 공유
- 광범위한 네트워크를 통한 접속
- 빠른 탄력성
- 서비스 용량의 측정
- 주문형 셀프서비스

(3) 장점

- 단기간 필요한 서비스에 적합
- 규모 및 부하의 변화가 큰 서비스
- 비전략적, 범용 어플리케이션

13. 그리드 컴퓨팅

(1) 개념

그리드 컴퓨팅(grid computing)은 최근 활발히 연구가 진행되고 있는 분산 병렬 컴퓨팅의 한 분야로서, 원거리 통신망(WAN, Wide Area Network)으로 연결된 서로 다른 기종의(heterogeneous) 컴퓨터들을 묶어 가상의 대용량 고성능 컴퓨터를 구성하여 고도의 연산 작업(computation intensive jobs) 혹은 대용량 처리(data intensive jobs)를 수행하는 것을 말함

14. 빅데이터

(1) 개념

빅데이터는 통상적으로 사용되는 데이터 수집, 관리 및 처리 소프트웨어의 수용 한계를 넘어서는 크기의 데이터를 말함. 빅데이터의 사이즈는 단일 데이터 집합의 크기가 수십 테라바이트에서 수 페타바이트에 이르며, 그 크기가 끊임없이 변화하는 것이 특징임.

빅데이터의 특징은 3V로 요약되며, 즉 데이터의 양(Volume), 데이터 생성 속도(Velocity), 형태의 다양성(Variety)을 의미함. 최근에는 가치(Value)나 복잡성(Complexity)을 덧붙이기도 함

빅데이터 환경의 특징

구분	기존	빅데이터 환경
데이터	• 정형화된 수치자료 중심	• 비정형의 다양한 데이터 • 문자 데이터(SMS, 검색어) • 영상 데이터(CCTV, 동영상) • 위치 데이터
하드웨어	• 고가의 저장장치 • 데이터베이스 • 데이터웨어하우스(Data-warehouse)	• 클라우드 컴퓨팅 등 비용효율적인 장비 활용 가능
소프트웨어/분석 방법	• 관계형 데이터베이스(RDBMS) • 통계패키지(SAS, SPSS) • 데이터 마이닝(data mining) • machine learning, knowledge discovery	• 오픈소스 형태의 무료 소프트웨어 • Hadoop, NoSQL • 오픈 소스 통계솔루션(R) • 텍스트 마이닝(text mining) • 온라인 버즈 분석(opinion mining) • 감성 분석(sentiment analysis)

15. 보안·해킹 관련 용어들

(1) 랜섬웨어

랜섬웨어는 '몸값'(Ransom)과 '소프트웨어'(Software)의 합성어로, 시스템을 잠그거나 데이터를 암호화해 사용할 수 없도록 만든 뒤, 이를 인질로 금전을 요구하는 악성 프로그램을 말함

(2) 스푸핑

스푸핑(Spoofing)의 사전적 의미는 '속이다'이며, 네트워크에서 스푸핑 대상은 MAC 주소, IP주소, 포트 등 네트워크 통신과 관련된 모든 것이 될 수 있고, 스푸핑은 속임을 이용한 공격을 총칭함

(3) 스니핑

스니핑(sniffing)은 디지털 네트워크나 네트워크의 일부를 통해 전달되는 트래픽을 가로채거나 기록할 수 있는 컴퓨터 프로그램 또는 컴퓨터 하드웨어를 의미함

(4) 서비스 거부 공격

서비스 거부 공격(denial-of-service attack)은 시스템을 악의적으로 공격해 해당 시스템의 자원을 부족하게 하여 원래 의도된 용도로 사용하지 못하게 하는 것임

(5) 신원도용

신원도용(identity theft)은 다른 누군가로 가장하려고 그 사람의 주민번호, 운전면허증번호, 신용 카드번호 등 개인 핵심정보를 빼내는 범죄를 말함

(6) 피싱

피싱(phishing)은 전자우편 또는 메신저를 사용해서 신뢰할 수 있는 사람 또는 기업이 보낸 메시지인 것처럼 가장함으로써, 비밀번호 및 신용카드 정보와 같이 기밀을 요하는 정보를 부정하게 얻으려는 'social engineering'의 한 종류임

(7) 파밍

파밍(pharming)은 사용자가 자신의 웹 브라우저에 정확한 웹 페이지 주소를 입력하더라도 이를 가짜 웹 페이지로 방문하게 만드는 것

16. 정보시스템 개발

(1) 폭포수 모델 waterfall model 개발

폭포수 모델은 '요구분석 → 설계 → 디자인 → 코딩 → 개발' 순으로 순차적으로 이어지는 흐름이 마치 폭포수처럼 아래로 이어지는 개발 방식을 말함

(2) 애자일 agile 개발

애자일 개발은 전체적인 플랜을 짜고 문서를 통해 주도해 나가던 과거의 방식(폭포수 모델)과 달리 앞을 예측하며 개발하지 않고, 일정한 주기를 가지고 끊임없이 프로토타입을 만들어 내며 필요할 때마다 요구사항을 더하고 수정하여 커다란 소프트웨어를 개발해 나가는 방식을 말함

17. 기타 IT관련 용어들

(1) 무어의 법칙
인텔의 공동창업자 고든 무어(Gordon Moore)가 제시한 무어의 법칙은 동일한 비용으로 컴퓨터 집적회로에 집적할 수 있는 트랜지스터의 수가 대략 2년마다 2배로 증가함을 의미함

(2) 증강현실
가상현실(VR: virtual reality)은 현실에서 경험하기 어려운 것들을 가상의 세계를 통해 경험하게 하는 기술이고, 증강현실(AR: augmented reality)은 현실 세계에 입체적인 느낌의 데이터를 추가해 유저들의 이용에 편의를 제공하는 기술

(3) 크라우드소싱
크라우드소싱(crowdsourcing)은 '대중(crowd)'과 '외주(sourcing)'의 합성어로 소비자 또는 대중은 기업의 활동 중 일부에 일종의 개별 외주업체로 참여하게 되고, 이러한 참여를 통해서 기업의 활동 능력 향상이 이루어져 수익을 창출하면, 이를 참여한 대중과 공유하게 됨

(4) 소셜 커머스
소셜 커머스(social commerce)란 사회적 상호작용 및 사용자 참여를 지원하는 온라인 매체인 이른바 소셜 미디어를 이용해 제품 및 서비스의 온라인 매매를 수행하는 전자상거래의 한 유형으로 정의됨. 즉, 소셜 커머스는 전자상거래를 수행하는 과정에서 소셜 네트워크를 이용하는 것을 뜻함

(5) 지능형 에이전트
지능형 에이전트(intelligent agents)는 인간의 직접적인 개입없이 사용자, 비즈니스 프로세스 또는 소프트웨어 응용프로그램의 전문적이고 반복적이며 예측가능한 업무를 이면에서 수행하는 소프트웨어 프로그램

(6) 롱테일 현상

가장 잘 팔리는 상위 20%가 전체 매출의 80%를 차지한다고 보는 파레토 법칙과는 달리 수요가 그다지 높지 않은 다양한 제품들을 판매함으로써 수익을 창출하는 것을 '롱테일 현상'이라함

롱테일 현상

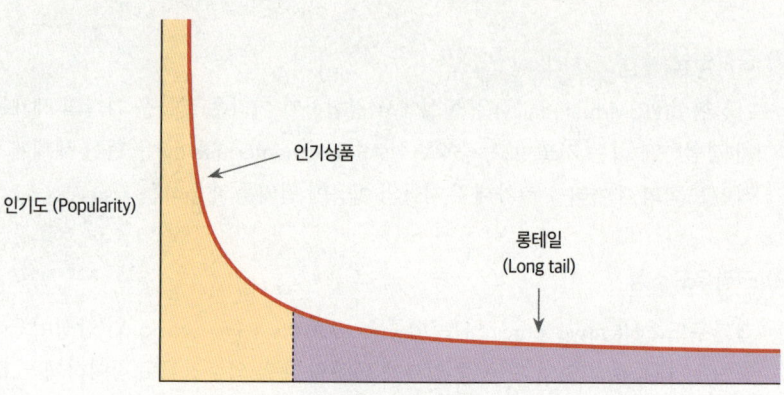

01   정보(information)는 숫자, 이름 또는 수량과 같이 분석되지 않은 사실을 말한다.

02   정보의 특성 중 의사결정자의 요구에 정보가 얼마나 부합되는 형태로 제공되는지에 관한 정도를 형태성(presentability)이라 한다.

03   경영정보시스템을 피라미드 형태로 표시하는 경우 하위부터 상위까지 나열하면 거래처리시스템(TPS) → 정보보고시스템(IRS) → 의사결정지원시스템(DSS) → 중역정보시스템(EIS)의 순이다.

04   DSS(Decision Support System)는 컴퓨터를 기반으로 조직 내에서 발생하는 정형화되지 않은 문제들에 관한 효과적인 의사결정을 지원하는 정보시스템이다.

05   GDSS(Group Decision Support System)는 집단이 회의를 할 때 발생하는 의사소통의 장애요소들을 제거하고, 토론의 내용을 체계적으로 정리한다.

06   EIS(Executive Information System)는 기업 안팎의 정보를 최고경영진이 쉽게 접근하여 의사결정에 활용할 수 있도록 설계된 정보시스템이다.

07   전문가시스템(Expert System)은 지식베이스(Knowledge base), 근거리통신망(local area network), 추론기관(inference engine), 설명단위(explanation unit) 등의 요소로 구성된다.

01   X   숫자, 이름 또는 수량과 같이 분석되지 않은 사실을 자료(data)라 하고, 의사결정을 하는데 유용하게 활용할 수 있도록 수혜자에게 의미 있는 형태로 가공된 데이터를 정보(information)라 한다.

02   O

03   O

04   O

05   O

06   O

07   X   전문가시스템(Expert System)은 지식베이스(knowledge base), 추론기관(inference engine), 설명단위(explanation unit), 사용자 인터페이스(user interface) 등의 요소로 구성된다.

08 거래처리시스템(TPS)은 거래를 처리하는 과정에서 발생하는 데이터를 저장하고 관리하는 시스템이다.

09 인터넷에서 사용하는 TCP/IP 프로토콜을 구성하는 4개 계층은 응용(application) 계층, 네트워크 인터페이스(network interface) 계층, 전송(transport) 계층, 게이트웨이(gateway) 계층이다.

10 독립적으로 운영되어 온 생산, 유통, 재무, 인사 등의 기능영역별 정보시스템을 전사적 차원에서 단일 플랫폼으로 통합하는 정보시스템은 전사적 자원관리(ERP: enterprise resource planning)이다.

11 고객관계관리(CRM: customer relationship management)란 고객에서부터 공장에 이르기까지 공급과정 전체를 고객관점에서 단순화, 표준화하고 정보시스템의 지원을 통해 통합적으로 관리하고자 한다.

12 전략정보시스템(SIS: strategic information system)은 정보시스템을 이용하여 경쟁사보다 정보우위와 경쟁우위를 달성하는 자원으로서의 정보의 역할을 강조한 시스템이다.

13 정보화전략계획(information strategy planning)이란 기업 내 전략적 정보 요구를 식별하고, 비즈니스 활동과 이에 대한 자료 영역을 기술하며, 현행 정보지원의 수준을 평가하고, 정보시스템 개발을 위한 통합된 프레임워크를 제공하며, 이의 구현을 위한 통합 정보시스템 계획을 작성하는 체계적인 접근 방법을 말한다.

08 O

09 X TCP/IP 프로토콜을 구성하는 4개 계층은 응용(application) 계층, 네트워크 인터페이스(network interface) 계층, 전송(transport) 계층, 인터넷(internet) 계층이다.

10 O

11 X 고객에서부터 공장에 이르기까지 공급과정 전체를 고객관점에서 단순화, 표준화하고 정보시스템의 지원을 통해 통합적으로 관리하는 것은 공급사슬관리(SCM: supply chain management)이다. 고객관계관리는 고객에 대한 정확한 이해를 바탕으로 고객이 원하는 제품과 서비스를 지속적으로 제공하여 고객의 평생가치를 극대화하는 시스템을 말한다.

12 O

13 O

14   데이터베이스관리시스템(DBMS)을 활용하면 응용프로그램과 데이터 간의 의존성을 높여 준다는 장점이 있다.

15   정규화(normalization)란 데이터의 중복을 최소화하고 무결성을 극대화하며, 최상의 성능을 달성할 수 있도록 관계형 데이터베이스를 분석하고 효율화하는 과정을 의미한다.

16   관계형 데이터베이스 설계에서 연관된 테이블들 간의 관계성이 일관성 있게 유지될 수 있도록 해 주는 규칙은 참조 무결성(referential integrity)이다.

17   중역정보시스템(EIS)이란 여러 개의 데이터베이스를 통합한 보다 큰 데이터베이스로서 의사결정에 필요한 정보를 제공하는 것을 말한다.

18   데이터마이닝(data mining)이란 기업 경영활동 과정에서 발생한 대규모 데이터에 담겨 있는 변수들 간에 존재하는 패턴과 관계를 발견하여 가치 있는 정보를 추출하는 기법을 말한다.

19   놀란(Richard L. Nolan)이 제시한 정보기술 성장의 6단계는 착수 → 전파 → 통제 → 관리 → 통합 → 성숙이다.

---

14   ✗   프로그램-데이터 의존성은 파일에 저장된 데이터와 이런 파일을 갱신하고 유지하는데 필요한 특정 프로그램들 간의 결합관계를 의미하는데, 데이터베이스관리시스템을 활용하면 프로그램-데이터 의존성을 줄일 수 있다는 장점이 있다.

15   ○

16   ○   참조 무결성이란 한쪽 테이블의 외래키(foreign key)는 반드시 일치하는 연관된 테이블의 주키(primary key) 값을 가져야 한다는 것이다.

17   ✗   여러 개의 데이터베이스를 통합한 보다 큰 데이터베이스로서 의사결정에 필요한 정보를 제공하는 것을 데이터 웨어하우스(data warehouse)라고 한다. 데이터 웨어하우스란 말 그대로 데이터 창고를 의미한다. 이를 데이터마이닝이나 OLAP 도구 등을 통해 데이터 분석을 할 때 비로소 의사결정을 위해 유용한 정보를 얻을 수 있다.

18   ○

19   ✗   놀란의 정보기술 성장의 6단계는 착수 → 전파 → 통제 → 통합 → 관리 → 성숙의 순이다.

20　홈페이지를 통해 피자 한 판을 주문한 고객은 피자가 배달되었을 때 변심하여 주문하지 않았다고 주장하였다. 전자상거래에서 발생할 수 있는 이러한 상황을 방지하고자 하는 정보보호 요소는 무결성(integrity)이다.

21　그리드 컴퓨팅(grid computing)이란 지리적으로 분산된 네트워크 환경에서 수 많은 컴퓨터와 저장장치, 데이터베이스 시스템 등과 같은 자원들을 고속 네트워크로 연결하여 그 자원을 공유할 수 있도록 하는 방식이다.

22　빅데이터의 기본적 특성인 3V는 거대한 양(volume), 생성 속도(velocity), 다양한 형태(variety)이다.

23　클라우드 컴퓨팅을 사용하면 조직의 모든 정보시스템의 중앙집중화로 막대한 IT자원을 필요로 한다.

24　스푸핑(spoofing)이란 속임을 이용한 공격을 총칭하며, 네트워크에서 스푸핑 대상은 MAC 주소, IP주소, 포트 등 네트워크 통신과 관련된 모든 것이 될 수 있다.

25　스니핑(sniffing)이란 디지털 네트워크나 네트워크의 일부를 통해 전달되는 트래픽을 가로채거나 기록할 수 있는 컴퓨터 프로그램 또는 컴퓨터 하드웨어를 의미한다.

26　서비스 거부 공격(denial-of-service attack)은 시스템을 악의적으로 공격해 해당 시스템의 자원을 부족하게 하여 원래 의도된 용도로 사용하지 못하게 하는 공격을 의미한다.

20　✗　자기부정방지(non-repudiation) 혹은 부인봉쇄는 거래 부인 방지를 의미하며, 후에 송신자나 수신자가 거래를 부인하지 못하는 것을 의미한다. 따라서 전자상거래에서는 제품을 주문한 고객이 제품이 배송되었을 때 주문하지 않았다고 주장하는 것을 방지하는 기능을 한다. 보통 공개키 암호방식이나 비밀키 암호방식이 사용된다.

21　○

22　○

23　✗　클라우드 컴퓨팅을 사용하게 되면 서버나 시스템의 구매가 필요치 않기 때문에 조직의 막대한 IT자원에 대한 투자가 필요치 않다.

24　○

25　○

26　○

27 신원도용(identity theft)은 다른 누군가로 가장하려고 그 사람의 주민번호, 운전면허증 번호, 신용 카드번호 등 개인의 핵심정보를 빼내는 범죄를 말한다.

28 피싱(phishing)이란 전자우편 또는 메신저를 사용해서 신뢰할 수 있는 사람 또는 기업이 보낸 메시지인 것처럼 가장함으로써, 비밀번호 및 신용카드 정보와 같이 기밀을 요하는 정보를 부정하게 얻으려는 것이다.

29 파밍(pharming)은 사용자가 자신의 웹 브라우저에서 정확한 웹 페이지 주소를 입력해도 가짜 웹 페이지에 접속하게 하여 개인정보를 훔치는 것을 말한다.

30 지능형 에이전트(intelligent agent)는 개인 사용자, 비즈니스 프로세스, 소프트웨어 응용프로그램을 대상으로 반복적이고 예측 가능한 특정 작업들을 수행하기 위해 구축되거나 학습된 지식 베이스를 이용하는 소프트웨어 프로그램이다.

27 ○
28 ○
29 ○
30 ○

부록

1편 인사/조직/전략

1. 경영일반

	이론/저서	연구자
1	과학적 관리법 scientific management	테일러 F. W. Taylor
2	포드시스템	포드 Henry Ford
3	일반관리론 general administrative theory	페욜 Henri Fayol
4	관료제 bureaucracy	베버 Karl Emil Maximilian Weber
5	국부론 The wealth of nations	아담 스미스 Adam Smith
6	인간관계론 Human Relations	메이요 Mayo 뢰스리스버거 Roethlisberger
7	균형성과표 BSC: balanced scorecard	캐플란 Kaplan 노튼 Norton
8	지식경영 KM: knowledge management	노나카 Ikujiro Nonaka
9	리엔지니어링 business process reengineering	해머 Michael Hammer

2. 조직행동(개인)

	이론/저서	연구자
1	고전적 조건화 classical conditioning	파블로프 I. Pavlov
2	조작적 조건화 operant conditioning	스키너 B. F. Skinner
3	궁극적 가치/수단적 가치	로키치 Milton Rokeach
4	국가간 문화차이	홉스테드 Geert Hofstede
5	귀인이론 attribution theory	켈리 H. H. Kelley
6	인지부조화 cognitive dissonance	페스팅어 Leon Festinger
7	제한된 합리성 모형 bounded rationality model	사이몬 H. A. Simon
8	욕구단계이론 needs hierarchy theory	매슬로 Abraham Maslow
9	X이론, Y이론	맥그리거 Douglas McGregor
10	2요인이론 dual factor theory	허즈버그 Frederick Herzberg
11	ERG 이론	앨더퍼 C. P. Alderfer
12	성취동기이론	맥클리랜드 David C. McClelland
13	직무특성이론 job characteristic theory	핵크만 Hackman 올드햄 Oldham
14	기대이론 expectancy theory	브룸 Victor H. Vroom
15	공정성이론 equity theory	아담스 Stacy Adams
16	목표설정이론 goal-setting theory	로크 Edwin Locke
17	인지적 평가이론 cognitive evaluation theory	데시 Edward L. Deci
18	자기결정이론 SDT: self-determination theory	데시 Edward L. Deci

3. 조직행동(집단/조직)

	이론/저서	연구자
1	집단발달 단계	터크맨 Bruce W. Tuckman
2	애시효과 Asch effect	애시 Solomon Asch
3	OSU Ohio State Univ. 연구	스톡딜 Ralph Stogdill 중심
4	미시간 대학 연구	리커트 Rensis Likert 중심
5	관리격자 managerial grid 이론	블레이크 R. R. Blake 머튼 J. S. Mouton
6	PM 이론	미수미 J. Misumi
7	경로-목표 이론 path-goal theory	하우스 Robert House
8	리더 참여 모형 leader participation model	브룸 Vroom 예튼 Yetton
9	변혁적 리더십 transformation leadership	번스 J. M. Burns 베스 B. M. Bass
10	서번트 리더십 servant leadership	그린리프 R. Greenleaf
11	권력의 원천	프렌치 French 레이븐 Raven
12	갈등관리기법	토머스 Thomas 킬먼 Kilmann
13	변화의 3단계	레윈 Kurt Lewin

4. 조직이론

	이론/저서	연구자
1	기계적 mechanistic 조직/유기적 organic 조직	번스 Burns 스타커 Stalker
2	전략 제품다각화 -조직구조 연구	챈들러 Alfred Chandler
3	전략 전략유형 -조직구조 연구	마일즈 Miles 스노 Snow
4	기술 조직전체과 조직구조 연구	우드워드 Joan Woodward
5	기술 부서수준과 조직구조 연구	페로 Charles Perrow
6	기술 상호의존성과 조직구조 연구	톰슨 James D. Thompson
7	분화 differentiation 와 통합 integration	로렌스 Lawrence 로시 Lorsch
8	조직생태학 population ecology view	해난 Hannan 프리먼 Freeman
9	5가지 조직설계의 옵션	민쯔버그 Henry Mintzberg
10	조직 수명주기	퀸 Quinn 카메론 Cameron

5. 인적자원관리

	이론/저서	연구자
1	교육훈련 평가 4단계 모형	커크패트릭 D. L. Kirkpatrick
2	경력의 닻 career anchor	샤인 Edgar Schein

6. 전략경영

	이론/저서	연구자
1	거래비용이론 transaction cost theory	윌리암슨 Oliver E. Williamson
2	경쟁전략	포터 Michael E. Porter
3	산업구조분석 5 force model	포터 Michael E. Porter
4	핵심역량 core competence	프라할라드 Prahalad 해멀 Hamel
5	가치사슬 value chain	포터 Michael E. Porter

2편 마케팅

	이론/저서	연구자
1	제품/시장 확장 매트릭스	앤소프 H. Ansoff
2	SERVQUAL	PZB Parasuraman, Zeithaml, Berry
3	SERVPERF	크로닌 Cronin 테일러 Taylor
4	프로스펙트 이론 prospect theory	카너먼 Kahneman 트버스키 Tversky
5	유추법 analog method	애플바움 W. Applebaum
6	중심지이론 central place theory	크리스탈러 W. Crystaller
7	소매인력법칙 law of retail gravitation	라일리 W. J. Reilly
8	공간적 상호작용 모델 spatial interaction model	허프 David C. Huff
9	소매업 수레바퀴 가설 wheel of retailing	맥네어 M. P. McNair
10	효과계층모형 hierarchy-of-effects model	래비지 Lavidge 슈타이너 Steiner
11	FCB 그리드	본 Richard Vaughn
12	다속성 태도모형 multi-attribute attitude model	피시바인 Martin Fishbein
13	기대 불일치 모델 expectancy disconfirmation model	올리버 Richard L. Oliver
14	정교화가능성 모델 elaboration likelihood modle	페티 Petty 카치오포 Cacioppo
15	피시바인 확장 모델 Fishbein's extended model	피시바인 Martin Fishbein 에이전 Icek Ajzen
16	의도적 행동모델	바고지 R. Bagozzi
17	균형이론 balance theory	하이더 Fritz Heider
18	단순 노출 효과 mere-exposure effect	자욘츠 R. Zajonc
19	저관여 학습 low involvement learning	크루그먼 Herbert E. Krugman
20	사회판단이론 social judgement theory	셰리프 Muzafer sherif

3편 경영과학/운영관리

	이론/저서	연구자
1	선형계획법	단찌히 George B. Dantzig
2	간트차트	간트 Henry L. Gantt
3	제품-프로세스 행렬	해이즈 Hayes 휠라이트 Wheelright
4	싱고 시스템	시게오 싱고 Shigeo Shingo
5	제약이론 TOC: theory of constraints	골드랫 E. Goldratt
6	리틀의 법칙 Little's law	리틀 John D. C. Little
7	불확실성 프레임웍	하우 리 Hau Lee
8	로버스트 디자인 robust design	다구치 Genichi Taguchi